KB190807

기독교 세계관 핸드북

기독교 세계관 핸드북

초판 발행   2022년 12월 15일

지은이(편집) 데이비드 S. 도커리 & 트레빈 K. 왁스
옮 긴 이   류현모 · 강애리
펴 낸 이   주해홍

발 행 처   (주)도서출판에스라
판 권 ©   (주)도서출판에스라 2022
등록번호   제2018-000009호(2018.1.22.)
e-mail   haejoo518@gmail.com
연 락 처   미국: 714-713-8833 | 한국: 010-4652-5057

디 자 인   참디자인(전화 02-3216-1085)
공 급 처   (주)비전북(전화 031-907-3927)

ISBN   979-11-976757-3-7 [03230]

기독교 세계관 핸드북

데이비드 S. 도커리 & 트레빈 K. 왁스 편집

류현모·강애리 옮김

CHRISTIAN WORLDVIEW HANDBOOK

도서출판 에스라

편집자 서문

사도 바울은 예수를 따르는 사람들에게 이 세대를 본받지 말고 마음을 새롭게 하여 자신을 거룩한 산 제물로 바치도록 요구한다(롬 12:1 - 2). 사도 베드로도 성도들에게 정신을 차리고 행동하는 마음을 준비할 것을 요청한다(벧전 1:13). 이것이 삶과 세상에 대하여 기독교적으로 사고하는 법을 배우는 기초가 되며 또한 기독교 세계관적 사고의 시작이다. 다원주의적이고 세속적인 사회에 빠져 있는 그리스도인들은 기독교 신앙이 삶의 모든 면에 어떤 영향을 미치는지에 대해 신중하고 일관성 있게 생각하는 것을 종종 어려워한다. 우리는 주일에 듣는 것과 월요일의 삶을 잘 연결하지 못한다. 이러한 단절은 특히 인간 삶의 목적과 본성에 관한 가장 심오한 질문에 대한 생각에 영향을 미친다. 문제는 하나님께서 우리를 섬기도록 부르신 세상에 대해 이해하는 방식이다.

전 세계의 그리스도인들은 마음과 정신을 휩쓸고 있는 큰 영적 전쟁이 있음을 알고 있다. 신자들은 기독교 진리와 도덕적으로 무관심한 문화 사이의 우주적 전쟁에 처해 있다. 이 핸드북은 그리스도인들이 기독교적 방식으로 생각하는 법을 배우고 기독교 신앙의 진리를 실천하는 데 도움이 될 기독교 세계관을 발전시키는 데 도움을 주기 위한 것이다.

누구에게나 세계관이 있다. 일부 세계관은 일관성이 없으므로 다양한 세계관 컬렉션에서 다양한 옵션을 결합하려고 한다. 그러나 세계관은 개인적인 관점 이상으로, 삶의 근본적인 질문에 답을 찾는 포괄적인 삶의 체계이다. 기독교 세계관은 단순한 이론이나 개인의 신앙 표현이 아니라 삶의 모든 영역에 적용할 수 있는 모든 것을 포괄하는 삶의 방식이다. 100여 년 전 제임스 오르(James Orr)는 하나님과 세계에 대한 기독교적 관점(Christian View of God and World)에서 특징, 일관성, 자체적 통일성, 그리고 반대 이론과 추측에 극명히 대조되는 만물에 대한 분명한 기독교적 관점이 있다고 주장했다. 이 핸드북의 내용들은 영적인 영역뿐만 아니라 삶과 생각 전체에 관련된 것들에 대한 기독교적 관점에 기초하고 있다.

지난 5년 동안 이 프로젝트를 위해 함께 일해 온 우리는 모두 주님께서 이 자료를 사용하여 그리스도인들이 대 계명으로 알려진 예수님의 말씀을 새롭게 들을 수 있도록 도와주시기를 기도한다(마 22:36 – 40). 예수님께서는 마음과 영혼뿐만 아니라 우리의 정신으로도 하나님을 사랑하라고 부르신다는 것을 배운다. 예수님의 말씀은 감정적으로든, 의지적으로든, 지적으로 생각하기로 선택하든, 우리 존재의 모든 측면에서 하나님께 전심으로 헌신하는 것을 가리킨다. 하나님에 대한 이러한 사랑은 모든 생각을 사로잡아 그리스도께 순종하게 하고(고후 10:5), 그리스도인의 생각과 생활에 대한 전적인 헌신으로 귀결된다. 이 책을 통해 그리스도인들이 기독교의 우세한 위치에서 삶을 제대로 바라보고 그리스도의 마음으로 생각할 수 있게 되기를 기도한다.

이 작업에 북미와 전 세계 50개 이상의 기관, 조직 및 교회에서 봉사하는 90명 이상이 공헌하였다. 다양한 배경에서 온 그들은 하나님 말씀의 영감, 진실성, 권위와 기독교 세계관 발전의 중요성에 대한 헌신을 공유한다.

기독교 세계관의 핵심은 예수 그리스도의 삶과 죽음이 세상을 향한 하나님의 사랑을 드러냈다는 진리이다. 죄 없는 그의 희생은 죄인들을 구원하였고, 하나님의 집에서 완전한 교제와 상속으로 죄인들을 화해시키고 회복시키셨다. 세상의 죄를 위해 십자가에서 돌아가신 예수님의 죽음은 모든 곳에서 모든 사람이 하나님과 화해하기 위해 그분에 대한 믿음을 두라는 부르심의 기초이다. 기독교 세계관 메시지의 핵심은 또한 예수 그리스도의 부활이다(고전 15:3-4). 부활은 죄인의 구원을 보장할 뿐만 아니라 예수님의 주되심과 신성을 확립한다(롬 1:3-4, 4:24-25). 부활은 믿는 자가 새 생명으로 보고 생각하고 새롭게 살 수 있게 한다.

이 핸드북의 집필진은 기독교적 세계관을 발전시키는 것이 기독교적 신념으로 문화에 대한 우리의 참여를 증진시켜 발전하는 과정임을 인식한다. 기독교 세계관은 새로운 존재 방식에 기초한 새로운 사고 방식, 보는 방식, 행동 방식을 제시한다. 따라서 "기독교 세계관 핸드북"에는 성경의 가르침이 삶의 모든 국면에 미치는 의미와 적용을 고려하는 글이 많이 포함되어 있다. 이 글들은 신자들이 모든 생각을 예수 그리스도께 사로잡도록 도우면서 기독교 세계관의 성경적, 신학적 기초의 의미를 증폭시킨다. 기고자들은 기독교적 세계관 사고가 구원론적일 뿐만 아니라 우주론적임을 인식하면서 창조주와 구속주로서의 하나님의 확언으로 시작한다. 이들은 기독교 세계관 사고의 본질인 보이는 것과 보이지 않는 모든 영역과 나라에서 전 우주에 대한 삼위일체 하나님의 주권에 대한 헌신을 공유한다. 이 프로젝트에 함께한 우리 모두와 이 핸드북을 읽는 모든 사람이 진정한 소명인 이웃을 섬기고 덕을 세우기 위해 주 예수 그리스도의 은혜와 지식 안에서 성장하고 모든 생각을 예수 그리스도의 주 되심에 사로잡는 법을 배우는 데 계속 발전하기를 기도한다.

지원해 주신 Thom Rainer와 Life Way Christian Resources 및 B&H Publishers의 리더십 팀에 감사드린다. 기독교 세계관의 의미에 대한 더 깊은 이해를 개발하도록 수년 동안 우리를 도운 것에 감사를 표하며 이 작업이 우리 삶에 대한 그들의 영향을 충실하게 반영하고 있음을 신뢰한다. 집필진 모두에게 감사를 표한다. 궁극적으로 이 사역이 성도들을 격려하고 덕을 세우며 교회를 굳건하게 하며 열방에 복음이 전파되도록 하며 크고 광대하신 하나님께 영광을 돌리게 될 것을 믿는다.

오직 하나님께 영광!

데이비드 S. 도커리 & 트레빈 K. 왁스
편집자

이 책을 출간하면서

지금은 온 세상이 가치관의 혼돈 시대에 살아가고 있다. 교회에서조차 세속적 가치관의 영향을 받아 좌우로 치우쳐 혼란 가운데서 방향을 잃고 우왕좌왕하면서 세상을 바로 세우지 못하고 오히려 세상으로부터 손가락질의 대상이 되어 버렸다.

성경은 분명히 좌로나 우로나 치우치지 말라고 강력히 명령하고 있다. 바울은 "우리의 싸우는 무기는 육신에 속한 것이 아니요 오직 어떤 견고한 진도 무너뜨리는 하나님의 능력이라 모든 이론을 무너뜨리며 하나님 아는 것을 대적하여 높아진 것을 다 무너뜨리고 모든 생각을 사로잡아 그리스도에게 복종하게 하니 너희의 복종이 온전하게 될 때에 모든 복종하지 않는 것을 벌하려고 준비하는 중에 있노라" (고후 10:4-6) 라고 강력히 경고하며 권면하고 있다.

이 모든 문제는 우리, 특히 성도들의 세계관이 성경적으로 세워져 있지 않기 때문이다. 성경적 세계관은 성경의 바른 이해 위에 세워지는 것이다. 성경을 읽는 관점을 가지고 성경적으로 읽어야 한다. 성경 읽기를 단순히 성경의 지식을 습득하기 위한 공부식으로 읽는 한은 성경을 통한 하나님의 관점을 이해할 수 없어 우리의 인간적 이성으로 성경을 세속적 가치관으로 읽게 되므로 나약하고 이기적 성도들만 만들어 낼 뿐이다.

성경을 바르게 읽어 성경적 세계관을 세우기 위해 성경적 세계관의 이해를 돕는 서적들을 읽고 탐구해야 한다. 기독교 세계관의 이해를 돕는 책들이 많이 있다.

그런데도 『기독교 세계관 핸드북』(*Christian Worldview Handbook*, Originally published by HOLMAN Co. 2019)을 굳이 출간하는 이유는 많은 기독교 세계관 책들이 세상의 세계관과 기독교 세계관을 단순 비교하는 수준이지만, 이 책은 성경의 원리와 교리를 90여 명의 각 분야의 전문가들이 간단명료하게 짧은 에세이로 성경의 원리와 교리를 세계관화 하는 것을 돕도록 집필된 책이다.

교회 목회자와 모든 성도가 꼭 일독하여 성경 읽기와 더불어 하나님의 의도를 이해하여 우리의 삶을 성경의 원리 위에 세우는 데 많은 도움을 받게 되기를 소망한다.

진정한 변화는 가치관의 변화이고, 성도의 삶은 이 변화를 이루어가는 성화적 삶이어야 한다. 그러기 위해 성경을 관점으로 읽어 반드시 세계관의 변화로 연결해야 한다.

성령 하나님의 역사하심을 기도한다.

주해홍 목사

에스라 성경통독 사역원 대표, 통큰통독 저자, 통큰통독 연대기 성경 편집자

역자 서문

모든 것이 빠르게 변화하는 시대를 우리는 살아가고 있다. 이 급격한 변화의 물결에 방향을 잃고 우왕좌왕하는 많은 이웃들을 만나게 된다. 거센 폭풍이 불어올 때 삶을 지탱해 줄 견고한 집에 거하며 생명줄을 더 단단히 붙잡아야 하듯 무신론과 다원주의의 거센 폭풍 속에서 그리스도인들은 예수 그리스도께 더 깊이 뿌리를 내리고 성경 말씀 안에 든든히 서야 한다. 그리고 이 성경의 렌즈를 통해 세상을 바라보고 생각하고 말씀을 살아내야 한다. 각 개인의 삶이든 가정이든 교회든 국가든 하나님의 창조 원리에 따라 그 질서가 회복되고 절대적인 기준이 바로 서고 모든 것이 자기 자리를 찾기 시작할 때 사랑 가득한 진리이신 예수 그리스도 안에서 진정한 평화와 자유를 맛보게 될 것이다.

이 책은 기독교 세계관의 다양한 주제에 대한 90명 이상의 전문가들이 쓴 에세이 모음이다. 논쟁적인 주제도 있고 새롭게 생각해 보아야 할 주제도 있다. 각 독자의 관점에서 볼 때 어떤 저자는 더 진보적이고 어떤 저자는 더 보수적일 수 있으나 모두 성경을 기준으로 제시하고 있기 때문에 나의 관점과 비교하여 더 깊이 생각해 볼 수 있다. 짧은 에세이지만, 광범위한 주제의 근본적인 문제들을 드러내고 제시해 주므로 책의 제목처럼 기독교 세계관의 핸드북으로 사용될 수 있을 것이다. 이

책을 읽는 모든 분들에게 성경의 가르침이 삶의 모든 국면에 미치는 의미를 알고 실제적으로 적용할 수 있는 은혜가 있기를, 또한 큰 변화와 갈등을 겪고 있는 우리 교계에도 이런 다양한 주제에 대한 건강한 논의와 합의가 있기를 소망하며 기도한다.

"우리의 싸우는 무기는 육신에 속한 것이 아니요 오직 어떤 견고한 진도 무너뜨리는 하나님의 능력이라 모든 이론을 무너뜨리며 하나님 아는 것을 대적하여 높아진 것을 다 무너뜨리고 모든 생각을 사로잡아 그리스도에게 복종하게 하니" (고후 10:4-5).

류현모 · 강애리
번역자

추천사

편집자 데이비드 도커리(David Dockery)와 트레빈 왁스(Trevin Wax)가 초청한 집필진은 기독교 세계관의 다양한 주제를 소개한다. 이들은 계시, 하나님이 누구신지, 예수 그리스도의 본성과 사역, 그리고 예수 그리스도가 내재된 진리의 패턴에 근거한 기독교 세계관의 기초를 스케치하는 데 주의를 기울인다. 그 후 그들은 경쟁하는 다양한 세계관을 신중하고 정중하게 조사하고 수많은 주제(예: 과학, 교육, 정부)를 다루는데, 그중 일부는 현재 논쟁 중인 것(예: 결혼, 노예제, 창조 보호)이다. 이 책이 핸드북으로 주어지면 많은 사람에게 바로 쉽게 읽히지는 않겠지만, 몇 번이고 다시 보게 될 책이다.

| D.A. 카슨(D.A. Carson), 복음연합회장

최근 몇 년 동안 우리는 현실에 대한 기독교적 이해와 그에 대항하는 다양한 종교 및 이념 사이의 투쟁이 점점 더 심화되고 있음을 인식하게 되었다. 그리스도인들은 이 전쟁이 얼마나 광범위한지 대부분 잘 이해하지 못한다. 이 시기에 적절한 "기독교 세계관 핸드북"은 객관적 진리,

창조의 구조, 죄의 본질의 중요성, 예수 그리스도 안에 계시된 하나님 구원 그리고 은혜의 독창성 같은 근본적인 문제를 탐구한다. 편집자 및 집필진은 기독교 복음을 고백하고 선포하는 모든 사람이 오늘날 치러야 하는 영적 전쟁과 그 교훈을 숙고하고 몰두해야 하는 영적 전쟁에 필요한 매뉴얼을 우리에게 제공한다.

┃ 제랄드 브레이(Gerald Bray), 비슨신학교 신학 연구교수

데이비드 도커리(David Dockery)와 트레빈 왁스(Trevin Wax)가 함께 만든 "기독교 세계관 핸드북"을 진심으로 추천한다. 뛰어난 집필진의 짧은 에세이로 매우 광범위한 주제를 다루기에 핸드북이라 이름하였다. 오늘날 문화에서 기독교 세계관을 발전시키는 것과 관련된 "해 아래" 거의 모든 필요에 대한 간략한 소개는 매우 효과적이다.

┃ 스콧 B. 래(Scott B. Rae), Ph.D., 기독교 윤리학 교수, 학장, 바이올라대학교 탈봇 신학대학원

목차

편집자 서문 · **5**; 이 책을 출간하면서 · **9**; 역자 서문 · **11**; 추천사 · **13**; 목차 · **15**; 기여자 · **18**

Part 01
기독교 세계관 형성 · 23

기독교 세계관이란 · **24**; 진, 선, 미, 그리고 선한 삶 · **35**; 경쟁하는 세계관에 대해 생각하는 방법 · **41**

Part 02
계시와 성경 · 47

일반 계시 · **48**; 성경의 특별계시 · **53**; 성경적 권위 · **58**; 성경 해석 · **62**; 언어와 의미 · **68**

Part 03
하나님과 세상 · 75

신의 존재 · **76**; 삼위일체 · **82**; 신적 섭리와 자연주의 · **87**; 천사에 대한 성경적 견해 · **93**; 사탄과 악마 · **100**; 인간이란 무엇인가? · **107**; 인류의 주요 목적 · **113**; 타락과 구속 · **118**

Part 04
예수 그리스도와 기독교 진리의 본 · 125

세계관적 사고, 기독교의 지적전통, 기독교 진리의 본 · **126**; 예수 그리스도의 성육신 · **135**; 부활과 기독교 세계관 · **139**; 복음과 기독교 세계관의 형성 · **145**; 영원한 상태 · **150**

Part 05
철학과 윤리 · 155

믿음과 이성 · 156; 그리스 철학과 그것이 기독교 신학에 미친 영향 · 163; 윤리 출처의 근원 · 170; 기독교와 도덕적 상대주의 · 176; 의료 윤리 문제 · 182

Part 06
세계 종교와 경쟁하는 세계관 · 187

다른 종교는 어디에서 왔는가? · 188; 유대교 · 193; 이슬람교 · 199; 힌두교 · 205; 일원론, 범신론 및 만유내재신론 · 211; 불가지론과 세속주의 · 218; 새로운 무신론 · 224; 성서 시대의 다신교 · 230; 강신술(Spiritualism) · 235; 포스트모더니즘 · 240; 뉴에이지 운동 · 245; 정치적 보수주의와 진보주의의 (종교적) 문제 · 251; 정치적 자유주의의 (종교적) 문제 · 259; 자유지상주의의 (종교적) 문제 · 265; 민족주의의 (종교적) 문제 · 274; 사회주의의 (종교적) 문제 · 281

Part 07
기독교 세계관과 문화 참여 · 291

성경과 피조세계 돌봄 · 292; 묵시와 환경 · 297; 동물의 권리 · 302; 낙태에 대한 성경적 평가 · 307; 기독교 세계관과 악을 이기는 것 · 313; 인종의 평등과 인종 간 화해 · 317; 성경과 시민권 · 321; 성경과 노예제도 · 325; 결혼에 대한 성경적 견해 · 328; 젠더는 선택할 수 있는가? · 334; 트랜스휴머니즘에 대한 반응 · 341; 심신 문제 · 348; 기독교 세계관과 동성 결혼 · 353; 성 관계의 목적과 한도 · 359; 노인복지(돌봄) · 364; 일에 대한 성경적 견해 · 368; 기도와 질병 회복 · 373

Part 08
정부 · 377

기독교가 정부에 미친 영향의 역사 · 378; 성경과 정부 모델 · 383; 범죄와 형벌에 대한 성경적 견해 · 389; 민법의 기초 · 394; 국가와 교회 · 399; 종교적 자유 · 404

Part 09
교육 · 409

어린이 교육에 대한 기독교적 관점 · 410; 성경과 지적 추구 · 416; 기독교 고등 교육 · 424; 문학과 기독교 세계관 · 430; 심리학과 정신의학에 대한 성경적 견해 · 435; 역사에 대한 성경적 견해 · 441; 동양과 뉴에이지 역사관에 대한 반응 · 447

Part 10
과학 · 453

과학에 대한 성경적 근거 · **454**; 기독교 세계관과 창세기의 초기 장 · **460**; 성경과 과학의 관계를 위한 모델 · **469**; 교회와 지동설 · **475**; 방법론적 자연주의와 기독교적 세계관 · **482**; 기적과 과학은 양립 가능한가? · **488**

Part 11
예술 및 레크리에이션 · 493

하나님이 존재한다는 증거로서의 아름다움 · **494**; 영화와 기독교 세계관 · **500**; 음악에 대한 성경적 견해 · **506**; 예술에 대한 성경적 견해 · **512**; 매체의 형식과 시대 정신에 대한 저항 · **517**; 기술과 기독교 세계관 · **523**; 레크리에이션에 대한 성경적 견해 · **529**

Part 12
비즈니스 및 금융 · 537

비즈니스를 위한 성경적 모델 · **538**; 자본주의와 기독교 세계관 · **543**; 개인 재정 · **549**

Part 13
기독교 세계관과 사역 · 555

기독교 정신의 위기 · **556**; 성경적 형성 · **561**; 기독교 세계관의 설교와 가르치기 · **567**; 개인전도의 윤리 · **572**; 영적 전쟁 · **577**; 복음과 사회사역 · **582**; 리더십과 성경적 윤리 · **588**; 예배와 섬김 · **594**

Part 14
기독교 세계관과 세계 교회 · 601

그리스도인의 선교 참여에 대한 하나님의 목적 · **602**; 세계화란 무엇인가? · **608**; 복음주의 센터의 출현 · **614**; 열방에 대한 성경적 견해 · **619**; 북미 복음주의와 남반구 · **624**; 인용문헌 · **629**

기여자

❖ **편집자**

David S. Dockery and Trevin K. Wax

❖ **에세이 저자**

Daniel L. Akin, President, Southeastern Baptist Theological Seminary

Jason K. Allen, President, Midwestern Baptist Theological Seminary

Bruce Riley Ashford, Provost, Southeastern Baptist Theological Seminary

Mark L. Bailey, President, Dallas Theological Seminary

Hunter Baker, Dean, College of Arts and Sciences, Union University

Mike Barnett, Former Professor of World Missions, Columbia International University

M. Todd Bates, Dean, School of Christian Thought, Houston Baptist University

Michael D. Beaty, Professor of Philosophy, Baylor University

John A. Bloom, Professor of Physics, Biola University

Darrell L. Bock, Research Professor of New Testament, Dallas Theological Seminary

Robert M. Bowman Jr., Executive Director, Institute for Religious Research

Elijah M. Brown, President, Baptist World Alliance

Theodore J. Cabal, Professor of Philosophy, Boyce College/Southern Baptist Theological Seminary

Justin Carswell, Dean, School of Christian Ministries, College of the Ozarks

Joshua D. Chatraw, Director, New City Fellows

Anthony L. Chute, Professor of Church History, California Baptist University

Erik Clary, Associate Director, Endosurgical Research, Duke University Medical

Center

Graham A. Cole, Professor of Biblical and Systematic Theology and Dean, Trinity
Evangelical Divinity School

C. John Collins, Professor of Old Testament, Covenant Seminary

Paul Copan, Professor of Philosophy, Palm Beach Atlantic University

Winfried Corduan, Professor Emeritus of Philosophy and Religion, Taylor
University

Barry H. Corey, President, Biola University

Daniel Darling, Vice President for Communications, Ethics and Religious Liberty
Commission

Jimmy H. Davis, Hammons Professor of Chemistry, Union University

David S. Dockery, Chancellor and Professor of Christianity and Culture, Trinity
International University

Benjamin P. Dockery, Campus Pastor, Christ Church, Lake Forest, IL

Timothy D. Dockery, Executive Director, Principal and Planned Giving, University
of Arkansas Medical College

Michael Duduit, Dean, School of Ministry, Anderson University

Jason G. Duesing, Provost, Midwestern Baptist Theological Seminary

Michael H. Edens, Professor of Theology and Islamic Studies, New Orleans Baptist
Theological Seminary

William Edgar, Professor of Apologetics, Westminster Theological Seminary

Jeremy A. Evans, Associate Professor of Philosophy, Southeastern Baptist Theological
Seminary

Gene C. Fant, President, North Greenville University

Nathan A. Finn, Provost and Dean of University Faculty, North Greenville
University

Choon Sam Fong, Dean, Singapore Baptist Theological Seminary

Gregory B. Forster, Director, Oikonomia Network, Trinity International University

Zachs Gaiya, PhD student, Intercultural Studies, Trinity Evangelical Divinity School

Timothy George, Research Professor of Divinity, Beeson Divinity School, Samford
University

Joy Greene, Assistant Dean, School of Pharmacy, High Point University

Douglas Groothuis, Professor of Philosophy, Denver Seminary

George H. Guthrie, Professor of New Testament, Regent College

Steve R. Halla, Assistant Professor of Art, Union University

Douglas V. Henry, Professor of Philosophy, Baylor University

Eric L. Johnson, Director, Society for Christian Psychology and the Institute for Christian Psychology

Stanton L. Jones, Provost Emeritus and Professor of Psychology, Wheaton College

Timothy Paul Jones, Gheens Professor of Christian Education, Southern Baptist Theological Seminary

Thomas S. Kidd, Professor of History, Baylor University

Glenn R. Kreider, Professor of Theology, Dallas Theological Seminary

Charles E. Lawless Jr., Dean of Doctoral Studies and Professor of **Evangelism and Missions**, Southeastern Baptist Theological Seminary

Steve W. Lemke, Provost Emeritus, New Orleans Baptist Theological Seminary

Kenneth T. Magnuson, Professor of Christian Ethics, Southern Baptist Theological Seminary

Jennifer A. Marshall, Senior Research Fellow, Institute of Theology and Public Life, Reformed Theological Seminary

Kenneth A. Mathews, Professor of Old Testament, Beeson Divinity School

Craig Mitchell, Associate Professor of Philosophy, Politics, and Economics, Criswell College

R. Albert Mohler Jr., President, Southern Baptist Theological Seminary

Russell D. Moore, President, Ethics and Religious Liberty Commission

Scott H. Moore, Professor of Philosophy, Baylor University

Christopher W. Morgan, Dean, School of Christian Ministry, California Baptist University

Paul Munson, Associate Professor of Music, Grove City College

David K. Naugle, Professor of Philosophy, Dallas Baptist University

Mark A. Noll, McAnaney Professor of History, Notre Dame University

Harry L. Poe, Colson Professor of Faith and Culture, Union University

Mary Anne Poe, Associate Professor of Social Work, Union University

Doug Powell, Christian Apologist and Musician

Karen Swallow Prior, Professor of English, Liberty University

Thom S. Rainer, Former President, LifeWay Christian Resources

Joy Riley, Executive Director, Tennessee Center for Bioethics

Read M. Schuchardt, Associate Professor of Communication, Wheaton College

Walter J. Schultz, Professor of Philosophy, University of Northwestern

Mary Jo Sharp, Assistant Professor of Apologetics, Houston Baptist University

Robert B. Sloan, President, Houston Baptist University

Kevin Smith, Executive Director, Baptist Convention of Maryland/Delaware

Robert Smith Jr., Carter Professor of Preaching, Beeson Divinity School

John Stonestreet, President, Chuck Colson Center for Christian Worldview

Alan B. Terwilleger, Retired President, Colson Center for Christian Worldview

Felix Theonugraha, President, Western Theological Seminary

K. Erik Thoennes, Associate Professor of Theology, Biola University

Carl R. Trueman, Professor of Biblical and Religious Studies, Grove City College

Preben Vang, Director, Doctor of Ministry Program, Truett Seminary, Baylor University

Andrew T. Walker, Director of Policy Studies, Ethics and Religious Liberty Commission

Bruce A. Ware, Professor of Theology, Southern Baptist Theological Seminary

Micah J. Watson, William Spoelhof Associate Professor of Political Science, Calvin College

Trevin K. Wax, Publisher, Bibles and Reference, B&H Publishers

Stephen J. Wellum, Professor of Theology, Southern Baptist Theological Seminary

Darin W. White, Professor of Business, Samford University

James Emery White, Pastor, Mecklenburg Community Church, Charlotte, NC

Danny Wood, Pastor, Shades Mountain Baptist Church, Birmingham, AL

Taylor B. Worley, Associate Vice President, Trinity International University

Malcolm B. Yarnell III, Research Professor of Theology, Southwestern Baptist Theological Seminary

Christopher Yuan, Professor, Moody Bible Institute

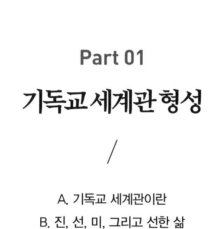

Part 01

기독교 세계관 형성

/

A. 기독교 세계관이란
B. 진, 선, 미, 그리고 선한 삶
C. 경쟁하는 세계관에 대해
생각하는 방법

A.
기독교 세계관이란

Trevin K. Wax

그 신발들을 잊을 수가 없다. 신발 더미들이 방을 가득 채웠다. 워싱턴 DC에 있는 홀로코스트 박물관에서 본 소름 끼치는 이미지 중 유대인 희생자들의 신발로 가득 찬 그 방을 나는 잊을 수 없다. 한때 그 신발을 소유했던 사람들을 생각하고, 말하기도 힘든 악의 소용돌이에서 희생당한 그들의 삶을 애도했다.

홀로코스트의 비극을 생각할 때, 고등학생 때 들었던 말이 떠오른다. "생각에는 결과가 따른다."[1] 아돌프 히틀러는 어느 곳에도 등장하지 않았다. 홀로코스트 사건 전에 우월한 인종이 존재함을 옹호하는 철학적 이론이 수십 년 동안 제시되었고, 민족주의적 법률이 작성되었으며, 열등한 민족의 씨를 말리는 우생학이 대두되었다. 다윈주의의 "적자생존"과 허무주의에 기반한 폭력 추구의 요소들을 삶 속에 던져 넣다 보면 결국 인류는 갖가지 거짓에 바탕을 둔 소름 끼치는 조합─즉, 나치의

---

* 본서의 모든 각주는 독자의 이해를 돕기 위한 번역자의 각주임을 밝힌다.
1 "Ideas have consequences" 리처드 위버(Richard Weaver)의 책 제목, 미국 보수주의자, 시카고 대학 교수

강제 수용소에 도착할 준비를 하게 된다.

참으로 생각에는 결과가 따른다. 때로는 그 결과가 아름다울 수도 있다; 기독교 초기 로마 제국의 도시가 전염병에 휩싸였을 때, 대부분의 로마 시민이 가족과 친구를 버리고 도시를 떠났지만 초대교회 그리스도인들은 병자 간호를 위해 남아 있었다. 다른 이를 위해 자신을 희생하신 구세주를 믿었기 때문에 자신의 목숨도 기꺼이 바쳤던 것이다.

1. 이념(~주의)의 세상 속 기독교

자본주의, 사회주의, 포스트모던주의, 소비주의, 상대주의, 다원주의 등이 세상에는 사회가 기능하는 방식과 사람들이 행동하는 방식에 대해 각기 다른 의견을 가진 다양한 이념(~주의)들, 즉 인간을 바라보는 다양한 관점이 존재한다. 이들 각각은 하나의 생각에서 시작되었다.

일부 그리스도인들은 철학과 이념"~주의"를 연구하려는 노력을 무시하며 이렇게 말한다. "다른 사람들이 세상에 대해 어떻게 생각하는지에 대해 나는 걱정하지 않는다. 나는 그저 성경을 읽고 기록된 대로 하려고 노력할 뿐이다." 이런 생각은 겸손하고 절제된 것처럼 보이지만 선교의 정신과는 거리가 멀다. 성경적 그리스도인이라면 세상 문화를 읽기 위해 먼저 성경을 읽어야 한다. 세상으로 보냄을 받은 우리는 불변하는 하나님의 계시에 비추어 이 세상의 이념을 평가하는 것이 중요하다. 즉, 성경을 먼저 읽음으로 세상 소식을 어떻게 읽을 것인지 알게 될 것이다.

성경을 통해 우리는 주변 사람들에게 복음을 전하는 방법을 알 수 있다. 좋은 선교사가 되려면 성경으로 형성된 마음을 가져야 하며 동시에 복음을 전달받을 사람들이 어떻게 생각하는지 이해해야 한다. 그렇기 때문에 우리는 삶의 큰 문제와 세상의 큰 논쟁에 익숙해져야 한다.

2. 기독교 세계관이 중요한 세 가지 이유

세계관은 각 사람이 세상을 바라보는 렌즈다. 세계관의 중심에는 개인이 가지고 있는 궁극적인 신념, 너무나도 명백해서 그것을 가진 사람이 그것에 대해 거의 의식하지 않는 근본적인 신념이 있다. 우리 각자는 세상에 대한 관점을 가지고 있다. 우리 주변의 다른 사람들도 마찬가지인데, 비록 그들이 그 관점에 대해 별로 생각해 본 적이 없다고 해도 가지고 있는 것은 자명하다.

나는 시력이 나빠서 초등학교 1학년 때부터 시력 교정 렌즈가 필요했다. 아침마다 콘택트렌즈를 눈에 넣고서야 선명하게 볼 수 있었다. 세계관은 콘택트렌즈와 같은데, 우리가 그것을 통해 세상을 보기 때문이다. 나는 하루 종일 콘택트렌즈에 대해 많이 의식하지 않는데, 내 눈에 착용되어 있을 동안은 렌즈를 볼 수도 없다. 하지만 나는 렌즈를 통해 세상을 본다. 마찬가지로 우리 각자는 의식하지 못하는 세계관을 통해 우리 주변의 세계를 해석한다.

1) 기독교 세계관은 우리를 세상과 구별하기 때문에 중요하다(롬 12:1-2).

"그리스도인은 세상과 달라야 한다." 이 말씀을 설교에서 듣거나 책에서 읽을 때마다 우리는 대개 행동에 대해 생각하게 된다. 그렇지 않은가? 우리는 고개를 끄덕이고 생각한다. 그렇다. 행동을 통해 우리를 세상과 구별해야 한다!

그러나 똑같이 중요한 다른 적용이 이 선언에 있다. 그리스도인은 생각하는 방식에서 세상과 달라야 한다. 생각 또한 세상과 구별되어야 한다. 우리의 행동은 세상에서 우리를 돋보이게 해야 한다. 그러나 더 깊은 수준에서 행동은 생각을 따르기 때문에 생각하는 방식 역시 달라져야 한다.

사도 바울이 로마인들에게 보낸 편지의 전환점인 로마서 12장 1절-2절을 살펴보자. "그러므로 형제들아 내가 하나님의 모든 자비하심으로 너희를 권하노니 너희 몸을 하나님이 기뻐하시는 거룩한 산 제사로 드리라. 이것이 너희의 드릴 영적 예배니라. 너희는 이 세대를 본받지 말고 오직 마음을 새롭게 함으로 변화를 받아 하나님의 선하시고 기뻐하시고 온전하신 뜻이 무엇인지 분별하도록 하라."

12장에서 바울은 어떻게 살아야 하는지에 대한 구체적인 지침을 준다. 이전 장들에 비추어 볼 때, 하나님의 약속과 그분이 자기 아들을 통해 주신 구원에 비추어 볼 때, 그리스도인들은 자기 몸을 산 제물로 드리라는 명령을 받는다.

여기서 "몸"이라는 단어의 사용에 의문을 가질 수 있다. 우리는 세계관에 관해 이야기하고 있고 그것은 우리의 마음과 관련이 있지 않은가? 그렇다. 영적 변화가 두 가지 모두를 포함하는 것을 주목하자. 1절에서 바울은 몸을 드려야 하며, 2절에서는 마음을 새롭게 함으로 변화를 받아야 한다고 썼다. 마음과 물질, 몸과 비 물질, 생각과 행동. 바울은 "올바른 생각을 하라"라고만 말하지 않았다. 단순히 "올바른 행동을 하라"라고 말하지도 않았다. 바울은 복음이 우리의 생각과 행동을 변화시킨다는 것을 알았다.

이 시대를 본받지 않으려면 생각과 행동의 연관성을 알아야 한다. 바울은 이것을 연결했고 우리도 그래야 한다. 이 시대에 순응하는 것은 어떤 모습인지? 세상적인 방식으로 생각하는 것은 어떤 것인지? 성경에 답이 있다. 성경은 기독교 세계관이 어떤 모습인가뿐 아니라 잘못된 세계관이 우리를 어떻게 그릇된 길로 인도하는지를 보여 준다.

욥기에서 우리는 잘못된 세계관이 어떻게 그릇된 위로를 가져오는지 본다. 욥은 많은 고난을 겪은 의로운 사람이었고 그가 죄를 지었다고 비난하는 친구들은 욥을 "위로"하려 했다. "모든 것은 원인과 결과가 있기 때문에 일어난다. 나쁜 일을 하면 나쁜 일이 일어난다. 좋은 일을 하라 그러면 좋은 일이 일어날 것이다." 이 인과응보의 세계관이 친구들이 욥의 고난을 바라보는 렌즈였다. 그러나 욥기는 우리가 이해할 수 없는 일이 일어나도록 허락하시는 전능하고 전지하신 하나님의 관점으로 이러한 세계관에 도전한다.

전도서의 많은 부분은 죽음 앞에서 의미도 목적도 없는 삶인 '해 아래서의 삶'에 대한 세계관을 표현하고 있다. 저자는 성경적 세계관을 확언하는 말로 끝맺지만, 대부분의 전도서는 인간이 예상할 수 있는 유일한 것은 죽음이라는 관점에서 써졌다. 엄청난 부와 권력을 가졌음에도 불구하고 전도서 저자는 하나님의 존재를 떠나서는 모든 것이 참으로 무의미하다는 것을 알고 있었다. 그리고 '해 아래서의 삶'을 되돌아보며 이 삶이 전부인 것처럼 살아가는 사람의 마음가짐과 세계관을 이해하는 데 도움이 되는 전도서를 썼다.

고린도전서 15장에서 그리스도의 부활에 대한 바울의 설교를 생각해 보라. 32절에서 "죽은 자가 다시 살아나지 못한다면 내일 죽을 터이니 먹고 마시자 하리라"라고 그는 썼다. 세상에서 쾌락을 추구하는 것은 기독교의 중심에 있는 주장 즉 부활이 사실이 아니라면 받아들일 수 있다. 그러나 그리스도께서 부활하셨다면 즉각적인 기쁨과 위로보다 더 중요한 것이 있다. 바울은 이처럼 쾌락주의 철학을 기독교와 대조했다.

성경은 세계에 대한 기독교적 견해를 일관되게 제시한다. 성경 저자들은 비성경적 세계관과 상호 작용했고 이에 반대했다. 우리도 그렇게 하는 데 능숙해야 한다. 기독교적 세계관을 발전시키는 것은 우리가 이 세상을 본받지 못하게 할 것이다.

불일치(nonconformity, 세상의 일반적인 관행을 따르지 않음)에 대한 선교적 지향점이 있다. 사람이 중요하기 때문에 세계관이 중요하다. 동의하지 않는 사람을 이해하려고 노력하는 것은 이웃을 사랑하는 방법이지만 모든 관점을 타당하거나 옳거나 도움이 되는 것으로 받아들이는 것은 아니다. 그렇다고 해서 차이점에 대해 검토한다는 의미도 아니며 결코 순응해서는 안 된다. 선교하고자 하는 곳의 문화를 이해하고자 하는 선교사처럼 듣고 배울 것임을 의미한다. 우리 몸을 산 제물로 드리려면 하나님의 은혜에 비추어 살아야 하고, 세상에 보내신 그리스도의 대사 역할을 이해하고, 그분과 그분의 일을 세상에 증거하라는 부르심에 응답해야 한다.

2) 기독교 세계관은 우리의 영적 변화를 돕기 때문에 중요하다(롬 12:2a).

기독교 세계관은 우리를 세상과 구별하기 때문에 중요하다. 기독교 세계관이 중요한 또 다른 이유는 그리스도인으로서 생각하는 것은 성화 과정의 일부이며 그리스도 안에서 새로운 정체성을 받아들이는 중요한 부분이다. 로마서 12:2, "너희는 이 세대를 본받지 말고 오직 마음을 새롭게 함으로 변화를 받아"를 주목하라.

이 구절은 거룩하신 하나님 앞에서 인간의 비참한 상황을 설명한 로마서 1장으로 돌아가게 한다. "하나님을 알되 하나님을 영화롭게도 아니하며 감사하지도 아니하고 오히려 그 생각이 허망하여지며 미련한 마음이 어두워졌나니 스스로 지혜 있다고 하나 어리석게 되어 … 하나님의 진리를 거짓 것으로 바꾸어 놓았다"(롬 1:21-22, 25).

이 구절은 하나님의 진리를 거짓으로 바꿀 때 어떤 일이 일어나는지를 보여준다. 마음이 어두워지면 우리는 죄 많은 행동을 하게 된다. 이는 바울의 죄악 된 태도와 행동 목록에서 알 수 있듯이 탐욕, 시기, 살인, 성적 부도덕 등이다(롬 1:29-31절).

그러나 로마서 12장에서는 상황이 영광스럽게 역전되었다. 그리스도의 사역으로 말미암아 우리의 생각이 새롭게 되고 있다. 더 이상 어둠 속에 사는 무감각한 죄인이 아니다. 그 대신 그리스도의 부활의 빛으로 사는 구속받은 사람들이다. 우리는 또한 마음속에 거듭나게 하시는 그분의 역사에 비추어 산다. 성령을 통하여 하나님은 우리를 변화시키시며 세상이 아니라 그의 아들의 형상으로 만드신다. 하나님의 자비로 우리는 새로운 신분을 갖게 되었다.

우리 자신에 대해 생각하는 것이 중요하다. 그것은 세상을 보는 방식에도 영향을 미친다. 그렇기 때문에 그리스도인으로 생각하는 것이 그리스도를 따르는 자로서의 정체성의 핵심 부분이다. 하나님의 자녀로 부름을 받았다면 분명히 새로운 정체성은 우리가 생각하고 행동하는 방식에 영향을 미칠 것이다.

부모로서 나는 아들이 성장하고 성숙해지는 것을 볼 때 자랑스럽다. 아들이 책임감과 사랑의 마음으로 장난감을 두고 동생을 보살피러 간 적도 있다. 아홉 살짜리 아이가 자라면서 성숙해지는 모습을 보면 마음이 따뜻해진다. 마찬가지로 하나님께서는 우리가 당신의 자녀처럼 생각하고 행동하는 것을 기뻐하신다. 비록 자주 비틀거리고 넘어지지만 우리는 순종을 통해 그분을 기쁘시게 한다(롬 12:2). 항상 명확하게 생각하지 않는 것이 사실이며 우리는 참으로 성화의 과정 중에 있으며 아직 불완전하다. 그러나 하나님은 자녀들이 마음으로 그분을 사랑하는 것을 보고 기뻐하신다. 하나님이 우리에게 주신 새로운 정체성을 받아들이는 것을 보고 좋아하신다.

세계관은 삶의 근본적인 질문에 대한 답을 제공한다. 어떻게 여기까지 왔지? 왜 우리는 여기 있지? 누가 세상을 지배하는가? 우리는 결국 어디로 가나? 지구에서 무슨 일이 잘못되고 있는가? 해결책은 무엇인가? 사람들은 이런 질문을 의식적으로 하지 않을 수는 있지만, 마음속에서 그런 질문에 대답하는 방식이 삶의 방식을 결정한다.

세상에서 가장 큰 문제가 무지라고 확신하면서 매일 출근하는 한 교사의 예를 생각해 보자. 교육의 부족은 범죄로 이어지고 인간의 슬픔의 근원이다. 세상의 가장 큰 문제가 무지라면 해결책은 무엇일까? 교육! 구원은 배움을 통해 온다. 이와 대조적으로, 기독교 교사는 무지가 인간의 고통에 기여할 수 있지만 그것이 문제의 궁극적인 원인은 아님을 알게 된다. 성경에 따르면 인간의 슬픔은 죄, 즉 하나님께 대한 우리의 반역에서 비롯된다. 죄가 큰 문제이고 그리스도의 속죄 죽음과 부활을 통한 구원이 해결책이다. 결국 해결책은 더 많은 교육이 아니라 예수님이다.

세계관 질문에 대한 답은 삶에 대한 다른 관점으로 이어진다. 세상의 문제를 진단하는 방법은 반드시 당신이 해결책이라고 믿는 것에 영향을 미친다. 그렇기 때문에 성경을 공부할 때 성령의 능력으로 마음을 새롭게 하는 것이 중요하다. 우리는 성경의 계시라는 눈을 통해 세상을 보아야 한다.

시편 기자는 "주의 말씀의 나타내심이 미련한 자들에게 빛을 비추사 총명을 주시나이다"(시 119:130)라고 썼다. 결국 깨달은 것은 타고난 성숙도가 아니라 하나님의 계시로 은혜를 입었기 때문이다. 마음을 새롭게 함으로 변화를 받는 것은 하나님의 말씀을 통해 역사하시는 하나님의 영이 아니고서는 이루어지지 않는다. 하나님의 위대한 구속 이야기에서 우리의 위치를 찾을 수 있도록 성경의 의미를 밝히는 성령의 역사하심이 필요하다.

3) 기독교 세계관은 어떻게 살아야 하는지를 알려주기 때문에 중요하다(롬 12:2b).

로마서 12장 2절은 우리의 영적 변화의 목적이 무엇인지를 분명히 한다. 그것은 "하나님의 선하시고 기뻐하시고 온전하신 뜻이 무엇인지 분별"하게 해 준다.

나는 앞에서 세계관이 콘택트렌즈를 착용하는 것과 같다고 언급했다. 아침에 콘택트렌즈를 끼고 다시 침대에 누워 하루 종일 천장만 쳐다본다면? 그것은 무의미하다. 렌즈의 낭비이다. 렌즈를 착용하는 목적은 나에게 할당된 작업을 진행하면서 하루 종일 명확하게 보기 위한 것이다. 마찬가지로 기독교 세계관을 발전시키는 핵심은 좋은 시력으로 위로를 받아 허공을 바라보는 것이 아니다. 그리스도 안에 있는 새로운 정체성에 따라 성경적인 방식으로 걸어가는 것이다. 때때로 그리스도인들은 성경이 순종의 모든 단계를 설명하는 빠르고 쉬운 안내서가 되기를 바란다. 확실히 성경에는 해야 할 것과 하지 말아야 할 것이 많이 있다. 그러나 하나님은 우리가 처할 수 있는 모든 상황에 대한 구체적인 명령을 하지 않았다.

성경은 예수 그리스도와 그분의 복음에 우리의 관심을 집중시키는 장대한 이야기이다. 이 구속의 이야기에서 우리는 그분 안에 있는 새로운 정체성에 따라 생활하는 원리를 얻는다. 일단 하나님의 계획과 섭리에서 일반적인 역할을 이해하고 나면, 우리는 매일의 결정을 내리는 데 있어 성경적 지혜를 행사하도록 부름을 받는다.

하나님은 단순한 명령 목록보다 더 좋은 것을 남겨 주셨다. 그분은 성령의 권능을 통해 우리가 취해야 할 행동을 분별할 수 있는 새로운 생각을 주셨다. 그분은 성경에 분명한 지시가 나와 있지 않은 특정한 상황에서 하나님의 뜻을 결정할 수 있도록 우리를 변화시키려고 하신다.

특정한 상황에서 성경을 적용하는 방법을 아는 것은 기독교 세계관을 발전시키는 목표 중 하나이다. 역대상 12장에서 다윗 왕 지지자들의 명단을 볼 수 있다. 저자는 군인들을 나열하면서 한 지파에 대해 "때를 알고 이스라엘이 해야 할 일을 아는 잇사갈 사람"(32절)이라고 썼다. 이 구절의 맥락에서 이 지파의 이해는 다윗이 온 이스라엘의 왕이 되어야 한다는 것이었다. 그들은 "시대를 이해"했고 누가 정당한 왕인지를 알고 있었기 때문에 이스라엘이 무엇을 해야 하는지 알았다. 이와 같이 우리 그리스도인들도 무엇을 해야 할지 알기 위해 시대를 이해해야 한다. 우리는 예수님이 세상의 정당한 왕이심을 믿는다. 그리고 이 진리는 필연적으로 우리가 해야 할 행동에 영향을 미친다. 기독교 세계관은 하나님이 누구신지 그리고 그가 세상을 자신과 화해시키기 위해 하신 일에 비추어 발전된다.

3. 결론

그리스도 안에서 새로운 정체성에 따라 산다는 것은 무엇을 의미할까?

가장 먼저 해야 할 일은 우상을 무너뜨리고 견고한 진과 거짓 생각을 허물어야 한다(고후 10:4-5). 그런 다음 지속적인 회개와 믿음 안에서 성경의 눈으로 세상을 보아야 한다. 우리는 그리스도 왕국의 시민이다. 성령으로 거듭난 사람들이며 마지막 부활의 소망에 이끌려 조금씩 천천히 성숙해 가는 사람들이다. 그리스도인으로서 더 많이 생각하면 할수록 그리스도의 마음을 더 많이 갖게 될 것이다. 우리는 왕을 위하여 다른 사람들을 부르도록 부름을 받았다.

B.
진, 선, 미, 그리고 선한 삶

Karen Swallow Prior

고전 전통에서 진, 선, 미는 그 어떤 것보다 위대하고 고상한 존재의 한 형태의 증거로 여겨진다. 고대 철학자들에 따르면 진 선 미는 "초월적" 즉 보편적이고 절대적인 이상을 구성했다. 성경의 하나님을 몰랐기 때문에 이 그리스 사상가들은 하나님 자체가 아닌 하나님의 표적만 인식했다. 하나님의 초월성의 약속을 감지했지만, 하나님의 내재성 성취는 감지하지 못했다.[2] 그러나 초기 그리스인들은 이교도 세계관 내에서도 진, 선, 미가 우리 자신과 나머지 피조물 세계 너머에 존재하는 것을 이해했다.

하나님은 참되고 선하고 아름다운 모든 것의 근원이시며 하나님의 형상대로 지음받은 인간은 그의 본성과 성품을 반영한다. 인간은 다른 생물과 달리 이성을 통해 옳고 그름을 파악하고, 도덕성을 통해 선과

---

2 기독교의 신관은 초월성과 내재성을 동시에 내포한다. 하나님께서는 모든 곳에 현재하시며(시 139)자연의 질서는 오류없이 그분의 손과 섭리와 영원한 능력과 주권을 계시하고 있다는 점에서 (롬1:20) 내재하신다. 또한 하나님은 존재의 존엄에 있어 공간적, 인격적인 모든 것을 무한히 초월하여 존재하신다는 의미에서 초월적이다(롬 11:33-36).

악을 판단하고, 상상력과 창의적 능력을 통해 아름다운 것과 추한 것을 분별할 수 있다.

이러한 뚜렷한 인간적 특성의 발전은 인간의 탁월함을 자라게 하며, 이를 고전적으로 미덕이라고 한다. 이러한 미덕을 성취하면 고대인이 말하는 선한 삶과 성경이 말하는 풍요로운 삶으로 이어진다. 실제로 좋은 삶을 구성하는 것은 모든 종교와 모든 철학 학파가 해결하려고 시도하는 질문이다. 물론 성경은 결정적인 답을 알려 준다.

예수님 안에는 아름다운 길, 유일한 진리, 선한 생명이 있다. 그러나 그리스도께서 신자들을 위해 원하시는 풍성한 생명은 이 땅에서 이루기 힘든 것 같다. 물론 그 어려움의 대부분은 이 타락한 세상의 일부인 죄와 고통에서 비롯되는 피할 수 없는 결과이다. 그러나 어떤 어려움은 그러한 삶이 어떠해야 하는지조차 파악하지 못하는 우리 자신의 무능력 때문이다. C. S. 루이스는 "영광의 무게"의 유명한 서문에서 인간의 갈망이 어떻게 부족할 수 있는지 설명한다.

복음서의 부끄러움 없는 보상의 약속과 약속된 보상의 놀라운 특성을 고려할 때 주님께서는 강하지 않고 너무 약한 우리의 갈망을 아시는 것 같다. 무한한 기쁨이 제안됨에도 술과 섹스와 야망을 가지고 장난을 치는 무식한 존재들, 마치 해변에서 휴가를 보내자는 제안이 무엇을 의미하는지 상상할 수 없기 때문에 빈민가에서 계속 진흙 파이를 만들고 싶어 하는 무지한 아이와 같다. 우리는 너무나 쉽게 만족한다. (p. 26)

주님이 약속하신 풍요로운 삶보다 못한 것에 안주하고 있음을 어떻게 알 수 있을까?

하나님 말씀의 특별 계시와 창조의 일반 계시 둘 다에서 진리는 우리 앞에 명확하지만 인간의 본성은 그 무게와 명료함에 저항한다. 이 영적인 실명은 예수께서 십자가에 못 박히시기 전 빌라도가 예수께 "진리가 무엇이냐?"(요 18:38)라고 묻는 질문에서 볼 수 있다.

그러한 지식, 사실상 모든 지식은 여호와를 경외하는 것에서 시작된다(시 9:10). 하나님은 우리로 하여금 그의 진리를 알게 하시려고 말씀으로 우리에게 오셨다(요일 5:20). 그의 기록된 말씀은 진리이다(시 119:160; 삼하 7:28; 요 17:17). 하나님의 계명은 진리요(시 119:142,151), 그의 심판은 진리요(시 19:9), 복음은 진리이다(골 1:5). 성령은 신자들을 "모든 진리 가운데로"(요 16:13) 인도하는 "진리의 영"이다. 그러나 하나님에 대해서는 알 수 없는 것이 많으며 인간의 이해를 넘어 신성한 신비가 시작되는 곳을 받아들이는 것 또한 이해해야 할 진리이다. 예수께서는 진리를 아는 것이 우리를 자유롭게 하신다고 말씀하신다. 진리를 알 때 풍요로운 삶을 추구하기보다 진흙 파이를 만드는 일에 몰두하게 하는 잘못된 환상과 부적절한 열망에서 벗어날 수 있다.

풍요로운 삶은 단순히 아는 것 이상의 것을 요구한다. 행하는 것 역시 필요하다. 하나님께서는 창세기에서 시작되어 오늘날 우리 삶과 세상에 계속되는 역동적인 창조 행위에서 이것을 예시하신다. 세상을 창조하실 때 '좋았다'라고 선언하셨고, 인간을 만드실 때 '심히 좋았다'라고 선언하셨다. 우리가 세상에서 보는 선함은 타락한 상태이지만 선한 것이다. 왜냐하면 그분이 세상을 선하게 만드셨기 때문이다. 인간이 타락한 상태에서도 선행을 할 수 있는 것은 우리가 그의 선하심을 반영하기 때문이다. "우리는 그의 만드신 바라 그리스도 예수 안에서 선한 일을 위하여 지으심을 받은 자니"(엡 2:10). 우리의 선행은 하나님께 영광을 돌린다(마 5:16). 이 세상은 말할 수 없는 고통과 죄로 얼룩져 있지만 하나님은 선하시기에 이 세상은 선함으로도 가득 차 있다. 시인 제라드 맨리 홉킨스(Gerard Manley Hopkins)가 말했듯이 "세상은 하나님의 위대함으로 가득 차 있다." 좋은 삶은 땅의 충만함과 그 무한한 선함을 보고 기념하는 삶이다.

충실한 그리스도인의 삶에서 진리와 선의 중심성은 너무나 명백하다. 실제로 올바른 교리 (Orthodoxy)와 올바른 실천(Orthopraxy)은 대부분의 설교, 가르침, 제자도의 초점이다. 반면에 아름다움은 특히 현대 세계에서 주변적이고 중요하지 않으며 선택적인 것처럼 보인다. 아름다움은 다른 많은 간절한 욕구가 만연한 세상에서 과도하거나 필수 불가결한 것으로 보일 수도 있다. 수백 년 된 대성당의 아름다움과 오늘날 교회 건물로 개조된 자동차 판매점의 아름다움을 비교하면 오늘날 우리의 아름다움에 대한 욕망이 얼마나 줄어들었는지 알 수 있다.

성경은 하나님의 계획에서 아름다움이 차지하는 위치에 대해 다른 이야기를 한다.

성경 전체에서 우리는 아름다움이 진리와 선함과 불가분의 관계임을 본다. 진리는 하나님이 자신을 드러내는 것이고, 선은 그가 자신을 드러내는 이유이며, 아름다움은 자신을 드러내는 방식이다. 예를 들어, 신학자 윌리엄 다이르네스(William Dyrness)는 그의 저서 『시각적 믿음: 미술, 신학, 그리고 대화 중의 예배』(Visual Faith: Art, Theology, and Worship in Dialogue)에 따르면, 하나님께서 자신의 피조물을 설명하기 위해 사용하신 "좋았다"는 단어는 도덕적 좋음(선함)과 미적 좋음(아름다움)을 모두 가리킨다. 후에 하나님께서 자신의 거룩한 장막 건축을 지시하실 때 세부적인 장식을 포함하여 세부 사항을 설명하셨고, 두 명의 재능 있는 장인 브살렐과 오홀리압을 부르셔서 선함이 머무는 곳을 아름답게 장식하게 하셨다. 전체적으로 성경은 내레이션, 설명, 이미지, 음악성, 웅변이 뛰어난 성령의 영감을 받은 언어로 진리를 표현하는 다양한 문학 장르로 구성되어 있다. 성경 언어의 아름다움은 여러 시대에 걸쳐 세계 최고의 문학에 미친 영향으로 증명된다.

아름다운 것은 모두 하나님의 아름다움을 반영하며 "하나님이 모든 것을 지으시되 때를 따라 아름답게 하셨고"(전 3:11). 토마스 아퀴나스 (Thomas Aquinas)는 오래전에 아름다움의 속성을 비율, 광도 및 완전성으로 식별했다. 적절하게도, 이러한 특성은 삼위일체 하나님의 성품과 그리스도 안에서 가질 수 있는 풍성한 생명을 반영한다. 그리스도께서 산상 수훈에서 선포하신 축복을 '박애(beatitudes)'라고 하며, 이 단어는 '아름다운(beautiful)'이란 단어에 대한 동일한 인도-유럽 어근에서 유래했다. 〈부르심과 반응〉에서 철학자 장 루이 크레티엥(Jean-Louis Chretien)은 "아름다움(beautiful)"을 뜻하는 그리스어가 "부르다(call)"를 의미하는 단어와 어원적으로 관련이 있다고 언급했다. 아름다운 것이 우리를 부르고 손짓하기 때문이다. 그분이 만드셨든 그분의 형상대로 창조된 것이든 세상의 모든 아름다움은 우리를 하나님께로 이끌고 있다. 하나님은 그의 보이지 않는 속성을 가시적으로 나타내는 아름다운 세상, 우리를 그에게로 부르시는 세상을 창조하셨으므로 우리가 핑계할 수 없다(롬 1:20).

아름다움이 우리를 부른다는 사실은 아름다움이 본질적으로 미적 경험이며, 육체적 감각을 통해 육체적으로 지각되는 무엇임을 깨닫게 한다. 육체적인 것보다 영적인 것에 더 초점을 맞추는 경향 때문에 그리스도인은 감각적 경험이 우리의 형성과 이해에 하는 역할을 과소평가할 수 있다. 그러나 하나님은 그렇지 않다. 실제로 하나님은 예수 그리스도의 인격에 몸의 형체를 입고 인류에게 구원을 가져오도록 정하셨다. 성경이 하나님의 영광을 말할 때 그것은 그의 아름다움을 말하는 것이다. 그의 위엄이 드러난 것이다. 그리스도의 오심으로 인해, 우리는 요한과 함께 "우리가 그의 영광을 보았다"(요 1:14)라고 말할 수 있다. 성육신은 하나님이 보고, 듣고, 냄새 맡을 수 있고, 만질 수 있는 육체의 형태로 인류에게 오신 것이다. 우리는 빵과 포도주를 맛보며 그분의 육체적 죽음, 매장, 부활을 기억한다. 복음 진리의 심미적 측면은 관련이 없거나 불필요한 것이 아니다. 그것이 복음이다.

그리고 복음은 완벽하게 선하고, 참되고, 아름다운 하나의 이야기이다.

C.
경쟁하는 세계관에 대해 생각하는 방법

Graham A. Cole

우리의 준거틀[3]이 중요하다. 우리는 일관성 있게 구성된 대부분의 기준과, 그들과는 결코 연결될 수 없는 하나 혹은 몇몇의 다른 기준들을 가지고 있다. 아마도 이것은 우리가 스스로에게 지속적으로 던지지 않은 질문일 것이다. 진정한 질문은 다음과 같다. 우리를 이해하고 우리가 살고 있는 실제 세계를 조명하는 조리 있고 일관된 이야기를 전달하는 틀이나 세계관을 어디에서 찾을 수 있을까? 그것에 대해 깊이 생각하고 싶다면 생각할 수 있는 준거틀, 즉 자기모순이 없는 기준이 필요하다. 그것은 또한 살아 낼 수 있어야 한다. 즉, 이 준거틀이 실제로 우리 경험의 세계와 일치하는 것처럼 실제로 살아낼 수 있으므로 그렇게 하는 척할 필요가 없다. 그러나 풀리지 않은 수수께끼와 미스터리가 말끔하게 해결된다는 말은 아니다. 모세가 옛적에 말했듯이 은밀한 일

---

3   준거틀: frame of reference, 기준이 되는 틀

은 여호와께 속한 것이다(신 29:29).

1. 질문에 대해 질문하기

씨이엠 조드(C.E.M. Joad) 교수는 영국 라디오에서 천재로 이름을 날렸다. 그는 런던 대학의 철학 교수였으며 두뇌위원회(The Brains Trust)라는 BBC 라디오에 패널로 출연했다. 청취자들은 질문했고 패널들은 그에 답하면서 동시에 즐겁게 하려고 노력했다. 조드 교수는 질문에 대해 답할 때 한결같이 "모든 것은 당신이 ~에 대해 의미하는 바에 달려 있습니다."라는 말로 시작하는 것으로 유명해졌다. 그가 명시적이든 묵시적이든 어떤 질문에 대해 질문을 하는 것은 옳았다. 우리도 그래야 한다.

어떤 사람들에게 세계관이란, 우리가 누구이고, 어디에서 왔으며, 왜 잘못되었는지, 더 나아지려면 무엇을 바라야 하는가에 대한 일련의 답변을 포괄하는 용어이다. 나는 이것을 실존적 세계관이라고 부르고 싶다. 왜냐하면 그것이 나의 실제 존재에 대한 실제 질문에 초점을 맞추기 때문이다. 세계관에 대한 이러한 이해와 나의 준거 틀은 동의어이다.

2. 시금석 명제

준거 틀이나 세계관에 대해 참으로 보이는 것은 어떤 명제나 주장이 그 중심에 있다는 것이다. 철학자 윌리엄 할버슨(William H. Halverson)은 그 명제가 암시적이든 명시적이든 그러한 명제를 시금석 명제라고 기술했다. 예는 찾기 어렵지 않다. 예를 들어, 자연주의의 핵심에는 물질이 존재하는 모든 것이라고 생각하는 반면, 유신론은 지적이고 선한 창조주가 계신다고 주장한다. 할버슨에 따르면 자연주의와 비자연주의적 세계관 사이의 이런 구분은 근본적인 것이다.

다른 예로는 아무것도 중요하지 않다는 개념을 핵심으로 하는 허무주의가 있다. 이슬람은 알라만이 신이고 무함마드가 그의 예언자라는 주장으로 또 다른 예를 보여준다. 시금석이란 정확히 무엇일까? 시금석은 금이라고 주장되는 것을 문지를 수 있는 석영 조각이다. 시금석에 나타난 색깔은 그 광석 표본이 진짜 금인지 가짜 금인지 보여준다. 이러한 시금석 명제는 지식의 집에서 문지기 역할을 한다. 우리가 지식으로 간주하는 것은 시금석 명제의 품질 관리를 통과해야 한다. 그리고 여기에 문제가 있다. 실제로 우리가 어둠 속에 있지만 우리가 선택한 시금석이 그것을 알아채지 못함으로 인해 길을 잃고 마는 잘못된 것일 수 있다.

성경의 최고의 구원 이야기는 예수님이 왜 그토록 특별한지 이해하는 데 도움이 되는 준거 틀의 일부를 구성한다. 더 나아가, 그것은 아름다움과 공포, 기쁨과 위험이 있는 세상에서 하나님의 선하심과 사랑을 어떻게 믿을 수 있는지를 이해하는 데 도움이 된다. 더욱이 나를 포함한 인간의 잘못을 영원히 간과하지 않으실 거룩하고 사랑이 많은 하나님 앞에서 나의 진정한 도덕적 상태를 날카롭게 평가할 때 어떻게 평화를 찾을 수 있는지 이해하는 데 도움이 된다. 그러나 내가 스스로 할 수 없는 것을 하나님은 그리스도의 이 땅에 오심과 십자가를 통하여 예비하셨으니 곧 예수 안에서 중보자와 화해자를 예비하셨다. 예수님은 인성 안에서 우리도 그렇게 살아야 마땅하나 그렇게 살지 못하는 이타적인 삶을 사셨다. 다시 말해서, 그는 인간의 삶을 위한 신적인 계획, 즉 하나님과 이웃에 대한 사랑을 살아내셨다. 신적인 계획에 대해 그분이 신실하게 순종하셨기 때문에 우리에게 책임을 물을 수 있게 된 것이다. 그분은 우리가 그 가치를 이용할 경우 하나님의 심판을 받지 않도록 우리 잘못 때문에 우리가 마땅히 받아야 할 죽음을 대신하셨다. 그는 특별한 교환을 가능하게 한다. 마르틴 루터는 결혼에 대한 글을 통해 그 교환에 대한 비유를 표현했다. 그리스도의 재산은 그의 신부인 교회의 재산이 되고 신부의 큰 빚은 그 재산으로 갚아버리게 된다. 그리고 이 예수님은 다시 오신다. 피조물은 회복과 왕을 기다리고 있다. 그러나 하나님의 인내에는 한계가 있다.

예수님 시대와 마찬가지로 오늘날에도 이 세상 너머에 더 나은 세상을 바라는 희망을 버리는 사람들이 있었다. 역사에 대한 목적론적(목표 지향적인) 관점을 버리면 쾌락주의나 무관심, 절망이나 허무주의가 뒤따른다. 성경 이야기의 특징은 소망이다. 소망은 믿음, 사랑과 함께 위대한 미덕 중 하나이다. 베드로는 그의 첫 번째 편지에서 산 소망을 가지고 거듭난 그리스도인들에 대해 기록한다(벧전 1:3-5). 이 소망은 놀라운 역사적 사건인 예수 그리스도의 죽음과 재림에 기초한다.

기독교적 소망은 또한 인류 역사에 대한 특별한 관점을 낳는다. 세계의 다른 위대한 종교(특히 동양의 종교)들과는 달리, 그리스도인들은 윤회가 아닌 직선의 길을 걷는 사람이다. 레슬리 뉴비긴은, 인간의 이야기가 축을 중심으로 돌고 있지만 실제로는 아무 곳으로도 가지 않는(환생과 영원한 윤회) 바퀴처럼 끝없이 반복될 것이라 믿는 사람들과 인간의 역사를 길로 보는 사람들 사이의 중요한 차이를 본다. 그는 인도에서 힌두교 학자들과 대화를 나누며 오랜 세월을 보낸 후 이 결론에 도달했다. 길에는 시작과 중간과 끝이 있다. 성경 이야기에도 시작과 중간과 끝이 있다. 그것은 성경의 첫 번째 책인 창세기의 낙원에서 시작하여 성경의 마지막 책인 요한계시록의 한 도시에서 인간의 이야기는 끝난다. 그 가운데에는 그리스도의 오심과 십자가와 부활이 있다. 그 여정은 옛 하늘과 땅에서 새 하늘과 땅으로 가는 것이다. 더 이상 악도 없고, 죽음도 없고, 눈물도 없고, 애통도 없다. 우주는 평화롭다. 그것은 샬롬, 즉 하나님께서 주신 평강을 특징으로 한다.

기독교는 세계관(기술적으로는 유신론)을 포함하지만 세계관은 아니다. 기독교가 세계관이라는 예로는 기독교에 대한 지적인 설명의 중심에 시금석 명제들이 있다: 창조주, 창조, 타락, 구속, 회복에 관한 명제들. 더욱이 우리가 앞에서 보았듯이 이 준거 틀은 우리의 경험을 이해할 수 있는 설명력을 가질 뿐만 아니라, 대안적 이야기인 자연주의, 세속주의, 근대주의, 포스트모던 상대주의, 낭만주의, 유토피아주의, 허무주의, 비관주의, 이슬람교, 힌두교, 트랜스휴머니즘에 대해 심각한 의문을 제기한다.

3. 세계관 평가

이 시점에서 누군가는 이렇게 대답할 수 있다. "그래요, 기독교도 세계관을 포함한다고 칩시다. 세상에는 여러 세계관이 있는데 왜 꼭 기독교 세계관이어야 합니까?" 공정한 비평이다. 왜냐하면 세계관 후보들에 대해 어떻게 질적 평가를 해야 하는지에 대한 질문을 제기하기 때문이다. 앞서 언급한 두 가지 중요한 기준을 더 발전시켜보자. 이러한 기준은 준거 틀과 세계관에 적용된다.

첫 번째 기준은 준거틀의 논리성 여부이다. 다시 말해서, 두 가지 다른 의미의 문장들을 연결시켰을 때 하나의 논리적인 이야기가 되는가?

그 이야기는 내부적으로 일관성이 있는가, 아니면 모순되는가? 이것이 하나의 분별력이다. 우리가 모순을 허용하면 그 뒤에는 무엇이든 따라온다. 내가 누군가에게 그리스도가 십자가에 못 박혀 죽임을 당했다는 것과 그가 자고 있던 중 고령으로 돌아가시기 전에 가족이 있었다고 말하려고 한다고 상상해 보라. 다른 분별력은 일관성 있는 이야기가 필요하다는 것이다. 이야기의 요소는 서로를 설명해 주어야 한다. 창조, 타락, 구속, 회복의 각 파트의 이야기가 서로를 설명한다. 어떤 수준의 정교함이든 간에 준거틀 또는 세계관은 논리적으로 적절해야 한다.

두 번째 기준은 그대로 살아 낼 수 있는가이다. 특정한 준거틀을 믿고 받아들인다면 내가 경험한 세계에서 충실하게 살아 낼 수 있을까? 아니면 그 틀의 부족함 때문에 그것을 우리 삶의 기준에서 배제할 것인가? 이 현실적 문제는 인간의 타락과 앞으로 올 완전한 회복과 관련된 기독교의 준거틀을 진지하게 받아들인다면 기대되는 것이다.

Part 02
계시와 성경

/

A. 일반 계시
B. 성경의 특별 계시
C. 성경적 권위
D. 성경 해석
E. 언어와 의미

A.
일반 계시

Bruce Riley Ashford

모든 종교 문제에 대한 토론과 논쟁의 기초가 되는 한 가지 강력한 질문이 있다. 신에 대한 우리 지식의 근원은 무엇인가? 경험, 전통, 사회, 성경, 과학 등 우리가 의존하는 출처가 어디냐에 따라 우리가 묻는 질문과 제공하는 답변을 결정하기 때문이다. 그리스도인들은 하나님에 대한 지식이 하나님께서 인류에게 자신을 계시하신 데서부터 나온다고 믿는다. 이런 스스로 드러내심을 인식하고 그것을 "계시"라고 부를 때 적어도 세 가지를 의미한다.

첫째, 하나님은 자유롭게 자기 계시를 시작하신다. 본성상 하나님은 대화하신다.
둘째, 하나님은 자신에 대해 무엇인가를 보여주기 위해 계시를 시작하신다.
셋째, 자신의 영광을 드러내고 인간의 경배를 불러일으키기 위해 계시를 시작하신다.

그리스도인들은 일반적으로 이 계시를 특별계시와 일반계시의 두 유형으로 나눈다. 특별계시에서 하나님은 표적과 기적, 선지자와 사도의 말씀, 그리스도의 인격과 사역, 기독교 성경의 기록을 통해 자신을 계시하신다. 이런 유형의 계시는 특정한 시간과 장소에 있는 특정한 사람들에게 제공되기 때문에 특별하다. 이것은 삼위일체 하나님에 대한 참된 구원의 지식에 이르게 한다.

일반계시에서 하나님은 창조, 역사, 모든 사람에게 주신 도덕률을 통해 자신을 계시하신다. 이러한 유형의 계시는 모든 시대의 모든 사람에게 제공되고 하나님과 그의 도덕률에 대한 기본적인 이해를 제공하기 때문에 일반적이다. 이것은 하나님의 존재와 인간의 도덕적 책임에 대한 사실을 밝히고 있지만, 하나님을 거역하는 타락한 인간을 구원하기에는 역부족이다. 일반계시는 인간이 유일하신 참 하나님을 경배하고 순종할 필요성을 보여주기에는 충분하지만, 타락한 죄인들은 궁극적으로 구원과 하나님을 거부한다(롬 1:18-32).

1. 일반계시의 실상

구약에는 일반계시의 실재성을 말하는 많은 구절이 있다. 창세기 1~2장은 하나님이 자신의 형상과 모양대로 사람을 창조하셨다고 가르친다. 사람을 보면 하나님의 형상과 모양이 보인다. 욥기 38~41장은 하나님께서 땅과 바다, 해 뜨는 것, 눈과 우박, 바람과 비, 서리와 얼음, 별자리, 동물의 세계, 인간을 통해 자신을 계시하셨다고 가르친다. 이 성경의 장들에서의 욥의 반응은 창조된 질서의 모든 면에서 참으로 위대하신 하나님과 비교할 때 자신이 너무나 작다는 것을 인식한 경배의 침묵이었다(욥 40:4-5; 40:15-41:34). 욥의 경배는 창조된 질서를 보기는 했지만 거짓을 숭배하고 있음을 보여 준 친구들의 반응과 대조할 때 특히 중요하다.

마찬가지로 시편 19:1-4에서는 "하늘이 하나님의 영광을 선포하고 궁창이 그의 손으로 하신 일을 나타내는 도다. 날은 날에게 말하고 밤은 밤에게 지식을 전하니 … 그의 소리가 온 땅에 통하고 그의 말씀이 세상 끝까지 이르도다." 달리 말하면, 하나님의 피조물은 말과 지식으로 간주될 수 있을 만큼 하나님에 대해 충분히 분명하게 증거한다.

신약도 마찬가지로 하나님의 일반계시를 분명히 한다. 사도행전 17장에서 바울은 아레오바고[4]에서 이교도 아테네 청중에게 설교한다. 그는 아테네인들이 일반계시만으로도 하나님에 대해 알 수 있는 최소한 6가지를 확언한다(행 17:22-31). 그분은 창조주이시며 우주의 주인이시며 생명의 근원이시다(24절). 모든 선의 근원이시며(25절), 완전히 독립적이고 스스로 충분하시다(25절), 열방의 통치자이시며(26절), 지혜로우시며(26절), 그들과 가까이 계시고(27절), 다른 어떤 경배 대상보다 위대하시다(29절). 마찬가지로, 바울은 로마서 1장 18절-25절에서 모든 인간이 하나님에 대한 기본적인 지식을 가지고 있다고 주장한다. 그들은 그분이 존재하시고 창조주이시며 권세 있고 경배받기에 합당하신 분임을 안다. 이러한 이유로 인류는 변명의 여지가 없다(20절). 그럼에도 불구하고 인간은 자신이 알고 있는 진리를 억누르고(18절), 마음과 생각이 부패한 것을 경험하고(21절), 진리를 거짓으로 바꾸며(25절), 창조주를 경배하는 대신 피조물을 경배함으로써(25절) 일반계시에 응답한다. 로

---

4 아레오바고: 아테네의 마르스 언덕에 있는 고등재판소, 건물은 없고 원형의 계단식극장으로 바울이 여기서 아테네 사람들에게 복음을 전했다.

마서 2장 14절~16절에서 바울은 또한 이 세상의 모든 사람이 하나님의 도덕률에 대한 직관적인 지식을 가지고 있음을 분명히 한다.

2. 일반계시의 내용

이 구절과 다른 성경 구절은 일반계시의 사실뿐 아니라 그 내용도 확립한다. 일반계시에서 하나님은 한 분이시며(행 17:26; 롬 1:20), 창조주이시며(행 17:25), 유지자이시며(행 14:15~16; 17:24~28), 통치자이시며(롬 1:26), 현명하시며(시 104:24), 위대하시며(욥 40:15-41:34), 능력 있으시며(롬 1:20), 지적이시며(롬 1:26), 내재하여 활동하시고(행 17:24-27), 의롭고 선하시며(행 14:17; 롬 2:14-15), 경배 받으시기에 합당하다(롬 1:25).

하나님의 법과 관련하여 하나님께서는 인간의 마음에 몇 가지 기본적인 도덕 원칙을 기록해 두셨다. 십계명은 이스라엘 민족을 위해 만드셨지만, 그 계명 이면의 도덕적 원리(출 20:1~17)는 일반계시를 통해 모든 사람에게 계시된다. 우리는 다른 신이나 우상보다 하나님을 경배해야 하고(3절-6절), 시간을 내어 안식하고 그분께 예배해야 한다(8절-11절). 하나님의 이름을 함부로, 부적절하게 사용해서는 안 된다(7절). 부모를 공경하고(12절) 살인(13절), 간음(14절), 도적질(15절), 거짓 증거(16절), 탐욕(17절)을 삼가야 한다. 이러한 도덕 원칙은 모든 인류에게 보편적인 자산이다. 완벽히 명확하게 보지 못하거나, 모른 척 할 수 있고, 혼란스러울 수도 있지만 우리는 실제로 그것들을 알고 있다.

3. 일반계시의 목적과 한계

일반계시와 특별계시는 우리가 예배해야 할 하나님을 가리키는 공통된 목적을 가지고 있다. 시편 19편은 일반계시와 특별계시가 예배와 순종을 불러일으키는 공통의 목적을 가지고 있음을 알려준다(14절). 로마서 1장 18절~34절은 일반계시에서 하나님이 존재하고 그분께 경배해야 함을 분명히 한다고 가르친다.

성경은 인류가 반역적 성향에 빠져 있으며 이러한 이유로 일반계시를 거부한다는 점을 또한 분명히 알려준다. 일반계시에도 불구하고 사람들은 어리석게도 하나님을 거부한다(시 14:1). 인간들은 하나님의 진리를 억누르고 그것을 거짓으로 바꾸어 피조물을 조물주보다 더 경배하는 자들이다(롬 1:18-32). 하나님의 피조물인 인간은 하나님을 경배하는 대신 하나님이 창조하신 선물들을 가져다가 성, 돈, 권력, 성공, 명예 같은 우상을 만든다. 너무나 자주 우리는 창조주 대신 우상을 경배한다.

인간은 필연적으로 하나님의 일반계시를 뒤틀고 왜곡하기 때문에 하나님의 말씀을 듣고 예배와 순종으로 나아가기 위해서는 하나님의 특별계시가 필요하다. 기독교 성경의 형태로 우리에게 오는 이 특별계시는 우리에게 그리스도를, 즉 하나님이 자신을 끝까지 드러내신 것임을 가리키는 데 필요하다.

B.
성경의 특별계시

Mark L. Bailey

일반계시와 특별계시는 하나님께서 인류에게 자신을 나타내시기 위해 택하신 두 방법이다. 이 용어는 계시의 범위와 목적을 설명하는 데 사용되었다. 일반계시는 자연을 통해 하나님에 대해 알 수 있는 일반 진리이다. 신학자들은 일반계시만으로는 알 수 없는 그분의 마음과 의지를 알 수 있도록 하나님의 의도적인 개입에 대한 믿음을 언급하며 특별계시라는 용어를 사용한다. 일반계시와 특별계시를 구별하는 것은 계시의 근원이나 기원과는 거의 관련이 없다. 둘 다 하나님으로부터 오기 때문이다. 대신, 그 구별은 계시의 수단이나 목표와 관련이 있다.

특별계시는 인류의 구속과 하나님과의 지속적인 관계에 관한 것이다. 오직 특별계시를 통해서만 경건한 삶을 사는 법을 배우고 그분께 영광을 돌릴 수 있다. "그의 신기한 능력으로 생명과 경건에 속한 모든 것을 우리에게 주셨으니 이는 자기의 영광과 덕으로써 우리를 부르신 이를 앎으로 말미암음이라"(벧후 1:3). 특별계시의 목적은 신자에 대한 구원의 은혜로운 행위와 그를 배척하는 자들의 정당한 정죄를 통해 죄인의 구속과 하나님의 영광이 확대되는 것이다.

이 수준의 지식은 보편적으로 사용할 수 없다. 오히려 하나님의 영으로 거듭난 자들에게 초자연적으로 하나님께서 주시는 것이다(요 3:3). 바울은 "하나님이 자기를 사랑하는 자들을 위하여 예비하신 모든 것은 눈으로 보지 못하고 귀로 듣지 못하고 사람의 마음으로 생각하지도 못하였다함과 같으니라. 오직 하나님이 성령으로 이것을 우리에게 보이셨으니 성령은 모든 것 곧 하나님의 깊은 것까지도 통달하시느니라"(고전 2:9-10).

히브리서 1장 1~3절은 하나님의 특별계시에 대한 간략한 개요를 제공한다. "옛적에 선지자들을 통하여 여러 부분과 여러 모양으로 우리 조상들에게 말씀하신 하나님이 이 모든 날 마지막에는 아들을 통하여 우리에게 말씀하셨으니 … 이 아들은 하나님의 영광의 광채시요 그 본체의 형상이시라 그의 능력의 말씀으로 만물을 붙드시며"

하나님의 특별계시는 시간이 흐르면서 조금씩 왔으며 따라서 "점진적 계시"라고 표현하는 것이 타당하다. 이러한 계시는 사람들이 하나님을 더 잘 이해할 수 있게 해주었다. 성경저자들은 창조주에 관한 지적 보물을 더했다. 계시가 부분적인 것에서 최종적인 것으로 옮겨갔지만, 불완전한 것에서 완전한 것으로 된 것은 결코 아니다. 그 과정의 모든 지점에서 계시된 모든 것은 완전하고 동등하게 영감을 받았다. 역사를 통틀어 하나님은 인류에게 자신의 생각과 메시지를 계시하기 위해 다른 방법들을 사용하셨다.

1) 특별한 현현

성경은 하나님이 물리적 형태로(창 3:8; 18:1; 출 3:1~4; 34:5~7) 여러 번 나타나셨다고 기록하고 있다. 그러한 모습을 "하나님의 현현, theophany"이라고 한다. 천사가 물리적 형태로 나타날 때, 그것은 "천사의 현현, angelophany"이다. 일부 학자들은 히브리어 성경에서 두드러진 인물인 "주의 천사"가 성육신 전 상태의 주 예수였다는 데 동의한다(예: 창 16:7 – 13; 22:15 – 18; 31:11 – 13; 삿 6:11~23). 여기에 시내 광야에서 이스라엘의 든든한 동반자로서 그리스도의 실제 임재를 확증한 바울의 증언이 추가될 수 있다(고전 10:4).

2) 직접적인 의사소통

때로 하나님은 사람들에게 직접 말씀하시거나(창 2:16), 신적으로 계시된 꿈(창 28:12, 민 12:6, 왕상 3:5, 단 2), 환상(창 15:1, 사 1:1, 겔 8:3-4, 단 7장, 합 1:1, 슥 1~6장, 고후 12:1-7), 또는 하늘로부터 온 신성한 선언(삼상 3장, 마 3:17, 17:5, 요 12:28)을 통해서 소통하셨다.

3) 기적을 행하심

하나님은 또한 우림과 둠밈을 사용하는 경우와 같이 자연법칙을 중단하고 대신 자신의 뜻이나 능력을 알리거나(민 27:21), 우박을 보내거나 태양을 정지시키는 것과 같은(수 10:11~15) 하나님이 직접 행하신 기적을 통해, 또는 엘리야나 엘리사 같은 선지자가 행한(왕상 17~18, 왕하 2:9~14) 또 사도들이 행한(행 3:1~11) 기적을 통해 하나님의 뜻을 알리셨다.

4) 인격적 성육신

특별계시의 궁극적인 형태는 예수 그리스도이다. 예수님은 "내 아버지께서 모든 것을 내게 주셨으니 아버지 외에는 아들을 아는 자가 없고 아들과 또 아들의 소원대로 계시를 받는 자 외에는 아버지를 아는 자가 없느니라"(마 11:27). 예수님 안에 있는 특별계시는 그의 말씀(요 7:16-17), 그의 인격(14:7), 그의 하신 일(5:17-19)을 통해 온다.

5) 신성한 영감

성경은 하나님의 기록된 계시이며 하나님이 현재 인간에게 자신을 계시하는 주요 방법이다. 결과적으로 이것은 진리에 대한 모든 주장을 평가하는 수단이다.

영감이라는 단어는 또한 성령께서 성경을 감독하신 과정에 주의를 환기시킨다. 이 용어는 전능하신 하나님께서 그의 계시를 기록할 때 성경의 인간 저자들을 인도하셔서 완성된 것이 하나님이 전달하기 원하셨던 원본 그대로의 말씀이 되도록 인도하신 과정을 의미한다.

대부분의 복음주의 그리스도인들은 하나님이 성경의 궁극적 저자이시기 때문에 성경은 틀리거나, 실수가 없음을 모두 확언한다. 성경은 영감으로 받은 하나님의 말씀이고 하나님은 거짓이 없기 때문에 그의 말씀은 전적으로 신뢰할 만하다. 시편 119편 160절은 "주의 말씀은 다 진실이오니 주의 의로운 판단은 각각 영원하리이다"라고 말씀하고 있다. 전능하신 하나님이 마리아와 같은 불완전한 사람을 취하여 완전한 살아있는 말씀, 곧 하나님의 아들 예수를 성육신하실 수 있다면, 그 전능하신 하나님은 인간 저자를 취하여 신적인 영감의 과정을 통해 완전한 하나님의 말씀인 성경을 만드실 수 있다.

성경에 관한 가장 좋은 구절은 베드로후서 1:20-21과 디모데후서 3:16-17에 있다. 영감의 과정은 전자에서 볼 수 있다. "먼저 알 것은 성경의 모든 예언은 사사로이 풀 것이 아니니 예언은 언제든지 사람의 뜻으로 낸 것이 아니요 오직 성령의 감동하심을 받은 사람들이 하나님께 받아 말한 것임이라." 영감의 산물은 후자인 디모데후서 3:16-17에 가장 잘 설명되어 있다. "모든 성경은 하나님의 감동으로 된 것으로 교훈과 책망과 바르게 함과 의로 교육하기에 유익하니 이는 하나님의 사람으로 온전하게 하며 모든 선한 일을 행할 능력을 갖추게 하려 함이라." 이 구절들은 성경의 신적 기원과 하나님께서 원하시거나 요구하시는 선한 일의 적절한 준비를 위한 성경의 사용을 선언하고 있다.

히브리서 기자가 지적한 바와 같이, 하나님의 의도는 이전의 모든 계시와 예수 그리스도의 계시 사이의 보완적인 대조와 비교에서 볼 수 있듯이 모든 계시가 그의 아들에게서 궁극적으로 성취되도록 하는 것이다. 성육신은 하나님의 말씀의 완전한 실현이다. 예수님은 말씀이 육신이 되셨고 지금도 그렇다. (요 1:1,14); 예수님은 아버지께서 가르치신 말씀을 하셨고(요 12:49; 14:10), 그의 가르치는 사역을 이렇게 요약하셨다. "내가 아버지의 말씀을 저희에게 주었사오매"(요 17:14).

C.
성경적 권위

Stephen J. Wellum

성경적 기독교는 성경이 하나님의 말씀이신 예수님을 통한 하나님의 강력한 행위의 산물인 것과, 인간 저자들이 하나님께서 쓰시려는 의도를 정확하게 오류 없이 자유롭게 쓰게 하신 성령으로 말미암아 권위가 있다고 항상 단언해 왔다. 왜 교회가 이 견해를 확언했을까? 성경의 영감과 무오성은 무엇을 의미하는가?

그리스도인들은 성경의 자기증언 때문에 성경의 권위를 확고히 했다. 세계관을 평가할 때, 그 세계관의 구체적인 주장부터 시작하는 것이 중요하다. 그러므로 우리 기독교를 평가하려면 성경의 자기증명에서부터 시작해야 한다. 우리는 성경에 전혀 무관한 권위를 부여하지는 않으며 오히려, 성경이 스스로 말하도록 내버려 둔다. 이를 통해 우리는 성경이 하나님의 말씀이며 따라서 완전히 권위 있고, 충분하며, 신뢰할 수 있다는 믿기 어려운 주장을 한다는 것을 알게 된다.

예를 들어 딤후 3장 16절은 구약 성경을 "하나님으로부터 영감을 받았다"(주께서 말씀으로 우주를 존재하게 하는 창조에 대한 암시)고 기술하고 있으며, 따라서 완전히 권위가 있다고 설명한다. 그의 말씀과 관련하여, 우주의 주권자-인격적 삼위일체이신 하나님은 인간 저자인 대리인을 통해 다시 말씀하셨고 우리에게 그의 말씀을 주셨다(벧후 1:20~21). 그리고 우리가 권위 있는 성경을 갖게 된 것은 바로 그가 창조주, 즉 만물을 알고 계획하시는 하나님(엡 1:11), 거짓말을 하거나 마음을 바꾸지 않는 하나님(민 23:19; 삼상 15:29; 히 6:18)으로서 그 말씀 뒤에 서 계시기 때문이다.

성경 자체에 대한 견해는 한두 개의 본문에서 찾을 수 없다. 그것은 성경전체에서 발견할 수 있다. 구약의 첫 페이지에서 모든 권위로 말씀하시는 영원하신 삼위일체 하나님이 등장한다(창 1:1-2:3). 그분은 이스라엘과 언약 관계를 맺을 때 믿고 순종해야 할 말씀을 주셨다(신 5:22,32; 29:9; 30:15~16; 수 1:7~8). 구속 역사가 전개되면서 언약을 맺으시고 언약을 지키시는 하나님은 계속해서 선지자들을 통해 자신을 계시하신다. 그리고 이것은 궁극적으로 그리스도 안에서 성취된다(히 1:1-2).

성육신하신 그리스도 안에서 하나님의 마지막 말씀이 선포된다(요 1:1-3,14-18). 우리 주 예수님은 구약을 성취하실 뿐만 아니라 그것을 하나님의 말씀으로 여기신다. 즉 그분 자신의 말씀과 함께 생활하고, 모든 것을 평가하는 표준과 기준으로 여기신다(예: 마 4:4; 5:17-19; 요 14:6; 10:35; 딤후 3:15-16). 이런 식으로 주님은 구약을 하나님의 말씀으로 인증하시고 성령의 능력으로 사도들을 통해 신약을 기록하도록 준비시키신다(요 16:5-15; 엡 2:20). 이것이 바로 신약 성경이 기록될 때 신약 저자들이 이미 자신들의 기록을 구약 성경과 평행을 이루는 권위있는 것으로 보는 이유이다(살전 1:5, 2:13). 특히 디모데전서 5:18(신 25:4; 눅 10:7)과 베드로후서 3:16(바울의 글을 언급함)에서 이들은 신약의 기록을 이미 "성경"으로 보고 있다.

이 모든 면에서 성경은 바로 하나님의 말씀이기 때문에 가장 권위 있는 것으로 간주된다. 성경이 말하는 것을 하나님이 말씀하시고, 하나님이 말씀하시는 것을 성경이 말한다. 성경의 어떤 점을 불신하거나 불순종하는 것은 하나님을 불신하거나 불순종하는 것이다. 하나님의 말씀에 대한 유일하고 적절한 응답은 신뢰하고 순종하는 것이다(사 66:2).

성경의 하나님이 결정적이고 객관적으로 말씀하셨다는 것을 확언하려면 성경의 권위를 확증하는 것이 중요하다. 권위 있고 무오한 성경이 없다면 하나님과 세상에 대해 가설을 세울 수는 있지만 그 어떤 가설도 적절한 근거가 없을 것이다. 만일 성경에 권위가 없다면 성경의 어떤 진술도 거짓이 될 수 있기 때문에, 우리의 믿음을 정당화할 근거가 없다. 그럴 경우 성경의 어떤 진술이 진실 혹은 거짓으로 판단되어야 하는지를 정당화하기 위해 각각에 대한 독립적인 기준이 필요할 것이다. 이것은 문제를 더 복잡하게 할 뿐이다. 성경이 정당화의 충분한 근거로 사용될 수 없는가 하는 질문뿐만 아니라, 무엇이 성경의 진위를 판단하는 독립적인 기준인지에 대해서도 질문해야 한다. 인간의 이성이나 종교적 경험이 그 기준이 될 수 있을까? 우리 믿음의 근거로 삼는 소위 말하는 이러한 모든 해결책의 문제는 각각 그 자신의 독립적인 정당화가 필요하다는 것이다. 그래서 결국 우리의 신학적 믿음의 기초가 되는 완전히 권위 있는 성경이 없으면 신학을 하거나, 보편적이고 객관적인 방법으로 진리를 아는 능력을 상실하게 된다.

오늘날 모든 면에서 권위가 위기에 직면해 있다. 도덕이나 철학, 종교의 문제를 막론하고 어떤 것은 옳고 다른 것은 그르다거나, 어떤 것은 참이고 다른 것은 거짓이라고 말할 근거가 없는 다원주의 시대에 살고 있다. 학원에서, 거리에서, 심지어는 교회 신도들에서도 진리의 개념에 대한 자신감이 크게 상실되는 것을 목격한다. 우리는 "하나님이 말씀하셨다"는 권위와 확신에 찬 느낌을 잃어버렸다. 그럼에도 불구하고 성경은 그 반대라고 말한다. 하나님의 권위 있는 기록된 말씀인 성경에 뿌리를 둔 도덕, 인간사상, 신학에는 보편적이고 객관적인 근거가 있다.

D.
성경 해석

George H. Guthrie

성경을 올바로 이해하는 것은 기독교 세계관을 세우는 기초이다. 하나님은 우리가 하나님의 세계, 하나님 자신, 그리고 우리를 위한 하나님의 목적을 잘 "볼" 수 있도록 그의 말씀을 주셨다. 그분은 우리가 잘 생각하고 잘 살기를 원하시지만(신 6:4-9; 마 7:24), 우리는 이해하지 못하는 것을 생각하거나 살아낼 수 없다. 그러므로 건전한 성경 해석은 그리스도의 주권 아래 살기를 원하는 모든 사람에게 기초가 된다. 디모데후서 2:15에 "너는 진리의 말씀을 옳게 분별하며 부끄러울 것이 없는 일꾼으로 인정된 자로 자신을 하나님 앞에 드리기를 힘쓰라"고 했다. 즉, 건전한 해석은 칭찬할만하며, 잘못된 해석도 가능하기에, 성경을 해석하여 가르치는 자는 책임을 져야 한다.

1. 성경 해석: "대화"

성경 해석을 대화에 참여하는 것으로 생각하자. 성경에서 하나님은 우리와 의사소통하는 수단으로 인간의 언어를 선택하셨다. 존 칼빈은 하나님께서 "아기에게 말하기" 방식으로 우리에게 말씀하셔서 이해할 수 있고 반응할 수 있는 문자로 의사소통할 수 있는 수준에 도달했다고 말했다. 누군가가 우리에게 말할 때 그 사람이 말하는 것을 듣고 이해하고 반응하기를 원한다. 이런 통합된 패러다임은 하나님의 말씀인 성경과 우리의 상호작용 방식에 잘 맞다.

"이해"는 성경 해석의 핵심이지만 우리는 단순히 지적 지식을 추구하는 것이 아니다. 오히려 성경해석은 성령의 인도하심을 받아 하나님의 말씀을 경청하는 자세, 무엇을 알기 원하는지 깨닫고 그 뜻대로 사는 자세를 길러서 관계적으로 접근해야 한다. 에스라 시대에 백성 앞에서 하나님의 율법이 낭독되었을 때 그들은 "율법책에 귀를 기울였는데"(느 8:3), 레위 사람들은 "백성에게 율법을 깨닫게 하였는데 … 그 뜻을 해석하여 백성에게 그 낭독하는 것을 다 깨닫게 하니"(느 8:7-8), 백성들은 애통과 축하로 율법의 말씀에 응답했다(느 8:9-12).

2. 듣는 법 배우기

우리는 듣지 못하는 것을 이해하거나 살아낼 수 없기 때문에 먼저 잘 들어야 한다. 우리는 기록된 문서를 다루기 때문에 문서에 있는 것을 "본다"는 이미지를 사용할 수도 있다. 성경적 해석은 본문을 자세히 읽는 것으로 시작되며, 본문을 여러 번 읽는 것이 도움이 된다. 다양한 번역으로 된 본문이 한 구절에 있는 세부 사항의 뉘앙스와 윤곽을 듣거나 보는 데 도움이 될 것이다. 이것은 속도를 늦추고 주의 깊게 읽어야 한다는 것을 의미한다. 또한 "내 눈을 열어서 주의 율법에서 놀라운 것을

보게 하소서"(시 119:18)라고 기도해야 한다/

3. 문맥에서 단어 이해하기

일단 본문의 다양한 측면을 듣거나 보기 시작하면, 보고 듣는 것의 중요성을 이해하기 위해 건전한 연습이 필요하며, 이는 우리가 언어로 작업할 것임을 의미한다. 하나님께서 언어로 말씀을 주셨기 때문에 우리의 해석은 부분적으로 언어가 작용하는 방식에 좌우될 것이다.

첫째, 언어는 표현을 통해 작동하는데, 문자의 집합은 무언가를 나타내는 상징으로 기능한다. 예를 들어, "빵"을 뜻하는 히브리어는 '레헴'이다. 그 단어와 그 구절을 정확하게 해석하기 위해 당신은 그 특정한 글자 그룹이, 그 순서대로 조합되었을 때, 빵을 지칭한다는 것을 이해해야 한다. 그래서 우리가 주어진 성경 번역에서 단어들을 마주칠 때, 공부하고 있는 단어의 원문에 있는 히브리어나 그리스 단어들을 이해할 필요가 있다.

둘째, 말은 융통성이 있다. 우리가 성경적인 단어(또는 어떤 언어의 단어)를 연구하면, 대부분의 단어들이 어떤 의미나 표현하는 것의 범위를 가지고 있다는 것을 발견한다. 이것을 "의미적 범위"라고 부른다. 따라서 성경 해석의 중요한 측면은 특정 단어의 다양한 의미의 범위를 이해하는 것이다. 예를 들어, 영어에서 "손"이라는 단어는 "도움", "박수", "목장의 노동자", "시계의 분침", 그리고 다양한 다른 뜻을 나타낼 수 있다. 그리스어에서 "charis"는 "은혜", "감사", "은사", "매력", "매혹", "호의" 또는 "부탁"을 포함한 많은 다른 의미를 가지고 있다. 그래서 해석은 특정한 시간과 장소에서, 그 단어의 다양한 의미들 중에서, 작가가 어떻게 그 단어를 사용하려고 의도했는지에 대한 이해를 구하는 것을 포함한다. 예를 들어 에베소서 2장 8절에서는 카리스가 하나님의 "은혜" 또는 "은혜로운 돌보심"으로 번역되어야 한다: "너희는 그 은혜에 의하여 믿음으로 말미암아 구원을 받았으니 이것은 너희에게서 난 것이 아니요 하나님의 선물이라." 우리는 작가가 문맥에서 그 단어를 어떻게 사용하는지에 기초하여 단어의 적절한 의미를 파악해야 한다.

이것은 단어가 어떻게 작용하는지에 관한 세 번째이자 마지막 요점으로 우리를 인도한다: 단어는 문맥에 기초하여 작동한다. 문맥은 성경의 한 구절을 올바르게 이해할 수 있는 배경을 형성하는 상황을 말한다. 적어도 네 가지 유형의 문맥은 텍스트에 대한 우리의 이해에 영향을 미친다.

1) 역사적 맥락

역사적 맥락은 성경에 기록된 사건이나 성경 이야기의 배경이 되는 사건을 말한다. 예를 들어, 사무엘하 6장에서 다윗 왕은 3만 명의 전사와 함께 언약궤를 예루살렘으로 옮기고 있었다. 궤는 수레에 실렸다. 수레가 움푹 들어간 곳을 지나며 뒤집히기 시작했다. 웃사가 그것을 안정시키기 위해 손을 뻗는다. 웃사는 하나님께 죽임을 당한다. 역사적 맥락과는 별도로 이 구절은 누군가 하나님을 도우려고 하는 사람을 벌하는 변덕스러운 분으로 이해하도록 이끌지도 모른다. 그러나 유대 역사에서 율법을 주신 것 외에는 웃사의 죽음을 잘 해석할 방법이 없다. 민수기 4장에는 하나님께서 궤(및 성막의 다른 인공물)를 운반하는 데 대한 구체적인 지시를 주셨으며, 특히 궤를 만지는 사람은 죽을 것이라고 제사장들에게 지시한 내용이 있다. 요컨대 웃사가 죽은 것은 다윗이 율법의 분명한 지시를 몰랐고 그대로 행하지 않았기 때문이다.

2) 문화적 맥락

문화적 맥락은 구절에 대한 올바른 이해에 영향을 미치는 특정 사회의 태도, 행동 패턴 또는 표현과 관련이 있다. 사도행전 4장에서 제사장들과 사두개인들은 베드로와 요한을 대적했다. "그들이 백성을 가르치고 예수 안에서 죽은 자의 부활을 전파"했기 때문이다. 그게 왜 문제였을까? 당시의 문화에서 대부분이 사두개인이었던 제사장들이 부활을 믿지 않았다는 것을 알 수 있다. 그러므로 부활에 대한 가르침은 그들의 가르침과 권위에 어긋나는 것이었다. 그들이 화를 낸 것도 당연하다.

3) 문학적 맥락

문학적 맥락은 단어나 구절이 책이나 책 그룹 또는 성경 전체에서 어떻게 어울리고 기능하는지를 포함한다. 어떤 단어도 고립되어 작동하지는 않는다. 예를 들어, 문학적 맥락의 가장 직접적인 수준에서 성경 해석은 문법과 구문의 역동성을 포함한다. 고린도후서 3:3에서 바울은 고린도 교회에 대해 비유적으로 말하면서 그들을 세상 앞에서 추천하는 "편지"라고 말했다. 헬라어 크리스토우(Christou)는 속격이며 다양한 방식으로 해석될 수 있다. 바울은 고린도 사람들이 "그리스도에 대한" 편지라고 말하고 있는 것일까? 아니면 그들이 "그리스도의 편지", 즉 그 편지의 출처이며 근원인 그리스도가 있는 편지라고 말하는 것일까? 직접적인 문맥에 기초하여, 더 넓은 문맥이 이 편지의 "생성"에 초점을 맞추기 때문에 후자가 아마도 맞을 것이다. 좋은 주석은 우리가 문법과 문맥의 더 넓은 문제를 이해하는 데 도움이 될 수 있다.

4) 신학적 맥락

신학적 맥락은 한 단어나 구절이 성경 전체의 스토리에서 신학적 주제의 짜임에 어떻게 들어맞는지를 나타낸다. 예를 들어, 바울이 고린도전서 5:7에서 예수님이 "우리의 유월절 어린양"이라고 말할 때, 우리는 출애굽기 12장에 있는 유월절 기념식과 더불어 요한복음 13:1 지상 사역의 마지막 기간인 유월절에서 예수님의 죽음에 비추어 그 서술의 뜻을 읽어야 한다.

4. 해석의 목표

성경해석은 그저 듣고 이해하는 것으로 끝나지 않는다. 성경해석의 목표는 본문에 반응하는 것이다. 우리는 성경본문을 익히려는 것이 아니라 본문에 의해 삶이 익숙해져야 한다. 성경적 공동체에서 신실하게 살 때, 우리는 예수께서 세우신 확장된 해석 공동체의 일부이다. 예수님은 우리에게 자신과 그의 사역, 그의 죽음, 그의 부활에 비추어 성경을 해석하고 살도록 가르쳤다(눅 24:25-27). 그리스도의 주권 아래 세상에서 우리를 향한 그분의 목적을 실현하기 위해 성경을 읽어야 한다.

E.
언어와 의미

Darrell L. Bock

　어떤 사람들은 단어의 정의를 알고 관련 문법이 무엇인지 안다면 의미를 알 것이라고 생각한다. 그러나 의미를 식별하려면 단어들, 문법, 문맥, 문학 장르, 스타일, 배경 및 견고한 해석 방법 간의 복잡한 상호작용을 인식할 수 있어야 한다. 의미 추구도 적절한 목표를 염두에 두고 연구 중인 텍스트에서 저자의 표현 내에서 지시 대상을 확인해야 한다. 진정한 의미는 텍스트가 생성할 수 있는 가능한 의미에 관한 것이 아니다. 문맥이 없는 본문은 단어의 유동성과 읽기의 다양성을 고려할 때 많은 의미를 생성할 수 있기 때문이다. 또한 의미는 정신분석에 관한 것이 아니기 때문에 작가가 글을 쓸 때 마음에 품은 것에 대한 의미도 아니다. 의미를 찾는다는 것은 오히려 작가가 언어적 기호를 통해 전하고자 하는 바를 찾는 것이다.

1. 랑그와 파롤(Langue and Parole)

언어학은 오랫동안 랑그(langue)와 파롤(parole)을 구별해 왔다. 이 프랑스어 용어는 한편으로는 언어 체계(랑그)를 지정하고 다른 한편으로는 특정한 말(파롤)을 지정한다. 페르디낭 드 소쉬르(스위스 언어학자)가 사용한 비유는 랑그는 체스의 규칙과 같지만 파롤은 특정한 체스 게임이라는 것이다. 따라서 랑그는 가능한 의미에 관한 것이고 파롤은 특정한 의미에 관한 것이다. 분명히 어떤 언어가 의미할 수 있는 것과 주어진 신학적, 문학적, 사회적, 역사적 맥락에서 특정한 말이 의미하는 것 사이에는 상호 작용이 있다. 이 차이를 분별하는 과정은 해석의 행위를 수반한다.

2. 의미와 의의

의미와 의의를 구별하는 것도 중요하다. 의미는 구체적이다(많은 시편이나 잠언에서와 같이 포괄적이거나 대표적으로 의도된 경우에도). 의의는 새로운 맥락에 적용된 의미를 포함하거나 교회법에 따라 읽힐 때 바뀔 수 있다. 따라서 특정 구약 본문은 일단 신약의 현실에 그것들을 대입하면 직접 적용할 수 없게 된다. 특히 성전 제사에 비추어 한때 하나님의 백성에게 적용되었던 정결례는 신약 시대에 그러한 것을 더 이상 행하지 않으며, 그런 법이 시행되는 성전이 없어졌기 때문에 더 이상 적용되지 않는다.

3. 이러한 모든 변수 하에서 의미를 발견하기 위해 어떻게 해야 할까?

1) 본문이 의미하는 바를 고려해 보라.

언어가 의미 측면에서 무엇을 허용하는지 알아야 한다. 단어와 문법은 많은 가능성을 내포하고 있다. 해석자는 본문이 의미하는 바를 설명하기 위한 작업을 할 때 종종 옵션과 씨름한다. 사람들을 혼란스럽게 하려고 그렇게 하는 것이 아니며 본문이 무엇을 말하는지 결정하기 전에 본문이 무엇을 말할 수 있는지를 알고자 한다. 의미가 항상 즉시 명백한 것은 아니다. 만일 그렇다면, 본문이 의미하는 바에 대해 토론할 필요가 없을 것이다. 왜 어떤 의미는 작용하고 다른 가능한 의미는 작용하지 않는 이유를 논의함으로써 의미를 인식하고 검증해야 한다.

2) 문학 장르, 작가 스타일, 역사적 배경 및 특정 맥락이 모두 특정 의미를 향해 나아가는 데 작용한다.

의미 해석에는 이러한 모든 요소 간의 상호 작용이 포함된다. 이러한 요인 중 하나 또는 이들의 조합이 적절한 해석을 생성할 수 있다.

a. 장르: 예로 들어보면, 묵시적 텍스트를 읽고 있다는 것을 인식하는 순간, 우리는 영적 세계가 그 장르의 상징을 통해 묘사될 수 있다는 것을 안다. 이것이 묵시적 텍스트에서 이상한 생물과 이미지를 만나는 이유이다. 따라서 목표는 상징이 무엇을 나타내는 지를 결정하는 것이다. 시편이나 찬송가 장르는 특정 경험을 찬양하거나 한탄하는 내용을 강조하여 하나님의 백성의 일반적인 경험을 표현할 수 있게 한다.

b. 스타일: 때로는 스타일이 고려의 한 요소이다. 요한복음은 이중적

의미를 사용하는 것으로 유명하다. 그러므로 요한복음을 읽을 때 우리는 다른 복음서 저자들의 글을 읽을 때보다 더 쉽게 이중적인 의미의 가능성을 품을 수 있다. 요한이 요한복음 3:3에서 "거듭남" 또는 "위로부터"에 대해 말할 때, 그는 하나만을 의도하기보다는 두 가지 생각을 모두 염두에 두고 있을 수 있다.

　c. 배경: 여기에서 다양한 가능성은 특정 배경을 염두에 둔 시기가 있는지에 대한 논쟁으로 이어진다. 논쟁의 여지가 없이 예시는 누가 가장 큰가에 대한 제자들의 논쟁에 대한 응답으로 예수님께서 어린아이의 예를 드신 것과 관련이 있다(눅 9장). 고대 세계에서 아이들은 사회적 지위가 거의 또는 전혀 없었다. 그들은 가족에게 유용할 때까지는 가치가 없었다. 그러므로 예수님께서 사용하신 어린아이의 모습은 그 사람의 가치가 사회적 지위에서 나오는 것이 아님을 즉각적으로 전달한다.

　d. 문맥: 의미를 결정하는 가장 중요한 요소는 구체적 문맥이다. 문맥에는 이미 언급된 일부 기능이 포함된다. 그러나 그 너머에는 의미를 전달하기 위해 사용된 단어와 단어 사이의 관계가 있다. 예수님이 정욕을 불러일으킬 때 그 눈을 뽑는 것이 낫다고 말씀하신 것은 문자 그대로 말씀하신 것이 아님이 분명하다. 만일 문자 그대로라면 사람은 맹인이 되기 전 두 번만 정욕이 생길 수 있다. 따라서 수사적 생생함에 대한 예수의 성향과 함께 문맥은 자신의 눈을 음탕하게 사용하지 않는 것이 중요하다는 의미를 이끌어낸다.

3) 의미를 결정하기 위해 신학에 호소하는 것은 복잡하다. 왜냐하면 성경은 다른 각도와 다른 맥락에서 주제를 다룰 수 있기 때문이다.

　성경은 종종 단순히 반복하기보다는 보완적인 정보를 제공한다. 따라서 동일한 사건에 대한 여러 복음서 기록에는 다른 세부 사항이 포함될 수 있다. 이러한 세부 사항은 사건에 대한 새로운 관점을 열어준다. 마가에 따르면, 예수님은 시편 22편 1절을 인용하여 십자가에 달리신 동안 하나님께서 자신을 버리신다는 것을 표현한다. 그러나 누가에 따르면 나중에 예수님은 시편 31:5에 호소함으로써 하나님에 대한 자신의 신뢰를 확증하신다. 그러한 경우에 우리는 십자가에 달리시는 동안 그리스도의 다양한 감정이 존재함을 확인한다. 또 다른 예는 바울이 행함이 없는 믿음에 어떻게 구원이 보장되는지 강조하는 반면 야고보는 행함이 구원하는 믿음의 임재를 나타낸다고 주장하는 것이다. 바울과 야고보가 서로 다른 관심사를 다루는 글을 쓰고 있기 때문에 우리는 그 구절이 모순되기보다는 어떻게 서로 보완하는지 알 수 있다.

본문을 지나치게 조화시키려고 하면 각 문장들이 같은 말을 하게 만들 위험이 있다. 과도하게 조화되면 관점이 제거될 수 있다. 따라서 신중한 해석에는 각 작가가 관련 요점을 작성하고 있는지 아니면 다른 각도에서 질문을 다루고 있는지 묻는 것이 포함된다. 이는 "성경이 성경을 해석하게 하라"는 주장이 대부분의 사람들이 생각하는 것보다 더 복잡할 수 있음을 의미한다. 때때로 성경은 단순히 성경을 보완한다.

4) 가장 광범위한 요인들을 일관된 방식으로 고려한 해석이 가장 좋은 해석일 것이다.

가장 가능성이 높은 의미는 성경 읽기가 이런 다양한 기능들을 고려할 때 나타나고, 그 결과는 더 설득력이 있다. 본문은 독자가 의미하는 것으로 해석 가능한 모든 것을 의미할 수는 없다. 이것은 우리가 한 의미가 가능성이 높다는 것에 항상 의견이 일치함을 의미하지 않는다. 이것이 우리가 주어진 본문에 대해 가장 가능성이 있는 의미를 찾았다고 각자 주장하는 근거에 대해 토론할 필요가 있다. 이를 검증이라고 한다. 그럼에도 불구하고 종종 소수의 후보자만이 본문이 의미하는 바를 반영할 수 있다. 아무도 완벽한 해석자가 아니기 때문에 본문에서 의미를 관찰하는 방법에 대해 깊이 생각하는 것이 중요하다. 집단 내에서 또 다른 사람들과의 대화를 통한 해석은 텍스트를 이해하기 위한 중요한 점검이다.

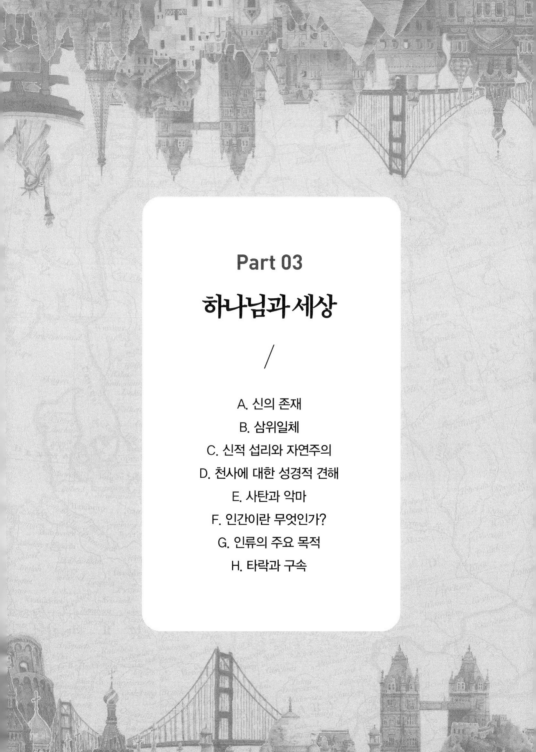

Part 03

하나님과 세상

/

A. 신의 존재

B. 삼위일체

C. 신적 섭리와 자연주의

D. 천사에 대한 성경적 견해

E. 사탄과 악마

F. 인간이란 무엇인가?

G. 인류의 주요 목적

H. 타락과 구속

A.
신의 존재

David K. Naugle

"신이 존재하지 않는다는 것을 증명하려고 하는 행위, 즉 현실 전체가 무의미하다는 것을 증명하려고 하는 바로 그 행위에서, 나는 현실의 한 부분, 즉 정의에 대한 나의 생각이 감각으로 가득 차 있다고 가정할 수밖에 없음을 깨달았다."(C. S. 루이스, 순전한 기독교). 이 인용문은 우리가 신의 존재를 증명하고자 할 때 두 가지 기본적인 방법이 있음을 이해하는 데 도움이 된다. (1) 신의 존재를 가정하고 그 전제로부터 논증하는 것, 또는 (2) 신의 존재를 주장하고 증거에 근거한 믿음으로 논증하는 것이다. 접근 방식에 관계없이 하나님의 존재에 대한 믿음은 기독교 세계관에 엄청난 함의를 가지고 있다. 루이스는 신의 존재를 가정하고 논증하는 방법을 구현한 것 같다. 성경도 마찬가지다. 둘 다 기독교 세계관에서 합법적이다.

1. 신의 존재를 가정함

우리는 두 가지 방법 중 첫 번째 방법부터 시작한다. 신이 존재한다고 가정한다. 사실, 이것이 바로 성경이 하는 일이다. "태초에 하나님이 천지를 창조하시니라"(창 1:1). 하나님의 존재에 대한 논쟁은 없다. 오히려 하나님이 그곳에 계신 것으로 가정되며, 창조기록에서 그분은 천지의 창조주로 선포된다(창 1:1 - 2:25). 그의 존재는 창조, 타락, 구속에 대한 성경 전체의 이야기에서 가정된다. 신이 존재한다는 가정을 더욱 뒷받침하는 것은 그가 모든 인간의 마음에 자신에 대한 영원한 감각, 즉 신의 감각(sensus divinitatis, 전 3:11)을 남기셨다는 사실이다. 우리는 본질적으로 종교적이다. 비록 우상숭배가 그것을 타락시키기는 하지만 우리 모두는 우리 안에 심어진 종교적 씨앗을 가지고 있다. 성부, 성자, 성령, 한 존재이지만 세 위격이신 하나님의 존재는 사물을 이해한다. 성경의 렌즈는 거기에 명확성과 적절한 초점을 더한다. 그렇기 때문에 많은 사람들은 우리가 먼저 하나님의 존재를 가정해야 한다고 믿는다. 신의 존재는 일차적 가정 또는 전제이다.

그것이 바로 루이스가 전체 우주의 합리성을 평가하는 근거로 자신의 정의감(sense of justice)을 가정하거나 전제할 때 자신을 신격화했다는 것을 깨닫기 전까지 했었던 가정이다. 결국 그는 정의에 대해 자신의 생각보다 더 나은 설명이 필요하다는 것을 배웠다. 따라서 나중에 공의를 포함한 모든 것에 대한 가장 좋은 설명이 하나님이라고 주장했다. 루이스 이전과 이후 많은 사람들이 하나님의 존재에 대한 증거를 제시하면서 비슷하게 주장해 왔다.

2. 신의 존재에 대한 논쟁

신의 존재를 확립하는 두 번째 방법은 그분이 거기 계시다고 단호하게 가정하기보다는, 존재하는 사물들에 근거하여 하나님을 옹호하는 것이다. 하나님 자신은 우리가 세상에서 발견하는 결과를 설명할 수 있는 유일하며 적절한 원인이다. 증거는 신이 존재한다고 주장한다.

이러한 접근 방식에는 성경적 근거가 있다. 히브리서 3:4에 보면 "집마다 지은 이가 있으니 만물을 지으신 이는 하나님이시니라."고 했다. 집에 건축주가 있어야 한다면 세상 자체, 디자인, 아름다움, 세상과 우리 안에 있는 도덕성을 포함하여 다른 모든 것들도 지은이가 있어야 한다.

이것이 일부 사람들이 우주론적 논증으로 인과관계에 기초하여 신의 존재를 주장하는 것을 선호하는 이유이다. 결과에는 원인이 있으며 (현대 과학도 동의한다), 신은 전체 우주인 그 결과를 설명할 수 있는 유일하고 적절한 원인이다. "집마다 지은 이가 있으되 만물을 지으신 이는 하나님이시니라"(히 3:4).

이러한 추론은 일부 사람들로 하여금 신의 존재를 확립하기 위해 목적론적 논증을 선호하도록 이끈다. 디자인은 디자이너를 전제로 한다. 훌륭한 디자인에는 훌륭한 디자이너가 필요하고, 이 세상에는 많은 훌륭한 디자인(남성과 여성의 섹슈얼리티, 시력, 청각, 미각, DNA, 인간의 두뇌 등)이 있으므로 그 이면에는 훌륭한 디자이너가 있어야 하고, 그분은 신이어야 한다. 하나님은 만물의 지적인 설계자로 존재하신다.

또 다른 사람들은 이러한 노선을 따라 신의 존재에 대한 미학적 논증을 선호했다. 즉, 아름다움이 자연적이든 인간적 기원이든 상관없이 아름다움은 존재하고 하나님은 그 궁극적인 근원이다. 로키산맥이나 빅서(Big Sur)[5]를 생각해보라. 요한 세바스찬 바흐와 비틀즈는 아름다운 음악을 만들어 냈다. 그러한 것들은 아름다울 뿐만 아니라, 인간은 그것들의 아름다움을 인식하는 능력을 공유한다.

C.S. 루이스에게 도덕, 즉 옳고 그름에 대한 고유한 감각은 우주의 의미에 대한 단서였다. 도덕(정의를 포함하여)은 확실히 루이스 자신(또는 다른 인간)이 아니라 삼위일체 하나님께 뿌리를 두고 있다. 종종 신의 존재에 대한 도덕적 논증이라고 불리는 이 아이디어는 우리(양심) 안의 도덕적 관념과 움직임은 하나님(집단 본능, 사회적 관습, 우발적 자연법칙 또는 우리의 공상적 상상이 아닌)이 궁극적인 근원이어야 함을 보여준다. 원인은 하나님이시며, 도덕은 결과이다. 이것이 인간 본성의 법칙이다. 로마서 2장 15절에 따르면, 하나님의 도덕법은 모든 사람의 마음에, 심지어 하나님을 개인적으로 알지 못하는 사람의 마음에도 새겨져 있다.

아니면 우리 자신이나 인과관계의 세상에서 발견한 것들을 근거로 하나님의 존재를 주장할 필요가 없을 수도 있다. 아마도 존재를 포함하여 아무것도 부족하지 않은 절대적으로 완전한 존재로서의 바로 그 하나님에 대한 생각이 반드시 존재해야 한다. 이것은 하나님의 존재에 대한 존재론적 논증의 한 예이다.

3. 신의 존재와 인간성

하나님의 존재는 가정이든 논증이든 기독교 세계관에서 생각과 행

---

5 미국 캘리포니아 중부 해안의 험준한 산악지대

동에 가장 중요한 것이다. 궁극적인 실재는 성부, 성자, 성령의 세 인격으로 영원히 존재하시는 한 분 하나님에서 찾아야 한다. 그분은 세상의 창조주, 심판자, 구속주이시다.

또한 세상은 자연적인 것이 아니라 창조주 하나님의 피조물이다. 그의 영광이 만물에 나타난다(사 6:3). 더 나아가 우리 인간은 하나님의 형상을 닮았다. 그 결과 우리는 평가, 존엄, 가치를 가지게 된다. 생각하고, 알고, 경험하고, 만들고, 상상하고, 선택하고, 사랑할 수 있는 인간의 모든 능력은 그분에게서 나온다. 또한 하나님은 우리에게 환경적 책임과 함께 청지기로서 땅을 다스리라는 본래의 사명을 주셨다. 우리는 땅을 경작하여 무엇인가를 만들고 그것을 주의 깊게 살펴야 한다(창 2:15).

심지어 우리가 하나님께 반역하는 것도 가능하다. 하지만 그렇게 한다면, 그가 우리에게 주신 능력인 이성을 사용하여 그 감정을 꺾으려고 노력해야 한다. 물론 우리는 할 수 없다. 우리의 헛된 반란 시도에도 불구하고, 하나님은 그의 친절과 은혜로 예수 그리스도 안에서 모든 것을 구속하셨다. 궁극적으로 그분은 재림하실 때 그 구원을 완성하실 것이다. 우리는 지금 그것을 경험하고 있다. 그분은 추종자들을 포함하여 모든 것을 새롭게 하셨다. 그는 교회를 세상에 그리스도의 몸으로 세우셨다. 우리의 삶에는 하나님만이 채울 수 있는 영혼의 구멍이 있으며, 우리가 예수님을 믿으면 하나님께서 채워주실 것이다. 어거스틴(AD 354-430)은 그의 영적 자서전 『고백록』(*Confessions*)에서 이렇게 말했다. "하나님, 우리 마음은 당신 안에서 안식하기까지 결코 안식하지 못합니다."

4. 결론

하나님이 존재하시기 때문에 하나님을 아는 것도 가능하다. 이것은 은혜로운 계시의 형태로 온다. 자연적으로 자연을 통해 모든 사람을 위해, 그리고 성경의 영감을 받은 말씀으로 알려지는 특별한 것이다. 우리에게도 이 지식과 만물에 대한 하나님의 진리를 이해할 수 있는 능력이 있다.

도덕성, 윤리, 아름다움은 객관적으로 하나님의 성품과 본성에 뿌리를 두고 있다. 하나님의 존재는 루이스가 『순전한 기독교』(p. 184)에서 주장한 바와 같이 "다른 모든 사실들이 서 있는 단단한 기반, 환원 불가능한 사실"이다.

B.
삼위일체

Timothy George

삼위일체(trinity)라는 단어(라틴어 *trinitas*에서 유래)는 성경 어디에도 언급되어 있지 않지만, 삼위일체 교리는 철저히 성경적이다. 기독교 교회는 이스라엘 백성들과 함께 "우리 하나님 여호와는 오직 유일한 여호와이시니"(신 6:4)라고 고백한다. 유명한 쉐마 이스라엘(Shema Israel)은 예수님께서 직접 인용하심으로 확언했다(막 12:29-39). 예수님은 자신의 메시야적 소명의 기초가 되는 하나님의 유일성을 믿고 가르치셨다. 그리고 신약에는 성경의 유일하고 참되신 하나님, 영원하고 살아계신 하나님이 아버지와 아들과 성령의 세 인격적 주체로 더 계시되어 있다. 삼위일체 하나님은 함께 죄인의 구원을 계획하고 제공하며 수행한다.

확실히 삼위일체 교리는 구약에서 예표되어 있다. 창세기는 삼중주로 시작한다. "태초에 하나님이 … 하나님의 영은 수면 위에 운행하시니라. 하나님이 이르시되 빛이 있으라 하시니라"(창 1:1-3). 하나님의 이름의 복수형인 엘로힘(Elohim)은 때때로 단수 동사와 결합된다. 이것이 삼위일체의 증거는 아니지만 톰 오덴(Tom Oden)이 쓴 것처럼 "하나님의 내부 주관성(intra-subjectivity)에 있는 신비한 복수성"을 "간접적으로" 지적한다.

삼위일체 교리가 구약에서 싹을 틔우고 있다면 신약에서는 활짝 피어난다. 하나님 안에서의 자기구별은 성육신을 통하여 확실하게 제시된다. 그리고 이것이 예수님의 세례보다 더 명확하게 드러난 곳은 없다. 하늘로부터 아버지의 음성이 요단강에서 요한에게 세례를 받는 이가 사랑하는 아들임을 밝히셨고, 하나님의 영이 비둘기 같이 내려 그리스도의 독특한 아들 되심을 증거하고 예수님의 공생애 시작을 알리셨다(마 3:13-17). 그 후 예수님은 제자들에게 아버지와 아들과 성령의 이름으로 세례를 받으라고 명하셨다(마 28:19-20). 요한 크리소스톰(John Chrysostom)[6]은 신약성경이 아버지는 하나님이시고, 아들도 하나님이시며, 성령도 하나님이시며, 하나님은 한 분이시라고 가르친다는 글을 잘 썼다.

삼위일체의 성숙한 교리는 4세기의 고전적 신경에서 완전히 표현되었고 기독교 개종에 필연적으로 영향을 끼쳤다. 아버지께서 그 아들을 세상에 보내신 것과 같이 그의 영을 우리 마음에 보내셨으니 그는 아버지의 영 못지않은 아들의 영이시니라(갈 4:4-6). 신자를 그리스도 안에 두시는 분은 성령이시다. 성령께서는 신자를 대신하여 예수께서 하나님을 부를 때 사용하신 특별한 가족 관계의 말씀인 "아바"라 부르짖는다(롬 8:15-17). 다시 말해서, 초기 그리스도인들은 예수님을 믿고, 하나님의 삼위일체 이름으로 세례를 받고, 주의 만찬에서 부활하신 그리스도와 교제함으로써, 영으로 잉태되시고 그들의 죄를 위해 십자가에 죽으실 아들을 보내신 한 분이신 영원하신 하나님을 점점 더 알고 사랑하

---

6 초기교회의 교부 중의 한 사람.

게 되었다. 이 아버지는 또한 부활하신 아들의 영을 그들의 마음에 보내어 그들에게 영원에 합당한 새 생명을 주셨다.

삼위일체 교리는 예수님의 이야기를 하나님의 이야기로 이해하는 데 필요한 신학적 틀이다. 삼위일체에 대한 교회의 가르침은 "하나님은 한 분이시다"라는 구약의 확언과 "예수는 주님이시다"라는 신약의 고백 모두를 증거한다. 그러나 삼위일체 하나님 교리의 복잡한 본성을 고려할 때, 하나님의 하나 됨과 삼위일체 모두가 교회의 역사를 통해 의심되고 부인되고 논쟁된 것은 놀라운 일이 아니다. 양태론(Modalism)은 성부, 성자, 성령이 세 인격체가 아니라 창조주께서 여러 막으로 구성된 연극에서 장면마다 다른 세 역할을 하는 한 사람의 배우처럼 맡은 다른 역할이나 이름일 뿐이라고 주장한다. 삼신론(Tritheism)은 또 다른 극단적 설명으로 세 명의 신이 한 무리를 이루어 함께 일한다고 가정한다. 어떤 견해도 하나님에 관한 성경의 가르침에 충실하지 않다.

삼위일체 교리는 교회와 이단의 만남이라는 모루(대장간에서 뜨거운 금속을 올려놓고 두드릴 때 쓰는 쇠로 된 대) 위에 세워졌다. 2세기에 마르키온(Marcion)은 구약 전체는 예수의 오심으로 인해 무의미해진 유대 신에 대한 구식 계시로서 성경에서 삭제될 것을 제안했다. 당시 교회는 구약을 기독교 성경으로 주장하고 예수의 아버지는 다름 아닌 이스라엘의 하나님이라고 선언함으로써 현명하게 대응했다. 그렇게 함으로써 교회는 성삼위일체 안에서 창조와 구속 사이의 근본적인 연결을 확인했다.

몇 세기 후, 아리우스(Arius)는 예수 그리스도의 주권과 신성을 모두 부인했다. 서기 325년에 교회는 니케아 공의회에서 그리스도인들이 그들의 예배에서 숭배하고 사랑한 한 분인 구속주 예수가 아버지와 동일 본질(homoousios)이라고 응답했다.

이후에 성령을 힘, 에너지, 능력으로 이해하지만 신은 아닌 것으로 이해하는 "성령 반대파"인 성령피조설(Pneumatomachians)로 알려진 사람들이 나타났다. 이와 같이 성령의 신성을 부인하는 자들에 대하여 교회는 하나님의 본질은 한 분이시며 위격은 셋이라고 선언하였다. 성령은 성부와 성자와 영원한 관계에 있는 위격이시며, 영원무궁토록 한 분이신 하나님이시다. 에드워드 쿠퍼(Edward Cooper)는 1805년 찬송가 "하늘의 아버지 그의 사랑 풍성해, (Father of Heaven, Whose Love Profound)"에서 이렇게 표현했다.

여호와! 아버지, 성령, 아들,
신비한 신성, 삼위일체,
주의 보좌 앞에 우리 죄인들이 구부립니다.
은혜, 용서, 생명이 우리에게 확장됩니다.

삼위일체 교리에 대한 가장 심각한 도전 중 하나는 이슬람의 등장과 함께 왔다. 이슬람에서 '통일'을 의미하는 타위드(tawhid)의 원리는 신이라는 존재의 고독한 성격에 의해 특징지어지는 일종의 하나 됨, 즉 유니테리언주의로 정의된다. 그러나 하나님의 단일성은 하나의 단위로 축소될 수 없다.

이와 반대로, 성경적 관점에서는 관계가 하나님 자신을 구성한다. 아버지는 주시고 아들은 순종함으로 받으며 성령은 이 둘로부터 나온다. 다마스커스의 요한은 세 신성한 위격의 성격과 상호성을 묘사하기 위해 아름다운 그리스어 페리코레시스(상호내주 perichoresis)를 사용했다. 성부, 성자, 성령의 영원하고 복된 상호교통 안에서 한 분이신 참 하나님은 혼돈 없이 연합하시고 분리 없이 나누어지신다. 삼위일체 교리는 거룩과 사랑의 성경적 하나님을 이해하는 데 중요하다.

삼위일체는 풀어야 할 퍼즐이 아니다. 흠모하고 경배해야 할 신비이다. 삼위일체 교리는 철학적 사색의 문제가 아니라 오히려 경이와 사랑과 찬양을 불러일으키는 신앙의 본질적인 가르침이다. 이 교리는 믿어야 할 뿐만 아니라 가르치고, 설교하고, 모든 공적 예배행위에서 중심이 되어야 한다.

셋 안에 하나이고 하나 안에 셋이신 하나님의 실재를 완전히 헤아리거나 완전히 이해할 수 없다. 그럼에도 불구하고 기쁨으로, 경건하게, 겸손하게 삼위일체 신앙을 고백할 수 있다. 거룩한 사랑의 삼위일체 하나님을 노래하고, 기도하고, 경배하는 것은 하늘과 땅을 잇는 다리이다. 흰옷을 입은 성도들과 순교자들은 하나님의 보좌 주위에 모여 다른 하늘의 존재들과 함께 그들의 목소리로 주야로 노래한다. "거룩하다 거룩하다 거룩하다 주 하나님 곧 전능하신 이여 전에도 계셨고 이제도 계시고 장차 오실 이시라"(계 4:8; 7:9-17). 아직 이 세상에 있는 우리는 이 합창단에 합류하여 레지널드 헤버(Reginald Heber)가 1826년의 그의 유명한 찬송가에서 공유한 진리를 선포하면서 그들의 목소리에 우리의 목소리를 더하도록 초대받았다.

거룩, 거룩, 거룩! 전능하신 주 하나님!
주의 모든 일이 땅과 하늘과 바다에서 주의 이름을 찬양하리이다.
거룩, 거룩, 거룩! 자비롭고 강하다!
삼위일체의 하나님, 복되신 삼위일체.

C.
신적 섭리와 자연주의

Douglas Groothuis

일반적인 세속적 추정에서는 자연 법칙은 신의 섭리가 현실을 대체하는 것을 허용하지 않는다. 자연 법칙은 일반적으로 화학, 생물학 및 물리학의 주요 영역을 지배하는 경성과학[7]에서 확인된 규칙으로 이해된다. 중력의 법칙은 물리학에서 그러한 법칙을 보여주는 전형적인 예이다. 많은 사람들이 모든 자연 법칙을 통합할 물리학의 "최종 이론"을 희망하지만, 지금까지 그러한 이론은 확인되지 않았다. 양자 물리학에서 법칙을 식별하는 것과 관련하여 상황은 더욱 복잡해지며 이 분야에 대한 적절한 해석에 대한 합의는 없다.

자연법의 개념은 신의 섭리를 배제하는가? 보이는 세계와 보이지 않는 세계에 있는 만물을 주관하시는 하나님의 뜻은 그의 섭리이다(엡 1:11). 그러므로 하늘에 있는 것과 땅에 있는 것 – 가장 작은 것에서부터 가장 먼 은하까지, 사람의 영혼과 동물의 행동에 이르기까지 모두 그

---

7   경성과학(hard science): 관찰이나 측정 가능한 것만을 다루는 과학 분야

의 관할과 보살핌 아래 있다(골 1:15-20). 하나님의 섭리에서 제외된 것은 없다. 하나님의 섭리는 스토아학파의 비인격적 필연성이나 어떤 형태의 자연주의의 유물론적 결정본이 아니다. 또한 목적 없이 존재하는 비인격적인 자연 법칙과 우연의 결합도 아니다. 일부 동양 종교와 달리 성경은 시공 우주가 객관적으로 실재한다고 가르친다. 그것은 환상이나 하나님의 본질의 확장이 아니다. 하나님은 자신의 신적 본성(완전한 존재로서의)과 자신이 창조한 것의 본성에 따라 피조물에 대한 섭리를 행하신다. 따라서 하나님은 폭군도 아니고 구경꾼도 아니다. 하나님은 그의 창조에 활동적이시며 특히 그의 형상을 지니고 있는 인간에게 관심을 가지고 있다(창 1:26; 마 6:26).

웨스트민스터 신앙고백은 신성한 섭리를 어떻게 이해해야 하는지를 설명한다. "하나님은 보통의 섭리로 수단을 사용하시지만, 자신의 뜻에 따라 수단없이, 수단을 초월하고 수단을 거슬러서도 일하실 수 있다"(V.III). 다시 말해, 하나님은 자연법칙을 사용하여 의인과 불의한 자에게 똑같이 비를 내리실 수 있다(마 5:45, 행 27:31). 그는 또한 모세를 불타는 떨기나무에서 만난 것처럼 직접 말하심으로써 자연법칙을 우회할 수 있다(출 3:1, 호 1:7). 더욱이 그는 예수님을 죽은 자 가운데서 살리심으로써 정상적인 상황을 거스를 수 있다(고전 15장; 왕상 6:6; 단 3:27).

그렇다면 자연법에 대한 세속적 설명은 어떻게 신의 섭리에 대한 성경적 견해와 모순되는가? 자연주의 철학에 따르면 신은 존재하지 않는다. 그러므로 우주와 인간의 역사에는 신적 기원, 신적 집행, 신적 운명이 없다. 무신론자 버트런드 러셀(Bertrand Russell)은 1948년 프리드리히 코플스턴(Friedrich Copleston)과 신의 존재에 대한 토론에서 "The universe is just there 우주가 바로 거기에 있다"라고 말했다. 이에 비추어 볼 때 물질적 우주의 모든 것(이 견해에 존재하는 모든 것)은 배후에서 작동하는 설계자의 정신과 무관하게 설명되어야 한다. 따라서 하나님의 섭리는 "그곳에 있는" 자연 법칙으로 대체된다. 철학적 용어로 말하자면, 그것들은 자신의 존재를 넘어서는 어떠한 설명도 없는 '잔인한 사실들'이다.

다시 말해, 자연주의는 아리스토텔레스가 "최종 원인"이라고 부른 것을 우주에서 제거한다. 아리스토텔레스는 확고한 유일신론을 갖고 있지 않았지만, 제1원인이 세계에 목적론을 부여했다고 주장했다. 인간을 포함하여 모든 사물에는 목적이나 목표를 향해 나아가는 본성이 있다. 바로 거기에 이유 없이 있는 것은 아무것도 없다. 이것은 목적이 있는 우주와 역사에 대한 성경적 개념과 어느 정도 일치한다. 각 만물은 그 종류대로 창조되었으며 우주에 대한 하나님의 인격적 통치에서 그 역할을 수행한다.

슬프게도 대부분의 현대 과학은 아리스토텔레스가 "동력인"[8]이라고 부른 것, 즉 물리적 수준에서 어떤 일이 일어나도록 하는 것에만 관심이 있다. 당구공이 다른 공을 때려서 움직이게 할 때 우리는 효율적인 인과를 본다. 신의 섭리에 대한 성경적 견해는 물질에 작용하는 유효원인의 존재를 요구하는데, 이는 시공과 물질의 세계가 하나님에 의해 창조되고 유지되기 때문이다(창 1:1; 요 1:1-5; 히 1:3). 그러나 물질적인 것의 효율적 인과관계적 설명으로만 제한하는 것에 대한 타당한 이유는 없다. 그러한 제한은 네 가지 방향에서 비판할 수 있다.

첫째, 자연법칙에 대한 자연주의적 설명이 옳다면 우주, 인류, 그리고 인간 개개인의 삶은 무의미하고 객관적 가치나 목적이 결여되어 있

---

8 efficient cause: 아리스토텔레스가 제안한 사물을 생성 변화시키는 4가지 원인(형상인, 질료인, 동력인, 목적인) 중의 하나로 변화의 에너지를 제공하는 원인이다

다. 이것은 "목적이 이끄는" 우주가 아니다. 모든 의미는 주관적이고 사람이 죽으면 그 의미도 죽는다. 허무주의로 알려진 이 세계관은 반직관적이고 궁극적으로 살 가치가 없다. 우리는 삶에는 물질, 우연, 무자비한 자연법칙 너머에 더 많은 것이 있다는 것을 직관적으로 알고 있다. "강간은 항상 잘못된 것이다" 라는 객관적인 가치에 따라 판단하기 때문에 부분적으로는 이것을 안다. 그러나 우주를 지배하는 비인격적 자연법칙 밖에 없다면 그러한 판단은 불가능하다. 자연법칙으로 설명되는 단순한 물리적 상호작용 이상의 무엇이 실제로 존재한다.

둘째, 우리는 우주가 유한한 시간 전에 존재하기 시작했다는 빅뱅 우주론으로부터 좋은 과학적 증거를 가지고 있다. 불가지론 과학자인 로버트 자스트로는 "신과 천문학자들"에서 다음과 같이 인정했다:

그 문제의 심각성을 고려하라. 과학은 우주가 어떤 순간에 폭발하여 존재하게 되었다는 것을 증명했다. 그리고 그것은 묻는다: 어떤 원인이 이 결과를 일으켰을까? 누가 또는 무엇으로 물질이나 에너지를 우주에 넣었을까? 과학은 이러한 질문에 답할 수 없다. 천문학자들에 따르면, 존재하기 시작한 첫 순간에 우주는 엄청난 정도로 압축되어 있었고 인간의 상상을 초월하는 열에 의해 타버렸기 때문이다. 그 순간의 충격이 빅뱅 원인의 단서를 제공할 수 있었던 모든 증거 입자를 파괴했을 것이다. 이성의 힘을 믿고 살아온 과학자에게 그 이야기는 악몽처럼 끝이 난다. 그는 무지의 산을 넘어섰고 가장 높은 봉우리를 정복하려고 한다. 그가 마지막 바위 위로 몸을 당겨올리자 수세기 동안 그곳에 앉아 있던 한 무리의 신학자들이 그를 맞이한다(pp. 106-107).

우주의 기원은 원칙적으로 자연법칙으로 설명될 수 없다. 우주는 법칙과 함께 우주 외부의 존재에 의해 존재하게 되었다. 더욱이 무에서 우주를 창조한 존재는 아마도 그것에 대한 계획을 가지고 있을 것이다.

셋째, 윌리엄 뎀스키(William Dembski), 마이클 비히(Michael Behe), 스테판 마이어(Stephen Meyer)가 이끄는 지적설계 운동은 특정 생명체와 유전암호는 자연법, 우연, 무의미한 영겁의 시간에 기초하여서는 적절하게 설명할 수 없다고 설득력 있게 주장해 왔다. 예를 들어, 유전암호는 방대한 양의 정보를 포함하는 복잡한 생명언어이다. 그러나 지금 읽고 있는 것과 같이 우리가 알고 있는 다른 모든 정보는 마음에서 나온다. 자연법칙은 단지 생명의 현재 작용을 설명할 수는 있지만 그 기원을 설명할 수는 없다. 그 기원은 디자인과 목적을 가리킨다.

넷째, 하나님의 섭리를 믿는 가장 큰 이유는 하나님이 인간의 역사를 다루신 것과 성경에 나타난 계시 때문이다. 하나님은 성경을 통해 자신, 우주, 역사, 도덕, 구원에 대해 알 수 있는 진리를 전달하셨다(딤후 3:15). 성경의 각 책들은 역사에 뿌리를 둔 일관된 세계관을 형성한다. 성경은 우리가 어디에서 왔는지, 무엇이 잘못되었는지, 어떻게 하면 바르게 될 수 있는지, 어디로 가고 있는지 설명한다. 다시 말해서, 우리는 창조, 타락, 구속에 대한 참되고 합리적이며 실존적으로 설득력 있는 교리를 배운다(롬 1-8장). 죄로 인해 죽을 수밖에 없는 인간에게 구원하시려는 하나님의 미션은 십자가에 못 박히고 부활하신 우주의 주재이신 예수 그리스도의 비할 데 없는 성취에서 그 절정에 달한다(롬 1:3).

예수님께서는 온전한 삶을 사셨고, 속죄를 위한 죽음을 당하시고, 불멸의 몸으로 다시 살아나셨기 때문에 우리의 삶이 무의미한 것이 아님을 우리는 알 수 있다. 우주는 비인격적인 자연법칙이 아니라 하나님의 섭리에 의해 다스려진다. 하나님의 섭리는 자연법칙, 목적론, 계시, 기적, 그리고 하나님 아버지를 "계시"(요 1:18)하신 예수 그리스도를 통한 구속을 포괄한다. 사도 바울은 부활과 하나님의 과거, 현재, 미래 섭리에 비추어 말한다. "그러므로 내 사랑하는 형제들아 견실하며 흔들리지 말고 항상 주의 일에 더욱 힘쓰는 자들이 되라 이는 너희 수고가 주 안에서 헛되지 않은 줄 앎이라 (고전 15:58).

D.
천사에 대한 성경적 견해

Bruce A. Ware

천사는 창조된 영적 존재이다. 그들 중 일부는 거룩하고 일부는 악하다. 천사에 대한 구약 용어는 '*mal'ak*'이고 신약 용어는 '*angelos*'이다. 두 용어 모두 메시지와 함께 보냄을 받은 자 또는 그 전달자 역할을 하는 자를 나타낸다. "천사"에 대한 성경 용어는 어떤 경우에는 인간 전달자에게도 사용되며(삼상 23:27; 왕상 19:2; 눅 7:24; 9:52) 종종 구약에서는 주님의 천사(the angel of the Lord)에게 적용된다(창 16:7~14; 삿 6:11~14; 삼하 24:16; 슥 1:12~13). 그러나 대부분의 경우 천사 또는 전달자라고 하는 이 창조된 영적 존재를 위해(출 23:20; 마 1:20; 4:11; 25:31,41) '*mal'ak*'와 '*angelos*'가 사용된다.

1. 천사의 기원

하나님이 창조하시고 행하시는 모든 것이 전적으로 선하기 때문에(창 1:31; 약 1:17), 모든 천사들을 하나님께서 선하게 창조하신 것으로 이해해야 한다. 시편 148:1-6은 만물을 창조하신 하나님에 대한 찬양을 표현하며, 그중에는 "그의 모든 천사"와 "그의 모든 하늘 군대"(시 148:2)가 명시되어 있다. 더욱이 골로새서 1:16은 "하늘과 땅에서 보이는 것들과 보이지 않는 것들"(롬 8:38-39)을 포함하여 만물이 그리스도에 의해 창조되었음을 분명히 한다. 또한 하나님께서 욥에게 하신 말씀(욥 38:4-7)도 관련이 있는데, 이는 천사들("하나님의 아들들")이 하늘과 땅을 창조할 때 그 자리에 있었고 기쁨으로 외쳤다는 것이다. 즉, 하나님께서 천사들을 존재하게 하셨고, 그들의 창조는 우주의 창조보다는 분명히 앞서 있다.

어려운 질문은 하나님께서 창조하신 선한 천사들 중 일부가 어떻게 악하게 되었는지에 관한 것이다. 첫째, 모든 타락한 천사들은 원래 창조된 형태로 완전히 선했음을 이해해야 한다. 아마도 그들이 하나님을 반역했기 때문에 선함을 상실했을 것이다. 특히 성경의 두 구절이 그 근거가 된다. 유다서 6장과 특히 베드로후서 2장 4절은 둘 다 하나님의 목적에서 떠나 하나님의 심판과 정죄를 받은 천사들에 대해 말한다. 베드로후서의 본문은 이 심판의 이유가 하나님께 대한 그들의 죄 때문임을 분명히 한다. 그리고 여기에 마태복음 25장 41절과 요한계시록 12장 9절에서 귀신이 사탄을 따르는 자들이라는 분명한 의미를 더하면, 이 악한 영들은 비록 선하게 창조되었지만, 악한 리더의 유혹을 따라서 창조주에 대항함으로써 악이 된 것이 분명해 보인다.

2. 거룩한 천사의 성품

타락하지 않은 천사들의 성품에 대해서는 그들의 활동보다는 성경에서 덜 언급되어 있지만 그들의 품성은 분명하다.

1) 지성, 감정, 자유의지를 지닌 인격적 존재이다. 베드로전서 1:12는 그들의 예지력에 대해 알려준다. 그들은 하나님의 구원계획에 대해 더 알고 싶어 한다. 요한계시록 17:1~18에서 그들은 하나님의 계획을 알고 전달한다. 그리고 마태복음 24:36에서 그들은 많이 알고 있지만 모든 것을 알지는 못한다(예: 재림의 시기). 그들의 감정에 대해서는 욥기 38:7이 증언하고 있다. 이사야 6:1~4에서 그들은 경외심과 놀라움으로 하나님 앞에서 "거룩하다 거룩하다 거룩하다"라고 외친다. 눅가복음 15:10에서는 죄인들이 회개할 때 기뻐한다. 그리고 요한계시록 5:11~14에서 그들은 죽임을 당하신 어린양을 보고 경배한다. 그들 자신의 의지가 있다는 것은 히브리서 1:6과 관련이 있다. 여기에서 하나님은 아들을 숭배하려는 그들의 의지에 호소하신다. 베드로후서 2:4은 일부 천사들이 하나님께 반역하기로 선택한 죄를 짓는 것을 암시한다.

2) 영적인 존재이다. 히브리서 1:14에서는 천사들을 "봉사하는 영들"이라고 부른다. 누가복음 8:2과 11:24에서 귀신들이 때때로 "악령들" 또는 "더러운 영들"로 언급되는 것을 본다. 그들은 아마도 천사이기 때문에 영일 것이다. 그들은 특정한 목적을 위해 인간의 형태를 취할 수 있다. 창세기 19:1에서 천사들이 소돔을 방문했을 때와 부지중에 천사를 대접한 히브리서 13:2에서 이것을 볼 수 있다.

3) 결혼을 하지 않아 출산을 하지 않는다는 점에서 성을 가지고 있지는 않은 것 같다. 마태복음 22:30에 따르면 하늘에 있는 사람들은 천사와 같이 장가가지도 않고 시집가지도 않는다.

4) 영원히 존재한다. 누가복음 20:36은 천사는 죽을 수 없다고 말한다.

5) 큰 힘을 가지고 있다. 데살로니가후서 1:7에서 천사들은 "능력 있는 자"로 언급된다. 열왕기하 19:35에 하나님이 보내신 한 천사가 앗수르 군사 185,000명을 멸망시켰다. 다니엘 6: 22에서 천사는 "사자들의 입을 막았다"고 했다.

6) 그들은 거룩하다. 욥기 5:1과 시편 89:7에서 천사들은 "거룩한 자들"이라고 불린다. 마가복음 8:38에서는 그들을 "거룩한 천사들"이라고 부른다.

7) 하나님에 의해 선택되었다. 디모데전서 5:21에서 그들은 하나님의 "선택된 천사들"로 언급되는데, 이는 사탄과 사탄을 따르는 다른 선택받지 않은 천사들이 반역하고 하나님의 면전에서 쫓겨났을 때 하나님이 그에게 반역하지 않은 그들을 선택하신 것을 의미할 수 있다.

8) 천사들이 비록 기이한 존재일지라도 숭배해서는 안 된다. 골로새서 2:18에서 "천사 숭배"는 거부되었다. 요한계시록 19:10과 22:8~9에서 요한은 천사에게 경배하려고 엎드렸으나 천사는 하나님께 경배하라고 했다.

3. 타락하지 않은 천사의 기능과 사역

천사들은 하나님의 임재를 둘러싸고(단 7:9-10; 계 5:11-14) 지상에서 다양한 방법으로 그의 뜻을 수행하는 하나님의 종이다(예: 창 32:1; 삼하 24:16-17). 히브리서 1:14에서는 그들을 "섬기는 영들"이라고 부른다. 이 일반적인 설명 외에도 천사의 구체적인 기능이 성경 전체에 걸쳐 언급되어 있다.

1) 그들은 하나님께 경배한다(사 6:1-3; 눅 2:13~14; 계 5:11~14).

2) 예수님의 지상에서의 삶과 관련된 사역을 했다. 누가복음 1:11~20에서 요한의 탄생을 예언하는 천사가 사가랴에게 나타났다. 누가복음 2:26~38에서 가브리엘이 마리아에게 나타났고, 마태복음 1:20에서 천사가 요셉에게 나타나 마리아를 아내로 삼으라고 말했다. 누가복음 2:8~15에서 천사가 목자들에게 나타났다. 마태복음 2:13, 19에서 천사가 요셉에게 이집트로 갔다가 다시 이스라엘로 돌아가라고 말했다. 마태복음 4:11에서 광야에서 시험 당하신 후 마귀는 떠나고 천사들이 수종들었다. 누가복음 22:43에서 천사들이 겟세마네 동산에서 예수님께 힘을 더하여 주었다. 마태복음 28:2~8에서 천사가 돌을 굴려 여자들에게 예수의 부활을 말했다. 그리고 사도행전 1:10~11에서 두 천사가 예수님이 올라가신 것처럼 재림하실 것을 언급했다.

3) 하나님의 말씀을 선포하고 율법을 전한다. 그들의 선포에 대한 증거는 누가복음 1:26~38과 사도행전 27:23~24에 있다. 율법을 전하는 사역은 사도행전 7:53, 갈라디아서 3:19, 그리고 히브리서 2:2에서 볼 수 있다.

4) 하나님의 백성을 하나님의 지시대로 보호하고 구출한다. 출애굽기 23:20~23에서 천사는 이스라엘이 가나안 땅에 들어갈 때 그들을 보호하기 위해 보내졌다. 열왕기하 19:35에서 천사가 앗수르인 185,000명을 죽였다. 다니엘서 3:28에서 천사는 풀무불 속에서 세 히브리 남자를 건져냈다. 다니엘서 6:22에서 천사가 사자의 입을 막았다. 시편 34:7에 여호와의 사자가 자기를 경외하는 자들을 둘러 진을 쳤다. 사도행전 5:19과 12:7에서 천사가 사도들을 감옥에서 구출했다.

5) 하나님의 구원의 목적을 증언하고 더 많이 알기를 갈망한다. 고린도전서 4:9, 에베소서 3:10, 베드로전서 1:12, 그리고 고린도전서 11:10

에서도 알 수 있다.

6) 그리스도께서 "하나님의 천사들 앞에서" 사람들을 인정하거나 부인하실 때 누가복음 12:8~9에 따라 그의 것이거나 아닌 자들에 대한 그리스도의 고백을 증언할 것이다.

7) 하나님의 의인의 상급과 악인의 최후 심판 전에 형벌의 역할을 한다. 누가복음 16:22에서 천사들은 가난한 사람을 아브라함의 품으로 데려간다. 사도행전 12:23에서 천사는 하나님께 영광을 돌리지 아니한 헤롯을 쳐서 죽였다.

8) 그리스도께서 재림하실 때 함께 온다. 마태복음 16:27에 따르면 인자는 영광 중에 자기 천사들과 함께 온다. 마태복음 24:30~31은 인자가 자기 뜻을 이루는 천사들과 함께 나타날 것이라고 말한다. 마태복음 25:31은 인자가 모든 천사와 함께 그와 함께 나타날 것이라고 기록하고 있다. 그리고 데살로니가후서 1:7에는 예수께서 능력 있는 천사들과 함께 하늘로부터 나타나실 것이라고 했다.

9) 마태복음 24:30~31에서 알 수 있듯이 그리스도께서 재림하실 때 그들은 택함을 받은 자들을 불러 모은다.

10) 마태복음 13:39-42, 49-50에서 볼 수 있는 것처럼 그리스도께서 재림하실 때 악인에 대한 하나님의 심판을 분배한다. 천사들이 의인들 가운데 있는 악인을 취해 지옥에 던질 것이다.

11) 악한 세력과 나라들을 물리치기 위해 하나님에 의해 사용되었다. 이것은 다니엘서 10장(경건하지 않은 세력을 물리치기 위해 미가엘이 개입하여 다니엘에게 보낸 메시지)에서 증명된다. 다니엘서 12:1(미가엘이 큰 환난에서 하나님의 백성을 구출할 것임)과 요한계시록 12:7~9 (미가엘과 그의 천사들이 용과 그의 천사들을 무찌르다)에도 나온다.

12) 요한계시록 20:1~3에 따르면 천사가 천년왕국 동안 사탄을 결박한다.

13) 요한계시록 21:12에 따르면 그들은 새 예루살렘의 열두 문에 주둔하고 있다.

4. 타락하지 않은 천사들의 운명

하나님께 찬양을 돌리는 그 지속적인 성경적 역할에 비추어 볼 때, 천사들은 영원히 하나님께 찬양을 부르는 위대한 하늘 합창단 가운데 포함될 것이다. 그들은 새 예루살렘에 현존하며 여전히 하나님을 섬긴다(계 21:12).

E.
사탄과 악마

Malcolm B. Yarnell III

사탄과 마귀에 관한 가장 명료한 구절 중 하나는 요한계시록 12:9이다. 그 구절은 하늘전쟁과 타락한 천사들의 추방에 대해 말한다. "큰 용이 내어 쫓기니 옛 뱀 곧 마귀라고도 하고 사단이라고도 하는 온 천하를 꾀는 자라 땅으로 내어 쫓기니 그의 사자들도 저와 함께 내어 쫓기니라" 이 본문은 첫째, 성경적 관점에서 포괄적으로 사탄과 마귀들이 누구인지, 둘째, 지금 무엇을 하고 있는지, 셋째로 그들의 궁극적인 최후를 예고한다.

이러한 삼중 구조에서 사탄과 악마에 대한 성경적 견해를 요약할 것이다.

1. 그들은 누구인가?

사탄은 모든 악마와 마찬가지로 피조물임이 분명하고 단정적으로 확인되어야 한다. 그는 천사 같은 존재이며, 다른 천사들처럼 피조물이며 큰 힘을 가진 영적인 존재이지만, 어떤 식으로든 하나님과 혼동되어서는 안 된다. 욥기 1:6과 2:1은 사단이 '하나님의 아들들'이 있는 하늘 보좌의 방으로 온다는 말을 하고 있는데, 이 구절은 하나님의 자손이라는 뜻이 아니라, 형식적으로 복종하는 것을 가리킨다. 하나님의 아들들에 대해 말하는 것은 "천사들"(창 32:1-2; 시 103:20)과 "영들"(왕상 22:21~23)이라고도 불리는 "하늘군대"(왕상 22:19)를 말하는 것이다. 천사의 "영"과 "주의 영" 사이의 질적 구별은 도덕적인 동시에 역동적이다(왕상 22:24-25).

이 천사들은 한편으로는 "종들"(시 103:21)이고 다른 한편으로는 능력 있는 존재들(시 82:1; 사 14:12; 겔 28:14)이다. 그러나 "신적모임"(시 82:1)이나 "거룩한 자들의 모임"(시 89:5)에 포함되어 그분의 면전에서 나타날 수 있음에도 불구하고, 하나님과 이 "아들들"간의 차이는 질적으로 무한히 크다. 그들은 주님과 비교할 수 없으며(시 89:6), 그 사실은 그들 안에 큰 두려움을 불러일으킨다. 주님은 "그를 둘러싸고 있는 모든 존재보다 더 경외심을 불러일으키시며"(시 89:7), 도덕적 덕과 힘 면에서 그들을 능가하신다(시 89:8). 천사들은 제한되어 있으며, 그들이 가진 모든 능력은 하나님께서 주신 것이다(욥 1:12, 2:6-7). 천사들은 보이지 않는 피조물로서 예수 그리스도로 말미암아 창조되었고 그로 말미암아 능력을 받았다(골 2:16). 물론, 지적이고 자발적인 피조물에게 부여된 그 권한을 사용하거나 오용하는 것은 별개의 문제이며, 모든 권위는 언젠가 예수 그리스도에 의해 바로 잡힐 것이다(고전 15:24-28).

하늘에 있는 천사들은 하나님이 창조하신 "만물"에 포함된다(시 89:11). 그것들은 하나님이 다스리는 피조물들 중 하나이다. 사탄은 두로 왕의 형태로 하나님이 창조하신 것으로 묘사되고(겔 28:15), 여기서 사용된 용어 'bara'는 창세기 1장에서 하나님의 첫 창조 활동을 묘사하는 데 사용된 것이다. "하나님의 아들들"은 특별히 하나님께 영광을 돌리고 그를 경배하라는 지시를 받았는데(시 29:1-2) 그들 가운데 하나는 사탄이 되었다. 하나님의 영광을 스스로 얻고자 하는 욕망은 타락한 천사들이 하늘에서 쫓겨나게 된 근본 원인이다. 예배에 대한 그런 오만한 가식은 피조물인 비천한 "하나님의 아들들" 중 반역자인 사탄과, 영원하시며 나중에 성육신한 하나님의 아들이신 예수 그리스도 사이의 최종적인 단절을 발생시켰다(마 3:8-11). 사탄은 하늘에서 떨어질 때 많은 천사들을 데려갔다. 그들은 "악마"(daimonioi)라는 일반적인 용어로 알려져 있으며, 예수 그리스도의 권세 아래에 있으며, 예수 그리스도께서는 그 권세를 제자들에게 부여하셨다(눅 10:17-20).

2. 그들은 무엇을 하고 있는가?

사도 요한은 묵시적인 "용"을 "고대 뱀"과 "사탄"과 "마귀"와 동일시했다(계 12:9, 20:2). "온 천하를 미혹하는 자"로서의 그 활동에 대한 사도들의 포괄적인 묘사와 함께 성경에 이러한 이름들이 나오는 것을 연구하면 사탄과 그의 악마들이 지금까지 해왔고, 아직도 계속하고 있는 것이 분명해진다. 성경에서 이 악한 자의 첫 등장은 에덴동산에서 그가 뱀의 형체를 취하는 곳이다(창 3:1). 그의 기만적인 성격은 여자와 대화하는 동안 즉시 나타난다. 그는 먼저 하나님의 말씀을 의심하고(창 3:1), 그 다음에는 그것을 완전히 부인하고(창 3:4), 마지막으로 인간이 하나님의 말씀을 거역하도록 유혹하기 위해 할 수 있는 일을 한다(창 3:5). 하나님은 인류가 사탄의 속임수에 굴복하는 쪽을 선택하는 것은 허용하셨지만, 여자의 씨가 뱀의 씨의 머리를 상하게 할 것이라고 약속하셨다(창 3:15). 이 약속은 종종 원시복음으로 지칭하는데 뱀과 죄와 죽음을 이기고 타락한 인류에게 구속을 제공하실 메시야의 오심을 예표하는 최초의 복음 약속(예: Kidner, Genesis, 70–71)이다.

히브리 명사인 사탄은 대적을 나타내며, 동사는 "고발하다"를 의미한다. 욥기 1–2장에서 사탄은 하나님께서 욥을 풍성하게 축복하셨기 때문에 하나님을 따른다고 비난하기 위해 하늘 법정에서 대적의 역할을 맡는다. 하나님은 욥에 대한 하나님의 주장을 정당화하기 위해 사탄의 권세가 하나님의 제한하심 아래 욥을 해치도록 허용하신다. 스가랴 3:1~2에서 사탄은 이번에는 대제사장 여호수아가 하나님의 백성을 대표하기에 부적합하다고 고발하기 위해 다시 하나님의 법정에 나타난다.

그러나 메시야적 맥락에서 주님은 인간 제사장들에게 하늘의 법정에 설 자리를 주기 위해 사탄을 책망하고 여호수아의 죄를 제거해 주실 때(또는 제거해 주시면서) 주님 자신의 이름을 부르신다. 역대상 21:1에서 사탄은 다윗을 부추겨 인구조사를 하여 하나님의 진노를 일으키게 했으며, 사무엘하 24:1에서는 그 사건의 배후에 하나님이 계셨다고 말한다. 이것은 비록 사탄과 마귀가 자신들의 악에 책임이 있지만 하나님께서 자신의 거룩한 목적을 위해 주권적으로 그들을 사용하실 수 있음을 보여준다(왕상 22:19–25). 구약의 그리스어 버전인 칠십인 역은 종종 히브리어 사탄을 "중상자, 고발자"를 의미하는 디아볼로스로 번역한다. 신약은 거의 동일한 수로 히브리어 사탄을 음역하거나 영어로 "악마"로 번역된 그리스어 디아볼로스를 사용한다. 바알세불(마 12:24), 벨리알(고후 6:15), 아볼루온(계 9:11)을 포함하여 사탄에 대한 16개의 다른 용어도 신약에서 발견되었다. 이 사탄을 지칭하는 용어 중에는 "공중의 권세 잡은 자"(엡 2:2), "어둠의 권세"(눅 22:53), "이 시대의 신"(고후 4:4) 과 같이 어떤 권위를 내포하는 용어도 포함되어 있다.

예수 그리스도는 사탄과 마귀를 나라에 비유하여 사탄이 인간을 속여 이 세상을 마귀와 함께 통치했다고 가르치셨다(마 12:25). 마귀의 거짓은 이스라엘 백성들도 받아들였다. 예수님은 인간을 하나님의 말씀으로 믿는 자와 거부하는 자로 나누셨다. 후자는 "살인자"인 [그들의] 아비 마귀"와 "거짓의 아비"의 자녀이다. 왜냐하면 그들은 예수가 하나님 아버지로부터 오신 분이라는 진리를 거부하기 때문이다(요 8:42-47). 그리스도께서 다스리시는 하나님의 나라는 마귀가 다스리는 이 세상 나라와 정반대이다.

각 왕국의 적절한 식별은 영원한 중요성을 지닌 문제이다. 용서받을 수 없는 죄인 성령을 모독하는 것은 그리스도 안에 있는 성령의 역사를 마귀에게 돌리는 것이다(마 12:24-32). 그러므로 예수님은 무엇보다 먼저 귀신을 쫓아내고 눈먼 자를 고치심으로 하나님과의 친밀함과 마귀에 대한 반대를 반복적으로 나타내셨다(마 12:22-23, 요 10:19-21). 사람은 거듭나기 전까지 사탄의 영에게 지배를 받아 마귀의 나라에 거한다(엡 2:2). 그럼에도 불구하고 마귀와 그의 사망 권세와 음부의 권세는 예수님이 하나님 나라를 이끌고 온 하나님의 아들이라는, 자유롭게 하는 복음을 전하는 교회의 공격을 대적할 수 없다(마 16:16-19).

예수 그리스도는 지상 사역을 통해 사탄과 마귀를 물리치는 능력을 나타내셨고 십자가에서 최종적인 승리를 거두셨다. 죽을 수밖에 없고 사탄에게 지배당하는 우리의 빚을 예수님은 십자가에서 갚으셨다. 하나님은 이제 믿음으로 인해 우리에게 생명을 주신다(골 2:12-14). 그리스도께서는 십자가에서 마귀의 권세를 제거하시고 우리를 위하여 저들을 이기시고(골 2:15, 엡 1:21-22), 부활하심으로 그것을 영원히 입증하셨다(딤전 3:16).

비록 결정적으로 패배했지만 사탄은 속임수로 그의 일을 계속하고 "우는 사자와 같이 두루 다니며"(벧전 5:8) 자신을 "광명의 천사"(고후 11:14)로 가장한다. 지금도 사탄은 사람들이 하나님의 말씀을 듣고, 받아들이지 못하게 하는 것에 심혈을 기울인다(마 13:19). 더욱이 사탄은 그리스도인들이 그리스도 안에서 승리하는 삶을 살지 못하게 하려고 계획하지만, 하나님은 마귀의 공격을 견딜 수 있도록 우리를 준비시키시며(엡 6:11-17), 우리는 마귀를 대적하고 믿음 안에 굳건히 서도록 부름을 받았다(벧전 5:9).

3. 그들에게 무슨 일이 일어날 것인가?

사탄 마귀들은 예수 그리스도에 의해 결정적으로 정복되었지만, 마지막 날까지 교회를 핍박하고 세상을 정복하기 위해 여전히 할 수 있는 모든 것을 할 것이다. 요한계시록은 용을 쓰러뜨리고 천 년 동안 무저갱에 가두게 될 일련의 생생한 묵시적 전투를 예언한다(계 20:1-3). 천년왕국이 끝나갈 무렵 사탄은 잠시 풀려나서 다시 만국을 미혹하게 되지만 완전히 패망하게 될 것이다(계 20:7-9). 그의 최후는 성취된 사실로서 구두로 제시된다. "그들을 미혹하는 마귀가 불과 유황 못에 던져지니 거기는 그 짐승과 거짓 선지자도 있어 세세토록 밤낮 괴로움을 받으리라"(계 20:10). 창세기에서 하나님의 말씀을 부정하는 것으로 시작된 인류의 악한 기만은 사탄과 그를 따르는 거짓 마귀에게 내린 삼위일체 하나님의 영원한 형벌로 끝날 것이다. 그리고 사탄과 그의 마귀들에 대한 승리를 쟁취하신 분은 예수 그리스도이시다.

F.
인간이란 무엇인가?

John Stonestreet

미국을 세운 사람들은 인간에 대한 특정한 관점에 호소함으로써 영국 왕실에 대한 반역을 설명했다. "우리는 이러한 진리가 자명함을 지지한다. 모든 인간은 동등하게 창조되었고 양도할 수 없는 권리를 창조주로부터 부여받았다. 그중에는 생명, 자유, 행복추구가 있다"(독립선언서).

오늘날에는 인권, 존엄성, 평등이 무엇을 수반하는지에 대한 의견 일치가 거의 없어졌으며, 이러한 개념이 확립되기까지 얼마나 오랜 시간이 걸렸는지 기억하는 사람은 거의 없다. 대부분의 역사를 통해 어떤 생명은 없어도 되는 것으로 간주되었으며, 권력에 대한 열망이나, 민족 혹은 가문의 우월성이나, 또 빈부 격차를 이유로 억압이 정당화되었다.

인간은 다른 문화, 성, 종족에서 왔다. 우리는 같은 능력을 가지고 있지 않다. 이러한 명백한 차이점이 삶에 대한 중요한 질문에 대한 답을 자명하지 않게 만든다.

모든 인간이 가치가 있을까, 아니면 일부만 가치가 있을까?

우리는 동물과 구별되는가?

모든 인간은 존엄한가, 아니면 개인의 성, 종족 또는 능력에 달려 있는가?

우리 인간의 존엄성은 확정적인가 아니면 문화적으로 가변적인가?

사람들이 어떻게 행동해야 하는지를 결정하는 것만큼 중요한 것은 인간이 무엇인지를 결정하는 것이다. 인간의 의미에 대한 다양한 시각이 생각의 시장에서 경쟁한다. 이러한 상이한 개념들이 현실 세계에서 삶으로 나타날 때 개인, 지역사회, 국가 및 전체문화에 심각한 결과를 초래한다.

1. 인류와 다른 세계관

비기독교적 세계관은 인간의 존엄성, 가치, 보편적 권리의 개념에 근거가 없다. 무신론, 마르크스주의, 세속주의와 같은 자연주의적 세계관은 영적이거나 형이상학적인 모든 것을 부정한다. 모든 것이 자연적이고 무의식적인 물리적 과정의 결과이기 때문에 영적 믿음은 인간의 다른 행동과 마찬가지로 뇌에서 일어나는 화학반응의 결과인 환상일 뿐이다.

이런 현실관에는 인간에게 특별한 지위를 부여할 창조주가 없다. 따라서 인간의 평등, 존엄 또는 가치를 확립해 주는 내재적 기반이 없다. 대신 자연주의적 세계관에서는 우리를 다른 인간, 또는 심지어 "다른 동물"과 구별하기 위한 것은 외모나 능력과 같은 외적 현실일 뿐이다.

힌두교, 특정 형태의 불교, 뉴에이지와 같은 초월적 세계관은 모든 생물들을 비인격적인 하나의 큰 영적 존재의 일부로 이해하며, 그것이 궁극적인 실재이다. 이 종교들 중 많은 수가 환생을 주장하는데, 그 과정 중 인간은 개별적 존재성을 잃고, 모두가 궁극적으로 속해 있는 보편적인 하나에 다시 결합하는 과정을 따라, 탄생과 재탄생의 순환에 갇힌 삶으로 드러날 뿐이다. 초월적 세계관에 따르면 인간은 "신성한" 존재이지만 궁극적으로 다른 어떤 생명체와도 구별되지 않으며 확실히 더 가치가 있지도 않다.

포스트모더니스트들은 인간이 누구인지 알 수 있음을 부정한다. 이 견해에 따르면 모든 사람은 문화에 의해 형성된 관점에 갇혀 있다. 남성, 여성, 지성인, 지도자, 상류층, 빈곤층, 반사회적, 기혼자, 생산적 등 인간의 본성, 행동 또는 역할을 설명하는 범주는 사회적으로 결정된다. 보다 비관적인 형태의 포스트모더니즘은 인간이 의미와 목적을 찾을 수 있다는 사실에 대해 절망한다. 덜 비관적인 형태의 포스트모더니즘은 개인이나 문화가 다른 사람을 판단하는 것을 허용하지 않는 상대주의로 끝난다.

이슬람은 신이 우주의 그 어떤 것과도 너무 멀리 떨어져 있어 그의 속성을 공유할 수 없다고 이해한다. 이슬람에서 인간은 봉사에 있어서만 신과 관계를 맺는다. 신은 인간을 창조하실 때 자신을 내어주지 않으셨기 때문에 인간의 존엄성은 순종에 달려 있다. 따라서 신을 따르는 사람과 따르지 않는 사람은 동등한 권리나 가치를 공유하지 않는다.

2. 인류와 기독교 세계관

구약과 신약은 인간의 의미에 대해 완전히 다른 비전을 제시한다. 첫째, 인간의 창조는 성경의 창조의 정점이다. 하나님이 만드신 모든 것 중에서 오직 사람만이 하나님의 형상을 지니고 있다. 프리드리히 니체 (Friedrich Nietzsche)와 같은 많은 무신론 사상가들도 하나님의 형상(Imago Dei, 하나님의 형상)에 대한 성경적 비전만이 보편적인 인간의 존엄성, 가치 및 권리를 근거로 한다는 것을 인식했다.

성경학자들은 하나님의 형상에 대해 다르지만 기능, 관계, 역할에 있어서 상호 보완적인 세 가지 견해를 제시한다. 기능적 견해는 인간이 할 수 있는 일에서 하나님을 닮는다고 제시한다. 하나님처럼 인간도 창조하고, 추론하고, 사랑하고, 상상한다. 이 이론은 하나님 형상이 무엇인지보다 하나님 형상으로부터 어떤 결과가 나오는지 설명한다. 예를 들어, 부상이나 장애로 인해 추론하거나 창조할 수 없는 사람도 여전히 하나님의 형상을 지니고 있다.

관계적 견해는 인간을 이해하는 열쇠로서 하나님의 삼위일체적 본성을 강조한다. 성경은 성부, 성자, 성령 사이에 존재하는 영원한 공동체를 묘사한다. 삼위일체로서의 하나님의 개념이 우상숭배적인 신성모독으로 간주되는 이슬람과 달리, 하나님은 관계만 하시지 않는다. 그분은 본질적으로 관계이시다.

세 번째 대표적인 견해는 하나님이 세상에서 인간에게 부여한 독특한 역할을 명확히 하는 것이다. 그들은 그가 만드신 만물을 다스리고 땅을 채우고 정복하며 하나님이 쉬신 창조 사역을 효과적으로 계속할 것이다(창 1:26-31). 주권자이신 하나님께서 인간을 자신의 세계에 대한 주권자로 만드셨다는 것은 기독교에만 있다.

고대 세계의 대부분의 다른 종교적, 문화적 틀과 달리 성경의 창조 이야기는 남성과 여성 모두를 하나님의 대표자로 묘사한다. 우리가 첫 번째 여자인 하와를 만나기 전에 이미 성경은 하나님의 형상을 지닌 자의 지위가 남녀 모두에게 적용된다고 명시하고 있으며(창 1:27), 이는 동물의 왕국과 공유되지 않는 역할이다. 하지만 창세기 기록은 남성과 여성을 동일하다고 제시하지 않는다. 그들은 상호 보완적이다. 인간은 혼자서는 땅을 채우고 정복하는 하나님의 과업을 완수할 수 없다(창 2:18). 하나님은 남자에게 유일하게 적합하고 남자와 구별되는 돕는 배필을 남자로부터 창조하신다(창 2:20-24).

하나님의 형상의 중요성은 성경이 인류의 타락을 어떻게 묘사하는지에 의해 강조된다. 인간은 죄로 인해 하나님과 분리되었을 뿐만 아니라 아담의 불순종의 결과인 "썩어짐의 종 노릇"(롬 8:21)으로 인해 모든 피조물은 문제, 고통, 좌절, 죽음으로 우주를 감염시킨다.

마지막으로 그리고 궁극적으로 인간의 존엄성은 성육신에 의해 확보된다. C. S. 루이스는 그의 저서 『기적』(*Miracles*)에서 하나님이 예수 그리스도의 인격 안에서 사람이 되셨다는 사실이 "지구 역사의 중심 사건, 즉 전체 이야기가 된 바로 그 사건"이라고 썼다.

3. 구원받은 인류

교회가 정죄하는 가장 초기의 가장 끈질긴 이단 중에는 영지주의가 있는데, 이는 인간의 몸을 포함한 모든 물리적인 것은 악이라고 가르친다. 영지주의는 하나님이 타락하지 않고는 인간의 육체를 취하실 수 없다고 선언했다. 이에 대해 교회는 예수 그리스도가 완전한 하나님이시며 완전한 사람이심을 주장했다. 바울은 예수님이 육체적으로 죽음에서 부활하셨다고 선언했다. 그렇지 않으면 우리의 믿음은 "무가치"하다

(고전 15:17).

만일 예수님이 사람의 육신을 입음으로 말미암아 타락하지 않았다면 우리의 인성은 새롭게 될 수 있다. 신약의 저자들은 그리스도의 사역의 효과를 "다시"라는 단어로 설명한다: 구속, 회복, 화목, 새롭게 함. "Re" 라는 단어는 죄로 인한 타락의 역전을 의미한다. 그리스도 안에서 하나님께서 인간에게 주신 존엄과 가치와 권리는 상실되지 않고 회복된다. 토마스 하워드가 쓴 것처럼,

> 성육신은 우리 인간성에 합당한 모든 것을 취하여 구속된 우리에게 되돌려 준다. … 우리에게 속한 춤, 잔치, 과정, 노래, 건축, 조각, 제빵, 오락, 그리고 도둑맞거나 거짓 신들을 섬기기 위해 빼앗긴 모든 것이 복음 안에서 우리에게 되돌아온다(복음주의는 충분하지 않습니다, 고전 15:36~37).

G.
인류의 주요 목적

Jeremy A. Evans

철학에 있어 영원한 질문은 이것이다: 인생의 의미는 무엇인가? 이 질문의 또 다른 표현은 다음과 같다. 하나님이 세상과 세상에 거주하는 인간을 창조하신 목표나 목적은 무엇인가? 삶에 객관적인 의미가 있을까? 아니면 우리 삶의 모든 노력이 더 깊은 의미를 찾을 수 없는 개인 취향의 문제인가?

1. 창조주 하나님

하나님께서 자신 안에 무언가 부족한 것을 채우려고 인간을 창조하신 것이 아님을 인식하는 것이 중요하다. 사도행전 17:24~25에 보는 것처럼 "만물을 지으신 하나님께서는 천지의 주재시니 손으로 지은 전에 계시지 아니하시고 또 무엇이 부족한 것처럼 사람의 손으로 섬김을 받으시는 것이 아니니 이는 만민에게 생명과 호흡과 만물을 친히 주시는 이심이라."

정통 기독교는 하나님은 삼위일체이시며, 아버지와 아들과 성령 사이의 교제를 영원히 누린다고 확신한다. 하나님은 자신의 부족함을 채우기 위해 사람을 창조하지는 않으셨지만, 삼위일체 교리를 통해 하나님이 본질적으로 관계적이신 것처럼 우리도 존재로 지음을 받아 서로 공동체를 이루며 궁극적으로 하나님과 그의 피조물의 모든 면과 함께 교제와 연합을 누리게 되었음을 알 수 있다. 성경에서 이러한 창조의 관계적인 측면을 본다. 여호와 하나님이 이르시되 "사람이 혼자 사는 것이 좋지 아니하니 내가 그를 위하여 돕는 배필을 지으리라 하시니라"(창 2:18). 하나님은 아담의 갈빗대로 여자를 지으시고 그를 돕는 배필로 세우셨다(창 2:23). 가장 중요한 것은 하나님께서 우리를 하나님과 동행하도록 창조하셨다는 것이다(창 3:8).

2. 신의 존재로부터 의미의 기초

유신론적 틀은 우리 삶의 의미에 대해 객관적으로 의미 있고 주관적으로 만족스러운 기초의 존재에 대한 합리적인 설명을 제공한다. 루이스 포이만(Louis Pojman)은 그의 글 "종교는 삶에 의미를 부여 한다"에서 유신론이 사실이고 우주를 통치하는 자비로운 신이 있다면 아래와 같은 다른 결과가 발생한다고 말한다.

1) 유신론은 우주의 기원과 유지에 대한 만족스러운 설명을 제공한다.

인간은 우연이나 비인격적인 빅뱅의 산물이 아니며, 움직이는 입자들의 맹목적인 집합체도 아니다. 우리는 독특하게 창조되었고, 다른 피조물에 대해 지배권을 행사하고, 관계 맺는 방법에 대해 책임을 지는 신과 같은 특성을 부여받았다(창 1:26). 신성한 이미지를 가진 사람으로서 우리는 이성적이고 감정적이며 의지적이다.

즉, 우리는 이성적인 피조물 그 이상이다. 우리는 또한 사랑을 위해 창조되었다. 예수님은 우리가 마음을 다하고 목숨을 다하고 힘을 다하고 뜻을 다하여 주 우리 하나님을 사랑하고 이웃을 내 몸과 같이 사랑하라고 가르치셨다(눅 10:27). 하나님의 창조계획에 협력함으로써 하나님이 우리를 창조하신 목적을 성취하고 삶의 만족과 의미를 찾는다. 하나님께서 우리에게 주신 은사를 알고, 그것을 하나님이 찬양을 받으시도록 사용함으로써 하나님의 창조계획에 협력한다(마 5:16, 고전 13:1-13, 엡 4:7-16). 각 개인은 영적인 은사를 부여받았기 때문에 그리스도와 그의 나라를 위해 이러한 은사를 사용하는 데 개인적인 의미가 있다. 더욱이 하나님은 역사 안에서 상호작용하고 역사는 그리스도와 그의 교회의 연합을 지향하기 때문에 이러한 영적 은사에 대한 각각의 헌신은 내세까지 이어지는 더 큰 이야기와 연결되어 있다.

2) 유신론은 우주가 어떻게 선으로 가득 차 있고 하나님이 우리가 세상에서 보는 모든 악을 이기실 것인지 설명할 수 있다.

성경은 하나님은 완전하시다고 확언한다(대상 16:34; 시 100:5; 136:1; 145:9). 하나님은 그의 피조물을 보시기에 좋았다고 선언하셨다(창 1:31). 불행하게도 아담과 하와는 그들이 창조된 목적을 존중하지 않았다. 그들은 하나님과의 교제를 선택하는 대신에 하나님으로부터 독립된 자신의 운명을 추구했다. 이런 악으로 인해 깨어진 관계와 고통의 이야기가 시작되지만 예수님은 무너진 세상을 취하여, 재창조하고 아담의 반역으로 잃어버린 것을 회복시키신다(고후 5:17). 궁극적으로 악과 사망은 부활의 때에 패배하고(고전 15장), 마침내 하나님은 새 하늘과 새 땅을 만드신다(계 22:1-5).

3) 하나님은 우리를 사랑하고 돌보시며, 그 사랑의 결과로 우리는 자기희생을 포함한 도덕적으로 선한 행동에 대한 더 깊은 동기를 갖게 된다.

4) 신학자들은 우리가 왜 도덕적이어야 하는가라는 질문에 대한 답을 가지고 있다.

위에서 언급했듯이 하나님은 모든 선의 근원이시다. 그 무엇보다 하나님의 존재는 우리가 도덕적 의무를 지는 이유를 가장 잘 설명한다. 의무는 우리가 수행해야 하거나 수행하지 않아야 하는 특정 행동이다. 예를 들어, 우리에게는 지상 대명령과 대 계명을 완수할 의무가 있다. 우리는 부러워하거나 험담하거나 중상하거나 미워하지 않을 의무가 있다. 의무는 권위 있는 사람에게서 나오며, 하나님 자신보다 더 높은 도덕적 권위는 없다.

하나님은 우리의 도덕적 행동이 어디에서 그 가치와 의무를 찾을 수 있는지에 대한 풍부한 설명을 제공한다. 도덕적 결정은 한 사람의 삶에 중요하다. 존 커팅햄(John Cottingham)이 설명했듯이,

삶에 의미를 부여하는 포괄적인 구조가 없고, 의미 있는 삶이 따라야 하는 규범적 패턴이나 모델이 없다면 의미있는 삶 이란 행위자가 체계적으로 헌신하는 고용된 삶에 불과하다. 도덕적 상태에 관계없이 자신의 특정 프로젝트를 만든다. 따라서 타인을 속이거나 상처를 입히거나, 자신의 성공을 위한 단순한 수단으로 이용하거나, 동료의 목소리에 마음과 생각을 닫아버리는 방식으로 추구하는 성취와 의미는 덜 인간적으로 만드는 행동양식이

다. 의미있는 삶은 가능한 한 진리와 아름다움, 선을 지향하거나 적어도 그러한 이상을 향해 노력함으로써 지향된다(인생의 의미에 관하여, 26-27).

5) 모든 사람은 동등한 가치를 지닌다.

모든 사람은 하나님의 형상대로 만들어졌기 때문에 본질적으로 가치가 있으며, 목적을 위한 수단으로서만 가치가 있는 것이 아니다. 만물이 그 안에서, 그를 위해 창조되었기 때문에 하나님은 각 사람을 사랑하신다. 바울은 그리스도께서 모든 사람을 위한 희생 제물로 돌아가셨기 때문에 모든 사람들은 그와 동등한 가치가 있다고 주장한다(갈 3:28).

6) 사후의 삶 또한 설명할 수 없는 불평등이 없을 것임을 보장한다.

전도서의 결론처럼 "일의 결국을 다 들었으니 하나님을 경외하고 그의 명령들을 지킬지어다 이것이 모든 사람의 본분이니라. 하나님은 모든 행위와 모든 은밀한 일을 선악 간에 심판하시리라"(전 12:13-14).

본질적으로 인간의 주된 목적은 삶의 모든 노력과 제도를 그리스도를 위해 주장하는 것이다. 더 나아가 정의가 실현되고 모든 관계가 온전해질 때 그 때 모든 피조물에 대한 하나님의 원래 계획—선한 창조의 모든 측면, 모든 피조물, 모든 관계, 모든 청지기 직분이 화평의 상태에 있는, 샬롬(*shalom*; 창 1:26 - 27)이 실현될 것이다.

H.
타락과 구속

Anthony L. Chute

　인류의 타락은 아담과 하와에게서 일어난 창세기 3장에 기록된 인간 불순종의 첫 번째 행위를 의미한다. 반역 이전에 우리의 시조는 하나님과의 깨어짐이 없는 교제, 비할 데 없는 친밀함, 에덴의 환경에서 방해받지 않는 즐거움을 누렸다. 그들처럼 인간이 다른 피조물에 대해 성경적 지배권을 행사하고 서로를 완전하게 보완하며 하나님의 통치 아래 매 순간을 기쁨으로 살았던 때는 지금까지 없었다. 하지만 앞으로는 있을 것이다.

　성경은 이 깨어진 관계가 영원히 회복될 날을 그린다. 하나님의 백성은 먹을 것이 풍족한 새 땅을 기업으로 받을 것이며 이마에 땀을 흘리는 수고가 없고 가시의 위협이 없을 것이다(계 22:3). 그들의 눈물이 영원히 씻겨지기 때문에 고통을 느끼거나 다른 사람들에게 어떤 상처도 주지 않을 것이다(21:4). 죽음은 더 이상 산 자를 괴롭히지 않을 것이다. 순한 어린양은 육식성이었던 이리와 나란히 쉴 것이다(사 11:6). 무엇보다 하나님은 그의 백성과 함께 거하실 것이다(계 22:3). 부정한 것은 새 창조의 세계에 들어갈 수 없다. 유혹하는 나무나 속이는 뱀이 없을 것이며, 걱정이 아닌 예배가 끝없이 지속되는 세상이 하나님의 가족의 특징이 될 것이다.

1. 타락과 죄

기독교 세계관은 현재 하나님의 선한 세상은 인간의 죄로 더럽혀지고(타락), 죄 많은 인간이 예수 그리스도를 믿음으로 영원히 하나님을 누리기에 합당하게 된(구속) 두 가지 현실을 전제로 한다.

기독교 세계관을 비평하는 사람들은 인간의 죄악됨의 사실을 최소화함으로써 타락의 관념을 무시하는 경향이 있다. 그와 마찬가지로 인간의 진보에 대한 기대를 최대화함으로써 구속 교리를 제쳐두고 있다. 따라서 죄는 사회적 구조로 축소되고 자조(self-help)는 구원의 수단이 된다. 어떤 의미에서 죄를 부인하는 것은 죄의 또 다른 징후이다. 아담과 하와가 모든 것을 보시는 하나님 앞에서 자신의 잘못을 숨기려 했던 것처럼(창 3:8), 성경의 반대 주장에도 불구하고 인간은 습관적으로 그들의 죄없음을 주장한다(롬 3:23).

사람들이 타락에 대한 성경의 가르침을 거부하는 또 다른 이유가 있다. 그것은 세상이 일종의 작동을 계속하기 때문이다. 타락 후 아담과 하와의 큰아들은 비록 자신의 형제를 죽인 죄를 지었지만(창 4:8) 인생을 항해하는 데 매우 능숙했음이 증명되었다. 가인은 여자와 결혼하고 그의 아들을 사랑했다(창 4:17). 땅의 저주에도 불구하고 가인은 농부가 되었고 그 다음에는 도시 건설자가 되었다(4:3,17). 가인의 후손은 가축 치는 일, 악기 연주, 튼튼한 무기 개발 등의 진보를 포함하여 창의적인 기량으로 유명했다(4:20-22). 간단히 말하자면, 타락한 세상의 타락한 사람들조차도 하나님의 은혜로 인간의 진보에 기여할 수 있다.

반면에 도덕적으로 올바른 사람들조차도 인간의 곤경을 확인시켜 준다. 노아는 도덕적으로 볼 때 하수구 한복판에서 간신히 하나님의 은총을 입은 그런 사람이다(창 6:8). 그의 장인 정신은 가장 파괴적인 폭풍우를 견뎌낸 방주를 만드는 능력을 통해 입증되었다. 세부 사항에 대한 그의 주의는 그의 생명뿐 아니라 그의 가족과 동물 왕국 전체의 생명도 구했다(6:14-22). 그에게 대한 하나님의 은혜에도 불구하고 노아는 나중에 술에 취해 그의 장막에서 벌거벗은 상태로 쓰러졌다(창 9:20-21). 그는 깨어나 아직 태어나지 않은 세대를 저주했다(9:24). 이것은 하나님이 그를 통해 세상을 구원하신 사람에게서 기대할 수 없는 행동이지만, 노아의 삶은 "의인은 없나니 하나도 없으며"(롬 3:10)임을 확증한다.

타락의 교리는 우리 대부분이 될 수 있는 만큼 나쁘지는 않지만 그 누구도 우리가 되어야할 만큼 선하지 않다고 주장한다. 인간은 선의 모양을 설명하고 진보를 가능하게 하는 하나님의 형상을 유지한다(창 1:26-27, 9:6). 그럼에도 불구하고 인생은 이 타락한 세상에서 마땅히 해야 할 것과 같지 않다.

신학자들은 아담의 죄가 각 사람에게 전해지는 방식에 대해서는 의견이 엇갈렸지만, 죽음의 실상은 누구도 면제되지 않았다는 것을 충분히 확인시켜 준다(롬 5:12). 비록 찰스 맨슨(Charles Manson)과 빌리 그레이엄(Billy Graham)이 그들의 삶에서 전혀 다른 길을 걸었지만, 둘 다 사형 선고를 피할 수 없다. 여러분과 나도 마찬가지이다. 성경은 우리가 처한 일반적인 곤경을 설명한다. 우리는 "허물과 죄"로 "죽었고" "본질상 진노 아래 있는 자녀"(엡 2:1,3)이다.

2. 반전으로서의 구속

구속은 타락의 반전이다. 부분적으로 이 반전은 영적으로 죽었던 사람들이 살아나고(엡 2:4) 진노의 자녀였던 사람들이 이제 하나님의 자녀가 됨을 의미한다(요일 3:1).

성경은 타락한 사람들이 세상 전체에 긍정적인 기여를 할 수 있음을 인정하지만, 아무도 자신의 구원에 긍정적인 기여를 할 수 없다는 것도 분명히 한다(롬 3:23-28). 타락의 결과를 되돌릴 수 있는 자격을 갖춘 유일한 분은 동정녀 마리아를 통해 성육신하신 하나님의 영원한 아들로서 아담의 죄를 상속받지 않으신 예수 그리스도 뿐이다. 그가 타락한 세상에 살면서 모든 인간이 겪는 진정한 투쟁을 겪으면서(히 2:14-18) 시험을 받지 않았다는 것이 아니다. 그분은 우리와 같은 시험을 받으셨으나 결코 죄를 짓지 않으셨다(고후 5:21; 히 4:15; 벧전 2:22). 그러므로 죄 많은 인간을 거룩하신 하나님을 경배하기에 합당하게 하실 수 있는 분은 오직 그분 뿐이다(행 4:12). 예수님의 죽음조차 그가 지은 어떤 죄의 결과가 아니라 오히려 가장 은혜로운 사랑의 행동이 되셨다. 그는 자기를 믿는 모든 사람이 구원을 받게 하려고 세상의 죄를 짊어지셨다(롬 5:6-11).

구속 교리는 개인의 구원 문제를 넘어 확장된다. 예수님은 이 땅에 계신 동안 타락한 세상을 완전히 회복할 수 있는 능력에 대한 풍부한 증거를 제시하셨다. 바다의 폭풍을 잠잠케 하셨을 때 하늘에 대한 자신의 주권을 나타내셨다(막 4:35~41). 곤경에 처한 사람에게서 귀신을 쫓아내실 때 지옥에 대한 자신의 주권을 나타내셨다(막 5:1-20). 불치병에 걸린 여자를 고쳐 주셨을 때 생명에 대한 자신의 주권을 나타내셨다(5:24-34). 어린 소녀를 죽은 자 가운데서 살리셨을 때 죽음에 대한 자신의 주권을 나타내셨다(5:35~43). 이러한 기적들과 수많은 다른 기적들(요 20:30~31; 21:25)을 통해 예수님은 이 혼란스러운 세상이 우리의 집이 아니라고 결론지을 수 있는 충분한 이유를 제시하셨다. 그분은 친히 만물을 새롭게 하실 것이다(계 21:5).

그러므로 성경의 마지막 책은 완전한 구속에 대한 승리의 선언과 함께 타락 이야기의 적절한 끝이다:

그 천사는 또 내게 수정같이 맑은 생명수 강을 보여 주었습니다. 그 강은 하나님과 어린 양의 보좌에서 흘러 나와 그 성의 거리 중앙으로 흐르고 있었습니다. 강 양쪽에는 생명나무가 있어서 일 년에 열두 번 열매를 맺는데 달마다 과일이 맺혔습니다. 그리고 그 잎은 모든 나라 사람들을 치료하는 약이 되었습니다. 다시는 그 성에 저주가 없을 것입니다. 하나님과 어린 양의 보좌가 그 성에 있을 것이며 그분의 종들이 그분을 섬길 것입니다. 그들은 하나님의 얼굴을 보게 될 것이며 그들의 이마에는 하나님의 이름이 기록될 것입니다. 거기에는 더 이상 밤이 없을 것이며 등불이나 햇빛이 필요 없을 것입니다. 이것은 하나님이 그들에게 빛을 주실 것이기 때문입니다. 거기서 그들은 영원히 왕처럼 살 것입니다(계 22:1-5 현대인의 성경).

3. 기독교 세계관에서의 타락과 구속

기독교 세계관은 타락과 구속을 모두 포함한다. 타락을 배제하는 것은 죄의 실재를 부인하는 것이며 구속을 배제하는 것은 그리스도의 사역의 궁극적인 실재를 부인하는 것이다. 타락한 세상에 산다는 것은 그리스도인들이 시련과 환난을 겪을 것이며, 자신의 시험과 죄와 계속 싸워야 함을 의미한다. 우리는 죄를 용서받았으나 하나님은 아직 우리와의 관계를 끝내지 않으셨다(빌 1:6). 결과적으로 더 나은 세상, 심지어 완벽한 세상을 향한 갈망은 도피의 한 형태가 아니다. 오히려 그것은 이세상이 받아 마땅한 저주를 선언하셨던 분(창 3장; 롬 8:20-22)이 하신 약속에 대한 그리스도인의 정당한 기대이다.

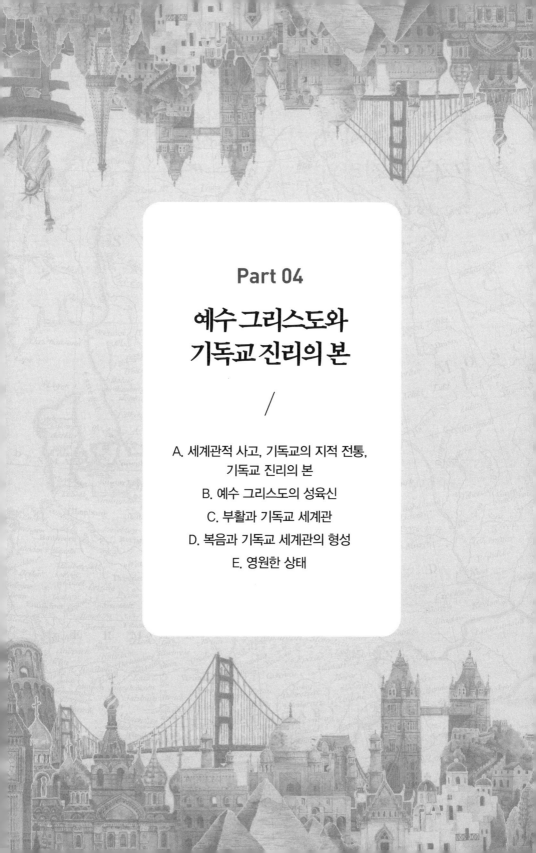

Part 04

예수 그리스도와
기독교 진리의 본

/

A. 세계관적 사고, 기독교의 지적 전통,
기독교 진리의 본
B. 예수 그리스도의 성육신
C. 부활과 기독교 세계관
D. 복음과 기독교 세계관의 형성
E. 영원한 상태

A.
세계관적 사고, 기독교의 지적전통, 기독교 진리의 본

David S. Dockery

기독교 지적 전통은 예수 그리스도를 따르는 자들에게 귀중한 자원 역할을 하며, 그리스도인들이 여러 해 동안 성경을 읽고, 교리를 공식화하고, 교육을 제공하고, 문화에 참여해 온 방식을 이해하는 것을 돕는다. 사도 바울은 데살로니가 교회에 편지하면서 예수 그리스도의 제자들에게 "굳건히 서서 너희의 가르침을 받은 전통을 지키라"(살후 2:15)고 촉구했다. 그와 비슷하게, 자신이 보낸 사절인 디모데에게 "건전한 가르침의 본을 따르라"고 권고했다 (딤후 1:13). 기독교의 역사는 기억의 사슬로 가장 잘 이해된다.

1. 기독교 지적 전통

기독교 신앙은 기록된 하나님의 말씀, 책, 교육, 학문과 밀접한 관련이 있었다. 성경을 연구하고 해석하는 것은 후기 유대교의 관습을 계승

한 초기 기독교 공동체의 구성원들에게 자연스러운 일로 자리 잡았다. 기독교의 지적전통은 성경해석에 그 뿌리를 두고 있다. 교회의 초창기부터 그리스도인들은 신구약 중간시대 유대교와, 당시의 그리스-로마 세계의 저작물에서 볼 수 있는 성경해석에 대한 접근방식을 물려받았다. 이런 양쪽으로부터의 유산 때문에 플라톤과 아리스토텔레스의 추종자들뿐 아니라 랍비와 필로의 해석학적 방법과도 관찰 가능한 연속성이 있다. 그러나 초기 기독교가 유대교와 주변의 그리스-로마 종교와 분리되어 독특성을 확립하면서 이들과의 불연속성도 분명히 드러냈다.

기독교 역사의 초기부터 그리스도인들은 다양한 방법으로 성경에 의지했다. 그 풍부한 유산은 개인과 단체 모두에서 기독교적 전통을 형성했다. 이 귀중한 자원을 이 시대의 상황에 맞게 복구하기 위해 성경 해석자, 신학자, 교육자, 그리고 다른 기독교 지도자들로부터 배우려고 노력해야 한다. 우리보다 먼저 걸어 갔고 지금 우리가 그 어깨 위에서 있는 이 전통의 대표자들로부터 하나님의 일에 대해 깊이 생각하는 법을 배울 수 있다. 저스틴 마르티어(Justin Martyr)와 이레니우스(Irenaeus)는 기독교 울타리 안에서 사고의 중요성을 분명히 밝힌, 사도시대 이후의 첫 번째 사람들 중 하나일 것이다. 3세기 알렉산드리아에서 클레멘트와 오리겐은 교리뿐만 아니라 과학, 문학, 철학에서도 개종자들을 가르쳤다. 5세기의 어거스틴은 그의 저서 『기독교 교리에 관하여』(On Christian Doctrine)에서 모든 참되고 훌륭한 그리스도인은 진리를 찾는 곳마다 진리가 주님의 것임을 이해해야 한다는 사상을 썼다.

역사 전반에 걸쳐 복음이 받아들여지는 곳마다 교육 기관과 기독교 문해력(글을 읽고 쓰는 능력)이 뒤따르는 일반적으로 유사한 패턴을 찾을 수 있다. 이 유산은 클레르보의 베르나르(Bernard of Clairvaux)와 토마스 아퀴나스(Thomas Aquinas)뿐만 아니라 에라스무스(Erasmus), 루터(Luther), 칼뱅(Calvin), 멜란히톤(Melanchthon)을 통해서도 추적할 수 있다. 종교개혁 이후의 철학자, 과학자, 신학자 및 파스칼(Pascal), 케플러(Kepler), 조나단 에드워즈(Edwards), 조지 워싱턴(Washington), 루이스(Lewis), 도로시 세이어즈(Sayers) 같은 수많은 문필가, 학자로부터 많은 것을 배운다. 이러한 기독교 진리의 모범은 기독교 지적전통의 핵심에 있다. 이 모범은 우리의 기독교 신앙 고백에 의해 형성되고 또한 영향을 받는다. 그런 전통에서 배울 때, 우리의 믿음이 강화될 것이며, 기록된 하나님 말씀의 신성함과 권위, 예수 그리스도의 신성과 인성, 거룩한 삼위일체에 대한 진심어린 고백, 복음 내용의 독특성과 성령의 능력, 믿음을 통한 은혜의 구원, 세계교회, 앞으로 올 하나님 나라의 소망, 삶과 가족의 신성함에 대하여 우리의 올바른 헌신을 새롭게 경험할 것이다.

사려 깊은 그리스도인들은 니케아, 칼케돈, 어거스틴, 베르나르도, 루터, 칼뱅, 웨슬리, 경건주의자들, 그리고 21세기의 영향력 있는 세계 기독교 지도자들과의 대화를 통해 역동적인 정통 모델을 개발하기 위해 노력할 것이다. 기독교적 사상의 위대한 전통은 우리의 성경적, 신학적 이해를 형성하는 데 도움이 될 뿐만 아니라, 철학, 예술, 음악, 문학, 드라마, 건축, 법률, 정치 및 사회 사상, 기타 형태의 문화 및 학문적 참여를 위한 방대한 자원을 제공한다. 흥미롭게도 기독교적 성찰과 헌신적 실천은 이 중요한 유산의 영향을 받았다. 오늘날 그리스도의 추종자들은 당면한 많은 도전과 씨름하면서, 기독교적 사고의 위대한 전통이 우리 믿음을 격려하고, 우리의 교회적, 교육적, 문화적 추구의 형태를 형성하기 위해 귀중한 자원과 모범을 제공하기를 기대한다—비록 우리가 하나님의 영광을 위해 그리스도인답게 생각하는 것에 대한 감사와 헌신 속에서 성장하는 동안에도 말이다.

2. 기독교 진리의 모범

복음, 즉 기독교 신앙은 다른 모든 지식과 경험을 이해하는 해석의 틀이 된다. 세계관 사고에서 그리스도인을 인도하는 이 해석적 틀은 수세기 동안 그리스도인들이 일관되게 믿어왔던 주요 교리들, 즉 H.E.W. 터너가 "기독교 진리의 모범"이라고 부른, 그리고 일치된 의견으로 믿어왔던 주요교리는 기독교의 지적 전통을 가장 잘 알려주고 형성해 왔다. 우리는 이제 기독교적 사고의 모든 측면을 확실하게 알려주는 이러한 중요한 교리에 관심을 돌린다.

1) 창조: 창조주 하나님의 사역

기독교적 사고는 실재의 두 가지 넓은 차원, 즉 창조주 하나님과 그의 피조물인 세상을 인식한다. 성경은 하나님이 어떤 기존의 물질을 사용하지 않으시고 존재하는 모든 것을 만드셨다고 가르친다. 성경의 첫 구절과 사도신경의 첫 문장은 모두 하나님을 창조주로 고백한다. 창조 교리에서 가장 중요한 진리는, 모든 것은 하나님이 창조하셨다는 것이다. 그분에 의해 창조된 세상은 하나님의 형상대로 창조된 남자와 여자를 위해 만들어졌다(창 1:26-28).

이 세상은 창조주이신 삼위일체 하나님과 구별된다. 창조에 대한 삼위일체적 이해의 중요성은 세상을 창조한 것은 어떤 다른 신이 아닌 성부, 성자, 성령이신 삼위일체 하나님이신 것이다. 초대 교회의 위대한 사상가들은 창세기 1-3장의 창조 이야기에 대한 많은 주석을 성경의 다른 어떤 부분보다 많이 썼다. 왜냐하면 창조교리가 그들이 물려받은 이교 문화의 근본적 믿음과 충돌함을 이해하고 실재적 진리로 대체하도록 도전했기 때문이다.

2) 인간과 타락

남자와 여자는 하나님 피조물의 가장 높은 형태이다. 창조를 위한 하나님의 계획에서 다른 피조물에 비해 인간의 중요성을 강조하는 주된 이유는 하나님의 형상을 따른 인간에 대한 독특한 묘사와 관련이 있다(창 1:26-27). 하나님의 형상대로 창조되었기 때문에 남자와 여자는 존엄성, 합리성, 도덕성, 영성, 인격을 가지고 있다.

남자와 여자는 하나님의 형상대로 창조되었지만 죄가 세상에 들어오면서 하나님의 피조물, 특히 인간에게 부정적인 영향을 미쳤다. 죄로 말미암아 하나님과 분리되어 그의 영광에 이르지 못하더니(롬 3:23) 그럼에도 불구하고 죄로 더럽혀지고 훼손되어도 하나님의 형상을 잃지는 않았다(창 9:6, 약 3:9). 땅에 대한 청지기 직분의 역할(창 1:28)은 인간에 대한 죄의 영향으로 인해 크게 훼손되었다. 하나님과 다른 사람과 자연과 자기 자신과의 올바른 관계 속에서 살 수 있는 능력은 이제 손상되었다.

죄의 영향은 하나님과 우리의 관계 문제를 고려할 때 중요하다. 죄가 세상에 들어오고 아담의 죄악된 본성을 상속받았기 때문에(롬 5:12-19), 우리는 본질상 하나님과 원수가 되었고 하나님과 멀어졌다(롬 8:7, 엡 2:1-3). 영적으로 창조주에 대해 죽었기 때문에 순종하지 않는 의지, 보지 못하는 눈, 듣지 못하는 귀를 가지고 있다. 죄로 인해 생각을 포함한 인간의 모든 차원이 왜곡되었다. 죄, 깨어짐, 타락의 결과는 하나님의 뜻과 영광을 의도적으로 완전히 거부하는 것과 관련이 있다.

3) 그리스도 안에 있는 구원

죄로 말미암아 이 세상 모든 사람이 하나님과 멀어졌으나, 그 문제에 대한 성경의 대답은 예수 그리스도께서 아담이 잃어버린 것을 되찾으셨다는 것이다(롬 5:12-21). 하나님의 은혜는 우리를 회복시켰고 하나님과, 서로 간에, 자연과, 우리 자신과의 올바른 관계를 회복했다. 은혜는 하나님을 찾는 인류의 노력 끝에 구원이 있는 것이 아니라, 하나님의 주도권 안에 있다고 선언한다(엡 1:4-7). 우리가 아직 죄 가운데 있을 때 은혜가 임하고 예수 그리스도의 십자가 사역을 바탕으로 영적 변화를 가져온다. 은혜는 워필드(B.B. Warfield)가 말했듯이 하나님이 "가난한 자에게 거저 주시는 주권적 호의"이다. 우리의 회심이 하나님의 은혜를 받는 근거이듯, 하나님은 우리가 더 낫게 변한 것을 봤기 때문에 우리를 은혜롭게 받아주신 것은 아니다. 대신 성경에는 하나님이 그분의 풍성하신 자비 때문에 우리 삶에 오셔서 우리를 있는 그대로 데려가시는 모습을 묘사한다. 왜냐하면 그분은 자비로우시기 때문이다(엡 2:1-10).

하나님의 은혜의 결과로 신자들은 하나님께로의 회심과 더불어 관련된 죄로부터의 구원을 경험한다. 구원은 모두 하나님으로부터 오는 것이지만, 우리는 믿음과 헌신으로 응답한다. 성경은 이러한 진리를 다양한 그림으로 표현하고 있으며, 전체적으로 하나님이 우리 구원의 창시자요 완성자이심을 강조한다(히 12:2). 거듭남, 칭의, 양자 됨, 용서 같은 다양한 주제는 그리스도를 믿는 모든 사람에게 그분과의 연합에서 새로운 영역으로 제시된다(요 15; 롬 6:1-11; 엡 1:3-14). 그리스도와의 연합은 우리를 하나님 앞에서 새로운 위치에 있게 한다. 경험적으로, 그리스도와 신자의 연합은 성경에 표현된 가장 아름답고 다정한 개념 중 하나이다.

우리는 이 구원의 선물이 예수 그리스도께서 타락한 사람들을 위해 하신 일에 있음을 안다. 그리스도의 삶과 죽음은 하나님 사랑의 본보기가 되었고 섬기는 것과 희생의 본을 보여줌으로써 선한 영향력을 행사했다. 더 중요하게는, 그리스도의 죽음은 죄인들을 위해 하나님의 공의를 충족시키는 죄 없는 대속 희생, 즉 하나님의 집에서 죄인들을 소원해진 상태에서 완전한 교제와 상속으로 인도하는 이해할 수 없을 정도로 값진 구속을 제공했다.

우리는 하나님이며 인간이신 예수 그리스도께서 온 인류에게 하나님을 완전히 계시하셨다는 것을 신뢰감 있게 고백하고 확언한다. 죄 없는 삶을 사셨기 때문에 그리스도는 우리의 죄를 대신하여 죽으셨다. 이제 하나님의 우편에 높여진 영예와 높은 위치에 앉아 통치권을 행사하고 있다. 구원을 위해 예수 그리스도를 믿은 사람들은 기꺼이 예수를 주로 인정한다. 그는 우리의 선지자요, 제사장이요, 왕이시며 하나님을 온전히 계시하셨고, 인류를 하나님과 화목하게 하셨고, 하나님 나라의 통치자요 교회의 머리로 즉위하신 분이다. 예수 그리스도안에서 신뢰와 희망을 갖고 우리를 위해 마련해 주신 구원에 대해 감사를 드린다.

4) 성령: 새롭게 하심과 공동체

오순절 성령강림(행2장)으로 예수님의 사역과 사명이 보편화되었다. 예수님은 인류에 대한 하나님의 마지막 말씀이었으며, 성령의 역할은 자신의 새로운 계시를 가져오는 것이 아니라 예수님을 증거하고 하나님의 마지막 말씀의 완전한 의미를 해석하고 설명하는 것이다. 성령은 비교할 바 없는 방식으로 신자들을 능력있게 하고 연합시키기 위해 오셨다. 성령의 궁극적인 목적은 그리스도를 따르는 사람들에게 생명과 갱신을 가져오고 새로운 공동체인 예수 그리스도의 교회로 모으는 것이고, 복음을 전파하고 주님의 이름을 높이는 선교를 위해 이 공동체에 힘을 실어주는 것이다. 성령 안에서의 삶은 새로운 신앙 공동체에 활력과 능력을 준다.

성령 안에서 사는 삶의 기반을 결코 잊어서는 안된다. 성령은 예수 그리스도의 죽으심과 부활을 통하여 신자의 삶에 칭의, 중생, 성화 및 궁극적인 영화를 가능하게 하신다. 성령 안에서의 삶이란, 성령의 능력으로 믿는 자들이 그리스도로 인해 어떤 존재인지, 회심, 전도, 유대감, 새롭게 함, 거룩함 등 교회의 예배와 사역, 사역의 확장에 있어 그리스도를 높이는 삶이다.

5) 종말론: 하나님의 통치

하나님의 최종 통치는 그리스도께서 그의 왕국을 건설하고 완성하기 위해 재림하실 때 승리를 가져올 것이다. 지상에 의와 평화를 가져오려는 사람들의 근면한 노력에도 불구하고 참된 평화와 의는 예수 그리스도께서 다시 오실 때에만 이루어질 것이다. 열방들의 오랜 탐구는 오직 그리스도의 사역을 통해서만 성취될 수 있다. 신실한 신자들 사이에도 그리스도의 재림의 본질, 연대에 대한 이해, 왕국 자체에 대한 기대를 달리 이해하고 있다. 그러나 모든 정통 그리스도인은 그리스도의 재림 후에 의인과 악인을 막론하고 죽은 자가 부활하여 심판에 이르게 한 다음 영원한 상태에 이르게 될 것을 믿는다.

구속사의 영원한 절정은 새 예루살렘에 대한 묘사(계 21–22장)에서 볼 수 있다. 미래의 예루살렘에 대한 일반적인 이미지는 하나님께서 그의 백성에게 하신 많은 약속의 성취를 상징한다(사 2:1 – 5; 49:14 – 18; 52; 54;

60-62; 65:17-25; 렘 31:38-40, 미 4:1-4, 슥 14장). 그리스도의 재림과, 그분의 법과 통치의 다른 특징들이 사실인 것처럼, 성경의 신뢰성은 이러한 예언이 참되다는 우리의 확신을 강조한다. 새 예루살렘의 그림은 하나님의 백성이 사랑 안에서 함께 사는 구속받은 개인들의 보편적 공동체가 될 것임을 강조한다.

영원토록 주님의 구속받은 자들은 흠 없이 삼위일체 하나님을 최고로 경배할 것이다. 우리는 갈등 없이 하나님과 교제를 즐길 것이며, 살아계신 하나님을 영원히 섬길 것이다. 그리스도인들은 간절하고 기대하는 마음으로 그날을 소망한다.

B.
예수 그리스도의 성육신

Daniel L. Akin

하나님 아들의 성육신은 기독교 신앙의 핵심이다. 예수 그리스도의 인격 안에서 "말씀이 육신이 되어 우리 가운데 거하시매"(요 1:14), 그리스도의 초림은 하나님과 인류의 화해를 위해서, 또 예수님이 우리를 위해 현재 진행 중인 중보를 위해서 꼭 필요하다. 성육신을 둘러싼 신비의 요소, 즉 하나님이신 예수 그리스도의 인간 되심이 있는 반면, 우리가 성경 계시에 참되다고 확언하고, 교회 역사에 걸쳐 교회의 증거를 존중하는 몇 가지 기본적이고 타협할 수 없는 요소가 있다.

1. 성육신 교리의 여섯 가지 타협할 수 없는 것들

1) 첫째, 로고스의 참된 성육신, 말씀(요 1:1,14,18), 삼위일체의 두 번째 위격, 성부께서 보내신 하나님의 아들은 참으로 온전한 인간성을 취하셨다. 이 사건에서 삼위일체의 제2위는 인류를 자신에게 껴안고 시공을 침범했다. 그러므로 그리스도가 인간으로만 나타났다고 주장하는

어떤 형태의 가현설 신학도 단호하게 거부되어야 한다(요일 4:2-3).

예수님의 인성은 타락 이전의 아담과 하와의 인성과 같으며 죄가 없는 인성이다(고후 5:21, 히 4:15). 아들이 취한 인성은 죄로 더럽혀지지 않았다. 인간의 가장 진정한 표현, 즉 인간이 된다는 것이 의미하는 바는 예수 그리스도 안에 나타나 있다.

2) 예수 그리스도의 두 본성과 그의 인격 사이에는 필연적인 구별이 있다. 그는 신성과 인성을 겸비한 하나의 인격이다. "자연"은 존재를 구성하는 능력과 자질을 가정하는 반면, "인격"은 자의식적이고 자기 주장을 하며 행동하는 주체이다. 이 구분은 성경, 특히 신약에 내재되어 있으며(빌 2:5-8), 다섯 개의 위대한 기독론적 공의회(서기 325년 제1차 니케아 공의회, 서기 381년 제1차 콘스탄티노플 공의회, 서기 431년 제1차 에베소 공의회, 서기 451년 칼케돈 공의회, 서기 553년 제2차 콘스탄티노플 공의회)에서 성문화되었다. 완전한 상태의 온전함을 소유한 이 인간의 본성은 신성과 결합되어 완전한 온전성을 소유하고 있으며 둘 다 한 위격 예수 그리스도 안에 결합되어 있다. 그 결과 신인(神人)인 사람, 즉 완전히 신적이면서 참으로 인간적인 사람이 탄생한다.

3) 인간으로 탄생한 하나님은 동정녀를 통해 성육신 되셨고 이것은 하나님께서 그리스도의 오심을 성취하기 위해 선택하신 수단이다(사 7:14, 마 1:18-25, 눅 1:26-38). 그 결과 예수 그리스도는 이중적 존재, 복합적 존재 또는 일종의 하이브리드가 아니다. 그분은 한 분이시며 신성이 완전하시고 인성이 완전하신 우리 주 예수 그리스도이시다. 몇몇 관찰은 동정녀 탄생과 예수의 죄 없는 삶 사이의 연관성을 암시한다.

• 예수님은 동정녀로 잉태되신 유일한 분이시며 죄가 없는 유일한 인간이다.

- 잉태과정에서 성령의 활동이 핵심이다.
- 동정녀 개념은 "그리스도가 어떻게 아담의 죄를 벗어나서 설 수 있는지 이해하는 데 도움이 된다."(맥로드, 그리스도의 인격, 41).
- 죄 없는 인간이란 신적 개입 없이는 불가능하지는 않더라도 거의 상상할 수 없다.

4) 성육신에는 그리스도의 신성과 인성에 대한 자격검증이나 축소가 없다. 각 본성은 고유한 완전성과 진정성을 유지한다. 하나님을 하나님으로 구성하는 것이 무엇이든간에 그 아들은 모든 충만함으로 온전하다(골 2:9-10). 더 나아가 사람을 사람으로 구성하는 것이 무엇이든간에 나사렛 예수는 온전하다. 인간이 되기 위해 죄가 필요한 것은 아니다. 예수 안에서 우리는 인간이 하나님이 의도하신 대로 완벽하게 표현된 것을 볼 수 있다. 타락하고 죄 많은 인류가 인간 이하의 차원에 사는 반면, 예수님은 그렇지 않다.

5) 신의 본성과 인간의 본성이 한 인격이신 예수 그리스도 안에 함께 존재하는 진정한 위격의 연합이 있다. 이 결합은 실제적이고 초자연적이며 개인적이고 분리할 수 없고 영구적이다(딤전 2:5 참조). 오늘날 하늘에는 "높은 곳에서 지극히 크신 이의 우편에"(히 1:3) 계시며 "항상 살아서 [우리]를 위하여 간구"(히 7:25)하시는 인간으로 탄생한 하나님이 있다. 신성과 인성은 한 분의 주 예수 그리스도 안에서 참으로 연합되었다.

6) 그리스도의 전체 사역은 어느 한 본성에만 귀속되어서는 안 되며 그분의 전 인격에 귀속되어야 한다. 그리스도는 하나님이시며 사람이 되셔야 했다. 인간으로서 인류와 동일시 됨은 우리 대신 죽을 수 있도록 한다. 신으로서 그는 무고한 제3자가 아니다. 오히려 그를 통해 하나님은 "세상을 자기와 화목하게 하려"(고후 5:19)하셨다. 인간으로 탄생한

하나님만이 인간을 신과 화목하게 할 수 있다. 예수 그리스도는 이 구속 사업을 위해 인간 본성을 취하신 삼위일체 하나님의 두 번째 위격이신 인간으로 탄생한 하나님이다.

2. 결론

"두 본성"의 교리는 성경적, 역사적 기독론의 표현에 필수적이다. 따라서 성육신 교리를 버리는 것은 기독교를 근본적으로 재정의 하는 것이다. 예수는 아버지와 동등하고, 영원하고, 공존하고, 동일체(같은 실체)이시다(요 1:1). 참으로 하나님은 그리스도 안에서 우리 가운데 거하셨다. 신성과 인성은 그리스도 안에서 완전하고 영구적으로 결합되어 있으며, 그의 사역의 충만함은 그의 전 인격에 귀속된다. 그의 본성을 분리하거나 특정 행동이나 말을 한 본성 또는 다른 본성으로 돌리려는 모든 시도는 잘못된 것이며 반박해야 한다. 이 진리는 기독교 신앙의 기초가 되는 기둥이다.

C.
부활과 기독교 세계관

Josh D. Chatraw

　부활을 통해 우리는 개인적, 전반적 구원에 대한 하나님의 약속, 즉 완전히 구속된 육신의 존재를 포함하여, 그 구원이 영원하다는 약속을 만난다. 그것은 영생에 대한 공통적이고 반복되는 견해인 인격이 없고 육체가 없는 영혼과 대조되는 매혹적인 교리이다. 그러나 예수의 부활에 대한 주장은 기독교의 급속한 부상과 이후의 신학적인 성찰의 중심에 있었음에도 불구하고 역사적 맥락에서 놀라운 발전이었다.

1. 역사

　그리스도에 의해 구속받은 모든 사람들이 장래에 부활할 것은 예수님이 십자가에 못 박히시고 죽은 자 가운데서 다시 살아나셨다는 주장에 뿌리를 두고 있다. 이 믿음은 1세기 그리스-로마 세계에서 큰 지지를 받지 못했는데, 그 이유는 당시 문화가 널리 허용하는 구조 밖에 있었기 때문이다. 한편으로, 초자연을 중시하고 물질을 폄하하는 이원론적 세계관을 견지하던 이교도 철학자들에게는 죽은 몸의 부활이 용납될 수 없었다. 그들의 희망은 육신의 구원이 아니라, 물질로 된 몸을 벗어 버리는 것이었다. 다른 한편으로, 육체적 부활(모든 유대인이 그런 것은 아님)을 주장한 유대인들은 현 세상이 멸망할 때 모든 신자들이 함께 부활할 것을 기대했다. 그들은 한 사람의 부활 이후 현 세상이 지속될 것이라고 결코 기대하지 않았다(톰 라이트, 하나님 아들의 부활). 1세기의 유대인들은 이방인과 마찬가지로 죽은 메시아가 다시 살아나기를 바라지 않았다. 이 사실은 복음서에서 예수님께서 다가오는 죽음과 부활을 알려 주셨을 때 제자들조차 혼란스러워 했던 이유를 설명한다. 예수의 부활은 놀라운 일이었고, 확실한 것은 회의적인 1세기의 세상을 설득하려고 유대인들이 생각해 낸 것은 아니라는 것이다. 부활은 도전적인 주장이었고 초기 제자들은 그것의 공개적이고 기이한 성격을 피할 수 없다는 것을 알고 있었다. 톰 라이트(N.T. Wright)가 강조했듯이

"부활"은 사적인 사건이 아니다. 그것은 인간의 몸을 포함했다. 어딘가에 빈 무덤이 있을 것이다. 지도자가 당국에 의해 처형된 후 체포로부터 탈출한 한 유대인 혁명가에게는 두 가지 선택이 있었다. 혁명을 포기하거나 다른 지도자를 찾는 것이다. … 원래 지도자가 다시 살아났다고 주장하는 것은 그가 진정 부활한 것이 아니라면 선택 사항이 아니다(톰 라이트, 예수는 누구인가?, p. 63).

초기 전통에서, 복음서와 신약 전체(고전 15:1-9)에 분명히 나타나 있는 목격자의 증언은 부활을 선포하는 원동력이 된다. "그가 살아나셨다"는 이 공적인 고백은 역사를 통해, 그리고 열방에까지 울려 퍼졌고,

역사 자체를 변화시켰을 뿐만 아니라 전 세계의 삶과 공동체를 변화시켰다.

2. 기독론

1세기 사람들이 예수가 무덤에서 부활했다는 진실한 믿음과 행동이 분리된다면, 초기에 예수에 대한 헌신과 숭배를 이해하기 어렵다. 독실한 1세기 유대인들은 확고한 유일신론자들이었다. 그들은 수많은 천상의 존재(천사)를 믿었지만 우주의 창조주이자 통치자이신 한 분 하나님만을 경배했다(부캄, 예수와 이스라엘의 하나님, pp. 1-59). 따라서 이 핵심적인 신념이 변하기 위해서는 길고 점진적인 변화의 시간을 거쳐야 했을 것이다. 그러나 예수님이 돌아가신 직후 이 보수적인 유대인 그룹은 "예수님을 유일하신 하나님이라고 정의하고 존경하기" 시작했다(후르타도, 주 예수 그리스도, p. 151).

이러한 급격한 변화는 여러 가지 이유로 발생했다. 예수를 직접 경험하고 그분의 가르침에 대해 숙고하고 히브리어 성경을 주의깊게 다시 읽는 것이 중요한 역할을 했다. 그러나 그들이 성경을 다시 읽고, 예수의 가르침을 재평가하고, 가장 중요하게는 예수를 경배하는 것은 극적이고 패러다임을 바꾸는 사건인 예수의 부활 없이는 일어나기 어렵다.

3. 창조, 새로운 창조, 그리고 구원

성경적 스토리 라인 내에서, 예수의 부활은 후방으로는 창조를 전방으로는 다가오는 새로운 창조를 가리키고 있다(O'Donovan, Resurrection and Moral Order, 56-57). 전자에 관해서는 전인의 부활은 하나님의 모든 창조의 본래 선하심을 재확인하는 것이다. 후자와 관련하여, 죄가 기생적으로 하나님의 선한 창조를 왜곡시켰지만, 예수님의 부활은 창조 질서에 대한 하나님의 약속을 재확인 한다. 그러므로 기독교는 물질적 세상에서 도피하는 것이 아니라 하나님의 창조를 기뻐하고 그 목적을 찾는 것이다.

예수님의 부활 이야기에서 우리는 이 세상과 다가올 새 창조 사이의 연속성과 불연속성에 대한 신비한 그림을 본다. 제자들은 부활하신 그의 몸을 만지고 옆구리에 난 구멍을 볼 수 있다. 예수님은 음식을 드시고 완전한 몸을 입은 인간으로 제자들과 상호작용 한다. 그러나 예수님은 또한 문으로 걸어 들어가심으로 인해, 제자들은 때때로 그 선생님을 알아보는 데 어려움을 겪는다.

바울은 개인의 구원을 경시하지 않으면서 예수님의 부활로 확보된 우주적 구원을 강조한다. 바울이 "예수를 죽은 자 가운데서 살리신 이의 영이 너희 안에 거하시면 그리스도 예수를 죽은 자 가운데서 살리신 이가 너희 안에 거하시는 그의 영으로 말미암아 너희 죽을 몸도 살리시리라"(롬 8:11)라고 추론하는 것은 일종의 이중 강조이다. 이어 그는 이 미래의 구원에 우주적 차원의 모든 피조물의 구원을 더한다. "피조물이 다 이제까지 함께 탄식하며 함께 고통을 겪고 있는 것을 우리가 아느니라. 그뿐 아니라 또한 우리 곧 성령의 처음 익은 열매를 받은 우리까지도 속으로 탄식하여 양자 될 것 곧 우리 몸의 속량을 기다리느니라"(롬 8:22~23).

적절하게 적용된 이 그림을 통해 그리스도인들은 예수의 부활로 구속받고 변화된 새로운 피조물의 자격을 확보했음을 인식하고, 현재 처한 현실 너머의 영화로운 상태를 기대하면서, 몸, 문화, 환경같은 물질적 세계에 관심을 가져야 할 이유를 깨닫는다.

4. 실존: 의미와 희망

부활은 보편적인 경험에 대해 강력하게 말한다. 예를 들어 죽음은 모든 삶에 드리워진 보편적인 그림자이며, 죽음의 피할 수 없는 최후는 매 순간의 바닥에 깔려있다. 우리는 어린 시절로 돌아갈 수 없다. 우리가 매장한 사랑하는 사람들의 목소리는 들을 수 없다. 매번의 새로운 순간은 이전의 순간을 잃게 된다. 그런 의미에서 죽음은 현재이며, 또한 죽음은 미래이기도 한, 피할 수 없는 운명이다. 죽음을 두려워하는 것은 우리가 사랑하는 모든 것에서 끊어지는 것 때문이다. 비인격적인 존재에 대한 희망이나 죽음 뒤에 하나님의 심판이 뒤따르지 않는다는 확신, 즉 "무" 또는 영원한 잠은 우리가 구하는 위안을 줄 수 없다. 사랑, 관계, 의미의 끝이라는 것은 죽음을 극도로 견디기 힘들고 터무니없는 것으로 만든다. 오늘날 사람들은 현실에서 완전히 도피하는 노력으로 대처하지만 결코 완전할 수 없다. 인간의 정신에서 죽음에 대한 생각을 제거하기가 어렵다는 것은 부정할 수 없다.

그러나 부활로 인해 죽음은 치명적인 침을 잃는다. 부활은 이 세상에서의 우리의 사랑, 즉 우리가 하나님과 올바른 관계에서 사랑하는 것들이 단순한 의미가 아님을 약속한다. 오히려 그들은 영원히 존재할 것이다. 그리스도 안에서 하나님은 돌이킬 수 없는 것처럼 보이는 것을 뒤집으셨다(요 11:25-26; 고전 15:12-28). 프랑스 철학자 뤽 페리(Luc Ferry)가 설명했듯이, 인간으로서 우리의 가장 큰 바람은 "이해받고, 사랑받고,

혼자가 아니라 사랑하는 사람들과 헤어지지 않는 것, 간단히 말해서 죽지 않고 그들이 죽지 않게 하는 것"이다(*A Brief History of Thought*, p. 4). 죽음을 피하려는 이 보편적인 인간의 욕망에 대한 기독교의 응답은 그리스도 안에서 죽음은 삶, 사랑, 공동체의 끝이 아닐 뿐만 아니라 이 모든 것에 대한 더 깊은 경험으로 열리는 문이라는 것이다. 이생에서 성령은 다가오는 이 소망을 미리 맛보게 하시지만, 이 기쁨의 완성은 장차 올 세상에서 기다리고 있다.

D.
복음과 기독교 세계관의 형성

Robert B. Sloan

십자가에 못 박히시고 부활하신 예수의 복음(고전 15:1~11)은 기독교 세계관의 중심이 되는 가장 중요한 사건에 관한 핵심 메시지이다. 기독교 세계관을 이해하려면 세계관이라는 단어 자체부터 시작해야 한다.

세계관은 세계와 그에 존재하는 모든 것에 대한 태도, 방식, 관점이다. 한 세계관은 다른 세계관과 확실히 설명되고, 분석되고, 비교할 수 있기 때문에 논의될 수 있다. 일반적으로 세계관은 모든 실재를 보고 이해하는 방식을 지배하는 일련의 가정들로 구성된다. 궁극적인 문제를 분석하고 토론해야 한다고 생각하지 않는 한 우리는 일반적으로 세계관에 의문을 제기하지 않는다. 세계관은 렌즈, 참조의 틀, 또는 비유, 즉 우리의 삶, 행동, 사고, 및 경험을 구축하는 발판이다. 따라서 세계관은 단순히 "보는 것" 또는 보기만 하는 것에 국한되어서는 안 된다. 그것은 우리가 살고 경험하면서 성취되는 우리의 알고 이해하는 방법이다.

성경의 기독교 세계관은 역사에 관여하고, 피조물과의 관계를 추구하시는 유일하고 진정한 창조주 하나님을 가정함으로부터 시작된다. 그것은 단지 그곳에 존재하기만 하는 이신론적인 신을 가정하지 않으며, 또한 세상에 있는 모든 것과 존재가 혼합된 범신론적인 신도 분명히 아니다. 성경의 하나님은 창조주 하나님, 만물을 좋게 하시는 하나님, 피조물에 깊이 관여하시는 하나님, 그리고 그 피조물과의 모든 상호작용에 충실하신 하나님이다. 성경의 관점에서 보면, 피조세계 전체가 그분의 것이기 때문에 "기적"을 행하시는지 아닌지에 대한 논쟁은 있을 수 없다; 그는 그 세계에 관여하고 있다; 또 그 세계에서 그분의 존재는 일상적이거나, 경이롭거나, 이상한 방식 모두에 의해 일어난다. 성경은 하나님이 인간뿐만 아니라 다른 피조물들과도 언약을 맺었다고 언급하고 있다(창 8:20~22; 9:8~17).

세속적이든 종교적이든 관계없이 대부분의 세계관은 기본구조의 일부로 이야기와 내러티브를 가지고 있다. 기독교 세계관의 경우 관점의 핵심에 있는 이야기들은 본질적으로 하나님이 역사 속에서 행하신 일에 대한 이야기이다. 성경의 하나님은 그가 만드신 세상에서 활동하신다. 따라서 역사는 창조와 그의 행하심, 특히 성경에 계시된 것처럼 그의 임재를 증언한다. 따라서 성경은 그 증거를 받아들이는 사람들에게 세계관을 제공할 뿐만 아니라, 성경 저자의 세계관을 반영하기도 한다. 즉, 성경의 저자들은 그들이 전달하는 위대한 진리에 의해 정보를 받는다 – 그래서 성경의 세계관은 그들의 글이 이해될 수 있는 렌즈를 제공한다 – 그들은 또한 기독교 신학을 알리는 세계관을 확립한다.

성경의 이야기는 창조주 하나님으로부터 시작된다. 그러나 네러티브는 빠르게 타락으로 알려진 위기로 이동한다. 아담과 하와의 반역은 네러티브의 두 번째 이정표를 제공한다. 타락은 나머지 성경 이야기의 배경이 되며, 하나님은 인류를 구속하고 전체 피조물을 회복하여 새 하늘과 새 땅을 만드신다. 그러므로 성경적 세계관에 따르면 창조주 하나님은 한 분이시며 창조하신 모든 것에 관여하시고 세상을 회복하기 위해 일 하신다.

창조와 타락의 관점에서 우리는 성경에서 펼쳐지는 구원과 구원을 위해 역사 속에서 하나님이 행하신 행동의 패턴을 본다. 이것은 그리스도인이 역사를 이해하는데 시사하는 바가 있다. 기독교 세계관은 역사가 반드시 쇠퇴하는 방향으로 가는 것을 가정하지 않는다. 언제든지 역사에 새로운 방향을 제시할 수 있는 하나님의 신적 활동의 전망 속에 있다. 하나님은 선과 악 모두를 통해 일하신다(롬 9:14-17).

우리는 하나님께서 구원을 위해 역사 속에서 행하심에 대해 비교적 구체적으로 말할 수 있는데, 이는 하나님께서 이스라엘이라는 특정 민족을 선택하는 전략을 펼쳤기 때문이며, 이들을 통해 온 세상을 자기에게로 되돌리려고 하셨기 때문이다. 하나님이 이스라엘을 택하신 것은 아브라함, 이삭, 야곱의 이야기, 요셉과 이집트에서 하나님 백성이 노예가 된 것이 배경이 된다. 이집트를 향한 하나님의 극적인 재앙을 통해 이스라엘을 출애굽에 성공시키고, 선택한 백성을 가나안으로 이끌었다. 하지만 이스라엘의 이야기는 여러 가지 반전을 가지고 있는데, 이는 결국 이스라엘 자신이 하나님께 신실하지 않았기 때문이다. 이스라엘은 포로가 되었지만, 임박한 심판을 경고했던 선지자들은 언젠가는 그분이 왕으로 군림할 것이며, 그의 백성을 회복할 것이라는 하나님의 약속을 반복했다(사 35:3-6; 40:3-5; 9-10; 52:7-10; 60:1-2; 겔 43:1-7; 슥 8:2-3; 14:1-117). 이스라엘은 포로에서 돌아오게 될 것이며, 위대한 다윗 왕의 아들(사 9:6-7; 11:1-11; 렘 33:14-18)이 하나님 대신 통치할 왕좌에 앉게 될 것이다. 그는 이스라엘을 통치할 뿐만 아니라, 모든 나라가 그분께 경의를 표하고 유일하신 창조주 하나님을 경배할 것이다.

그러나 다시 한번 더 큰 성경 이야기는 놀라운 방향으로 전환된다. 오랫동안 기다려온 왕은 포로 생활을 끝내고 죄에서 구속한 화해와 희생 행위로 자신의 백성 이스라엘을 위해 고통을 겪었을 뿐만 아니라 또한 이방의 빛이 되고 열방을 하나님께로 돌아오게 하는 이스라엘이 이루진 못한 일을 이루셨다. 예수 그리스도의 죽음과 부활은 더 큰 성경 이야기의 절정의 순간이다.

이제 하나님의 백성은 하나님의 참 이스라엘과 둘째 아담을 중심으로 조직되어 십자가에 못 박히시고 부활하신 예수님의 메시지인 복음을 땅 끝까지 전파해야 한다. 예수님의 복음이 온 세상에 전파되면 예수님의 최후의 심판이 임하고 영광스러운 부활과 회복의 날이 온다(마 24:14). 그러면 하늘과 땅의 회복이 일어나고(계 21:1-5; 사 65:17; 66:22), 땅의 모든 민족과 민족의 최종적인 분리가 일어날 것이다(마 25: 31~46; 살후 1:5~10; 계 20:1~15). 예수님을 통하여 한 분이신 참 하나님을 영접하는 자는 영광스러운 생명으로 부활하고, 하나님의 아들을 저버린 자는 바깥 어두운 데로 쫓겨난다. 그러면 하나님은 "모든 것 안에서 모든 것"이 되실 것이다(고전 15:28).

이 성경 이야기의 개요는 그리스도인들이 세상을 이해하는 렌즈를 구성한다. 세계관은 묘사되고, 분석되고, 토론될 수 있다. 그러나 기독교적이고 성경적이라고 주장하는 모든 세계관은 그의 형상대로 남자와 여자를 만들고 그의 피조물의 반란과 그에 따른 저주에도 불구하고 그의 백성을 구원하기를 갈망하는 진정한 창조주 하나님으로부터 시작해야 한다. 그것은 그가 오랫동안 기다려온 다윗의 아들 예수의 죽음을 통해 성취한 것이다. 그리스도는 순종적인 죽음, 부활, 하나님의 오른편에 즉위한 것, 그리고 왕의 왕과 주로서의 마지막 출현을 통해 온 민족을 하나님께로 끌어당기면서 이스라엘의 임무를 완수한다.

E.
영원한 상태

Russell D. Moore

다윈주의적 자연주의에 뿌리를 둔 현대 세속주의의 지배적인 세계관은 죽음 그 자체가 자연적이며 죽음이 최종 목적이라고 가정한다. 성경의 관점은 이와는 놀라울 정도로 다르며 죽음은 부자연스러운 적이며 영원히 살기로 예정된 인류를 스토킹하는 포식자임을 드러낸다. 십자가에 못 박히시고 부활하신 나사렛 예수 안에서 죽음은 무효가 되고 우주가 구속되었다. 성경 이야기는 하나님께서 최초의 인간 부부인 아담과 하와의 반란의 결과로 죽음의 저주를 내리셨다고 알려준다(창 3:8). 하나님은 아담에게 "선악을 알게 하는 나무의 과일"(창 2:17)을 먹지 말라고 지시하셨고, 아담과 하와가 이를 거부하고 먹었을 때 하나님은 그들을 그의 면전에서 추방했다. 하나님은 불칼을 동산 입구에 두어 죄 많은 인류가 더 이상 생명나무에 접근하지 못하게 하여 영원히 마귀의 형상으로 걸어가는 죽음에 갇히게 하셨다(창 3:22-24).

타락 후, 우주 전체는 피조물인 왕과 여왕에게 반란을 일으켰고 더 이상 인류의 통치에 순종하지 않았다. 질병, 자연 재해, 동물 공격 등은 이제 우리에게 정상적인 것처럼 보인다. 이것이 우리가 아는 유일한 현실이지만 성경은 이 죽음의 통치가 자연적인 것이 아니며 영구적이지 않다고 말한다. 정상적으로 보이는 것이 사실은 그렇게 되면 안 되는 것이다.

일부 종교에서는 인간이 삶의 순환을 통해 환생한다고 주장한다. 어떤 사람들은 인간 존재의 최종 목표는 인격을 무효화하여 우주 자체로 흡수하는 것이라고 가르친다. 다른 사람들은 영원한 상태가 무덤 너머에 있는 어두운 다른 세상의 존재로 상상했다. 무신론적 체계는 인간의 의식이 동물의 의식처럼 육신의 생명이 정지될 때 끝나는 것으로 본다. 그러나 예수 그리스도의 복음은 모든 인간이 두 가지 가능한 영원한 상태, 즉 축복의 상태와 저주의 상태 중 하나로 끝날 것이라고 가르친다 (마 13:41~43).

1. 지옥

성경은 지옥을 형언할 수 없는 고통의 실재라고 말한다. 이곳은 처음에 인간을 위해 창조된 것이 아니라 예수님이 말씀하신 대로 마귀와 그의 사자들을 위해 창조되었다(마 25:41). 사탄의 머리 직분을 그들의 신으로 선택하고 그의 본성에 참여하는 사람들은 마귀와 함께 유산을 받을 것이다. 성경은 우리가 우리 자신에게 맡겨지면 이 선택이 우리 모두의 운명을 결정할 것이라고 말한다(엡 2:1~3). 우리가 선행을 통해 구원을 얻는 것은 가능하지 않는다(갈 2:16).

성경은 지옥의 공포 전달을 위해 다양한 이미지를 사용한다. 밧모섬의 환상에서 요한은 그것을 "불못"으로 보았다(계 20:14). 예수님은 지옥을 "울며 이를 갊"(마 8:12)으로 가득 찬 "바깥 흑암"이라고 하셨다. 또 중동의 쓰레기 더미에 비유했는데 그곳은 저주받은 자들의 고통이 끝이 없는 곳이다. "빌레도 죽지 않고 불도 꺼지지 아니하기 때문"(막 9:48)이다.

부자와 나사로에 대한 예수님의 설명(눅 16:19~31)에 묘사된 것처럼 그리스도 밖에 있는 사람들은 죽음과 동시에 형벌을 받게 된다. 그러나 이 중간의 고통스러운 상태는 끔찍하지만 최종적인 것은 아니다. 말세에 저주받은 자들이 부활하여 그리스도의 크고 흰 보좌 앞에서 시련을 당한다(계 20:11-15). 죄인은 모든 무익한 말, 생각, 행동 및 예수님에 대한 자신의 반응에 대해 해명해야 할 것이다(마 12:36). 그런 다음 죄인들은 이미 자신에게 선언된 심판, 즉 하나님의 면전에서 불못으로의 추방을 선고받는다. 이 영원한 저주는 육체적 고통뿐 아니라 영적, 감정적, 심리적 고통을 의미한다. 지옥은 인간이 이 땅에서 스스로 창조하는 것이 아니다. 지옥은 하나님의 정의와 분노의 현실이고, 인간의 존엄성을 반영한다: 각 사람은 자신의 결정에 대해 책임을 져야 한다.

2. 천국

지옥을 상속받는 자와 성경이 말하는 "땅을 기업으로" 받는 자의 구별은 하나님의 뜻에 순종하는데서 발견되며, 요약하자면 주님을 사랑하고 이웃을 사랑하는 것이다(막 12:28-31). 그럼에도 불구하고 인간의 타락은 예수님을 제외한 모든 인간이 율법을 범한 죄로 지옥에 처하게 하는 것이다(롬 3:10-18). 우리와는 달리 나사렛 예수는 하나님의 율법에 순종하는 삶을 사셨다. 그가 우리를 위하여 이 일을 하시고 우리 죄를 위하여 율법의 저주 아래 죽으심은 우리가 받을 형벌이 그에게 임하여 저를 믿는 모든 사람에게 구원을 얻게 하려 하심이다. 부활과 승천으로 예수께서는 우주의 정당한 왕으로 즉위하셨다. 믿음으로 예수 안에 감추어져서 하나님께 나아가는 사람들은 심판에서 이미 의롭다함을 받아 지옥 선고가 취소되고, 하나님의 공의가 그의 자비와 화해한다. 그리스도 안에 있는 자들은 또한 이제 그의 생명과 부활과 유업에 참여한다.

　죽은 직후 신자들은 그리스도인들이 "하늘"이라고 부르는 현재의 실재인 하나님의 임재 안에 있음을 발견한다(눅 23:43, 십자가에 달린 회개한 강도에게, 빌 1:23, 바울이 자신의 소망에 대해 언급함). 그러나 이러한 육신없는 축복의 존재는 그리스도 안에 있는 자들의 영원한 상태가 아니다. 하나님이 그리스도를 세상에 보내신 것은 세상을 심판하려 하심이 아니요 구원하려 하심이다(요 3:17). 구속된 인류의 최종 상태는 저주가 없고 그리스도와 그의 공동 상속자들의 통치 아래 있는 새롭게 된 우주에서의 삶이다(계 21장).

3. 새 땅

　죽은 자 가운데서 부활할 때 신자들은 몸의 회복을 포함하여 예수의 부활 생명에 동참한다. 예수님 당시 사두개인들은 이 교리를 의심했고, 예수님은 이들과의 만남에서 그들의 입장을 반박했다(막 12:18-27). 마지막 때 하늘과 땅은 그리스도 안에 있는 하나님의 임재와 영광으로 변형된 새 땅에서 연결된다. 이 영원한 실재는 단순한 에덴의 회복이 아니라 구속받은 민족들의 영광이 그 안에 임하는 영광스러운 문명이 있는 곳이다. 이것은 아마도 문화의 모든 측면이 거기에 존재한다는 것을 의미하며 음악, 회화, 문학, 건축, 상업, 농업 및 인간 노력의 합당한 측면이 그곳에서 수행되며 죄에서 해방되고 하나님께 드리는 순수한 봉사로 거룩해짐을 의미하는 것을 이성적으로 상상할 수 있다.

성경은 미래에 대해 많은 것을 우리에게 숨기고 있는데 현 시점에서 우리가 그것을 이해할 수 없기 때문일 것이다. 그러나 그리스도 안에 있는 사람들의 영원한 상태는 노동이 포함된 상태(저주의 좌절에서 해방됨), 개인적인 관계, 예배, 그리고 그리스도와 함께 다스리고 통치하는 것임을 우리는 안다. 성경은 혼인 잔치의 이미지를 사용하여 장차 올 시대의 잔치와 축하를 보여준다(계 19:6-9). 이 영원한 시대에 하나님의 언약은 그리스도 예수의 신분과 사명에서 절정에 이르고 그의 통치는 모든 것을 아우를 것이다. 계시록 환상에서 사도 요한이 보여 주었던 것처럼 이 세상 왕국은 우리 주와 그의 그리스도의 왕국이 되어 예수 그리스도가 세세토록 왕 노릇 하실 것이다(계 11:15).

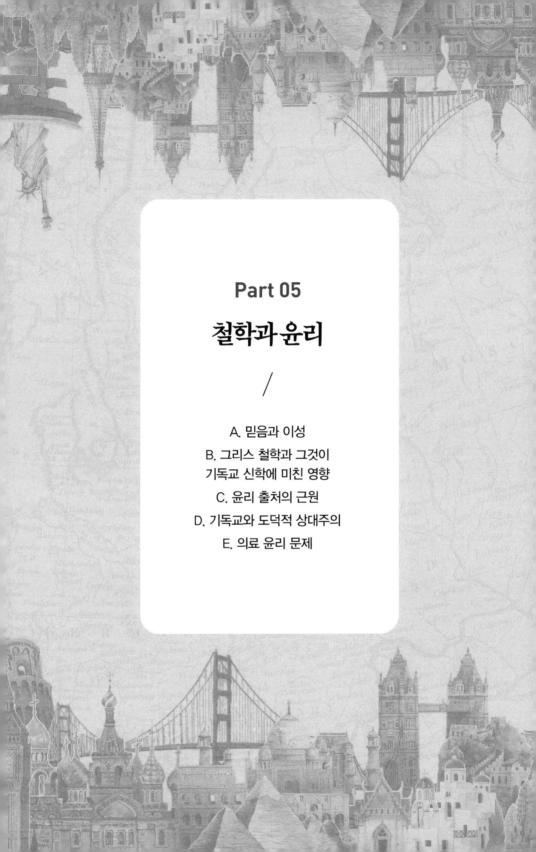

Part 05

철학과 윤리

/

A. 믿음과 이성
B. 그리스 철학과 그것이
기독교 신학에 미친 영향
C. 윤리 출처의 근원
D. 기독교와 도덕적 상대주의
E. 의료 윤리 문제

A.
믿음과 이성

Michael D. Beaty

믿음과 이성의 관계에 관하여 성경에는 긴장이 있다. 그리스도께서 복음을 선포하기 위해 바울을 보내셨지만 세상의 지혜에 의지하여 보내신 것이 아니다. 바울은 지혜 있는 자의 지혜는 망하고 그들의 지혜에서 나오는 것이 아무 것도 없다고 주장한다. 구원받은 사람들은 복음의 "미련함"으로 말미암아 구원을 받는다(고전 1:17~24).

그러나 바울은 하나님에 대한 지식이 눈앞에 명백함에도 불구하고, 사람들이 자신들의 사악함 때문에 진리를 억누르고 있다고 주장한다. 세상이 시작된 이래 하나님의 보이지 않는 속성, 힘, 신성은 하나님이 만드신 것들(롬 1:19~20)을 통해 인간의 이성에 접근할 수 있었다. 또한 바울은 죽은 자의 부활을 지지하기 위해 일련의 주장을 사용한다.

이 글은 이런 긴장에 대한 탐구이다. 이는 믿음과 이성에 대한 기독교적 설명을 제공한다.

1. 이성은 무엇이며 믿음은 무엇인가?

가장 넓은 의미에서, 이성은 "다양한 진실에 접근할 수 있는 자연적 인간의 능력"을 의미한다. 그런 힘에는 감각 지각, 필요한 진리에 대한 직관, 추론, 행동 결정, 기억, 그리고 증언이 포함된다. 더 좁게 말하면, 이성은 세상에 대한 믿을 수 있는 탐구 방법을 의미한다. 패러다임의 예로는 자연과학의 방법이 있다. 더 좁게 말하면, 이성은 다른 진술에 기초하여 한 진술을 적절히 뒷받침하기 위해 사용되는 추론의 형태를 의미한다.

그리스도인들은 일반적으로 믿음이 하나님(성부, 성자, 성령)에 대한 적절하고 일차적인 응답이라는데 동의한다. 그리스도인에게 믿음은 일평생 그리스도를 신뢰하는 것이다(잠 3:5, 요 20:31, 히 12:2). 그 신뢰는 성경과 교회의 증거를 참된 증거로 받아들여야 한다. 이러한 방식으로 신뢰한다는 것은 성경이 가르치는 바에 대한 특정한 이해를 참된 것으로 받아들이고 지키는 것을 의미한다(딤후 3:14-17, 살후 2:15).

종합하면 완전한 기독교 신앙에는 정서적(신뢰, 확신—요일 5:14; 히 10:22; 11:1-40), 인지적(지식 또는 믿음—창 15:6, 히 11:3), 의지적(신뢰, 순종—창 12:1-4)의 세 가지 측면이 있다. 믿음은 상태(예: 동의 또는 믿음)이자 활동(예: 예배)이다.

2. 믿음과 이성의 관계

믿음과 이성은 어떤 관계인가? 역사적으로 세 가지 종류의 답변이 주어졌다.

1) 갈등 모델

갈등 모델은 믿음과 이성은 서로 화해할 수 없는 대립 관계에 있다고 주장한다. 믿음과 이성은 적이라고 주장하는 옥스퍼드의 생물학자 리처드 도킨스가 현대의 예를 제시한다. 그는 기독교에 필수적인 주장이 과학의 기준에 비추어 볼 때 비합리적이라고 주장하면서 과학을 이성의 패러다임으로 지지한다.

갈등 모델을 지지한 그리스도인들이 있었는가? 2세기 교부인 터툴리안은 "아테네가 예루살렘과 무슨 관계가 있는가? 아카데미와 교회 사이에 어떤 일치가 있는가? 이단자와 그리스도인 사이에 무엇이 있는가? 믿음으로 우리는 더 이상의 믿음을 원하지 않는다. 그 믿음 외에는 믿어야 할 것이 없다는 것이 우리의 손 안에 있는 믿음이기 때문이다."

만일 신앙이 진실이라고 주장하는 것이 단순한 이성의 구원에 반대하거나 반대하는 진술을 고의로 수용하는 경우에만 그 믿음이 진정한 것이라고 제안한다면 터툴리안(Tertullian)은 갈등 모델을 지지하는 것이다.

2) 독립 모델

독립 모델은 믿음과 이성이 필연적으로 적대적인 관계임을 부인한다. 대신 믿음과 이성은 근본적으로 독립적인 것으로 간주한다. 진화생물학자인 스티븐 굴드(Stephen Gould)는 과학과 신앙이 서로 다른 겹치지 않는 교도권(가르치는 권위)을 가진다고 주장했다. 과학은 자연 세계(무엇과 어떻게)에 대한 사실과 이론에 주목한다. 종교는 도덕, 인생의 의미와 목적(왜)에 관한 것이다. 따라서 과학과 종교, 이성과 신앙은 독립적인 영역이다.

이전에 인용한 터툴리안의 인용문은 믿음과 이성의 독립성을 강조하는 것으로도 이해될 수 있다. 믿음은 단순한 이성의 구원에 무관심하며 하나님이 구원을 위해 행하신 일에 대한 우리의 반응에 관한 것이라고 그는 제안하고 있다. 20세기 신학자 칼 바르트(Karl Barth)는 그의 책 『Credo』에서 교리와 철학의 관계에 대해 쓴다. 그는 "교의학은 모든 철학에 반대된다"라고 말하고 있는데, 이 말은 믿음과 이성 사이의 근본적인 대립을 강조하는 것 같다. 그러나 그는 "어떤 철학도 우리에게 열쇠를 전달할 수 없다. … 신학의 '적절한' 언어에 대한 질문은 결국 기도와 신앙생활로만 답을 얻을 수 있다."라고 설명한다. 바르트는 이성과 믿음이 서로 독립적이지만 반드시 반대되는 것은 아니라고 제안했다.

3) 조화 모델

어떤 사람들에게는 신앙과 배움의 영역이 독립 모델에서 주장하는 것보다 훨씬 더 많이 겹친다. 조화 모델은 믿음과 이성이 상호 목표를 가지고 있으며 각각의 방법이 상호 작용하고 서로를 지원할 수 있다고 주장한다. 유전학자이자 미국 국립보건원 원장이었던 프랜시스 콜린스(Francis Collins)는 기독교에서 표현된 믿음과 물리학 또는 사회 과학에서 예시되는 이성 사이에 본질적인 충돌이 없다고 주장한다. 둘 다 실제 상황에 대한 진실을 발견하고 진실에 적절하게 대응하는 비슷한 목표를 가지고 있다.

토마스 아퀴나스(Thomas Aquinas)는 믿음과 배움이 이상적으로는 조화를 이룬다고 주장한다. 그는 믿음을 가능하게 하는 은혜는 자연(이성 포함)을 파괴하는 것이 아니라 오히려 완성한다고 주장한다. 그는 이성이 믿음의 서문(하나님은 존재하신다, 하나님은 한 분이시며, 하나님은 필연적이다)을 증명할 수 있지만 믿음으로 우리는 믿음의 조항(삼위일체, 성육신, 부활)

을 알고 있다고 주장한다. 후자는 이성보다 높거나 그 이상이지만 그것에 반대되는 것은 아니다. 이성은 신앙을 이해하는 데 도움이 되고 신앙에 대한 반대를 물리치는 데도 도움이 된다. 요컨대, 믿음과 이성은 함께 작용하여 하나님과 세상과 우리 자신에 대한 완전한 진리를 준다.

3. 그리스도인은 어떻게 생각해야 할까?

그리스도인은 믿음과 이성의 본성에 대해 어떻게 생각해야 할까? 첫째, 믿음과 이성은 모두 하나님의 선물이다. 그리스도인들은 그것을 은혜롭게 받아들이고 잘 사용해야 한다.

둘째, 이성은 세상, 다른 사람, 자아에 있는 본성에 대해 참된 판단을 내릴 수 있게 한다. 마찬가지로 믿음은 인간에게 매우 중요한 많은 진리에 접근할 수 있게 해준다. 이성과 믿음은 모두 진리에 접근하는 수단이기 때문에 인지적 목적을 공유한다.

그러나 믿음은 이성만으로는 접근할 수 없는 일부 진리에 접근할 수 있게 해준다. 이 진리는 하나님은 삼위일체이시고, 예수 그리스도는 성육신 하나님이시며, 예수님은 죽으시고 부활하셨고, 예수님의 죽음과 부활은 우리 구원의 수단이라는 것을 포함한다. 이런 진리에 대한 믿음의 접근은 특히 성경과 교회의 증거를 통해 하나님의 증거를 기꺼이 받아들일 때 생긴다. 정통 기독교 신앙의 핵심은 믿음이 이성으로 접근할 수 없는 진리에 대한 접근을 제공한다는 것이다.

여기서 믿음과 이성의 차이는 형식적인 것이 아니라 물질적인 것이다. 또한 이성은 기독교 신앙이 주지 않는 진리에 대한 접근을 인간에게 제공한다. 예를 들어, 인간이 담배를 씹거나 피우는 것이 건강에 해롭다는 사실을 알도록 도와주는 것은 일반적으로 하나님의 계시가 아니라 이성이다.

더욱이, 이성과 믿음의 비슷한 점이 다른 사람의 증언에 의존하여 인간이 진리를 얻도록 돕는다는 것이다. 예를 들어, 재정 고문이 주식시장 변동에 대해 신뢰할 수 있는 정보원이라는 믿음이 있기에, 그 고문의 판단이 어떤 주식을 사는 것보다 팔아야 한다면, 그 판단이 매도할 좋은 이유를 제공한다는 것을 의미한다. 주식의 매각은 재정 고문의 신뢰성에 대한 믿음의 행위(신에 대한 믿음과 유사한 의미에서)이다.

4. 그리스도인과 조화 모델

그리스도인은 믿음과 이성의 관계에 대한 세 가지 모델에 대해 어떻게 생각해야 할까? 믿음과 이성의 목표가 진리를 파악하는 것이기 때문에 그리스도인들은 조화 모델을 받아들여야 한다. 이성이 잘 작용할 때 우리는 광범위한 사물에 대한 진실에 접근할 수 있다. 신앙은 진리에 접근하는 또 다른 수단을 제공한다. 그중 일부는 정상적인 작동에서 이성도 접근할 수 있지만 다른 부분은 그렇지 않다.

그러나 우리는 오류가 있고 유한하며 타락한 피조물이다. 우리의 지식에는 한계가 있다. 추론 능력이 통제할 수 있는 범위 내에서도 우리의 능력이 제대로 개발되지 않거나 전개되지 않기 때문에 실수를 한다. 또한 우리는 왜곡된 정욕과 기형적인 의지를 가진 죄 많은 피조물이다. 그러므로 믿음과 이성이 때때로 대립되거나 독립적인 모험으로 보일 수 있는 것은 놀라운 일이 아니다. 실제로 갈등이나 독립 모델이 옹호되는 것은 일부 왜곡되거나 결함이 있는 형태의 믿음이나 이성이 사용되기 때문이다. 올바르게 이해된 믿음과 이성은 하나님의 선물이 되고 궁극적인 근원이 하나님 안에 있기 때문에 통일된다. 따라서 원칙적으로 그들 사이에 본질적인 충돌은 없다.

그럼에도 불구하고 독립 및 갈등 모델은 중요한 것을 지적한다. 기독교 신앙은 하나님을 향한 우리의 근본적인 자세가 일련의 명제에 단순히 동의하는 것이 아니라 전적으로 그분께 의지하는 것을 요구한다. 그리스도 안에 계시된 하나님에 대한 궁극적이고 무조건적인 의존에 대해 이성이 경쟁적 위치를 차지할 때 이는 믿음을 방해한다.

B.
그리스 철학과 그것이
기독교 신학에 미친 영향

Douglas V. Henry

플라톤이 아테네에 살았던 24세기 후, A.N. 화이트헤드가 언급했듯이, 서구 사상은 "플라톤에 대한 일련의 각주"이기 때문에 플라톤의 유산은 매우 커 보인다. 그의 명성을 고려할 때, 기독교 신학 내에서 그의 영향력이 큰 것은 놀랍지 않다. 실제로 그리스도인들은 오랫동안 플라톤주의와 씨름해 왔으며, 일반적으로 성경에 근거하는 신학에 유용하다고 생각했다. C.S. 루이스는 그의 책 『나니아 연대기』의 7권인 『마지막 전투』에서 디고리 키르케 교수가 "모든 것은 플라톤, 모든 것은 플라톤에 있다: 나를 축복해줘, 그들은 이 학교들에서 아이들에게 무엇을 가르치니?"라고 외쳤을 때 플라톤의 신학적 가치를 확인한다.

1. 초기 기독교의 견해

성경의 저자들이 플라톤의 대화를 알았는지 플라톤주의 철학자들을 알았는지는 논쟁의 여지가 있다. 그러나 우리는 신약성경의 저자들이 플라톤 철학에 의해 형성된 시대에 살았다는 것을 알고 있다. 우리는 또한 조대교회 교부들이 플라톤주의에 대해 공부하고 썼다는 것을 알고 있다. 성경에 대한 그들의 해석은 그리스 철학, 특히 플라톤주의에 비추어 나타났다.

터툴리안(AD 160 – 220)은 플라톤주의의 가치에 의문을 제기했다. 그는 골로새서 2:8을 인용했다.

> "누가 철학과 헛된 속임수로 너희를 사로잡을까 주의하라 이것은 사람의 전통과 세상의 초등학문을 따름이요 그리스도를 따름이 아니니라." 그는 바울이 아테네 철학자들과 선교적으로 만났던 일을 회상하며, "아테네와 예루살렘이 실제로 무슨 관계가 있는가?"라는 몇 가지 기억에 남는 질문을 던졌다. 아카데미와 교회 사이에 어떤 일치점이 있나요? 이교도들과 그리스도인들 사이에 무엇이 있을까? 스토아, 플라톤, 변증법적 구성으로 얼룩진 기독교를 생산하려는 모든 시도에서 벗어나라! 우리의 믿음으로, 더 이상의 다른 믿음을 바라지 않는다.

터툴리안에 대한 신앙적 이해에서 그리스도에 대한 믿음과 철학적 성찰은 관련이 없거나 심지어 반대된다. 신앙주의(fideism)는 신앙과 이성을 별개의, 어쩌면 모순된 노력으로 본다.

그러나 바울의 가르침과 터툴리안의 가르침을 올바르게 해석하기 위해서는 문맥이 중요하다. 교회의 첫 세기에, 다양한 철학들은 그들의 목적을 위해 기독교를 쉽게 공동 채택했을지도 모른다. 바울과 터툴리안는 그리스도의 권위와 이단에 대한 경계에 적절한 관심을 보였다.

그러나 그들은 철학을 거부하지 않는다. 그리스도를 아낌없이 앞세우면서도 자신 있게 추론하고 복잡한 사상을 다루며 철학자들이 만들어낸 개념을 채택한다. 그리스 철학을 "그리스도에 따라" 시험함으로써, 그들은 충실한 그리스도인들이 얼마나 진리를 분별하고 오류를 반박할 수 있는지를 보여준다.

따라서 순교자 유스티아누스(AD 100 - 165), 알렉산드리아의 클레멘스(AD 150 - 215), 오리겐(AD 182 - 254), 카이사랴의 바실리(AD 330 - 379), 니사의 그레고리오(AD 335 - 394), 히포의 아우구스티누스(AD 354 - 30)를 포함한 많은 교부들은 성서의 이해를 돕기 위해 플라톤주의를 사용했다. 순교자 유스티아누스는 "무엇이든 옳은 말을 한 것은 우리 그리스도인들의 재산이다. 우리는 하나님 옆에서 말씀을 숭배하고 사랑하기 때문에 … 그리고 모든 작가들은 그 안에 심어진 말씀의 씨앗을 통해 현실을 희미하게나마 볼 수 있었다." 클레멘스는 "율법이 히브리인에게 한 것처럼, 그리스인의 정신을 그리스도로 인도하는 교사"로 철학은 하나님의 선물이라고 추측했다. 철학은 "그리스도 안에서 완전한 사람을 위한 준비 … "였다. 아우구스티누스는 하나님이 "플라톤주의자의 책들"과 은총의 만남을 가졌다고 찬양했고, 그는 기독교가 지적으로 성취할 수 있는 가능성을 분별했다. 그는 "나는 당신의 백성이 이집트에서 그들과 함께 가지고 오기를 원하는 금에 마음을 고정시켰다: 그것이 어디에 있든지 그것은 당신의 것이었기 때문이다."라고 성경의 은유를 인용했다. 하나님께서는 이스라엘 자손이 약속된 땅을 위해 이집트에서 금을 가지고 나오는 것을 허용하는 것과 비슷하게, 우리의 지적 순례에서 플라톤의 철학적 "금"을 이용하도록 우리를 초대한다.

2. 기독교의 플라톤주의 사용

플라톤수의는 ⑴ 신의 존재, ⑵ 악의 본질, ⑶ 인류의 가장 큰 희망에 대한 성경적 가르침을 표현하는 풍부한 자원을 제공한다.

성경은 하나님의 완전성(마 5:48), 영원성(신 33:27), 헤아릴 수 없는 지혜와 힘, 선함(욥 38-42)을 가르친다. 그러나 성경은 신성한 속성이 서로 어떻게 관련되는지 설명하지 않는다. 플라톤주의가 도움이 될 수 있다. 플라톤은 완벽한 존재, 지식, 그리고 선함이 불가분의 상호연결인 형이상학, 인식론, 윤리학을 발전시켰다. 따라서 플라톤주의는 성경적 이해와 기독교 교리를 풍부하게 하는 철학적 범주를 제공한다.

예를 들어, 플라톤주의자들은 완벽이 영원성을 수반한다고 인식한다. 완벽은 반드시 변하지 않고, 절대 변하지 않는 것은 반드시 영원하기 때문이다. 완벽하고 영원한 것은 진실, 아름다움, 선함에서도 모든 것을 능가한다. 플라톤은 그렇게 묘사된 무언가가 물질의 비인격적인 힘이나 속성이 될 수 있다는 것을 상상할 수 없었다. 그는 "모든 것이 좋아야 한다"고 바라는 초개인적이고 초이성적인 마인드, 만물의 "만들기와 아버지"인 존재로 상상했다. 플라톤의 신에 대한 개념은, 간단히 말해서, 신의 본성에 대한 주요 성경적 가르침을 하나로 묶어서, 완벽하게 신적인 존재와 완벽하게 신적인 본질 사이의 불가분의 일치를 이해한다.

같은 철학적 틀이 악의 본질을 명확히 한다. 궁극적 존재인 신 자신은 완전한 선과 동일하기 때문에 선함이 결여된 것은 어떤 면에서는 존재도 결여되어 있다. 악은 선함뿐만 아니라 존재의 결핍이다. 좋은 것의 부패는 그 존재를 망친다. 그러므로 악은 항상 선보다 작고, 약하다.

악이 우세해 보이기 위해서는 선에 기생하여 모방해야만 성공한다. 신학적 결과는 매우 중요하다. 성경적 믿음과 철학적 이성을 통해 우리는 악의 한계에 대해 자신 있게 말할 수 있다. 악인들은 심판을 견디지 못하며 죄인들이 의인들의 모임에 들지 못하리로다(시 1편). 하나님의 과잉된 존재와 선함이 아우구스티누스가 고백한 것을 보증하기 때문이다. "악인들은 그렇지 아니함이여." C.S. 루이스는 훌륭한 문학 삽화를 제공한다. 천국과 지옥에 대한 그의 환상적인 "꿈"인 "천국과 지옥의 이혼"에서 그는 그들에게 쉽게 명백한 견고함, "영광의 무게"를 주는 은혜로 가득한 선함을 가진 "밝은 사람들"을 만난다. 그는 또한 "유령"을 만나는데, "유령"의 실체 없는 존재는 그들의 다양한 죄를 반영한다. 죄가 그들의 존재를 박탈했다. 악은 말 그대로 그들을 만들지 않았다.

플라톤주의는 마지막 영역에서 도움이 된다. 우리는 아버지의 사랑 가득한 입양이 그리스도를 통해 영생의 희망을 주는 것을 알고(요 3:16; 벧전 1:3) 하나님의 빛 속에 모이기를 성령 안에서 기다린다(계 22:5). 플라톤은 우리의 가장 큰 희망의 실체에는 거의 도움이 되지 않는다. 그럼에도 불구하고, 그는 우리의 하늘 하나님에 대한 매혹적인 설명을 제공한다. 우리 마음의 욕망은 은유적인 "사랑의 사다리" 위에서 안식을 찾고, 이를 통해 우리가 신적 아름다움 그 자체를 보기 위해 상승한다. 플라톤이 인간 갈망을 극화한 것의 윤곽을 추적하면서, 신학자들은 신을 바라보며 사색적 경이로움을 기록하는데, 우리는 그에 따라 노력 없이, 끝없이 즐겁고 지적인 시각으로 신을 본다. 그리고 신학자들이 신정론이라고 부르는 것에서, 하나님에 대한 우리의 경배는 우리를 변화시키고, 신적인 삶에 대한 우리의 참여가 커질수록 우리를 하나님과 더 닮게 만든다. 애정어린 상승, 사색적인 경이, 지적 비전, 참여적 이해,

모방적 변화—이러한 천상의 삶에 대한 풍부한 신학적 개념은 플라톤 주의 덕택이다. 플라톤은 아우구스티누스, 보나벤투르, 아퀴나스, 단테, 밀턴, 번연, 톨킨, 그리고 루이스 등이 하나님을 보려는 우리의 희망에 대해 글을 쓰도록 이끌었다.

3. 플라톤주의의 단점

루시 베켓(Lucy Beckett)은 플라톤의 "진선미가 하나님 안에서 통일된 것에 대한 인정은 적절히 이해할 수 있지만, 볼 수 없는 말씀에서 육체를 만들었다는 것은 기독교 이전의 세계에는 없는 개념이었다."고 말한다. 초기교회부터 지금까지 플라톤적 개념과 주장이 성경 신학을 풍부하게 했다. 하나님 교리의 핵심 요소들, 악의 한계들, 그리고 기독교의 복의 개념은 플라톤주의의 덕을 보고 있다. 하지만 플라톤은 그리스도인이 아니었고, 그의 대화는 성경에 나와 있지도 않다.

크게 두 가지 단점이 있다. 첫째, 플라톤은 신의 선한 피조물을 높이는 대신 물질세계와 육체를 폄하한다. 따라서 플라톤은 육체-영혼 이원론을 수용하고, 육체에 대한 영혼의 특권을 부여하며, 육체의 부활을 지지하지 않는다. 둘째, 플라톤은 강생한 하나님의 아들이 스스로를 버리는 사랑에 대하여 이해할 수 없다. 그가 예수님 전시대의 사람이기 때문만은 아니다. 신이 사람이 될 수 있다는 것은 플라톤의 상상을 넘어선 것이다. 삼위일체 신학이 없었고, 물질을 평가절하하기 때문에 말씀(정신)이 육체가 된다는 생각(요 1:14)은 그에게 떠오를 수 없다.

최근 소위 열린 유신론자들은 플라톤주의에 의해 왜곡된 것으로 추정되는 전통적인 교리에 대해 의문을 제기하고 있다. 하나님의 단순성

(존재와 본질의 통일성), 자존성(절대 독립과 스스로 존재함), 전지성은 플라톤주의의 지지를 받는 결함 있는 교리로 주장되지만, 성경은 아니라고 한다. 하지만, 우리는 수세기 동안 지속된 기독교의 가르침을 버리는 것을 경계해야 한다. 교부, 중세 학자, 종교개혁 지도자, 현대 신학자들은 플라톤주의가 종속적인 도움을 제공한다는 것을 깨닫고 "그리스도에 따라" 교리를 만들어 냈다. 이에 대해 베켓은 다시 "플라톤의 철학이 그리스도 안에서 하나님의 계시를 이치에 맞게 하는 것이 아니라, 플라톤의 영혼–신체 이원론을 치유한 그리스도 안에서 하나님의 계시를 이치에 맞게 하는 것이 플라톤의 철학, 즉 플라톤 자신이 만들 수 없었던 이치를 이치에 맞게 하는 것"이라고 잘 말한다.

C.
윤리 출처의 근원

Kenneth T. Magnuson

윤리의 근원을 고려할 때 우리는 먼저 존재론적 측면(윤리학 자체의 근원)과 인식론적 측면(윤리학 지식의 근원)을 구별할 수 있으며, 이들 각각은 윤리적 권위에 영향을 미친다.

1. 존재론적 측면

존재론적 질문은 도덕의 본질과 관련이 있다.

한 가지 공통된 견해는 도덕상대주의다. 이는 도덕이 주관적이며 인간에 의해 만들어졌다고 이해하는 것으로(시민 사회를 가능하게 하고, 무정부 상태나 폭정을 피하고, 개인의 권리를 확립하고 보호하는 등), 때로 그 지지자들은 객관적이고 권위적인 관점을 나타낸다. 또한 도덕은 주관적이라고 여겨지더라도 부분적으로 세상에 대한 성찰의 반향으로 인간 이성이 객관적으로 작용하는 어떤 것에 영향력을 행사하게 된다.

주관적인 관점과 달리 기독교 윤리는 도덕이 객관적이고 질서로 우주를 창조하신 하나님이시며, 인간에게 그 질서의 실재와 그 실재에 따라 살아가는 방법을 은혜롭게 계시해 주신 하나님이시다. 이 관점은 도덕적 현실주의 중 하나이다.

2. 윤리적 지식의 근원

그리스도인들은 성경이 윤리에 대한 지식의 일차적 출처라고 확언하지만, 이성, 전통, 경험을 포함한 다양한 부차적 출처가 있다. 핵심 질문은 이러한 출처가 어떻게 조정되거나 관련되는지에 관한 것이다. 어떤 사람들은 오직 성경(*sola Scriptura*)에 대한 호소를 다른 출처에 대한 부정으로 간주한다. 그러나 더 나은 이해는 다른 출처에도 타당성은 있지만 일차적 출처인 성경("기준을 정하는 기준" the "norming norm")에 의해 검증되어야 하고 이에 종속되어야 한다는 것이다. 다른 출처를 무시하거나 부인하는 것은 너무 순진한 생각이다. 왜냐하면 다른 출처들은 피할 수 없고, 우리의 인정 여부에 관계없이 도덕적 판단에 영향을 미치거나 결정하기 때문이다. 더 중요한 것은, 성경이 다른 출처들의 타당성을 평가하고 확증한다는 것이다.

교회의 관행과 가르침으로 이해되는 전통은 우리가 하나님과 성경을 이해하는 기반을 형성한다. 때로는 전통이 성경에 있는 하나님의 계명에 반대되는 방식으로 발전하기 때문에 전통을 비판 없이 받아들여서는 안 된다(마 15:3). 그러나 문제는 전통 자체가 아니라 믿음이 없는 전통이다. 예수님은 하나님이 계시하신 것을 신실하게 전하는 예언적 전통을 받아들이셨고 성경은 믿는 자들에게 받은 것을 전하라고 지시한다(신 6:1-9; 마 28:18-20; 유 3장). 전통 평가의 잣대는 성경에 대한 충실성 여부이다.

하나님 말씀의 진리를 이해하고 적용하여 다른 사람에게 전하기 위해서는 이성도 필요하다(행 17:17; 벧전 3:15). 그러나 성경은 타락한 인간의 이성이 진리를 막아 인간의 마음이 어두워지고 미련하여(롬 1:18,21) 성령의 일을 분별하지 못함(고전 2:14)이라고 경고한다. 그러나 성령 충만한 이성은 하나님의 뜻에 접근할 수 있다(롬 12:1-2; 골 1:9-10). 그러므로 마음은 하나님의 영으로 새롭게 되어야 하고 인간의 이성은 성경에 복종하고 검증받아야 한다.

3. 자연법

여기서는 자연법이라는 단어가 적절하다. 자연법은 이성에 기반을 두고 있으며 도덕적 질서가 창조에서 드러남을 확인한다. 창조는 하나님의 선하심과 영광에 대한 증거로서 성경과 나란히 서 있으며(시 19편), 인간이 책임을 지도록 하나님의 신성한 본성과 능력의 어떤 것을 드러낸다(롬 1:18-20). 자연법은 도덕이 객관적이고 모든 사람이 접근할 수 있다고 주장한다. 왜냐하면 인간의 이성은 자연에 따른 올바른 행동을 식별할 수 있기 때문이다. 그것은 계시에 호소할 필요 없이 성경적 관점과 일치하기 때문에 일부 그리스도인들의 관심을 이끈다.

그럼에도 불구하고 그 유용성은 제한적이다. 로마서 1장에서 자연에 대한 바울의 논증은 자연법의 효과에 대한 호소가 아니다. 오히려 인간의 욕망과 추론 능력을 타락시킨 인간의 죄와 반역의 깊이를 강조한다. 복음에 나타난 하나님의 은혜가 아니면 인간은 절망적인 상황에 놓인다. 자연법은 그런 이유 때문에 쓸모없는 것이 아니라, 계시에 의존하면서 계시와 함께 조정되어야 한다.

4. 경험적 측면

경험은 지식의 또 다른 원천이지만, 많은 사람들이 큰 의심을 가지고 바라보는 데는 그럴만한 이유가 있다. 인간은 종종 자기 기만을 당하고 개인적인 경험에는 도덕적 책임이 결여되어 있다. 따라서 권위의 원천으로 경험에 의존하는 것은 미심쩍다.

반면에 모든 경험에 반대하는 진리를 주장하는 것은 윤리학의 특이한 관점일 것이다. 오히려 우리는 "너희는 여호와의 선하심을 맛보아 알지어다"(시편 34:8)라는 초대를 받았다. 신자들은 경험을 통해 하나님의 말씀이 참되고 그분의 뜻이 선하다는 것을 확신할 수 있다(롬 5:5, 12:2). 더 나아가, 양심은 경험과 관련이 있으며, 비록 그것이 손상을 입었고 신뢰할 수 없을지라도(딤전 4:1) 우리를 "고발하거나 용서"할 수 있다(롬 2:15). 그러므로 양심과 체험은 하나님의 말씀으로 검증받아야 한다.

5. 결론

요컨대, 전통, 이성, 경험은 윤리에 적절한 방식으로 정보를 제공할 수 있지만 죄로 인해 왜곡되어 완전히 신뢰할 수 없다. 이런 윤리의 출처들은 중요하지만 부차적인 것으로 인식되어야 하며 신자 공동체 내에서 성경에 의해 검증되어야 한다. 성경만이 윤리의 본질과 본질의 이해를 위한 유일하고 완전히 신뢰할 수 있는 출처이다. 따라서 성경이 다른 출처와 일치하도록 조정되어서는 안 되며 오히려 그런 출처들이 성경의 권위와 가르침을 따라야 한다. 당면한 과제는 기독교 윤리의 내용을 발전시키는 것이 아니라 성경이 그 윤리의 일차적 출처로서 기능하는 방법을 간략하게 명시하는 것이다.

- 성경 전체가 기독교 윤리(딤후 3:16-17)의 원천일 뿐 아니라 직접적인 도덕적 권고이다.

- 성경은 창조주로서의 하나님(그분의 성품, 목적, 의지), 인간과 우리가 살고 있는 세계, 그리고 이들 사이의 관계를 포함한 윤리의 "도덕적 영역"을 정의한다. 구체적으로, 성경은 이 세상이 선하게 창조되었고 도덕적 질서가 도입되어 있지만 인간의 죄로 인해 무질서하고 또다시 하나님에 의해 질서가 바뀌었다는 믿음을 포함하여 윤리에 필수적인 메타내러티브를 제시한다. 하나님은 그의 변함없는 사랑으로 죄 많은 인간을 구속하고 화해시키며 정의와 평화를 세우려 한다. 하나님은 창조의 본래 선함보다 더 나은 미래에 대한 소망을 준다. 이 메타내러티브는 우리가 세상을 보다 명확하게 해석하고 이해할 수 있도록 시야를 선명하게 하는 렌즈인 세계관을 제공한다. 성경적 세계관(신, 세계, 인간 등에 대해 생각하는 것)이 윤리를 형성하기 때문에 중요하며 이것은 대안적(alternative) 세계관 및 윤리와 대조된다.

- 성경은 큰 틀 내에서 작동하고 하나님의 뜻을 행하는 데 초점을 맞추는 도덕적 권고의 원천이다. 궁극적으로 도덕적 책임은 명령이나 도덕 원칙에 대한 것이 아니라 인격적인 하나님에 대한 것이지만 하나님은 명령을 통해 자신의 뜻과 성품을 나타내시기 때문에 둘 사이에 예리한 선이 그어지지는 않는다. 생명의 길을 밝혀주고 멸망에서 우리를 지켜주는 은혜로운 하나님의 명령을 우리

는 기뻐할 수 있다(신 30:11-20, 시 119편). 올바르게 이해하면 율법은 사랑이다(마 22:37-40). 더 나아가, 예수님은 참된 도덕과 의가 단순히 율법에 대한 외적인 순응이 아니라 온전한 자아를 포함하는 것을 계시하신다(마 5-7). 또한 예수님은 제자들에게 아버지께 돌아가신 후에 성령이 오셔서 모든 진리 가운데로 인도하실 것이라고 선언하셨다(요 16:13). 실제로 성도들의 공동체 안에서 성령은 성경의 진리와 하나님의 뜻을 알게 하시고 성도들에게 순종할 수 있는 능력을 주신다(롬 12:1-2; 골 1:9-10).

위대한 윤리적 의미를 지닌 이 말씀에서 바울은 세상에서 더 큰 비전으로 살 때의 행동을 묘사하고 있다. 바울은 새 신자들을 위해 기도한다.

모든 신령한 지혜와 총명에 하나님의 뜻을 아는 것으로 채우게 하시고 주께 합당하게 행하여 범사에 기쁘시게 하고 모든 선한 일에 열매를 맺게 하시며 하나님을 아는 것에 자라게 하시고 그의 영광의 힘을 따라 모든 능력으로 능하게 하시며 기쁨으로 모든 견딤과 오래 참음에 이르게 하시고 우리로 하여금 빛 가운데서 성도의 기업의 부분을 얻기에 합당하게 하신 아버지께 감사하게 하시기를 원하노라. 그가 우리를 흑암의 권세에서 건져내사 그의 사랑의 아들의 나라로 옮기셨으니 그 아들 안에서 우리가 속량 곧 죄 사함을 얻었도다(골 1:9 - 14).

D.
기독교와 도덕적 상대주의

Preben Vang

어떤 행동은 객관적으로 "선"일 수 있고 어떤 행동은 객관적으로 "악"일 수 있다는 개념은 요즘엔 거의 웃기는 소리로 들린다. 나는 50명의 신입생에게 물었다. 그중 90퍼센트가 "강한 복음주의 가정과 교회" 출신이었다. 그들에게 "도덕적으로 선한 것"을 어떻게 정의할 것인지 물었다. 어떻게 선악을 분별하는지? "그곳은 당신이 무엇을 선호하느냐에 달려 있다"는 한 학생의 대답은 수업 시간에 이어진 대화의 기초가 되었다. 학생 중 어느 누구도 첫 학생의 말을 진심으로 반대하지는 않았다. 그들은 그리스도인(그들 자신)이 성경의 지침을 따라야 한다고 주장했다. 그러나 바로 그 진리와 선의 기준은 자신이 옳다고 믿거나 느끼는 것이며, 상대적이라는 첫 번째 학생의 주장을 증명했다고 결론지었다.

많은 변증가들의 일반적인 합리주의적 논쟁에서("하나님"은 절대선과 악에 대한 모든 대화에 필요하다) 도덕에 대해 합의된 이해를 제공하지 못한 것은 말할 것도 없다. 심지어 복음주의자들 사이의 이질적인 신념과 주장은 통일된 견해가 없는 것을 너무 분명하게 드러낸다. 이에 대한 가장 좋은 증거는 성경이 어떤 문제에 대해 직접적으로 이야기하지 않을 때(그리고 종종 이야기하는 경우에도), 그 가르침을 따른다고 주장하는 사람들의 기본 행동은 그 사람의 주변 지역사회의 영향을 반영하는 것이라는 단순한 관찰에서 알 수 있다. 따라서 옳고 그름에 대한 명제적(제안적) 진술은 절대적 기준이 없기 때문에 반대 주장이 있건 없건 관계없이 설득력이 없다.

포스트모던의 이 세대(그리고 이전의 많은 모던 세대)는 상대주의자들이 자기 자신의 주장에 사로잡혀 있기 때문에("모든 것은 상대적"이라는 진술이 절대적인 진술이 되어 그 자체로 무효화됨) 필연적으로 그들 자신보다 더 높은 존재인 신에 의해 정의되는 절대적 도덕이 있어야 한다는 주장에는 본질적으로 불만스러운 점이 있는 것처럼 보인다. 그렇다면 이것을 고려할 다른 방법이 있는가? 명제적 접근보다 내러티브가 더 유용한 방법을 제공할 수 있을까? 그럴 것 같다.

1. 도덕성에 대한 이야기식 접근

도덕성 문제에 대한 이야기식의 접근은 "하나님의 도덕성"에 대해 이전 어떤 시대보다 더 혼합되고 다양해진 현대 문화의 쟁점, 배경 및 문제를 이 시대의 눈으로 보는 자연스러운 방법을 이끌어 낸다. 그것은 전통적인 기독교 언어에 적대적인 환경에서 그리스도인의 간증을 가능하게 한다. 도덕에 대한 이야기식 접근을 통해 그리스도인은 진리의 전달자가 아니라 진리를 찾는 자로서 그 주제의 대화에 참여할 수 있다.

예를 들어, 교회 밖의 서구인들은 도덕의 문제를 죄의 문제로 보는 사람이 거의 없다. 다수의 굶주림, 가난하고 힘없는 자들에 대한 억압, 인간의 기본적인 자유를 부정하는 노예화와 폭정, 민족, 성별, 연령과 관련된 불의, 신체적 장애, 전쟁은 오늘날 도덕적 질문과 대화의 초점과 틀을 가장 많이 제공하는 주제이다. 더 좁은 수준의 "가정과 이웃"에서도 폭력과 총기 규제, 따돌림과 친절, 성과 부도덕, 이혼 및 가정생활에 대한 질문은 그리스도인이라 할지라도 선과 악의 주제라는 틀 안에서는 들어가지 못한다.

2. 기독교 도덕과 제자도

이것은 그리스도인들이 더 이상 도덕적 확신을 가지고 말할 수 없거나 말해서는 안 된다는 의미일까? 그렇지 않다. 예수님은 여전히 "길이요 진리요 생명"(요 14:6)이시다. 누가복음 4장 18절에 있는 예수님의 사명 선언과 마태복음 5장 1-9절의 팔복에서 배울 수 있듯이, 기독교 도덕에 대한 논의의 무대는 그리스도를 본받는 것에 대한 언어에 확고한 기반을 가져야 한다. 기독교 도덕의 본질은 이론적인 명제가 아니라 제자도이다. 달리 말하면, 그리스도를 따르는 사람들은 "다른 편"(눅 10:31-33 선한 사마리아인의 비유) 즉 곤궁에 처한 자들을 지나쳐가는 사람들에게 심판이 오고 있음을 인식한다. 선한 사마리아인의 비유에서 알 수 있듯이 기독교 도덕은 단순히 주장해야 할 진리가 아니다. 살아내어야 하는 삶이다.

도덕에 대한 바울의 접근 방식은 유사한 패턴을 따르며 그의 개인적인 간증과 밀접하게 연결되어 있다. 바울 자신의 이야기는 다른 신자들이 본받아야 할 삶(고전 4:11-16, 11:1)에서 드러난 그의 메시지와 확신의 진실성에 대한 가장 강력한 주장이 된다. 이야기의 설정에서 도덕적 주장을 제시한다고 해서 사적이고 개인적이 되는 것은 아니다. 오히려 그것은 도덕적 질문이 서로 연관되어 있고 큰 이야기와 분리될 수 없다는 것을 보여준다. 하나의 도덕적 문제를 다른 도덕적 문제와 관련이 없는 것처럼 다루려고 하는 것은 궁극적으로 자기 패배를 인정하는 것으로 판명될 것이다.

교회 역사상 주요 운동들은 동일한 패턴을 나타낸다. 독일의 개혁가 마틴 루터는 "나는 여기 서 있고 다른 것은 할 수 없다"라는 강렬한 개인 성명으로 교회 역사상 가장 위대한 개혁을 시작했다. 그의 요점은 사적인 진술을 하려는 것이 아니라 바울처럼 그와 같은 느낌을 가진 다른 사람들에게 도덕적 확신을 설명하려는 것이었다. 오히려 루터는 성경의 큰 이야기가 참됨을 인정하고 그의 반대자들은 그렇지 않다고 결론지었다.

바울과 루터의 진술은 그들에게는 사실이지만 다른 사람들에게는 그렇지 않을 수도 있는 개인적인 확신을 표현하기 위해 고안된 단순한 상대적 진술이 아니었기 때문에 강력하다. 그들은 개인의 양심의 우월성을 현대적으로 주장하는 것을 목표로 하지 않았다. 오히려 그들의 말은 도덕이 하나님과 그의 피조물과의 상호 작용과 불가분의 관계가 있음을 보여 주기 위한 것이었다. 그들은 하나님의 이야기(성경의 이야기)가 가장 큰 진리의 가치를 지닌 이야기이며, 현실을 가장 잘 이해하게 하며, 전체 인간 상황에 대한 가장 큰 이유를 전달하는 이야기로 간주하도록 우리 모두를 초대했다.

3. 기독교 이야기와 도덕적 상대주의

자신의 개인적인 이야기와 상황을 도덕성의 가장 중요한 지침으로 여기는 지금의 세대에게 그리스도를 본받는 신약의 언어는 우리의 이야기를 재고하고 복음 이야기에 비추어 새롭게 읽으라는 초대이다. 인간의 삶과 도덕과 관련된 모든 질문에 대한 평가를 위해 성경의 내러티브를 고려하도록 초대하는 것이며 인간의 상황에 대해 충분하고 포괄적인 답을 주는 유일한 이야기로 여기도록 초대한다.

하나님의 이야기는 끝없이 관계적이기 때문에 도덕에 대한 이야기식 접근은 도덕적 상대주의에 대한 최고의 비판을 제공한다. 인류에 대한 하나님의 역사는 전체 인간 상황에 대한 예수 그리스도의 사역의 유익을 드러낸다. 그것은 목적 있는 창조와 타락과 구속의 이야기에 근거한 하나의 이야기를 통해 모든 질문을 본다. 그리고 이 이야기가 펼쳐짐에 따라 아직 알려지지 않은 도덕적 문제를 평가하는 새로운 지평이 부상하고 있음을 보여준다. 하나님의 나라가 이미 와 있다는 예수님의 메시지는 비록 완전하지는 않지만 앞으로 나아갈 길을 보는 데 도움이 되는 신선한 빛을 준다. 그것은 안전한 발판을 제공하고 우리가 오래된 진리에 비추어 새로운 질문에 대처할 수 있도록 한다.

성경 이야기가 도덕적 질문에 대한 지침으로서 충분히 강력하지 않다고 우려하는 그리스도인들에게 바울이 에베소 장로들(그들의 배경은 가장 도시적이었고 현대 도시처럼 다원적이었다)에게 작별을 고하는 장면이 도움이 된다(행 20:32). 바울은 명제적으로 논쟁하기보다는 청중들에게 어떻게 하나님의 이야기가 그들의 상황에 대해 이미 도덕적 지침을 주었는가를 상기시켰다(행 20:35). 그런 다음 그는 확신에 차서 "하나님과 그의 은혜의 말씀"(행 20:32)에 그들을 맡겼다.

도덕 문제에 대한 이야기식 접근은 하나님의 큰 이야기에 대한 예리한 인식을 요구한다. 그것은 많은 사람이 선택하는 가장 편하고 현대적인 이야기로 보이는 도덕적 상대주의와의 싸움에 효과적인 도구임이 증명될 것이다.

4. 결론

어떤 사람들은 각자의 판단에서 그들이 참되다고 여기는 것이 상대적이라고 주장한다. 다른 사람들은 도덕적 결정이란 다양한 상황에서 다양한 사람들에게 증거로 채택되는 것이라야 한다고 주장한다. 즉, 도덕적 상대주의에 대해서는 다양한 주장이 있다. 명제적 관점에서 그런 대화에 참여하는 것은 본질적으로 어려운 일이다.

그러나 이야기식 관점에서 도덕 문제에 접근하면 신선한 대화가 열리고 도덕적 의사 결정을 위한 최고의 토대이자 지침인 최고의 이야기를 추구하게 된다. 그것은 다른 작은 이야기들의 부족함을 드러내고, 교회로 하여금 하나님 이야기(성경)의 열매를 맺는 청지기가 되도록 힘을 실어준다. 교회 공동체는 하나님 이야기(성경)를 속한 공동체와 연결하여, 그들의 생활방식을 변화시키는 쪽으로 해석하도록 위임받았다. 그렇게 함으로써 우리는 도덕적 상대주의에 대항할 수 있다. 왜냐하면 성경 이야기는 삶에 대한 진리이기 때문이다.

E.
의료 윤리 문제

Joy Riley

예수님은 "건강한 자에게는 의사가 쓸 데 없고 병든 자에게라야 쓸 데 있느니라"(마 9:12)고 말씀하셨다. 예수님의 말씀은 영적인 질병과 관련이 있지만 의료인의 역할에 대해 자주 사용되는 표현이다. 21세기의 문제는 1세기의 문제와 다르지만 아픈 사람들에게는 여전히 의사가 필요하다. 치료에는 비용이 들고 모든 치료가 성공적인 것은 아니다(막 5:25-26).

수 세기 동안 의사들은 낙태를 하거나 환자를 사망에 이르게 하는 행동을 금지하는 히포크라테스 선서의 영향을 받았으며 동시에 일반인과는 다른 표준 행동과 미덕을 요구받았다. 그러나 최근 수십 년 동안 선서는 반복적으로 다시 작성되었으며 의사-환자 관계는 초기의 언약적 관계에서 본질적으로 계약적인 관계로 전환되었다(의사의 언약; W.F. May, The Physician's Covenant). 그 결과 의료계에 대한 신뢰는 떨어지고 요구사항은 커졌다.

1. 기독교와 의료

그리스도인 의사들은 비용은 많이 들지만 항상 성공적이지는 않은 치료에 직면하여, 아프거나 고통받는 사람들에게 어떻게 반응해야 하는가?

첫째, 무엇보다 의사는 환자 한 사람 한 사람이 지니고 있는 하나님의 형상(*the imago Dei*)을 인식해야 한다. 의료 전문가가 환자를 동료 인간으로 이해할 때 적절한 치료를 제공할 수 있다. 의사를 포함한 모든 사람이 하나님의 사랑받는 피조물이라는 인식은 다른 모든 관계의 기초가 되는 수직적 관계를 정립한다. 환자와 의사의 평등은 관계의 적절한 수평적 관계를 정립한다. 이런 수직적 및 수평적 관계의 맥락에서만 올바른 치료행위가 취해질 수 있다(새로운 의학; Nigel M. de S. Cameron, The New Medicine).

둘째, 의사는 환자를 돌보는 데 유능해야 한다. 물론 단순한 기술만으로 의사가 할 수 있는 것이 없지만, 능력의 부족은 일부에게는 배터리가 되고 모두에게는 해가 된다.

셋째, 의사는 동정심이 있어야 하는데 이 용어는 설명이 필요하다. 동정심은 단순히 누군가를 불쌍히 여기거나 고통받는 사람이 느끼는 그 감정을 공감하는 것이 아니다. 동정심은 어떤 사람과 "고통"을 함께 받는 것이다. 그러므로 동정심 많은 의사는 환자의 고통을 보고 자기 고통과 동일시한다. 고통을 겪는다는 것은 어느 정도 삶의 유한성을 경험하는 것이며, 실제로 모든 사람이 공통적으로 경험한다(치유자의 사명; Daniel P. Sulmasy, Healer's Calling : 의사 및 의료인들을 위한 영성). 더욱이, 그리스도인은 그리스도에게서 오는 위로와 구속과 함께 그리스도와 함께 하는 고통의 현실을 인정한다(고후 1:3-7; 히 4:13-16).

2. 어려운 문제에 대한 질문

그렇다면 환자에게서 하나님의 형상을 인식하는 유능하고 자비로운 의사는 낙태, 안락사, 의사 조력자살, 줄기세포 요법 또는 의료분야에 관련된 수많은 논란의 여지가 있는 문제에 어떻게 직면할 것인가? 환자가 여러 가지 문제로 고통을 받을 때, 잘 배치된 흡입기 또는 큐렛(낙태), 통증을 끝내기 위한 약물 사용(안락사 또는 의사 조력자살), 또는 다른 사람을 치료제로 사용(배아 또는 태아 줄기 세포 또는 부분)하는 것에 대해 의사는 어떻게 동정심을 나타낼까? 동정심이란 단순히 하나님을 닮아가고 자신과 동등한 사람에게 그가 원하는 것을 주는 것일까? 고통을 덜어주는 것이 항상 자비로운가? 이러한 질문에 답하기 위해 몇 가지 테스트가 적용될 수 있다. 의사는 다음과 같이 질문해야 한다.

1) 나는 치료와 관련된 사람의 인간성을 인정하고 있는가?

환자 혹은 이 상황에 관련된 개인을 완전한 인간이자 도덕적 동료로 보는가? 인간에 대한 나의 정의는 그 사람의 드러난 수준, 지위 또는 법적 용어에 따라 달라지는가? 이러한 질문은 특히 태어나지 않은 사람뿐만 아니라, 법적으로 무능하거나, 의료 전문가에게 "결정할 수 없음"으로 간주되는 사람에게 적용된다.

2) 내 행동이 나이에 관계없이 태어나지 않았거나 자궁 밖에서 살아있는 다른 인간이 해를 입지 않도록 보장할 수 있나?

배아줄기세포 연구를 포함한 연구에 사용되는 배아는 필연적으로 파괴된다.

3) 내가 다른 사람을 돕기 위해 사용해야 하는 것을 생산하기 위해 이미 누군가 해를 입었다면, 나는 그 해를 끼치는 것에 가담하는 것인가?

이 질문은 백신 개발뿐만 아니라 배아 또는 태아 세포를 사용하는 다른 모든 프로세스에 적합한 질문이다.

4) 이러한 조치를 취하면 의사로서 환자와 나 사이의 수평적 위치가 유지되는가? 아니면 환자와 관련하여 나를 수직적(따라서 부적절한) 위치로 끌어올릴 것인가?

예를 들면 의사 조력 자살이나 안락사가 있다.

5) 이 상황에서 환자를 하나님의 형상대로 지음 받은 사람으로 보는가, 사고파는 상품으로 보는가?

이것은 정자, 난자, 배아 또는 장기 기증자의 사용과 대리모에 적용된다.

6) 한 사람의 삶을 다른 사람과 비교하여 평가절하하거나 과대평가하고 있는가?

인간의 생명에 대한 이러한 부적절한 평가는 낙태, 배아줄기세포 연구, 장기 또는 기타 신체 부위의 판매에서 발생한다.

7) 인간 생명의 정당한 존중보다 우선하는 의정서나 활동에 참여하는가?

연구나 치료에 배아줄기세포를 사용하는 것이 그 예이다. 환자 스스로 치료를 위해 평가받기 전에 잠재적인 장기 기증자로 환자를 평가할 수 있다. 제안된 치료에 대해 완전히 공개하지 않고 제조업체 또는 처리 시설과의 재정적 제휴를 맺는가?

8) 다른 사람들을 그 자체의 목적이 아니라 목적을 위한 하나의 프로젝트나 수단으로 대하고 있지 않는가?

다른 사람을 목적을 위한 수단으로 보는 것은 다양한 경우에 발생할 수 있다. 연구 또는 치료를 위한 시험관 내 배아 형성; 장기를 이식에 사용할 수 있도록 어떤 사람을 조기에 "사망"을 선고하는 것.

9) 제안된 조치는 생명을 보호한다는 입장과 일치하는가?

낙태, 배아 파괴 및 후속 파괴를 통한 배아줄기세포 조달, 의사 조력 자살, 안락사는 모두 살아있는 인간 보호에 위배된다. 이러한 행동을 하는 것은 의사가 치료자로서 훈련받은 것에 역행한다.

3. 결론

마음을 다하고 목숨을 다하고 뜻을 다하여 주 우리 하나님과 이웃을 내 몸과 같이 사랑하도록 부름을 받은 우리(마 22:37~40)가 두 가지 모두를 하지 못하는 방법은 셀 수 없이 많다. 우리 자신을 살피고 창조주에게 우리 마음을 살피고 우리 안에 악한 길이 있는지 알아보도록 초대하는 것은 현명하다. 그분은 우리를 영원한 길로 인도하실 수 있다(시 139:23-24).

Part 06

세계 종교와 경쟁하는
세계관

/

A. 다른 종교는 어디서 왔는가?
B. 유대교
C. 이슬람교
D. 힌두교
E. 일원론, 범신론, 만유내재신론
F. 불가지론과 세속주의
G. 새로운 무신론
H. 성서 시대의 다신교
I. 강신술
J. 포스트모더니즘
K. 뉴에이지 운동
L. 정치적 보수주의와
진보주의의 (종교적) 문제
M. 정치적 자유주의의 (종교적) 문제
N. 자유지상주의의 (종교적) 문제
O. 민족주의의 (종교적) 문제
P. 사회주의의 (종교적) 문제

A.
다른 종교는 어디에서 왔는가?

Winfried Corduan

성경은 비성경적 종교들이 어떻게 시작되었는지 전혀 언급하지 않는다. 창세기는 유일하신 참 하나님으로 시작된다. 분명히 그를 거역하며 살았던 사람들이 있었지만(창세기 4장의 가인과 라멕), 사람들이 하나님의 대체물을 만들었다는 기록은 없다. 우리는 아브라함의 가족이 우르에서 다른 신들을 섬겼다는 것을 안다(수 24:2). 그러나 아브라함이 멜기세덱을 만났을 때(창 14:20) 그는 El Elyon(지극히 높은 하나님의 제사장)인 것으로 판명되었고 그가 섬기는 것은 분명히 아브라함의 하나님을 가리킨다(단 4:2, 34; 민 24:16; 시 78:35). 마침내 야곱의 측근이 가져온 우상을 언급하지만(창 31:19; 35:4), 그런 물건을 소유하는 것은 이미 당시에 확립되어 있던 이교 관습이다.

출애굽기 32장에서 우상숭배가 크게 일어나는 것을 보는데 이스라엘 백성과 금송아지에 관한 것이다. 성경은 그 나라들이 거짓 신들을 숭배했다고 가정하지만, 그들은 단지 그들이 히브리인들에게 직접적인 영향을 미친 부분만 언급한다. 성경의 관심은 하나님의 언약 백성의 역사를 추적하는 것이며, 하나님을 경배하지 않는 다른 나라들에 별로 관심을 기울이지 않는다. 이와 유사하게, 가나안 종교에 대해 더 알아보면, 바알 숭배 자체를 정죄하는 맥락에서가 아니라 하나님의 백성이 바알을 숭배하는 것을 금지하는 맥락이다(민 25:1-5). 따라서 우상숭배의 역사적 기원에 대한 성경적 서술은 없다.

성경은 거짓 종교의 이유가 사람들이 하나님으로부터 독립을 원하거나 더 직설적으로 말하면 자신이 스스로의 신이 되기 위함이었음을 분명히 한다. 이 태도가 타락의 특징이다(창 3장). 뱀이 아담과 하와에게 하나님처럼 될 수 있다고 유혹했고, 그들은 그 생각에 미혹된 것이다. 사도 바울은 로마서 1장에서 이 주제에 대해 자세히 설명한다. 인간은 경배와 감사를 받아야 할 초월적 창조주가 계심을 알 수 있다고 바울은 말한다. 그러나 그들은 대신 피조물을 숭배했다. 그들은 서로의 천재성에 박수를 보내고 자연에 어긋나는 행동을 했으며 다른 사람들을 끌어들였다.

이것은 다른 의문을 불러일으키는데: 그것은 "사람들이 스스로 신을 없애고자 했다면 왜 다른 신과 영을 숭배하기 시작했을까?"이다. 이 의문을 4단계로 풀어보자

1) 첫째, 인간 본성에서 예배의 필요성을 제거할 수 없다.

이 사실은 19세기 말과 20세기 초에 종교의 발달에 관한 논쟁에서 분명히 드러났다. 많은 학자들은 최초의 종교적 신념이 세계에 만연한 마술적인 힘을 인정하거나 조상신을 숭배하는 것으로 구성된 "원시적" 신앙이었을 것이라 추론했다. 이 학자들은 물질적 지식이 거의 없는 현대 부족문화, 정령 달래기와 마술의식 수행을 지적함으로써 자신의 논제

를 증명하고자 했고, 그것이 초기 인류의 종교와 유사하다고 생각했다.

그러나 이 학자들은 초기 문화를 정확하게 반영하는 문화와 이전의 패턴에서 분명히 갈라져 나온 문화를 구별하지 않았다. 이후 앤드류 랭(Andrew Lang), 빌헬름 슈미트(Wilhelm Schmidt)와 같은 학자들은 원래 인간 문화에 가장 가까운 문화가 실제로는 높은 도덕 기준과 함께 일신교를 이끌고 있음을 보여주었다.

2) 우리는 하나님이 창조하신 세상에 살고 있으며 바로 그 본성은 만드신 분의 실재를 인식하도록 이끈다.

많은 사람은 우주의 웅장함, 가장 작은 수준의 원자보다 작은 입자로부터 가장 큰 은하계에 이르기까지 그 아름다움과 복잡성에 기초한 직관으로 이 결론에 도달한다. 이러한 성찰은 또한 신이 존재하지 않으면 이 우주가 존재할 수 없다는 신의 존재에 대한 고전적인 논증을 통해 합리적으로 표현될 수 있다.

3) 몇몇 저명한 무신론자들은 때때로 삶에서 신적 존재의 필요성을 느낀다고 인정했다.

예를 들어, 도덕적인 면에서 우리는 자신의 이익을 충족시키는 것과 옳은 일을 하는 것 사이에서 선택을 해야 할지 모른다. 하나님을 도덕 표준의 창시자로 믿지 않는 사람들조차 도덕적으로 행동하려 한다. 그들은 때때로 스스로를 합리화함으로써 규칙을 어겼다는 사실에 직면하게 된다. 이 사실이 명확해지는 순간 자신이 부도덕하거나, 악한 행동을 했으며 자신의 잘못이 다른 사람과 자신의 정체성, 양심, 영혼에 영향을 미친다는 사실을 인식할 수 있다. 자신의 잘못을 알고, 인간으로서 그것을 되돌릴 수 없음을 알기 때문에 자신이 저지른 일을 용서받기 위해 우월한 존재를 찾아야 한다.

눈을 뜨고 인생을 사는 사람은 자기 인생의 배를 스스로 조정하는 것이 불가능하다는 것을 안다. 신은 필요 없다고 주장할 수 있지만, 자녀가 아프거나, 농작물이 안 좋거나, 결혼 생활이 파탄에 이르거나, 목숨이 위태로울 때는 입장이 달라진다. 그럴 때 사람들은 자신이 스스로의 삶을 통제할 수 없음을 진정으로 깨닫고 영적인 힘에 의지한다.

4) 그러나 어떤 힘에게로 향할 것인가?

사람은 하나님께 기도할 수 있지만, 원하는 결과를 위해 협상할 수 없고(매수하거나 조정할 수 없고) 너무 멀리 떨어져 있는 것처럼 보인다. 반면에, 정령신앙이나 다신교적 맥락에서는 그 존재가 종종 약하고, 조작의 대상이 된다. 특정 조건을 충족하면 원하는 해결책이 생길 것이라는 잘못된 약속을 가지고 온다. 비록 결과가 부정적일지라도 이런 힘에 의지하는 사람은 실패한 것이 자신의 잘못이기 때문에 어떻게든 자신이 통제하고 있다고 느낀다.

초기 인류의 유일신은 높은 수준의 행동을 요구했지만 그에 수반되는 제례의식은 거의 없었다. 사람들은 하나님께 감사와 헌신의 행위로 제물을 바쳤지만, 하나님이 인간에게 관대하기 위해 음식을 먹어야 하거나, 간절하게 설득당할 필요가 없었다. 이런 간단한 의식을 수행하는 것은 전적으로 가장이나 족장들의 손에 달려 있었다.

그러나 사람들이 하나뿐인 진정한 신을 숭배하는 것에서 더 적은 지식과 힘을 가진 신으로 옮겨가는 순간, 종교는 수익성이 있는 사업이 될 수 있었다. 어떻게 하면 영적 세계와 제대로 협상할 수 있는지에 대해 무당이나 사제 같은 전문가들이 생겨났다. 그들은 기계적으로 수행했던 그 의식에 대해 독점권을 주장했고, 두려움으로 사람들을 그 종교에 속박했다.

요약

성경은 우리에게 거짓 종교의 역사를 알려 주지는 않지만, 거짓 종교의 동기가 인간의 자율권 추구에 있음을 분명히 한다. 그럼에도 불구하고 성경의 이야기는 모든 사람들에게 그의 아들 예수 그리스도의 선물을 통해 참 하나님과 화해할 것을 권한다. 그리스도를 통하여 하나님께 참 예배를 올리는 것은 그들 삶의 영적 경로와 관계없이 모든 사람에게 가능하다.

B.
유대교

Elijah M. Brown

"이스라엘아 들으라 우리 하나님 여호와는 오직 유일한 여호와이시니 너는 마음을 다하고 뜻을 다하고 힘을 다하여 네 하나님 여호와를 사랑하라 오늘 내가 네게 명하는 이 말씀을 너는 마음에 새기고 네 자녀에게 부지런히 가르치며 집에 앉았을 때에든지 길을 갈 때에든지 누워 있을 때에든지 일어날 때에든지 이 말씀을 강론할 것이며"(신 6:4-7).

이 생생한 단어는 관찰력이 뛰어난 유대인들이 매일 아침과 저녁기도의 핵심요소로 계속 암송하고 있다. 쉐마로 알려진 이것은 유대교의 기본진리의 지배적인 표현이다: (1) 절대적인 유일신교, (2) 하나님에 대한 흔들리지 않는 전체론적인 사랑, (3) 올바르게 해석되고 적용되는 성경의 가르침에 대한 확고한 헌신.

1. 유대교의 역사

창세기에서만 6번 반복되는 말씀으로 하나님은 아브라함과 그의 히브리 후손들이 하나님께 신실할 경우 축복을 약속하시며 특별한 언약 관계를 맺으셨다(창 12:1-3; 18:18-19; 22:17- 18; 26:2~5; 28:13~15; 35:9~12). "가르침" 또는 "율법"을 의미하고 구약에서 모세 오경으로 알려진 토라는 창조, 아브라함과 그의 가족의 선택, 출애굽의 구원적 구속, 믿음의 기초를 만든다. *Nevi'im*(예언서)과 *Ketuvim*(성문서)은 구약 전체를 언급하는 히브리어의 약어인 Tanak의 후속 부분에서 유대인들이 역사적으로 그 신앙을 구현한 정도에 대한 신학적 성찰뿐만 아니라 신앙에 대한 확장된 이해를 제공한다.

현대 유대교의 흔적은 아마 에스라의 행동에서 유래했을 것이다. 여러 예언자들이 신학적으로 해석한 바와 같이, 일신교 신앙의 반복적 실패, 공동체의 사회적 불의와 개인의 불의로 인해 BC 597년부터 70년 동안 바빌론 유배를 초래했다(사 28~30; 39~40; 렘 2~6, 25; 애 1 - 2장; 합 1 - 2장). 유대인들이 여러 세대에 걸친 힘든 회복 과정을 시작하기 위해 고향으로 돌아왔을 때 핵심 건축가는 에스라였다. 그는 오늘날 "유대교의 아버지"로 기억된다. 이 별칭은 에스라가 공동체 의식의 순수성 회복, 율법에 복종, 종족 내 혼인을 통해 민족적 동질화를 재건한 데서 유래한다. 이런 관행은 유대인들이 빈번한 흩어짐 속에서도 독특한 민족 집단으로 남아 있도록 도왔다(스 8:15 - 10:17; 느 8~10장).

에스라 시대 이후의 추가적인 발전에는 성전, 제사장, 제사의 중심에 평신도 랍비의 지도력과 기도, 토라에 대한 충실한 연구로의 종교적 전환이 포함된다. 이것은 회당, 기도와 연구를 위한 "집회장소", 바리새파와 사두개파 직분의 느린 출현과 일치했다. 아마도 가장 의미심장한 것은 오늘날까지 기대하지만 이루어지지 않은 소망으로 남아 있는 다윗 왕의 혈통으로 유대 민족을 온전히 회복시키실 구원의 메시아를 기대하는 신학의 강화일 것이다. 많은 유대인들에게 십자가에 못 박히고 부활하신 예수님은 저주받은 존재로 남아 있다.

로마 군대가 AD 70년에 예루살렘 성전을 파괴했을 때, 신성하게 계시된 율법에 대한 충성이 강화되고 이행되었다. 랍비들은 시내산에서 하나님께서 두 부분으로 된 계시를 내려주셨다고 가르치기 시작했다. 첫 번째는 토라에 성문화된 613개의 법을 제정한 것인데, 248개의 긍정적인 계명과 365개의 부정적인 계명으로 나뉜다. 모세는 또한 두 번째 계시인 탈무드를 받았다. 탈무드는 두 개의 주요 부분인 미슈나(*Mishnah*)와 게마라(*Gemara*)로 구성된 "구전 토라"로, 처음에는 모세가 전하고, 선지자에 의해 보존되었으며, AD 500년경 자격을 갖춘 랍비에 의해 봉인되었다. 63개의 소단위 항목(tractates)과 함께 탈무드는 현대 유대교의 주된 경전으로 토라의 정적이고 기록된 법을 유대교 관습의 유연성과 지속적인 적응을 허용하면서, 일상생활에의 역동적인 적용을 위한 공식적 해석으로 바꾸어준다.

성전의 파괴는 다른 땅에서 소수 민족으로 살아가는 유대인의 이주 디아스포라를 더욱 가속화 했다. 중세 유럽 전역에서, 유대인들은 밤에 닫히는 문이 있는 벽으로 둘러싸인 특별한 유대인 거주지인, 새롭게 등장한 게토로 썰물처럼 흘러들어 갔다. 이것은 다른 나라 속에서 자기들의 독특한 민족, 종교, 언어 및 문화적 관습을 지킬 수 있었지만, 더 암울한 조치를 예고한 것이다. 20세기에 이르러 여러 면에서 독일어와 히브리어가 섞인 독특한 이디시어 방언이 있는 동유럽이 유대문명의 중심이 되었다. 비극적으로 이번에도 반유대주의가 고조되는 시기와 일치하였다.

20세기 중반까지 두 가지 주요 발전이 현대 유대교를 크게 변화시키고 있었다. 첫째는 개혁파, 정통파, 보수파 유대교 그룹의 출현이었다. 개혁파 유대교는 의례보다 윤리를 강조함으로써 전통을 현대의 현실에 맞추려는 시도로 식사법, 기도 솔, 머리 덮개를 폐지했다. 반면에 정통 유대교는 토라와 유대법의 구속력 있는 특성에 대한 엄격한 전통적 믿음을 지속해 왔으며 수정하거나 순응하려는 노력에 저항하고 있다. 보수적 유대교는 신중한 개방 및 적응과 전통 고수 사이의 균형을 유지하면서 미묘한 중간 지점을 모색해 왔다.

홀로코스트의 공포와 600만 명의 유대인 학살은 20세기의 두 번째 주요 발전을 가져왔다. 이것은 팔레스타인에 영구적인 유대인 국가를 확보하려는 현대 정치 운동인 시온주의를 상당히 강화했다. 처음에는 논란의 여지가 있었지만 시온주의는 1948년 이스라엘 국가수립에 필수적이었다. 이 사건은 오늘날에도 지속적으로 중동의 이합집산을 일으키고 있다.

2. 오늘날의 유대교

개혁파, 정통파, 보수파 유대교는 접근 방식과 강조점이 다르지만 유대인은 개인이 선을 행하려는 성향인 예체르 하토프(yetzer hatov)와 악을 행하려는 성향인 예체르 하라(yetzer hara)라는 두 가지 본질적인 욕구를 가지고 태어난다는 데 동의한다. 후자는 필연적으로 죄(averah)를 초래한다. 예체르 하토프는 토라의 계명에 개인이 순종하도록 이끈다. 토라는 탈무드에 의해 해석되고 개인의 삶과 공동체의 삶의 모든 측면을 지배하도록 의도된 유대인의 법 전통인 할라카(Halakhah)에 적용된다. 다시 말해서, 미츠보(*mitzvoth*, 계명)는 바르게 해석될 때 고정된 것이 아니라 역동적인 원리이다. 기도와 예배와 같은 종교적 요소와 소위 세속적인 영역에 전체적으로 적용된다. 생후 팔일 만에 받는 남성의 할례, 바, 바트와 같은 성년을 축하하는 미츠바(Bar and Bat Mitzvahs), 결혼, 죽음과 매장, 타인에 대한 대우, 음식과 음식준비 과정을 포함한다. 할라카는 외적 순종을 통해 내적 변화를 기대하는 삶의 방식이다.

요약하면, 인류는 내적 변화를 경험해야 하는데, 이는 개인의 회개로 시작하여 창조주이며 궁극적인 구원자이신 하나님에 의해 완성된 과정으로, 또한 탈무드에 의해 올바르게 해석되고 할라카(걷는 길)로 일상 생활에 적용되는 토라 율법에 각자가 충실하게 순종하기로 선택할 때 유지되는 과정이다. 개혁파, 보수파, 정통파 유대교는 할라카 생활 방식에 대해 서로 다른 수준의 고수와 순응을 기대한다. 모계종교인 유대교에서 태어난 개인들은 하나님께 순종하고 예배하는 삶을 살기 위해 노력한다. 그들은 구원의 길에 태어난 것에 감사하고, 비유대인은 회심의 과정을 통해 믿음으로 환영받는다.

공동 예배뿐만 아니라 주요 축제와 성일들은 유대교 고수를 강화한다. 안식일(Shabbat)은 금요일 해 질 녘에 시작하여 토요일 해 질 녘에 끝나는 주요 주간기념일이다. 유대인들은 금요일 저녁에 지역 유대교 회당에서 공동 예배를 드리고 안식일의 나머지를 쉬면서 보낸다. 다른 주요 축일로는 로시 하사나(유대인의 새해, 보통 9월), 욤 키푸르(속죄의 날로 회개하는 엄숙한 날), 숙콧(피난처 축제, 가을 수확 기념 축제), 하누카(빛의 축제로 알려진 8월 축제), 유월절(세더라고 불리는 매우 상징적인 가족 식사와 함께 새로운 삶에 초점을 맞춘 봄 축제)과 칠칠절(유월절 7주 후 토라를 바친 것을 기념하는 축제)이 있다.

유대교의 핵심은 유일신 숭배이다. 개인기도, 사적기도, 즉흥기도도 권장되지만, 기도는 공동체에서 그리고 적절한 기도서에 따라 바칠 때 가장 적절하게 완성된다. 야르물케(머리 모자), 탈릿(기도용 목도리), 테필린(토라의 말씀을 담고 있고 이마나 팔에 가죽 띠로 부착한 작은 검은 상자)으로 보완하면 기도가 더욱 강화된다.

전 세계적으로 유대인-그리스도인의 수는 여전히 적다. 오퍼레이션 월드(Operation World)에 따르면 현대 이스라엘의 2.5% 미만이 기독교이다. 지속적인 반유대주의와 역사적 적대감을 감안할 때 종교 간의 건전한 대화와 관계 구축이 여전히 필요하다. 이스라엘 내에 살고 있는 기독교 신자, 특히 소외되고 아랍-이스라엘 갈등의 십자포화에 휘말리는 아랍계 그리스도인을 지원해야할 필요가 있다.

C.
이슬람교

Michael H. Edens

이슬람 문화는 다양하다. 이 글로벌 종족 그룹을 통합하는 요소는 공통된 이슬람 신앙과 아랍어를 기도 언어로 사용한다는 것이다. 이 글에서는 세 가지 중요한 질문과 이슬람의 대답을 탐구해보자.

1. 세 가지 질문

1) 신은 누구인가?

이슬람교도들은 창조주인 신이 자신의 피조물보다 훨씬 위에 계신 단순하고 나눌 수 없는 영이라고 믿는다. 그는 이슬람을 인류의 종교로 선포하고 계시했다. 그러나 이 믿음의 두 부분 모두에 문제가 있다. 무슬림이 신에 대해 말할 때, 그 개념은 예수 그리스도와 성경이 제시하는 하나님과 다르다. 알라 또는 "신"은 아랍어 성경에서 하나님에 대한 성경의 말씀을 번역하는 데 사용되는 유일한 단어이다. 이슬람교도들은 신과 함께할 수 있는 사람이 없고, 그가 아들을 가질 수 없다는 점을 신속하게 지적할 것이다.

예수의 성육신과 신이 자신의 피조 세계에 들어가심을 거부하는 것 외에도 그들은 동시에 성부, 성자, 성령이신 하나님의 성경적 제시를 거부한다. 그들은 이것을 다신교 또는 더 정확하게는 삼신교로 간주한다. 오히려 이슬람은 신을 만물의 주권자이신 초월적이고 멀리 떨어진 관찰자로 제시하는 반면, 성경은 하나님을 초월적이고 주권적이며 친밀한 분으로 묘사한다. 이것은 신이 누구신지와 관련된 중요한 차이점이다.

무슬림에 따르면 신은 태초부터 인류가 이슬람을 통해 예배하도록 계획하셨다. 그들은 오늘날에도 모든 아기가 이슬람의 성향을 갖고 태어난다고 믿는다. 무슬림의 본질적인 의미는 "신께 복종하는 자"이며, 그리스도인들은 하나님께서 모든 사람이 그에게 복종하기를 원하신다는 데 동의한다. 그럼에도 불구하고 복종을 위한 계획에는 동의하지 않는다. 성경은 하나님이 창조 이전에 자신에게로 돌아올 수 있는 길을 마련해 놓으셨다고 가르친다. 이슬람의 신은 단순히 죄를 용서하고 예배하는 공동체와 복종하는 삶을 위한 계획을 세운다. 무슬림에게는 신이 사람들에게 무엇을 하기 원하는지 아는 것은 신의 계시인 꾸란을 통해서이고 이것이 꾸란의 전체 목적과 내용이다. 성경에서 계시는 주권적인 하나님은 창조 이전에 죽임을 당한 어린양으로서 자신의 희생을 받아들임으로써 아들과 딸을 입양하기로 선택하셨다는 것을 나타낸다. 성경은 하나님이 자신의 피조물에게 자신을 계시하신 이야기이다.

2) 인류의 문제는 무엇인가?

무슬림에게 죄는 신께 대항하는 것이 아니라 인간들끼리 대적하는 행동이라고 믿는다. 신은 죄를 즐기는 인간을 단순하고 자비롭게 사하실 수 있다. 죄는 신에 대한 반역이 아니라 사람의 생각, 태도 또는 행동의 실수로 간주된다.

이슬람은 아담의 죄로 인해 인간이 이 세상에서 신을 기쁘시게 할 수 없을 정도로 손상되지는 않았다고 본다. 신께서는 인간의 모든 행위를 심판하실 것이며 충실한 자들에게 자비롭게 낙원에 들어가는 것을 허락하실 것이다. 이슬람 공동체는 올바른 이슬람 행동을 외부적으로 강화하기 때문에 많은 외부인들은 종교를 "행위에 기초한" 구원을 가르치는 것으로 본다. 그러나 이것은 잘못된 것이다. 낙원(구원)에 들어가는 것은 전적으로 신의 결정에 따른 것이다. 그는 삶의 모든 측면을 저울질하지만, 이슬람을 위해 죽는 것 외에는 어떤 행동이나 태도도 무슬림이 낙원에 들어가는 것을 보장할 수 없다. 이러한 확신의 부족으로 인해 대부분의 이슬람교도들은 신이 변덕스럽게 그들을 거부할 것이라는 비참한 두려움으로 신을 생각한다. 이러한 이유로 무함마드는 신께서 자신을 낙원으로 받아들이실지 알 수 없기 때문에 이슬람교도들에게 자기를 위해 기도해 달라고 요청했다.

3) 신은 자신의 해결책을 인류에게 어떻게 전달하시는가?

간단한 대답은 신의 메시지가 수백 명의 선지자들과 함께 메신저(예: 모세, 다윗, 예수, 무함마드)에게 전달된 계시(wahy)를 통해서이다. 이슬람은 성경의 메신저가 무함마드의 사역을 인식하고 예언했다고 가르친다. 그들은 그 일이 일어났다고 주장하며 그리스도인들과 유대인들에 의해 가려진 두 구절을 지적한다.

첫째, 하나님은 이스라엘 백성에게 모세의 후계자를 약속하신다(신 18:15-22). 그 선지자는 모세와 같으리니 … 이슬람교도들은 이스마엘의 후손인 무함마드가 그 역할에 합당할 것이라고 잘못 생각하고 있다.

둘째, 예수님은 제자들에게 보혜사를 약속하신다(요 14:16~17; 16:5~11). 무슬림들은 이 구절에 필사상의 오류가 있으며 무함마드가 예수께서 말씀하신 약속된 사람이라고 주장한다. 이 해석의 문제는 문맥이다. 예수님은 죽음과 부활의 길로 떠나려 할 때 제자들을 인도하기 위해 즉각적이고 지속적인 성령의 임재를 대신 제공하셨다. 600년 후 탄생한 무함마드는 제자들에게 전혀 위안이 되지 않았을 것이다.

2. 이슬람의 세계관

이슬람의 세계관은 일반적으로 기독교 및 서구의 세계관과 다르게 구성되어 있다. 세계관 형성의 주요 요소는 문화가 도덕적 결정을 내리는 방식이다. 서구 문화는 일반적으로 무죄나 유죄를 바탕으로 도덕적 결정을 내리지만 이슬람 문화는 명예나 수치심을 기반으로 한다. 두 가지 유형의 문화 모두 도덕적 가치를 형성하지만 행동을 "해야 할 올바른 일"로 간주하는 기준은 다르다. 일반적으로 서구에서 "옳은 일"이라고 말하면 사람들이 당신을 책망할 것 없고 정직한 사람으로 볼 것이다. 이슬람 문화에서 옳은 일은 그 행동이 당신의 집단(대가족, 국가 또는 이슬람 공동체)에 명예를 줄 것이며 수치심을 피하게 할 것임을 의미한다. 이러한 원칙은 무슬림들의 문화적 규범, 가치관 및 세계관 형성에 정보를 제공하고 그 형성을 인도한다. 요약하면, 이슬람과 이슬람 문화는 기독교만큼 복잡하고 서구 문화만큼 다양하다.

세계관 형성에서 이성의 위치에 관해서는 모든 무슬림은 종교적 공동체와 문화를 건설하기 위해 합리적 사고의 힘을 제한한다. 이것이 역사적 사실과 충돌하는 꾸란의 진술이 무슬림에게 문제가 되지 않는 이유이다. 이슬람의 역사는 꾸란 앞에서는 지극히 왜소해진다. 의심의 여지가 없는 이런 태도는 많은 꾸란 해석으로 퍼졌고 진리에 대한 전통적인 설명은 매우 권위가 있다.

이슬람 계시의 내용은 전적으로 신의 명령과 요구로 구성되어 있다. 신의 성품과 본성은 그분이 독립적인 영이라는 사실 외에는 계시의 대상이 아니다. 더욱이 신적 메시지의 이슬람 영감과 전달은 여러 면에서 기독교 계시와 다르다.

첫째, 신의 말씀에 대한 개념은 무슬림들에게 다르다. 성경이 역사를 통해 영감을 받은 다양한 사람들에게 계시된 하나님의 말씀인 반면, 꾸란은 신과 함께 하는 영구적인 형태로 기록된 신성한 말씀을 기록한 책의 정확한 사본으로 이해된다. 아랍어 꾸란은 천사 가브리엘에 의해 단편적으로 무함마드에게 전달되었다. 꾸란은 본질적으로 아랍어에만 존재한다. 꾸란의 모든 번역은 단지 그것을 이해하는 데 도움이 될 뿐이다.

둘째, 내용이 다르다. 성경은 하나님을 계시하고 그분과의 관계를 가능하게 만들려고 한다. 꾸란에서 신은 하나이며 누군가를 신의 동료로 여기는 것은 신성모독임을 밝힌다. 꾸란은 신을 정확하게 예배하는 공동체를 만들기 위한 신의 명령을 제시한다.

셋째, 이전 및 이후의 메신저와 계시의 책에 대한 증언이다. 꾸란은 신이 육신이 되어 자신을 계시할 가능성을 배제한다. 그래서 신의 말씀은 천사 가브리엘에 의해 계시된다. 그러나 예수 그리스도 안에서 하나님은 십자가와 빈 무덤을 통해 구속하심으로 자신을 분명하게 드러내신다.

D.
힌두교

Elijah M. Brown

힌두교는 전 세계 인구의 약 13.5%를 차지하는 약 8억 2천만 명의 신도가 있는 종교이다. 힌두교도의 6%를 제외하고는 모두 10억 명이 넘는 인구가 인도에 살고 있다. 인도는 헌법으로 승인된 22개의 언어를 사용하며 2,234개의 고유한 종족 그룹의 문화적 기여가 있다. 인도는 참으로 아름답고 다양한 만화경이다.

1. 힌두교의 역사

힌두교의 역사는 4개의 연속된 시대로 나뉜다. 첫 번째인 베다 시대는 기원전 1500년부터 1000년까지 지속되었다. 성경적 출애굽의 시대로부터 사무엘의 예언적 사역과 사울 왕이 기름 부음을 받은 시대와 대략적으로 일치한다. 이 시기에 아리아인 또는 "귀족"으로 알려진 이주민 집단은 오래된 인더스 계곡 문명을 흡수하고 힌두교의 전례 언어로 남아 있는 산스크리트어를 사용했다. 힌두교인들은 고대의 선지자들과 예언자들이 이 베다 시대에 초월적 진리를 듣고 구전으로 전했다고 믿는다. 이 영원한 주문은 슈루티(*shruti*, 신성하게 계시된 가르침)로 인식되었고 권위 있는 베다(Vedas)로 성문화되었다. 그중 가장 오래되고 가장 중요한 것은 리그-베다(Rig-Veda)로, 천 개 이상의 찬송가를 포함하고 모든 힌두교도를 위한 믿음과 실천의 신성한 몸통을 형성한다. 나머지 3개의 모음집(Samaveda, Yajur Veda 및 Atharvaveda)은 제사장과 다른 전문가들의 예배 의식에 사용된다.

정경의 추가적 발전은 두 번째 위대한 시대인 고전 힌두교(1000 – 400 BC)시대 동안 일어났다. 각 베다의 결론에는 영혼과 영원한 현실 사이의 관계와 영혼 해방 과정에 대한 철학적, 대화적 사색을 담고 있는 우파니샤드가 추가되었다. 또한 브라흐마나(Brahmanas)는 예배에서 베다의 사용에 대한 추가지침을 제공하는 의식주석으로 각 베다에 첨부되었다. 따라서 힌두 경전은 4개의 베다(찬송가와 주문)와 이에 상응하는 보완적인 우파니샤드(Upanishads; 철학적, 신학적 반성)와 브라흐마나(Brahmanas; 의식적 지시)로 구성된 선집이다.

서사시(기원전 400년~서기 400년)시대는 세 번째로 큰 역사적 시기이다. 그 당시의 주목할만한 발전은 (1) 내면으로 향하는 물러남과 외부 세계로부터의 해방을 추구하는 다양한 관행을 가진 요가의 출현, (2) 업과 카스트에 기반한 사회 속의 올바른 질서 확립, (3) 종교적 의미의 전달을 위한 대중적인 서사시와 신화적인 이야기 같은 서사문학의 출현을 포함한다. 잘 알려진 한 가지 예는 마하바라타 서사시이다. 그것은 유명한 구절인 "신의 노래"인 Bhagavad Gita를 포함하고 있으며, bhakti 또는 한 신에 대한 완전한 헌신과 자기 굴복의 형태로 영혼해방을 가르친다. (신학에서는 아니지만 실제적으로는 일신교와 유사함을 보인다).

지속적이며 현대적인 변형은 네 번째 역사적 시대에 일어난다. 서기 400년 이래로 힌두교는 많은 발전을 이루었다. 부분적으로는 영국 식민주의와 인도 내 기독교 선교 활동의 성장에 대응하여 19세기 힌두교의 대대적인 갱신을 촉발함으로써, 신학, 종교 실천, 세계관 면에서 상당히 체계화되었다. 20세기는 이민이나 마하트마 간디의 역사적 중요성, 일부 서구 구루에 의해 전파된 무정형 영성으로 인해 주로 유럽인과 미국인에게 힌두교가 의미 있는 대중화를 이루었다.

2. 힌두교의 주요 신념

아브라함 종교의 영향을 받은 지역에서 발견되는 직선적인 역사 관점과는 대조되고, 다른 동양 종교와는 관점이 유사한 힌두교는 생성과 파괴의 순환 과정을 겪으며 수없이 많은 우주로 이어지는 것을 믿는다. 이러한 관점에서 현 시대인 칼리 유가(Kali Yuga)는 기원전 3000년경에 시작되어 432,000년 후에 파괴되고 대체될 예정이다.

이 끝없는 탄생과 죽음의 윤회적 과정 너머에 있는 최고의 실재는 브라만(Brahman)이다. 영원하고 초월적이며 제한이 없는 브라만을 알고 그에 몰입하는 것이 힌두교의 궁극적 목표이다. 브라만은 때때로 *netti*로 설명되며, *netti*는 "이것도 저것도 아닌 것"을 의미한다. 이는 브라만의 실제적이고 완전한 전체성을 표현하기에는 인간의 언어나 단 하나의 신적 현시가 본질적으로 불가능함을 나타낸다. 따라서 힌두교는 일신론적 다신교로 설명될 수 있다. 다양한 특성과 뉘앙스를 전달하기 위해 여러 신(polytheism)과 신성한 현시를 통해 계시된 하나의 최고의 실재(monotheism)가 있다. 힌두교 안에는 3,000개 이상의 신이 있지만, 각각의 신은 브라만의 제한된 표현으로 적절히 이해되고 있다.

가장 중요한 신들 중에는 우주의 수호자인 비슈누(Vishnu); 창조와 파괴의 신성한 댄서인 시바; 악으로부터의 수호자 두르가(Durga) 또는 데비(Devi); 코끼리 머리를 하고 장애물을 관장하는 신 가네샤(Ganesha); 번영과 행운의 여신 락슈미(Lakshmi); 혼돈의 시기에 질서를 확립한 비슈누의 아바타로서 인간으로 나타난 크리슈나(Krishna)가 있다.

3. 힌두교와 기독교

각 신에 부여된 신학적 강조와 내러티브를 감안할 때 판테온(만신전)은 초심자에게 모호하고 혼란스럽고 겹치는 것처럼 보일 수 있다. 이 융합은 구체적인 역사성보다는 시간 밖에 존재하는 영원한 진리에 대한 힌두교의 집중에서 나온다. 이것은 요한일서 1:1–4에서 예수가 단순히 영적인 현시가 아니라, 듣고, 보고, 관찰되고, 물리적으로 만질 수 있는 완전한 인간으로서 검증된 역사적 맥락 속에 사셨다는 기독교의 주장과 상당한 차이가 있다. 힌두교의 브라만은 간접적이고 비인격적인 방식으로만 알 수 있다고 가르치지만, 기독교는 예수를 하나님의 완전한 성육신으로 단호히 고백하며(요 1:1–18; 고전 8:5–6; 골 1:15–20) 개인적인 관계를 맺을 수 있다(요 3:16; 롬 10:9–10; 요일 4:9–10).

더욱이 기독교는 고린도전서 6장 19–20절에서 "몸은 하나님을 영화롭게 하기 위한 성령의 전"이라고 선언하면서 육신에 대해 다소 높은 견해를 가지고 있다. 반면에 힌두교는 육체를 해방되어야 할 속박의 일부로 이해한다.

각 개인은 영혼의 축적된 업보에 따라 인간, 동물 또는 식물이 될 수 있는 육체라는 그릇 안에 놓인 아트만 또는 영원한 영혼으로 구성된다. 카르마는 전생에서 행한 행동을 원인으로 현생의 결과가 나타나는 중립적인 메커니즘이다. 부적절한 행동은 각 아트만의 미래에 부정적인 영향을 미치는 "뜨거운" 카르마를 초래하는 반면, 적절한 행동은 더 높은 존재로의 탄생을 보장하는 "차가운" 카르마를 유발한다. 그들의 희망은 브라만에 대한 해방적인 지식을 얻을 수 있을 만큼 충분히 높은 상태로 태어나기 위해 많은 생을 거쳐 충분히 차가운 카르마(cool karma)를 얻을 수 있다는 것이다.

따라서 힌두교의 주요 문제는 "뜨거운" 업보나 죄 그 자체가 아니라 무지인데, 특히 브라만에 대한 무지함이다. 브라만은 그 안에 모든 것이 이미 포함되어 있는 유일한 최고의 실재이다. 모크샤(Moksha)라 불리는 해탈은 모든 욕망의 절대적 제거, 완전한 내적 철수, 그리고 자신의 진정한 자아가 이미 브라만의 일부라는 깊은 경험적 깨달음 또는 지식을 통해 이루어진다. 이러한 지식은 '옴'의 신성한 소리, 육체적 금욕과 자제, 요가 및 내면의 성찰, 자신의 카스트에 합당한 명령에 따라 생활하고, 디왈리(Diwali)와 홀리(Holi)와 같은 주요 축제를 기념하며, 힌두 사원의 의식을 갖춘 예배에 참여하고, 신의 형상에 대한 개인적이고 일상적인 예배에 참여하고, 브라만의 특정한 측면에 대한 지식을 얻기 위해 절대적인 사랑과 유일한 신(*bhakti*)에 대한 자기 항복을 포함하는 명상을 통해 얻을 수 있다. 그러므로 구원의 길은 모든 개인에게 열려 있다. 그러나 현실에서, 고통스럽고 계속되는 출생과 죽음의 순환으로부터의 해방은 많은 생애에 걸쳐 그리고 어떤 특정한 역사적 순간에 소수의 개인에게만 이루어질 수 있다.

힌두교의 세계관은 이렇게 요약될 수 있다: 신성하게 계시된 영원한 진리인 경전(*shruti*)은 브라만(유일한 최고의 실재)에 대한 지식을 가르친다. 이 지식은 고통스러운 윤회(samsara: 업에 기초한 출생과 죽음의 연속적이고 순환적인 과정)로부터 영원한 영혼(*atman*)이 자유롭게 되는 해탈(*moksha*)을 가져온다.

이러한 힌두교 세계관에 반하여 기독교는 예수님과의 은혜로 충만한 인격적 관계, 하나님의 독특한 충만, 그리고 하나님의 물리적 피조물의 선하심을 부인하지 않고 궁극적인 구속을 약속하는 구원을 통해 즉각적인 구원의 복음을 제시한다(롬 8:18 - 25).

인도의 7% 미만이 기독교를 믿는다는 점을 감안할 때, 산발적이지만 정기적인 기독교 박해가 힌두교와 인도 민족주의로부터 발생하는 가운데 담대하고 겸손하며 보호받는 공개 증언을 위한 기도(엡 6:19-20)와 다종교 대화가 여전히 필요하다. Operation World에 따르면 인구가 10,000명 이상인 전 세계 639개의 미전도 종족 중 거의 75퍼센트가 인도에 있다.

E.
일원론, 범신론 및 만유내재신론

Paul Copan

1983년 뉴에이지 영성을 지지하는 여배우 셜리 매클레인(Shirley MacLaine)은 『타인에 의존 없이』(*Out on a Limb*)이라는 책에서 이렇게 썼다. "인류의 비극은 우리 각자가 신이라는 사실을 잊었다는 것이다. 당신이 전부다. 당신이 알고 싶은 모든 것이 당신 안에 있다. 당신이 우주이다"(p. 347). 이러한 관점을 범신론(pantheism)이라고 하며 모든 것(*pan*)이 신(*theos*)이고 신이 모든 것이라 주장하는 세계관으로 신과 모든 것은 같다.

1. 범신론과 일원론

우리는 범신론을 일원론과 구별해야 한다. 특정 힌두교도는 일원론을 고수하며, 다른 전통의 선불교와 철학 및 종교 학파들도 마찬가지이다.

예를 들어, 우파니샤드(Upanishads)로 알려진 특정 힌두 경전에서는 영혼(*atman*)이 진정한 신(*Brahman*)이라고 단언한다. 중요한 것은 브라만은 유일신론자들이 주장하는 것처럼 인격적인 창조주가 아니라는 것이다. 오히려 브라만은 순수한 의식이다. 모든 내용과 구별에서 마음을 비우는 것을 상상해 보라. 완전히 비어 있다고 가정해 보자. 예를 들어 엠파이어스테이트 빌딩과 당신이 같다고 생각한다면 당신의 생각은 어떤 인상이나 도덕적 판단, 감정 또는 논리적 추론이 없다고 가정해 보자. 그것은 형태도 없고, 질도 없는 브라만이다. 이 버전의 힌두교(*Advaita Vedanta*)는 순수한 의식만이 존재하는 유일한 실재임을 확언한다. 물리적 세계를 포함한 다른 모든 것은 환상이다. 서기 820년에 사망한 힌두교 철학자 샤카라는 이러한 견해를 고수했다.

일원론이 그 안에 아무것도 없는 원, 즉 구별없는 하나 됨으로 상징된다고 상상해 보자. 대조적으로, 그 안에 불명확하지만 형태를 가진 원이나 사각형이 들어있는 원, 즉 구별있는 하나 됨(oneness with differentiation)을 생각해 보자. 이것은 범신론을 상징하며, 다름은 "신" 안에 존재한다. 이 견해는 서기 1137년에 사망한 힌두교 철학자 라마누자가 주장했다.

2. 일원론 평가

이러한 관점을 평가해보자? 먼저 일원론을 살펴보자. 이 견해는 매우 명백해 보이는 것, 즉 탁자, 의자, 나무, 돌의 세계가 우리 마음 밖에 존재한다는 사실을 부정하고 일상적인 경험과 완전히 반대되는 것으로 보이는 것을 받아들이도록 지시하기 때문에 매우 문제가 많다. 결국, 우리 각자는 교통 체증, 심술궂은 사람들, 화장실 찾기 등의 일을 처리해야 하며, 이 모든 경험은 우리 마음 밖에 있는 별개의 현실이다. 그렇다면 왜 그렇게 부정할 수 없는 것처럼 보이는 것을 부정하는가? 직관적이지 않아 보이는 세계관을 수용하는 이유는 무엇일까?

다음 질문도 고려하자. 일원론자들은 책을 읽고 쓰지 않는가? 그들은 자신들이 하는 일을 다른 사람들이 믿도록 설득하려 하지 않을까? 모든 실재가 미분화된 하나라면 처음에 환상을 일으킨 것은 무엇일까? 그리고 차이에 대한 허황된 믿음 자체가 진짜일까? 정신 밖의 현실 세계와 동떨어진 것이 문제인 정신병자들을 어떻게 봐야 할까? 아니면 에이즈, 오염, 범죄는 어떨까? 확실히 이것들은 단지 환상만은 아니지 않은가? 그들이 존재하지 않는다고 주장함으로써 그들에 대해 아무것도 하지 않는 것은 무책임하고 부도덕한 일일 것이다. 비판적으로 생각할 때, 일원론은 세계의 어려운 문제들을 피하는 현실도피주의에 더 가까워 보인다. 그것을 부정할 타당한 이유가 없기 때문에, 마음 밖 세상의 현실을 긍정하는 것이 더 합리적이다.

더욱이 일원론은 궁극적으로 선과 악의 진정한 차이를 부정해야 한다. 아돌프 히틀러의 수용소와 이오시프 스탈린의 강제노동 수용소는 단지 환상에 불과했고, 이 끔찍한 독재자와 테레사 수녀 사이에 차이가 없다고 할 수 있는가? 일원론은 또한 논리적 오류와 건전한 추론을 구별하는 논리적 사고를 거부해야 한다. 6세기의 한 선불교 시는 매우 시사적이다. "당신이 진리에 도달하기 원한다면 옳고 그름에서 초월하라/ 옳고 그름 사이의 갈등은/ 마음의 병이다""(Seng-ts'an의 *Hsin-hsin Ming*, Alan Watts의 선의 길에서 인용). 이러한 생각은 일원론의 깊은 문제 중 일부를 드러낸다.

3. 범신론 평가

셜리 메클레인이 주장하는 범신론은 어떤까? 범신론이 존재하는 실제의 차이를 강조하는 점은 옳지만, 악이 실제로 세상에 존재한다는 사실 때문에 타격을 받는다. 따라서 범신론은 악이 어떻게든 "신"의 일부임을 인정해야 한다.

그러나 더 큰 문제가 발생한다. 악이 신의 일부라면 우리가 진정 우리 힘으로 바꿀 수 없는 신을 왜 바꾸려 하는가? 그렇지 않은가? 그리고 실용적인 관점에서 이것은 운명론으로 이어질 것이다. 모든 것이 신의 일부이고 이것을 받아들이기만 하면 되기 때문에 상황을 바꾸기 위해 우리가 해야 할 일은 아무것도 없다는 것이다.

4. 만유내재신론(Panentheism)

범신론은 세계와 신이 영원한 상호의존적 관계로 존재하는 만유내재신론("all in God" "신 안에 있는 모든 것")과 다르다. 이 견해는 때때로 "과정 신학"이라고 불린다 − 저명한 과정신학자들에는 알프레드 노스 화이트헤드(Alfred North Whitehead), 찰스 하츠숀(Charles Hartshorne), 존 콥(John Cobb)이 포함된다. 일부 만유내재신론자들은 세상과 신의 관계를 영혼과 육체의 관계로 비유할 것이다. 신은 세계 없이 존재하지 않으며 세계는 신 없이 존재하지 않는다. 신은 세상을 다스리는 주권자가 아니라 세상에 영향을 미치거나 인도하려고 한다. 그리고 신실하고 변함이 없는 하나님에 대한 성경의 관점과 달리 과정신학은 끊임없이 변화하고 개선되는 신을 강조한다. 만유내재신론에서 신은 무에서 우주를 창조하지 않는다. 우주는 신과 함께 영원하다.

만유내재신론을 채택한 일부 과학철학자들(Arthur Peacocke, Ian Barbour, Philip Clayton)은 성경적 주제와 교리를 일부 고수하는 것 같지만 무에서의 창조에 대한 근본적인 중요성을 부정한다. 그리고 세상과 신의 관계에 대한 이러한 유형의 모델을 채택하는 많은 사상가들은 "주권자"이시며 피조물을 "다스리"시는 하나님을 거부한다. 왜냐하면 이런 모델의 신은 다른 것들을 압제하고 피조물을 파괴할 수 있기 때문이다.

5. 만유내재신론 평가

주제를 이렇게 생각해 보라. 하나님과 개인을 포함한 모든 것이 변하고 있다면 어떻게 사람이 도덕적 책임을 질 수 있을까? 결국 '나'는 20, 30년 전의 '나'와 같은 사람이 아니기 때문에 그때 '내'가 한 일에 대해 '나'는 책임을 질 수 없다.

이러한 끊임없는 흐름의 관념(불교의 무상의 교리와 매우 유사)은 그 자체로 결함이 있다. 결국 모든 것이 끊임없이 변한다는 주장 자체가 영구적인 불변의 교리이다. 또한 변화는 어떤 것이 한 상태에서 다른 상태로 움직이기 때문에 동일성을 전제로 한다(가을에 나뭇잎의 색이 녹색에서 빨간색으로 바뀌는 것과 같이).

더욱이 만유내재신론은 무에서 창조되었다는 성경의 교리를 거부할 뿐만 아니라(창 1:1); 그것은 창세기 1:1에 의해 지지되는 빅뱅과 함께 물질, 에너지, 공간, 시간이 실재 속으로 들어왔다는 현대 과학도 정면으로 맞서고 있다. 즉, 우주가 존재하기 시작했다면 하나님과 세계는 상호의존할 수 없었다. 영원하신 하나님과 달리 우주는 영원하지 않다

(시 102:25-26). 오히려 열역학 제2법칙에 따라 축적되었던 에너지가 감소하고 있다. 아니, 세상은 하나님의 몸이 아니다.

더 나아가 만유내재신론은 하나님의 내재성(피조물에 대한 그분의 가까움)을 지키기 위해 하나님의 초월성(세상과의 구별)을 축소한다. 만유내재신론은 신을 성경의 자족하고 전능하신 하나님이 아니라 궁핍하고 의존적인 존재로 제시한다(시 50:12). 성경은 하나님이 초월적이며 내재적이며 자신 외에는 아무것도 필요로 하지 않는다고 확언한다.

마지막으로 만유내재신론은 본질적으로 관계적이고 자신을 내어주시는 삼위일체 하나님에 대한 성경적 이해를 진지하게 받아들이지 않는다. 하나님은 본성상 관계적이기 때문에(성부, 성자, 성령의 "신성한 가족"으로) 관계를 염두에 두고 창조하신다. 하나님은 역사의 무대에서 인간과 교제하신다. 사람과 함께 고난을 받으시고 십자가에서 큰 고난을 받으신다. 성경의 하나님은 인간과 격리되어 있지 않다. 오히려 손에 더러운 것을 만지고, 불의와 악을 마주하고, 약함 가운데 벌거벗은 채 십자가에서 죽으시고 권능으로 죽은 자 가운데서 살아나심으로 그것들을 이기신다.

6. 철학과 삼위일체

철학의 역사는 대부분 "하나"와 "다수" 사이의 관계를 이해하려는 시도였다. 소크라테스 이전의 철학자 파르메니데스는 하나의 불변의 실재(복수 없음)를 주장했다. 대조적으로, 소크라테스 이전의 또 다른 철학자 헤라클레이토스는 같은 강물에 두 번 발을 담글 수 없으며 모든 것은 유동적이며 항상 변한다고 말했다. 파르메니데스의 편에서, 일원론과 범신론은 다수가 없는 하나, 즉 현저한 차이를 희생시킨 통일을 표현한다. 만유내재신론에서 세상과 신 안에 끊임없는 흐름이 있으며 이러한 모든 변화를 통합하는 고정되고 지속적인 것은 없다.

대조적으로, 기독교의 삼위일체 교리는 많은 것과 하나, 즉 강력한 단일성과 복수성을 모두 단언한다. 즉, 하나님은 한 존재 안에서 같은 본성을 공유하는 세 인격이다. 하나님 안에서 우리는 다양성 가운데 일관된 통일성을 갖는 우주에 대한 설명이 가능하다. 이는 일상생활에도 영향을 미친다. 예를 들어, 그리스도인은 공동체(그리스도의 몸)의 위치와 개인의 중요성(예: 그 몸 안에 있는 그리스도인 개인의 영적 은사)을 확인하여 어느 쪽도 다른 쪽을 삼키지 않도록 할 수 있다. 성경신학은 범신론, 일원론, 만유내재신론이 할 수 없는 것을 하나로 모은다.

F.
불가지론과 세속주의

Robert M. Bowman Jr.

불가지론이라는 용어는 "지식"을 의미하는 그리스어 *gnosis*에서 파생되었으며 접두사 a는 "not"을 의미하고 접미사 *-ism*은 "믿음"을 의미한다. 일반적인 의미에서 불가지론은 자신이 무엇이든 알지 못하거나 알 수 없다는 믿음을 의미할 수 있다. (예를 들어, 누군가는 인간이 다른 행성으로 갈 수 있을지 여부에 대해 "불가지론적"일 수 있다).

그러나 원래의 가장 일반적인 사용법은 인간이 신의 존재 여부를 알 수 없다는 믿음과 관련이 있다. T.H. 헉슬리(T.H. Huxley, 1825~1895)는 신의 존재나 사후의 삶과 같은 비경험적 개념의 실재성에 대한 질문은 인간의 마음이 알 수 있는 능력을 초월하여 "해결할 수 없는" 것이라는 자신의 믿음을 나타내기 위해 1869년 이 용어를 만들었다. 데이비드 흄(David Hume, 1711~1776)은 명백한 증거에도 불구하고 기적이 일어났다고 믿는 것은 결코 합리적이지 않다고 주장했다. 임마누엘 칸트(Immanuel Kant, 1724~1804)는 신의 존재에 대한 모든 철학적 증명이 실패했다고 주장했다. 헉슬리가 옹호했던 진화론의 등장과 함께 자연으로부터의 신 존재를 증명하는 주장도 뒤집힌 것으로 보였다. 그 결과 19세기 후반에 많은 사람들이 종교나 신에 대한 믿음을 받아들여야 할 합당한 이유가 없다고 느꼈다.

소위 약한 불가지론자들은 신이 존재하는지 여부에 대해 확신하지 못하지만 그 질문이 반드시 연구범위를 벗어난다고 생각하지 않는다. 반면에 헉슬리와 같이 강한 불가지론자들은 그러한 질문에는 원칙적으로 대답할 수 없다고 확신한다. 그들이 믿기에 문제의 본질은 그 누구도 신의 존재 여부를 알 수 없다는 것이다.

1. 불가지론과 무신론

불가지론과 무신론의 경계는 모호하다. 불가지론자들은 어떤 식으로든 신을 믿지 않는다고 말하면서도 무신론자임을 부정하는 경우가 많다. 예를 들어, 로버트 잉거솔(Robert Ingersoll, 1833~1899)은 1896년 "나는 왜 불가지론자인가(Why I Am an Agnostic)"라는 제목의 강의에서 자신이 신의 존재 여부는 알지 못한다. 그러나 기도에 응답할 수 있는 초자연적인 힘은 없으며 예배로 설득하거나, 변화시키거나, 사람을 돌보게 할 능력을 가진 신이 없음은 안다고 말했다. 기도에 응답할 수 있는 초자연적인 능력이 없다는 믿음은 일종의 무신론에 해당하는 것처럼 보인다.

반면에 무신론자들은 종종 무신론을 신이 존재하지 않는다는 독단적인 주장이 아니라 신이 존재한다는 믿음의 결여로 정의한다. 그러나 그들은 믿음의 결여를 이성적으로 정당화하려고 노력한다. 무신론자인 리처드 도킨스(Richard Dawkins)는 그의 책 『만들어진 신』(The God Delusion)

에서 강한 유신론(신이 확실히 존재한다는 믿음)과 강한 무신론(신이 확실히 존재하지 않는다는 믿음) 사이의 연속적 단계적 변화와 그 연속의 중간쯤이 불가지론이다. 도킨스는 자신을 강한 무신론에 매우 가깝다고 주장했다. 그는 "확실히 알 수는 없지만 신은 있을 법하지 않은 존재라고 생각하고 신이 없다는 가정 하에 살아간다"고 말했다. 이러한 도킨스의 진술은 스스로를 불가지론자라고 말하는 사람들을 대변한다. 스스로를 불가지론자로 여기는 대부분의 사람들은 신이 존재하지 않는다는 확신은 부정하지만 신이 존재하지 않는다는 가정 하에 자신의 삶을 사는 데 자신감을 느낀다.

2. 불가지론과 기독교

성경은 불가지론이든 무신론이든 하나님을 불신하는 것에 대해 두 갈래의 반응을 제시한다. 첫째, 성경은 하나님이 자연을 통해 자신을 알리셨다고 가르친다. 하나님을 배척하는 사람들은 "진리를 억누른다." 왜냐하면 세상이 창조될 때부터 "그의 보이지 아니하는 속성 곧 그의 영원하신 능력과 신성이 그가 만든 것을 통해 이해된다. 그 결과 사람들은 핑계하지 못한다"(롬 1:18,20; 느 9:6; 시 19:1~6; 행 17:24~28). 최근 과학의 발전은 이 점에 대한 성경의 가르침을 뒷받침하는 풍부한 증거를 제공한다. 우주에 시작이 있었다는 것에 합리적 의심의 여지가 없으며, 생명이 지적인 창조주에 의해 시작되었다는 증거가 점점 늘어나고 있다.

둘째, 하나님은 인간과의 관계를 회복시키기 위해 더욱 직접적으로 자신을 드러내셨다. 아브라함과 모세와 같은 다양한 사람들에게 말씀하셨고, 이스라엘 백성을 애굽의 속박에서 기적적으로 해방하셨고, 이스라엘 역사에서 자신의 주권을 드러내심을 통해 그렇게 하셨다(창 12:1~3, 17:1~5, 출 3장; 신 4:32~39; 느 9:7~15; 사 43:10~13). 하나님은 성육신하신 성자 하나님이신 예수 그리스도 안에서 자신을 가장 잘 드러내셨다(요 1:1-18). 성경 자체는 인간 저자를 통해 말씀하신 성령 하나님의 영감을 받은 기록의 모음집이다(딤후 3:15-17, 벧후 1:20-21). 이 동일한 영이 예수 그리스도의 복음에 대한 하나님의 계시를 받아들이도록 사람들의 마음을 조명한다(고전 2:10-16).

3. 불가지론과 세속주의

세계관으로서의 세속주의는 신이 없다는 가정 하에 인생을 살아야 한다고 결론을 내렸을 때 믿을 수 있는 것을 긍정적으로 진술하려고 시도한다. 세속적(*secular*)이란 영어 단어는 라틴어 *saeculum*으로부터 왔고 "나이", "세계"를 의미한다. 종교적이거나 신성한 문제(교회, 기도, 신학, 성경)와 구별된 것으로, 정기적이고 세상적이고 일상적인 것(일, 결혼, 가족, 정치)에 속한 것들을 의미한다. 이러한 고전적인 의미에서 세속적이라고 불리는 것에 대해 잘못되거나 논란의 여지는 없다.

그러나 세속주의는 인간의 삶과 사회 전체가 세속적이어야 한다는 믿음이다. 1851년에 이 용어를 만든 조지 홀리요크(George Holyoake, 1817-1906)는 이생의 의무를 다른 세상에 속한 의무보다 우선시하는 것을 세속주의로 정의했다(*Christianity and Secularism*). 세속주의는 물질 세계에 초점을 맞추고 과학을 통해서만 지식을 추구하며 도덕과 종교를 분리한다.

20세기에 세속주의는 세속적 인본주의라는 용어로 알려지게 되었다. 이 명칭은 종교적 또는 영적 기초 없이 관용, 존중, 친절과 같은 가치를 가르치는 긍정적이고 삶을 긍정하는 세계관으로 이해된다. 영향력 있는 세속주의자 단체들은 그들의 세계관을 옹호하는 성명서를 인본주의자 선언 I(*Humanist manifesto I*, 1933년)과 인본주의자 선언 II(*Humanist manifesto II*, 1973년)라는 제목의 논문에서 발표했다. 세속적 휴머니스트들은 스스로 묘사한 불가지론자들과 무신론자들을 모두 포함한다.

4. 세속주의와 세속화

세속주의는 현대 세계에서 세속화와 긴밀하게 연관되어 있으므로 두 용어가 종종 동의어 또는 상호 교환적으로 사용된다. 엄밀히 말하면 세속주의는 신념이나 세계관이고 세속화는 그에 상응하는 운동이나 사회적 과정이다. 특히 세속화는 사회의 다양한 측면에서 종교적, 신학적 또는 영적 요소나 영향을 제거하는 과정이다. "교회와 국가의 분리"는 세속화의 한 예이다. 더 오래되고 온건한 세속화가 정부로부터 교회의 통제나 권위를 제거한 것처럼, 미국 헌법의 권리 장전에서는 정부가 후보자나 관리에게 종교적 시험을 가하는 것을 금지하고 있다. 더 새롭고 더 급진적인 세속화는 정부, 정치, 교실 또는 시민 문제에서 종교적 표현이나 영향력을 금지하려는 공공연한 캠페인으로―정부 재산에서 십계명에 대한 언급을 제거하려는 노력이나 학교 교사들이 공립학교 교실에서 종교적 의견을 표하는 것을 금지하려는 노력과 같다.

온건한 세속화는 국가가 특정 기독교 종파를 공식적인 국교로 인정할 때와 같이 정부에 의한 종교적 제도적 통제가 다른 종교적 신념을 가진 사람들이 공적 생활에서 자기 종교를 자유롭게 표현하고 실천하는 것을 방해한다는 믿음 때문에 주도되었다. 반면에 급진적인 세속화는 종교적 신념과 가치가 공적 생활에 영향을 주어서는 안 되며 가능한 한 어디에서나 소외되고 제한되어야 한다는 믿음에 의해 추진된다. 따라서 이런 급진적 세속화는 세계관으로서의 세속주의를 전제로 한다. 그 것은 종교적 또는 영적 신념과 가치가 사회에 실질적인 의미가 없거나 유익하지 않다고 가정한다.

5. 세속주의와 기독교

세속주의는 하나님이 존재하지 않거나 인간의 삶과 관련이 없다고 가정한다. 이러한 가정은 하나님이 여러 가지 방법으로 자신을 알리셨다는 위에서 언급한 성경의 가르침에 반대된다. 성경은 삶의 모든 면을 창조주의 빛 안에서 보아야 한다고 분명히 말한다. 예수님을 따르는 사람들은 무엇보다 하나님의 나라를 구한다(마 6:33). 그들의 모든 삶은 하나님과 다른 사람들을 사랑하는 데 맞춰져 있다(막 12:28-31). 성경적 세계관은 사회와 무관한 것이 아니라 남녀 관계와 계급과 민족의 사회적 문제에 대한 계몽된 관점의 바탕이다(갈 3:28).

불가지론과 세속주의는 결국 세상을 보는 비현실적인 방식이다. 하나님이 존재하시며 인간은 죄에 빠졌고 하나님은 우리와 하나님과의 관계 회복을 위해 역사하신다(시 14편)는 성경적 세계관만이 오직 건전한 삶의 기초가 된다.

G.
새로운 무신론

R. Albert Mohler Jr.

새로운 무신론은 이제 우리 시대의 지적 지형에서 확고한 특징이 되었다. 리처드 도킨스(Richard Dawkins), 다니엘 데넷(Daniel Dennett), 샘 해리스(Sam Harris), 그리고 크리스토퍼 히친스(Christopher Hitchens) 같은 사람들은 미국 서점의 전면 테이블과 신문의 전면에 가장 자주 등장하는 인물들이다.

무신론은 새로운 개념이 아니다. 구약에서도 "하나님은 없다"(시 14:1)라고 마음속으로 말하는 자를 우리는 볼 수 있다. 계몽주의 이후 무신론은 조직되고 공개적으로 인정된 세계관이 되었고 서구 문화의 발판을 유지해 왔다.

진화론이 발달하기 전에는 무신론자가 우주가 존재하는 이유나 생명체가 출현한 이유에 대한 명확한 논거에 기반을 가질 방법이 없었다. 찰스 다윈(Charles Darwin)은 모든 것을 바꿨다. 다윈주의적 진화론은 무신론에 귀중한 지적 도구, 즉 시작에 대한 대체 설명을 제공했다. 아마도 세계에서 가장 잘 알려진 진화 과학자인 리처드 도킨스는 다윈 이

전에 좌절한 무신론자가 제공한 설명은 "사람으로 하여금 상당히 불만족스러운 느낌을 갖게 했을 것"이라고 주장한다(눈먼 시계공, The Blind Watchmaker, 6).

다윈의 자연 선택 이론과 광범위한 진화론은 19세기에 성경의 창조 교리에 대한 일관된 첫 번째 대안으로 등장했다. 인간 사고의 이 혁명은 다윈 이전의 무신론자가 우주와 생명의 존재에 대해 다음과 같이 설명해야 한다고 인정한 도킨스에 의해 잘 요약되어 있다. "내가 아는 것은 신의 존재는 좋은 설명이 아니라는 것이다. 그러므로 우리는 '누군가에 의한 좀 더 나은 것'을 기다리고 희망해야 한다."

이 한 문장에서 도킨스는 문제의 핵심에 도달한다. "다윈은 지적으로 무신론자가 되는 것을 가능하게 했다."

그럼에도 불구하고 무신론자들은 일반적으로 소수의 미국인만을 대표했다. 설문 조사에 따르면 무신론자들은 인구의 3% 미만을 차지하지만 종교를 가지지 않은 사람들은 거의 20%이다. 세계관으로서, 무신론은 지적 엘리트들 사이에서 과도하게 대표되고 무신론자들은 대부분 배타적이지는 않지만 자신들의 이야기만 했다.

지금까지 새로운 무신론자들은 강력한 대중의 목소리로 떠올랐다. 베스트셀러 책을 쓰고 주요 대학 캠퍼스에 나타나며 제도적, 문화적 영향력을 통해 목소리를 확장한다.

새로운 무신론은 단순히 무신론을 재천명한 것이 아니다. 이전 시대의 무신론 운동이 제기한 것보다 기독교에 대한 훨씬 더 큰 공개적 도전을 나타내는 운동이다. 지지자들은 일반적으로 과학적 지식, 특히 진화론이 유일한 진정한 지식이라고 주장하면서 과학을 자신들의 편으로 본다. 그들은 신에 대한 믿음은 조직화된 무지이며, 유신론적 믿음은 폭력을 낳고, 무신론은 해방이라고 주장한다. 그들은 미국인들의 신에 대한 믿음이 현대의 산에 의해 녹아내릴 것이라고 엘리트들에게 확신시켰던 세속화 이론가들의 예측이 맞아 들어가지 않는 것에 충격을 받고 경악했다. 그들은 무신론적 무기고에 새로운 중요한 논거를 추가했다.

예를 들어, 도킨스는 다윈주의가 지적으로 충만한 무신론자를 가능하게 했다고 믿을 뿐만 아니라 종교적 믿음은 실제로 위험하고 신뢰성이 없다고 주장한다. 따라서 그는 다윈주의가 무신론자의 지적성취를 가능하게 했을 뿐만 아니라 진화론이 신에 대한 믿음을 약화시킨다고 주장한다. 다시 말해서, 도킨스는 다윈주의가 지적으로 충만한 그리스도인이 되는 것을 불가능하게 만든다고 주장한다.

새로운 무신론의 "네 기수" 중 한 명인 다니엘 데닛은 다윈의 진화론이 신의 존재에 대한 모든 주장을 녹여 버릴 "만능 산, universal acid"이라고 주장했다. 다윈주의에 대한 그의 확신은 절대적이다. 데닛은 진화론이 사실이라면 결국 생명 문제와 관련된 모든 것에 대한 설명을 제공해야 함을 인식할 만큼 정직하다. 따라서 진화는 한 종이 어떻게 나났는지부터 어머니가 자신의 아이를 사랑하는 이유에 이르기까지 생명의 모든 측면을 설명해야 할 것이다. 예상할 수 있듯이, 진화론은 인간이 번식에 대한 적절한 확신을 갖기 위해 하나님에 대한 믿음이 필요했던 때가 있었음에 틀림없다는 것을 설명하는 데 사용된다. 데닛은 이제 하나님에 대한 믿음 없이 그렇게 할 수 있는 적절한 확신을 가져야 한다고 믿는다.

훈련을 받은 과학자이기도 한 샘 해리스는 도킨스와 데닛보다 논쟁을 더 한 층 발전시켰다. 해리스는 신에 대한 믿음이 인간 문명에 매우 위험하기 때문에 과학이 인간 사회의 지적 기초로서 최고의 권위를 가지도록 종교의 자유를 거부해야 한다고 주장해 왔다. "네 기수"의 마지막 작가인 크리스토퍼 히친스는 도킨스와 해리스처럼 인간에게 완전히 위험하다고 생각하는 신에 대한 믿음을 조롱하기 위해 상당한 기지(wit)를 발휘했다.

다윈주의의 교리는 새로운 무신론자들이 제시한 세계관의 첫 번째 원칙 중 하나이다. 그들은 성경 대신 다윈을 모든 생명체의 존재에 대한 위대한 설명자로 대체한다. 새로운 무신론자들은 그들의 세계관을 과학에만 의존하지 않는다. 그들의 세계관은 과학주의, 즉 현대 자연주의 과학이 인간 삶의 가장 기본적인 질문에 대한 위대한 통합적 해답이라는 믿음이다.

리처드 도킨스가 주장했듯이, 진화론에 대한 불신은 지적으로 무례한 것으로 간주되어야 하고 홀로코스트를 부정하는 것과 같이 비난받아야 한다고 생각한다. 따라서 그들의 전략은 오늘날의 지적 전투 상황에서 진화론을 중심 무기로 사용하는 것이다. 새로운 무신론자들은 특권층에서 글을 쓰고 자신의 아이디어를 포장하는 방법을 알고 있다. 리처드 도킨스와 크리스토퍼 히친스의 책은 뉴욕타임스에서 출판한 베스트셀러 목록에 몇 주 혹은 몇 달 동안 올라 있었다. 가장 중요한 청중이 젊은이라는 것을 알고 있으며, 그들의 주장으로 젊은이들에게 다가갈 수 있는 위치를 차지했다.

새로운 무신론은 지배적인 사고 패턴의 중요하고 큰 변화에 의해 나타나는 개방을 이용했다. 우리는 서구 사회에 있는 대부분의 교육받은 사람들이 믿음의 조건이 근본적으로 변화된 문화 공간에 살고 있음을 인정해야 한다. 한때는 하나님을 믿지 않는 것이 불가능했고 나중에는 믿지 않는 것이 가능했지만, 오늘날 수백만 명의 기본 입장은 믿는 것이 불가능하다는 것이다.

기독교 복음주의적 변증적 사명의 관점에서, 우리가 복음을 전달하고자 하는 사람들 중 극소수만이 진정으로 또 자기가 명확히 의식하는 상태에서 자신을 무신론자로 인정하는 것을 아는 것은 도움이 된다. 그럼에도 불구하고, 대두된 새로운 무신론은 조직화된 불신앙자들과 자신을 더 공개적이고 자의식적으로 동일시하려는 경향이 있는 사람들에게 매혹적인 대안이 된다. 그러므로 이러한 변화된 믿음의 조건하에서 마음이 더 간접적으로 형성되는 사람들에게 복음을 전하는 것은 우리에게 훨씬 더 큰 도전이 된다.

교회는 단순한 호기심이 아니라 완전한 확신으로 새 무신론의 도전에 응답해야 한다. 우리는 교회가 역사를 통틀어 수많은 신학적 도전에 직면해 왔음을 기억해야 한다. 그렇다면 지금 우리의 임무는 지적인 온전함과 복음적 긴급함으로 기독교 신앙을 분명히 표현하고, 소통하고, 변호하는 것이다. 이 일이 쉬울 것이라고 가정해서는 안 되며, 이 도전에 대한 공개 토론과 사적인 대화에서 물러나서도 안 된다.

최종적 분석에서 새 무신론은 기독교 교회에 큰 해명의 순간을 제시한다. 새로운 무신론자들은 로마서 8장 18절–22절에 있는 바울의 가르침이 분명히 밝히고 있는 것처럼 결국 그들이 무엇을 거부하고 있는지 이해한다. 또한 샘 해리스는 참 종교를 "참가자들이 공언한 초자연적 행위자 또는 승인을 받아야 할 행위자에 대한 믿음이 충족되는 곳"으로 정의할 때 많은 사람들이 혼동에 빠지지 않는 것을 이해한다.

중요한 유일한 신은 심판하실 초자연적이며 인격적인 신이다. 결국 초자연적이며 자존하시고 계시하시는 하나님의 존재가 기독교 신학의 유일한 출발점이다. 하나님이 성경에 계시된 모든 완전함을 소유하고 계시거나 아니면 성경에 일관된 신학이 제시되어 있지 않아야 한다.

　새로운 무신론자들은 한 가지 매우 중요한 점에 대해 확실히 옳다. 그것은 바로 무신론아니면 성경적 유신론이다. 그 사이에는 아무것도 없다.

H.
성서 시대의 다신교

Kenneth A. Mathews

다신교는 많은 신을 믿거나 숭배하는 것이다. 고대세계에는 다신교 체제가 지배했다. 다신교의 유명한 예외 중 하나는 기원전 14세기 파라오 아켄아텐(Akhenaten)의 혁명이었다. 그는 다른 신들의 숭배를 불법화하면서 아텐(태양신)을 숭상했다. 그럼에도 불구하고 이것은 진정한 일신론은 아니었고 또한 오래가지 못했다.

1. 왜 다신교인가?

이스라엘 민족을 제외한 거의 모든 민족들은 왜 다신교 사상을 받아들였을까? 첫째, 많은 신의 개념은 일신교라는 원래의 관념으로 거슬러 올라간다. 모든 신이 궁극적으로 태고의 힘이나 신에서 기원했다는 것은 일신론이 원천적인 생각임을 시사한다. 말하자면 신들 자신이 태어난 것이다. 이 개념에는 철학적 동기뿐만 아니라 사회학적 동기가 있었을 수 있다. 신들은 중개자 역할을 하여 공동체와 창조주의 근원 사이의 간극을 연결했다. 이 중간 신들은 근원이 되는 원시 물질과의 중요한 연결 통로를 제공했다.

둘째, 더 중요한 것은 다신교가 영적으로 부패한 마음에서 비롯되었다는 것이다. 사도 바울은 이렇게 설명했다. "[열방]은 하나님을 알되 하나님을 영화롭게도 아니하며 감사하지도 아니하고 오히려 그 생각이 허망하여지며 미련한 마음이 어두워졌나니"(롬 1:21).

2. 다신교의 특징

고대 종교의 스펙트럼에 걸쳐 공통적으로 유지되는 다신교의 많은 특징이 있었다.

1) 다신교는 오늘날 "자연 세계"로 이해되는 것과 긴밀하게 연결되어 있다.

우주의 물질적 실체는 신들의 힘, 즉 초자연적인 힘으로 가득 차 있었다. 그러나 고대인들은 자연력의 인과관계가 지배하는 자연계와 신들의 영역인 초자연계를 구분하지 않았다. 신과 "자연적인" 존재(예: 태양) 및 힘(예: 바람)은 상호의존적이었다. 예를 들어 다신교의 관점에서 태양의 기능과 태양신의 존재 사이에는 연결고리가 있었다. 우주가 이생과 내세를 위한 거주지를 제공하려면 자연의 각 부분에 해당하는 신들이 활동해야 한다.

2) 신이 최고 권력자였기 때문에 인간은 신을 두려워했고 좋은 대우를 받을 방법을 찾았다. 제례절차, 특히 주문과 공감주술[9]은 제례의 필수적인 패턴이었다.

전문화 과정을 통해 제례 의식이 생성되고, 사원이 세워지고, 사제가 생기고 또 공식적 희생 의식이 발생했다. 신을 찬양하는 찬가와 죄의 고백 또한 신들의 활동을 불러일으키려는 특징적인 인간의 노력이다.

3) 신들은 성적이며, 남성 및 여성 신이 있다.

이러한 측면은 인간을 구성하는 두 가지 성을 반영하고 생명을 생산하고 유지하는 인간의 수단을 반영했다. 세상이 삶과 죽음, 비와 가뭄, 다산과 불임이라는 자연적인 존재의 순환을 계속하기 위해서는 신들 간의 성 관계가 필요했고 또 그 성적 결합은 하등 신의 기원에 대한 일반적인 설명이 되었다. 이교도 신들의 성적인 특성은 인간의 제례에도 반영되어 광신적 매춘과 비정상적인 성행위가 행해졌다.

4) 다신교는 위계적인 신들의 공동체를 가정했다.

가장 높은 수준에는 우주를 지배할 뿐 아니라 하급 신들과 인간의 운명까지 결정하는 우주 신들이 있었다. 올림푸스의 12신을 다스리는 그리스 신화의 제우스와 같이 한 신이 판테온[10]을 다스렸다. 다신교에는 중간 수준의 신에는 특정 활동(예: 폭풍의 신)이나 특정 영역(예: 바다의 신) 혹은 국가의 수호신이 포함되었다. 사실 판테온의 개념은 가족이나 국가 등의 사회 제도를 모방했다. 가족 종교는 가족 및 조상 유산의 일부

---

9 공감주술: 어떤 사물 사건 등이 공감작용에 의해 떨어진 곳의 사물, 사건에 영향을 끼칠 수 있다는 믿음을 바탕으로 함

10 판테온: 범신전, 모든 신을 다 모아놓은 신전

로서 일반인과 친근한 지역 신을 숭배하는 것이었다(예: 가정의 신, 드라빔, 창 31:19). 그러나 국교는 국가적 수준의 신, 바빌론의 최고 신 마르둑(Marduk)과 같은 왕실의 수호신과 관련이 있었다. 국교에는 일반적으로 혼합주의적이었지만, 궁극적으로 하나의 신이 가장 큰 관심을 받았다. 따라서 수호신은 특정 종족 및 영토와 관련이 있다. 판테온의 개념은 국가가 조약을 체결하거나 경쟁자를 물리칠 때 새로운 신의 추가를 허용했다.

5) 신들은 자연의 질서와 뗄 수 없는 관계에 있었지만 역사의 방향에도 영향을 미쳤다.

국가들은 그 승리를 국가 신에게 돌렸다. 예를 들어, 모압 스톤(The Moabite Stone)[11]은 모압이 이스라엘의 아합 왕(기원전 9세기)에 승리한 것을 그모스 신(the god Chemosh)에게 공을 돌리고 있다. 그럼에도 불구하고 국가들은 역사가 순환하는 것으로 보았다. 그들의 역사에는 궁극적인 목표가 없고 역사 발전을 위한 포괄적인 계획도 없다.

6) 신들의 성격은 의인화되었다. 그들은 인간의 성격과 유사했다.

신들은 출산, 일상 활동, 사랑, 분노와 같은 인간의 일상과 비슷한 범위의 활동과 감정들을 나타낸다. 수호신은 백성이 숭배와 제사를 포함하여 신에 대한 책임을 다하면 백성의 복지를 지원했다. 예배는 은혜를 얻고 신과 개인 또는 사회 사이의 안정적이고 예측 가능한 관계 형성을 위한 찬양과 고백의 기도를 포함했다. 일반적으로 신들은 변덕스럽게

---

11 기원전 9세기경 요단강 동쪽에 위치한 작은 왕국인 모압왕 메사의 명령으로 제작된 석비이다. 91cm 높이와 60cm 넓이로 이루어진 검은 현무암 석판에 모압왕 메사의 승리를 기록했다.

행동하여 신도들이 신의 호의를 확신하지 못하게 했고 신의 분노는 광신적 의식을 통해 진정되었다. 예를 들어, 바빌론과 이집트 문학은 악과 불공정의 근원을 묵상했지만 그 해결책을 제시하지는 못했다. 도덕적 형평성이 결국 승리할 것이라는 확신은 없었다. 신들은 본질적으로 이기적이어서 인간을 오로지 자신의 이익을 위해 창조했다. 인간은 신들의 영광을 위해 도시를 건설하고 신들을 먹여 살리기 위해 동물로 희생제물을 바쳤다.

7) 다신교에 수반되는 신들에 대한 이야기가 있었다.

신화는 본질적으로 오락을 위한 것이 아니다. 오히려 신화의 개념은 현실을 설명했다. 그것은 인간 사회의 제도에 대한 시대를 초월한 그림을 제공했다. 판테온에는 신들의 왕인 지배적인 신이 있었고, 이 최고의 신은 궁궐, 사원, 그리고 하급 신들의 충성을 즐겼다. 이런 이념적 틀은 국가의 위계질서와 지배권을 정당화했다.

8) 다신교는 일반적으로 나무, 진흙, 금속 등 다양한 재료로 만들어진 신의 형상(우상)을 가진다.

우상들은 신들과 같지 않았다, 오히려 신들 옆에 붙어살고 있었다. 그런 의미에서 이미지는 살아있었고, 그들은 인간 숭배자와 신을 연결했다. (우상에 대한 이사야의 비유, 사 44:9-20). 유대인들은 성전에 우상이 없었기 때문에 무신론자라는 비난을 받았다. 그리스도인들도 로마의 신을 숭배하지 않고 제국 숭배에 굴복하지 않기 때문에 무신론이라는 비난을 받았다(우상에 대한 기독교의 관점, 고전 8:4; 10:19-21).

I.
강신술(Spiritualism)

Felix Theonugraha and Zachs Gaiya

강신술은 개인이 영을 숭배함으로써 자신의 세계를 통제할 수 있다는 믿음이다. 강신술은 세계가 상호 연결된 두 개의 영역, 즉 영적 영역과 물질적 영역으로 구성되어 있다고 믿는다. 물질계의 사건은 선과 악의 영이 작용하는 체계를 통해 설명할 수 있다. 영혼, 조상, 유령, 마녀 및 기타 초자연적인 존재들은 인간의 삶에 간섭하고 상호작용한다고 사람들은 믿는다. 따라서 번영과 풍족한 삶을 위해 신들을 달래거나 협박해야 한다.

본질적으로 강신술은 삶의 불행을 이해하고 삶에 권위를 행사하려는 인간의 시도이며, 다음과 같은 질문에 효과적으로 답하고자 한다. 이 땅에서 삶의 의미는 무엇이며 죽음은 어떻게 설명될 수 있을까? 어떻게 하면 좋은 삶을 살 수 있을까? 사고와 재난을 어떻게 설명할 수 있을까? 미지의 세상 가운데에서 사람이 미래를 어떻게 계획할까? 인간공동체는 어떻게 도덕 질서를 유지하고 공동체 윤리 위반에 대응하는가?

성경은 영의 세계를 통해 점을 치려는 인간의 시도를 분명히 금지한다. 죽은 자와의 접촉을 통해 미래를 예측하려는 시도로 정의되는 강령술은 구약에서 금지되어 있으며(레 2:5-8, 19:31) 가증한 것으로 간주된다(신 18:9-14). 사울 왕은 여호와께서 그의 기도에 응답하시지 않기 때문에 낙심하여, 무당에게 가서 장래 일에 대해 알 수 있게 귀신을 불러달라고 부탁했다. 이 행위는 그가 하나님께 불순종한 예로서 기록되었다(대상 10:13).

1. 오늘날의 강신술

오늘날의 다수의 세계 상황에서 강신술은 다양한 세계 종교와 혼합되었다. 많은 동남아시아 국가에서 강신술은 토착신앙과 기존 종교 간의 상호작용의 결과로 정형화된 종교와 긴밀하게 얽혀 있다. 인도네시아에서 '영혼의 집'은 종종 집 밖이나 상점 바깥 지역의 영혼들을 달래기 위해 존재한다. 캄보디아에서 영혼의 집은 죽은 마을 설립자의 영혼인 넥타(neak ta)에게 바치는 공물을 보관한다. 라오스 사람들은 국가의 수호자로 여겨지는 뱀 같은 생물인 나크의 영혼을 숭배한다.

조상숭배와 주술이라는 두 가지 관습을 자세히 살펴볼 가치가 있다. 조상숭배는 역사적으로 서양 선교사들에게 조상의 영을 숭배하는 것으로 이해되었으며 따라서 금지되었다. 그러나 그들에게 적절하게 전도하기 위해 그리스도인들이 조상을 공경하는 이들의 세계관을 이해하는 것은 중요하다.

아프리카와 아시아의 종교적 신념은 오직 한 분의 최고 존재와 그와 인간 사이를 중재하는 여러 영만을 인정한다. 지고의 존재와 달리 조상과 같은 중재하는 영들은 오직 파생된 힘만을 가지고 있다. 그들은 죽었지만 "살아있는 죽음"으로 간주된다. 그들은 가족과 씨족의 중재자로서 존재하며 활동하는 것으로 인식된다. 콤메 베디아코(Kwame Bediako)가 지적했듯이 "살아있는 죽음"과 "살아있는 삶" 사이에는 상호의무, 애정 및 존경심이 강하다.

조상이란 공동체에서 덕을 쌓고 장수한 사람을 말한다. 그런 깨끗한 삶을 산 사람은 죽은 후에도 악을 바랄 수 없다. 따라서 조상은 풍작, 보호, 다산, 현세의 성공과 같은 축복을 주는 것으로 인식된다. 그렇게 훌륭하게 장수했던 조상은 죽어서도 선행을 계속할 것이기 때문에 존경(경배가 아님)할 가치가 있는 사람으로 간주된다. 더욱이 어떤 조상들은 "영화롭게" 되어 자신의 가족과 씨족 밖의 가족들까지 섬긴다.

아프리카와 관련된 또 다른 세계관의 문제는 마녀와 그들의 주술에 대한 믿음, 그리고 그것에 대한 비난과 관련이 있다. 이런 문제는 널리 깊숙이 퍼져있고 복잡하다. 예를 들어 마녀라는 단어는 긍정적이거나 부정적으로 사용될 수 있다. 하우사(Hausa) 언어에서 마예(Maye)는 탁월한 능력을 의미할 수 있다. 그럼에도 불구하고 대중들은 마녀를 악으로 이해한다. 마녀는 사악한 식인종이다.

평균적인 아프리카인의 종교적 의식에서는 어떤 것도 단순히 일어나지 않는다. 사람들은 죽음, 질병, 불임, 승진 실패 또는 빈곤의 원인이 단순한 무엇이 아니라 누가 야기했는지 알고 싶어한다. 인지된 모든 불행 뒤에 누구 혹은 무엇이 있는가? 대행자의 이름을 지정해야 할 필요가 임박했다. 불행히도 사회의 취약하고 약한 사람들은 일반적으로 마녀 고발의 희생자가 된다. 마녀가 누구이고 그 마녀가 할 수 있는 일에 대한 인식은 현실에 대한 신 중심적인 관점에 의해 변화될 필요가 있다.

2. 심령론과 기독교

기독교 세계관에서 심령론에 참여한다는 것은 궁극적인 실재에 대한 질문에 참여하는 것을 의미한다. 영성신학을 발전시키는 것은 서구 세계와 주류세계에 대한 기독교의 참여에 매우 중요하며, 또한 다른 종교에서 온 개종자나 영 숭배를 중심으로 하는 문화적 관습을 가진 사람들을 참여시키기 위해서도 필요하다. 종교다원주의 분야의 권위자인 해롤드 넷랜드(Harold Netland)에 의하면 심령론의 형식이 현대 문화의 종교에서도 볼 수 있기 때문에, 이것이 민속종교로 간주되는 경우가 많지만, 그 문화가 전근대적이거나 원시적이라는 증거로 보는 것은 주의해야 한다.

선교학 인류학자인 폴 히버트(Paul Hiebert)는 많은 서양 선교사들이 영의 세계의 존재를 부인하기 때문에 새로운 개종자들이 그들의 옛 믿음으로 돌아가거나, 현실 문제에 대해 친숙한 답을 주는 점쟁이에게 돌아가는 것을 볼 수 있다고 말한다. 히버트는 영계 신학을 발전시키는 열쇠는 서구 기독교 사상의 "배제된 중간(the excluded middle)"의 결함을 바로잡는 것이라고 제안한다. 서구 과학은 주로 인간 실존의 내재적 경험적 세계(우리의 감각으로 확인할 수 있는 것)에 초점을 맞춘 반면, 영계에 대한 서구 기독교 사상은 주로 초월적 유신적 세계(하늘, 지옥, 영원)에 초점을 맞췄다. 따라서 서구 선교사들은 전통적으로 "중간세계(middle world)"에 대해 확고한 이해를 갖고 있지 않았다. 다른 종교와 다른 문화가 영(spirit), 스칸디나비아 요정(troll), 익살스런 요정(pixy), 땅 속 요정(gnome), 요정(fairy)과 같은 존재를 포함하는 복잡한 체계로 발전시킨 중간세계는 우리의 감각으로는 알 수 없지만, 인간세계를 점유하고 있다고 생각된다. 역사적으로 서양 선교사들은 다양한 형태의 영 예배를 접할 때 이러한 영의 실체를 외면하는 경향이 있다.

아레오바고에서의 바울의 본보기(행 17장)에 따라 그리스도인들은 영적인 세계의 존재를 단순히 무시하기보다 하나님 중심의 실재관을 확증함으로써 심령술의 주장에 대응해야 한다. 하나님은 세상을 창조하셨고(창 1:1; 요 1:3; 계 4:11), 그의 섭리와 임재와 능력을 통해 계속해서 세상 안에서 행동하신다(욥 37:6-13; 시 135:6; 골 1:17; 히 1:3). 삼위일체 하나님은 그의 아들 예수 그리스도와 우리 안에 사시는 성령을 통해 인간과 능동적이고 직접적인 관계를 맺고 계신다. 예수 그리스도는 모든 피조물 위에 지고하신 분이시며 "하늘과 땅에 있는 것과 보이는 것과 보이지 않는 것이 다 그로 말미암아 창조되셨다"(골 1:16). 하나님과 우리의 관계는 다른 피조물을 통해서가 아니라 그리스도를 통해 중재된다. 따라서 개인은 자신의 행동에 대해 책임을 진다. 결과적으로 우리의 초점은 하나님, 그의 창조를 위해 신성하게 정하신 원칙, 그분께 복종하고 순종하는 것, 그리고 우리 삶을 위한 그분의 계획을 믿는데 맞춰야 한다. 우리는 하나님을 조정하여 우리의 명령을 행하게 함으로써 미래를 통제하는 방법에 초점을 맞추어서는 안 된다. 그 대신 우리는 창조주 하나님을 경배한다. 우리의 신뢰는 여호와께 있어야 한다(시 37:3; 잠 3:5; 사 26:4).

J.
포스트모더니즘

Justin Carswell

예수께서 빌라도 앞에 서서 구원에 대한 하나님의 참된 증인이라고 주장하셨을 때 빌라도의 반응은 "진리가 무엇이냐?"라는 질문이었다(요 18:38). 그 질문은 포스트모더니즘이라고 불리는 조건을 요약한다.

1. 포스트모더니즘이란?

윤리, 종교, 과학, 기술 및 기타 많은 연구 분야에서 당연시되어 온 것에 대한 일련의 의심을 설명하는 데 사용되는 용어이다. 포스트모더니즘은 실재하는 것의 본성, 진리를 아는 인간의 능력, 독자나 청자가 이해하는 것 이상으로 올바른 의미를 전달하는 언어의 능력, 과학의 한계, 인간 의식의 존재, 특히 자유, 번영, 정의 및 진실 등이 계속 진보할 것이라는 약속에 의문을 가진다.

문화적 조건으로서 포스트모더니즘의 윤곽은 고유한 철학을 넘어 문학, 예술, 건축, 신학과 같은 다른 학문 분야와 일반적인 문화의식에 폭넓은 영향을 미치고 있다. 사실 이것은 아마도 가장 영향력 있는 측면일 것이다. 포스트모더니즘은 종종 "그것은 당신에게는 사실이지만 내게는 그렇지 않다", "너무 많은 사람들이 동의하지 않기 때문에 진리는 상대적이다", "어떤 문화의 가치도 다른 문화보다 낫지 않다"와 같은 슬로건으로 표현된다.

2. 포스트모더니즘 대 계몽주의

포스트모더니즘의 힘은 이른바 모더니즘의 확실성(1750년 이후 그들이 만들어낸 지적인 사상과 풍토)에 대한 불신과 의심이다. 근대에 태동한 사상을 가진 계몽주의 철학자들은 진리와 확실성은 성경과 같은 외부 권위나 가톨릭 교회의 가르침을 받아들이는 것이 아닌 인간의 이성만으로 얻을 수 있다고 믿었다. 이 철학자들은 지식이란 확실성을 추구하는 것으로 설명했다. 따라서 논리의 기초와 연결될 수 없거나, 의심이 불가능한 지식에 대한 주장, 또는 감각을 통해 즉각적으로 명백하지 않은 주장은 기껏해서 의견이요, 최악의 경우 사이비 지식으로 간주되었다.

지식의 범위에 대한 이 좁은 정의는 신앙에 대해서는 적대감을 조장하고 인류를 더 나은 미래로 이끄는 과학과 기술을 숭상하게 되었다. 그러나 마르크스주의와 나치즘의 전체주의적 세계관이 과학과 기술을 수백만 명의 사람들을 죽이기 위해 사용한 이후, 모더니즘의 진보가 무엇인지에 대한 의문이 철학의 전면에 대두되었다. 특히, 포스트모던 사상가들은 이러한 전체주의적 세계관을 낳은 모더니즘 세계관의 진리 개념에 의문을 제기했다. 그들은 모더니즘 사상가들이 주장하는 지식의 조건이라는 것이 스스로 뿐만 아니라, 우리가 행하고, 알 수 있는 많은 것들을 설명할 수도 없음을 증명했다. 따라서 그들에게 진리는 전복되었다.

3. 확실성에 대한 포스트모던의 비판

포스트모던 사상가들은 절대적 진리 주장에 대한 불신과 의심을 조장한다. 장 프랑수아 리오타르(Jean François Lyotard)는 "어제 받은 것이면 모두 의심해야 한다."(1984)라고 말하는데, 예를 들어, 자신의 세계관이 옳다는 것을 증명하기 위해 "과학"과 "이성"에 호소하는 사람들은, 또한 과학과 이성으로부터 절대 생길 수 없는 전제나 선입견에 헌신하기 때문이다. 그는 "과학의 언어 게임은 스스로의 진술이 진실되기를 바라지만, 스스로 진실됨을 정당화할 자원이 부족할 경우 서술에 의지하는 것은 불가피하다"라고 썼다. 즉, 과학은 과학적 연구의 결과에 기초를 두는 것이 아니라 오히려 과학을 가능하게 한 그 앞의 이념에 기반을 두고 있다.

모더니즘의 협소한 확실성에 대한 거부 속에, 일부 포스트모던 사상가들은 지식 주장에 대한 의혹을 제기했다. 그들은 지식에 대한 어떤 주장도 의심하면서, 그 주장이 잠재적 권력 장악을 위한 것이거나 특정 문화나 역사적 맥락에서 특정인의 관점일 뿐이라고 가정하였다. 보편적 진리는 존재하지 않으며, 보편적으로 접근 가능한 인간의 합리성이 모든 사람에게 항상 존재하는 것은 아니라고 그들은 주장한다. 그 비판의 결과는 우리 문화에 만연한 지식의 보편성과 완전성 주장에 대한 의심이다. 특히 포스트모던 주의자들은 자율적 이성, 보편적 진리 주장, 자신의 내적 의식으로의 접근, 그리고 보편적 역사를 말하려는 모든 시도를 비판한다.

4. 기독교와 포스트모더니즘

성경적 기독교는 포스트모던 주의자들이 제기한 우려의 일부 즉 인간 존재에서 이야기의 중요성이나, (진리에 접근하는 다른 어떤 방법보다 과학을 근거 없이 높이 평가하는)모더니즘에 대한 비판에 동의한다. 그러나 기독교는 포스트모더니즘의 근본적인 이야기가 진리, 의미, 도덕에 대한 극심한 회의론을 초래하기 때문에 거부한다.

성경 이야기는 하나님의 존재, 그분의 창조 의지, 그리고 성부, 성자, 성령으로 세상에서 활동하시는 하나님의 임재를 보여준다(창 1–2장, 요 1:1–18, 행 2:1–13). 하나님의 능동적 의지와 창조적인 임재는 예수님의 성육신, 삶, 죽음, 부활, 승천의 이야기에서 은혜롭고 사랑스럽게 증명된다. 예를 들어, 예수께서는 자신에 대해 이렇게 말씀하신다. "너희가 내 말에 기하면 참으로 내 제자가 된다. 진리를 알지니 진리가 너희를 자유롭게 하리라"(요 8:31~32). 예수가 의미하는 바를 완전히 이해하려면 창조, 타락, 구속, 회복과 같은 전체 성경 이야기에 대한 참여가 필요하다. 성경은 인류의 시작부터 궁극적인 구속까지의 이야기를 전한다.

바울은 그의 사역을 위한 예수의 삶, 죽음과 부활의 결과를 숙고하면서 예수 그리스도 안에서 역사하시는 하나님의 중요성을 훌륭하게 요약한다. "곧 하나님께서 그리스도 안에 계시사 세상을 자기와 화목하게 하시며 그들의 죄를 그들에게 돌리지 아니하시고 화목하게 하는 말씀을 우리에게 부탁하셨느니라 … 하나님이 죄를 알지도 못하신 이를 우리를 대신하여 죄로 삼으신 것은 우리로 하여금 그 안에서 하나님의 의가 되게 하려 하심이라"(고후 5:19,21). 이 구절에는 성경 이야기가 말하는 보편적 진리가 있다. 하나님은 은혜롭게 진리를 계시해 주셨다. 우리가 살고 있는 세상은 하나님께 불순종하는 인류의 선택으로 인해 죄의 저주 아래 있다. 그럼에도 불구하고 하나님은 하나님께서 죽은 자 가운데서 살리신 주 예수 그리스도를 믿는 자들을 구속하기 위해 사랑으로 그리고 은혜롭게 선택하셨다(롬 10:9).

따라서 기독교 세계관 내에서는 포스트모더니즘의 많은 의심에 대한 거부가 있다. 예를 들어, 하나님이 창조주라는 것은 이 세상에 있는 것이 실재한다는 것을 의미한다. 인간이 자기 자신과 자신을 둘러싼 피조물을 알 수 있다는 것은 지식이 가능하다는 것을 함축하고 있다. 인간이 자신의 행동에 대해 책임을 진다는 것은 적어도 최소한의 도덕적 보편성이 모든 사람에게 항상 적용됨을 의미한다.

K.
뉴에이지 운동

Taylor B. Worley

"나는 영적이지만 종교적인 사람은 아니다."

"나는 긍정적 생각의 힘을 믿는다."

"나는 내 마음을 따른다."

이런 주장은 뉴에이지 영성이 대중에게 영향을 미치고 있음을 반영한다. 뉴에이지 운동(New Age Movement, 이하 "NAM" 또는 "NAMs")은 고대 이교도, 점성술, 주술, 동양 종교 및 일부 유대-기독교 주제가 자아실현을 목표로 하는 개인적 치유 관행인, 요가, 명상, 수정 요법(crystal therapy)이나 영적 채널링을 통한 다양한 요소의 혼합을 드러낸다.

NAM은 1970년대의 반문화적 변화와, 더 최근의 자조적(self-help) 유행의 대중 심리학에서 자라 나왔다. 지지하는 유명인사에는 디펙 쵸프라(Deepak Chopra), 엑하르트 톨(Eckhart Tolle), 오프라 윈프리(Oprah Winfrey)가 있다. NAM의 자아-영성(self-spirituality)은 종교적 권위에 대해 다원적 관점을 유지하면서, 다양한 공간과 문화로부터 종교적 구별이나 독특성보다는 외견상의 공통점을 강조한다. 그러나 가장 가치 있는 것은 고대의 또는 비밀의 진리들이다. NAM은 신비하고 난해하거나 숨겨진 지혜에 의존하는데, 이는 신약에서 열렬히 비판되었던 그리스-로마 영지주의와 매우 비슷하다.

그러나 NAMs과 관련된 사람들은 물병자리 시대(Age of Aquarius), 즉 국제평화, 생태적 민감성, 사회적 계몽으로 특징지어지는 시대의 깊은 유토피아적 비전을 수용하여 희망적이고 낙관적이지 않으면 아무것도 아닌 것으로 치부한다. 따라서 NAM은 더 많은 사람들이 모여 자연과 서로의 조화를 추구할수록 상황이 나아지기 시작할 것으로 기대한다. 불행하게도, 이러한 희망은 그리스도의 종말론적 나라에 대한 성경적 희망, 즉 신약 복음서에 묘사된 "도래할 시대(age to come)"를 약간 흉내 낸 것이다.

1. 뉴에이지 운동의 기본 신조

NAM은 다원론적 지향으로 인해 본질적으로 일관된 세계관으로 연구하기 어렵다. 그럼에도 불구하고 그들은 범신론의 기본 교리를 고수한다. 범신론은 "모든"을 의미하는 *pan*과 "신"을 의미하는 *theos*라는 두 개의 그리스어 단어에서 유래한다. 범신론은 하나님을 자연과 그 안에 있는 모든 것과 동일시한다. 신은 우주이고 우주는 신이다.

따라서 NAM은 몇 가지 중요한 점에서 기독교와 다르다.

1) 현실 부정

NAM은 이 세계를 초월하여, 볼 수 있는 세계 너머에 있는 별도의 존재와 접촉하려 한다. 이것은 도래할 시대(an age to come), 이 우주의 다른 차원, 또는 평행 우주이다.

2) 현실 도피

NAM은 시간과 공간을 초월한 영원한 정신 또는 우주적 의식과 연결하여 육체적 죽음이라는 환상에서 벗어나 더 높은 차원의 존재에 접근하려고 한다.

3) 새로운 도덕성

뉴에이지 (the New Age)에는 악이 없기 때문에 모든 행동은 선하고 도덕 규범은 더 이상 적합하지 않다. 이러한 도덕적 상대주의는 진리에 대한 객관적인 설명을 침식하고 개인은 그들 자신의 진리를 창조하도록 초대된다.

4) 윤회적인 역사

시간은 인류가 더 높은 형태의 의식으로 졸업할 때까지 반복되는 시행착오의 점진적인 과정이 된다.

2. 기독교와 뉴에이지 운동

기독교 세계관은 아래와 같은 관점에서 NAM을 거부한다.

1) 실재는 하나님의 창조물이므로 우리의 관심과 보살핌을 받을 가치가 있다(창 1-2장; 민 35:33; 시 24:1).

2) 인류가 세상에 버림받은 것이 아니라 이 세상을 향한 하나님의 명

령을 버렸다. 창조주의 계획에 반역을 선택함으로써 모든 인류는 하나님의 은혜에서 끊어졌다. 이 타락한 상태로부터의 구원은, 세상을 구하기 위해 보내신 예수 그리스도 안에 있는 하나님의 주도권에 달려 있다 (롬 8:22-24; 엡 1:3-14; 갈 3:11).

3) 진리는 인간에게 자신을 드러내신 하나님의 자기 계시에서 발견되며 절대적이고 영원하다(시 86:11; 요 14:6; 17:17; 딤후 3:16). 따라서 도덕은 이 불변의 말씀에서 흘러나온다(마 5:17-19; 골 3:1-17; 약 3:13; 요일 3:18).

4) 마지막으로, 역사는 궁극적으로 하나님이 세상에 개입하시기 때문에 의미가 있다. 그 개입은, 그의 창조 행위, 그리스도의 십자가 사역으로 구속을 시작하는 행위, 그리고 그리스도의 재림으로 완성될 창조의 회복 약속이 바로 그것이다(요일 3:16; 벧후 3:1-6; 계 21:5).

현대 그리스도인들은 초대교회가 영지주의를 대했던 것처럼 NAM을 의심해야 하지만, NAM은 그리스도인들이 살아가고 있는 포스트모던 시대의 문화를 잘 이해하는 데 도움이 되는 몇 가지 중요한 측면들을 보여준다. 특히 NAM은 과학적 자연주의와 초자연적인 것에 대한 경멸이 판치는 세상에 존재하지 않는 영적 요소를 회복하고자 한다. NAM은 또한 영적 필요의 충족이 인간의 기본적인 번영의 요소임도 알고 있다.

또한 NAM은 신, 인간, 자연 사이의 포괄적이고 전적인 평화에 대한 희망을 유지한다. 사실, 모든 것은 하나님의 계획에 따라 영적인 것이지만, 그것을 경험하는 방식은 인간의 노력이나 조작이 아니라 그분의 은혜로운 선물이다.

NAM은 영적인 삶에 대한 인간의 대행자(즉, 개인이 스스로 성취할 수 있는 것)에 대한 설명에 근본적 오류가 있다. 종종 영적 능력은 개인적인 경험과 지식의 확장을 위해 추구하며 유일하신 참 하나님을 섬기는 데는 사용되지 않는다(창 3:5; 롬 1:21-23).

NAM은 인간을 신적 지위로 끌어올리므로 개인은 자기 영적 운명의 주인이 된다. 성부께서 제공하시고, 성자께서 성취하시고 성령에 의해 적용되는 영적 갱신에 대한 성경적 설명에서 더 이상 나올 수 있는 것은 없다.

NAM은 우리 삶에 대한 하나님의 주권을 부인하고, 성경의 한계를 넘어 인간의 참여를 부풀리며, 궁극적으로 성령을 비인격적인 세계의 영으로 대체한다. 성경은 하나님이 인간 영혼의 주권자이시며 은혜 가운데 역사하지 않으시면 인간에게 변화가 없음을 분명히 한다(사 46:10; 롬 9:19-24; 엡 3:14-21). 하나님의 주권에 반응해 인간은 그의 은혜에 응답할 책임이 있으며, 개인의 영적 갱신 사역에 인간의 참여는 항상 하나님의 은혜와 협력한다(롬 10:9-10; 빌 2:12-13; 요일 2:3-6). NAM에서 신성은 주체가 없고 비인격적이다. 찰스 콜슨(Chuck Colson)에 따르면 이것은 신보다는 전기에 가깝다. 그러나 성경은 세상의 죄를 깨닫게 하시고 복음의 진리를 계시하시며 하나님의 말씀을 따르도록 인도하시는 성령의 위대함과 능력을 증거한다(요 14:15-27; 16:5-15; 롬 7:4-6; 엡 1:13-14).

NAM의 일부 지지자들은 그들의 희망에 좋은 의도를 가지고 있을지 모르지만, 뉴에이지 영성은 궁극적으로 기독교 세계관이나 성경적 제자의 삶과 조화될 수 없다. 그 피할 수 없는 진리에 비추어 우리는 예수 그리스도의 성경적 복음을 공유할 기회를 잡아야 한다. 예수님은 우리를 이 세상에서 피하라고 부르신 것이 아니라, 우리를 대신하여 죗값을 치르셨고 지금도 교회를 통하여 세상의 구속과 회복을 이루기 위해 역사하고 계신다. C. S. 루이스는 그의 저서 『기적』에서 범신론이 기독교의 가장 강력하고, 영원한 위협이라 경고한다. 인간이 본능적으로 믿고 싶어 하는 대안적 세계관이기 때문이다. 우리는 어리석게도 스스로의 노력으로 자신을 구원할 수 있기를 희망한다. 이러한 이유로 NAM에 대해 일관되게 저항하고, 신중하게 반박해야 한다.

L.
정치적 보수주의와
진보주의의 (종교적) 문제

Bruce Riley Ashford

미국의 정치는 한동안 이분법적 구조를 가정했다. 한쪽에는 일부 형태의 사회적 보수주의를 고수하는 공화당원들이 있고 다른 편에는 일종의 사회적 진보주의를 고수하는 민주당원들이 있다. 그러나 많은 미국인이 보지 못하는 것은 보수주의와 진보주의가 여러 면에서 유사하다는 것이다. 순수한 형태에서 둘 다 신이 아닌 다른 것에 궁극성을 부여하며 둘 다 자신의 초월적 규범이 부족하다. 그래서 둘 다 다양한 사회적, 문화적, 정치적 불행을 초래할 수 있다.

1. 이념으로서의 정치적 보수주의와 진보주의

1) 보수주의

이데올로기적 보수주의는 특정 문화유산을 규범적인 것으로 보는 경향이 있다. 나아가 사회혁명을 가장 큰 정치 악으로 보는 경향이 있으며, 거시적 수준의 사회 변화가 의도하지 않은 부정적인 결과를 초래할 것을 두려워한다. 대규모 개혁 의제나 혁명을 통해 사회 병폐를 개혁하는 대신, 그들은 과거의 역사와 문화유산을 최대한 활용하여 개혁을 추구한다.

보수당은 물론 사회개혁에 열려 있다. 그렇게 성취하기 힘든 황금기를 되돌릴 수 있는 유일한 방법은 현재를 개혁하는 것이기 때문이다. 정치학자 데이비드 코이지스(David Koyzis)는 보수적 충동을 다음과 같이 설명한다.

> 개혁을 시도하려면 규모가 작고 속도가 점진적이며 과거 경험에 확고하게 기초해야 한다. 보수주의자들은 사람들이 전국적으로 빈곤을 없애려고 하는 것보다 자신의 이웃에서 빈곤을 완화하려고 시도하는 것을 보는 것을 선호한다. 지역적 특성 때문에 전자는 후자보다 훨씬 더 현실적이고 관리하기 쉽기 때문에 성공할 가능성이 더 크다(정치적 이상과 환상, Political Visions & Illusions, p. 77).

따라서 보수주의자들은 모든 개혁이 주의 깊고 신중한 방식으로 시행되기를 원한다.

미국에서 보수라는 단어는 좁거나 넓은 의미로 사용된다. 이 글은 특정한 정치적 이데올로기로서의 보수주의를 좁은 의미에서 다루고 있다. 그러나 보수주의자는 "정치적 견해가 미국 정치 스펙트럼의 오른쪽에 속하는 경향이 있는 사람"을 의미하기 위해 넓은 의미로도 사용될 수도 있다. 그런 의미에서 나는 "신실한 복음주의자가 어떻게 정치적 보수주의자가 될 수 있는가?"라는 제목의 기사에서 썼듯이 스스로를 보수적이라고 생각한다.

2) 진보주의

이데올로기적 진보주의는 사회개혁의 궁극을 과거 대신 미래를 내다본다는 점에서 어떤 면에서 보수주의의 정반대이다. 보수주의가 어깨 너머로 과거의 황금기를 뒤돌아보는 반면, 진보주의는 다음 언덕 너머로 미래의 황금기를 바라보려 한다. 그리고 이는 전적인 것은 아니고 종종 정부 이니셔티브에 의해 주도된다. 미국의 맥락에서 진보주의는 민주적 사회주의와 짝을 이루고 자유주의의 왼편에 있는 모든 것이 민주당의 심장박동 역할을 한다.

진보주의는 보수주의와 대조적으로 스스로를 정의하는 경향이 있다. 진보주의자에게 사회 보수주의는 사회가 구출되어야 할 일차적 악이다. 간단히 말해서 진보주의자들은 과거를 의심하고 미래에 대해 낙관적이다. 긍정적인 측면으로 보면 진보는 주어진 사회질서에서 어떤 특정 악은 올바르게 인식한다. 되풀이하지 말아야 할 과거의 죄와 근절해야 할 현재의 죄는 항상 있다. 그러나 진보주의자들은 그러한 사회적 병을 사회질서 그 자체와 너무 쉽게 융합시킨다. 그들도 보수주의자처럼 더러운 목욕물과 함께 아기를 쏟아버린다.

보수주의자들이 변화에 대해 반사적이고 부정적으로 반응하는 것은 잘못된 것이다. 진보주의자들은 전통적인 가치에 대해 반사적이고 부정적으로 반응하는 것은 잘못된 것이다. 보수도 진보도 핵심 문제는 아니다. 핵심 문제는 우상숭배와 그것이 정치에 미치는 비틀림과 왜곡이다. 역사적으로 모든 국가는 우상을 위한 비옥한 환경임을 입증했으며, 모든 현대 정치이념은 우상 숭배의 폐해를 겪고 있다.

2. 우상 숭배적 보수주의 문제

1) 일관성 없음

사회주의(왼쪽)나 국수주의(오른쪽)와 달리 보수주의와 진보주의는 시간이 제한된 이념이며 항상 움직이고 있다는 것이 중요한 문제이다. 그것들은 추상적인 이념이 아니라 상황에 대한 반응이다.

이 점은 보수원칙들을 고정적이고 보편적이라고 생각하는 많은 보수주의자들을 당혹스럽게 한다. 그러나 그 원칙들은 그렇지 않다. 한 국가에서 보수주의로 간주되는 것은 다른 국가의 "보수주의"와는 거의 관련이 없다. 미국의 보수주의자들은 로널드 레이건의 경제 및 정치정책을 지키려고 할 수 있지만 다른 나라의 보수주의자들은 이전 시대의 권위주의적 구조를 되살리려 할 수 있다. 한 사회가 보존하려는 목표는 국가와 역사에 따라 크게 다를 수 있다. 데이비드 코이지스가 지적했듯이 순수한 보수주의는 다른 이념을 먹고 사는 이념적 기생충이다. 그 자체로 식별할 수 있는 교리가 없다(정치적 비전과 환상, p. 72).

한 국가 내에서도 보수끼리 서로 전략적 동맹을 맺는데 어려움을 겪는다. 우리가 보존하고자 하는 것은 정확히 무엇일까? 우리의 헌법질서? 재산? 인종? 유대-기독교적 도덕? 미국인들은 지금 미국에서 이것을 보고 있다. 일부 보수주의자들은 주로 자유 시장 의제에 동기를 부여받고, 다른 보수주의자들은 "백인 중심 미국"을 유지함으로써, 또 다른 보수주의자들은 유대-기독교적 도덕 문제에 동기를 부여받는다. 이 경쟁하는 그룹들은 모두 진보주의에 반대하고 자신의 권력과 특권을 보존하려는 공통된 욕구를 가지고 있기 때문에 좋은 전술적 동맹이 된다. 그러나 이념적으로 동일하다고 생각해서는 안 된다.

2) 초월성의 결여

보수주의자들이 과거를 높이 평가함에도 불구하고 모든 것을 무비판적으로 단순히 수용할 수는 없다. 그들은 자신의 전통을 비판해야 할때, 역사를 초월하는 어떤 규범(예. 노예제도 반대)을 샅샅이 뒤져야 한다. 따라서 순수한 보수주의자들은 그리스도인들과 장기적인 전략적 동맹을 맺을 수는 없을지라도 종종 전술적 동맹을 맺게 된다. 다시 말해, 이념적 보수주의는 기독교를 용인하거나 수용할 수 있지만 목적을 위한 수단일 뿐이다.

그러나 다른 사람의 "목적"에 대한 "수단"이 되는 것은 힘든 일이다. 미국의 신실한 그리스도인들은 많은 강력한 보수주의자들이 복음주의자들을 유용한 바보로 여긴다는 사실을 알고 놀랄 것이다. 그리스도인들은 정치적 보수주의자들이 이념적으로나 전략적으로 그들과 함께 한다고 상상할지 모른다. 사실 많은 보수주의자들은 그리스도인들에게 깊이 뿌리박은 많은 신념들을 거부할 것이다. 동맹은 아마도 장기적이거나 전략적이기보다는 일시적이고 전술적일 것이다. 앞으로 수년 동안 역사적인 기독교는 미국 사회에 점점 더 이상하게 보이면서, 그리스도인은 더 이상 유용한 바보로 간주되지 않고 단지 바보로 보일 수 있다.

3. 우상숭배적 진보주의의 문제점

1) 일관성 없음

보수주의와 마찬가지로 진보주의도 일관성이 부족하다. 사회주의나 자유주의와 같은 다른 이념들이 갖고 있는 교리적 신조가 결여된 채 항상 움직이고 있다. 한 국가에서 진보적이라고 여겨지는 것이 다른 국가에서는 진보주의와 아무 관련이 없을 수도 있다. 예를 들어, 미국의 진보주의자들은 현재 연방규제를 사회의 모든 부문으로 확대하는 것을 추진하고 있다. 그러나 중국의 진보주의자들은 반대로 작은 정부를 추진하고 있다.

2) 초월성의 결여

보수주의와 마찬가지로 진보주의도 초월성이 결여되어 있다. 전통적인 사회질서를 비판할 때 진보주의자들은 초월적인 수준으로 끌어올릴 수 있는 원칙이나 선호도를 찾기 위해 주변을 뒤져야 한다. 보수주의자들은 그들의 생각을 빌릴 수 있는 모든 역사를 가지고 있는 반면, 진보주의자들은 불리한 입장에 있다. 그들의 신은 미래이지만 미래는 더 불확실하다. 따라서 그들은 특정 의제에 맞게 때로는 임의로 다른 이념에서 표준을 차용해야 한다.

미국에서 진보주의자들은 종종 개인을 잔존하는 사회 및 도덕적 규범에서 해방시키는 사회개혁을 추진함에 있어 자유주의와 짝을 이룬다. 개인이 최대한의 자율성, 특히 성적 자율성을 갖기 위해 진보주의자들은 인간이 된다는 것, 남성이나 여성이 된다는 것, 도덕적이라는 것이 무엇을 의미하는지 재정의 하려고 한다.

인간성(인류)과 관련하여 많은 세속적 진보주의자들은 인격체(human person)가 무엇을 의미하는지 다시 정의하기를 원한다. 그들은 인간이 하나님의 형상대로 창조되지 않았다고 주장한다. 오히려 인간은 단지 의식과 기능 면에서만 약간 다른 더 진보된 동물이다.

인간의 성별(gender)과 관련하여 많은 진보주의자들은 고대 영지주의의 노선을 따라 인간을 재정의하기 원한다(비록 이러한 연관성을 거의 드러내지 않지만). 그들은 개인의 정체성(identity)을 육체와 분리하기를 원한다. 이러한 관점에서 진정한 '자아'가 남성으로 느껴지지 않는 남성이 여성과 생리학적으로 더 유사하게 되기 위해 성전환 수술을 통해 자신의 신체를 절단할 수 있을 정도로 신체와 독립적이다. 그들의 주장은 출생할 때 부여받은 남성이나 여성이 아니라 자신의 선택과 첨단 기술을 통해 진정한 자신이 될 수 있다는 것이다.

　　도덕성과 관련하여 많은 진보주의자들은 선악에 대한 판단을 중단하기를 원한다. 버지스체프스키(J. Budziszewski)가 지적했듯이, 진보주의는 역설적이게도 그들이 선하거나 수용할 수 있다고 여기는 신념을 제외하고는 강한 신념을 갖는 것을 피하도록 요구하는 일종의 관용(톨레랑스)을 조장한다. (양심의 복수, Revenge of Conscience, pp. 93-95). 진보주의는 전통적인 도덕을 뒤집을 때와 장소에서 자기결정에 대한 책임을 회피하려고 한다: "나는 낙태를 찬성하지 않는다. 선택을 찬성한다." "나는 아기를 죽이지 않는다. 임신의 산물을 제거하고 있다." 사회 및 도덕규범을 뒤집기 위해 진보주의자들은 일반적인 도덕 교육과 형성의 주요 주체를 가족과 종교를 정부가 대신하도록 밀어붙인다.

　　이러한 도덕질서의 점진적인 전복은 미국 사회에 수많은 문제를 야기했다. 인간의 존엄성에 대한 전통적인 가르침을 뒤집음으로써 우리는 가장 안전한 곳인 자궁을 가장 위험한 곳으로 만들었다. 공개된 데이터에서 알 수 있듯이 지난 반세기 동안 거의 6천만 명의 아기를 죽였다. 자연을 뒤집으려 시도함으로써 하나님의 창조설계의 한 측면이자 사회의 튼튼한 기반이 되는 실재인 성(sex)을 안정성이나 의미가 없는 인공적 구조물로 바꾸었다.

　　레노(R. R. Reno)가 최근에 주장한 바와 같이, 이러한 전통적인 규범과 규칙의 해체는 분명히 사회의 전반적인 방향감각 상실과 특정한 파괴적 행동의 이유 중 하나이다(치명적 진보주의, Deadly Progressivism). 삶의 가장 기본적인 사실에 대해 더 이상 확신이 없는 이런 혼란스러운 사회에서 자살이나 마약에 관련된 사망이 증가하는 것은 놀라운 일이 아니다.

4. 결론

그리스도인은 보존할 가치가 있다고 생각하는 것과 그것을 넘어 발전할 수 있도록 거부해야 하는 것을 결정하기 위해 우리의 문화유산을 평가해야 한다. 그리고 내가 "미국 그리스도인에게 보내는 편지"에서 주장하듯이, 이런 종류의 평가는 주로 일부 케이블 뉴스 네트워크의 정치적 내러티브보다는 기독교 세계관의 렌즈를 통해 세상을 바라보는 방식으로 이루어져야 한다. 다시 말해서, 홀로 서있는 보수주의와 진보주의는 모두 잘못된 것이며 심지어 우상숭배이다.

[이 기사의 일부는 보수주의에 대한 코이지스의 훌륭한 비판인 『정치적 비전과 환상: 현대 이념에 대한 조사 및 기독교 비판』(Grand Rapids: IVP, 2003)에서 빌려왔다.]

M.
정치적 자유주의의 (종교적) 문제

Bruce Riley Ashford

2018년 중간 선거를 앞두고 진보적인 정치적 자유주의가 많은 미국인의 뜻을 형성하고 표현하는 큰 정치적 비전 중 하나라는 것이 분명해졌다. 하지만 이전 글에서 사회주의에 대해 논했고, 다음 글에서 민족주의에 대해 논할 것이므로, 현대 정치이념이 우상숭배의 경향이 있다는 것과 정치적 구원이라는 약속을 이행할 수 없는 결함을 가진 인간의 제도임을 있는 그대로 폭로해야 한다. 그러면 자유주의는 무엇을 의미할까?

자유주의라는 단어는 오늘날 미국에서 상당히 다른 방식으로 사용된다. 일부 미국인은 이 단어를 긍정적으로 사용하여 특정 개인이나 정책이 개방적이거나 관용적임을 나타낸다. 다른 미국인들은 이 단어를 부정적으로 사용하는데, 이는 미국의 문화유산을 소중히 여기지 않는 사람을 의미한다. 또 다른 사람들에게는 때때로 모호하지만 항상 평등과 자유 같은 큰 개념을 떠올리게 한다.

그러나 이글에서는 목적을 위해 이 단어를 더 넓고 역사적인 의미로 사용할 것이다. 이런 의미에서 자유주의는 사회적 자유와 개인의 자유를 강조하는 헌법적이고 대의적인 정치적 합의를 의미한다. 이런 의미에서 미국의 주요 정당과 선출된 많은 대의원들은 자유주의에 의해 깊은 영향을 받으며 빚어졌다.

1. 서구 자유주의의 부상과 발전

정치학자 데이비드 코이지스는《정치적 이상과 환상》에서 서구 자유주의의 부상과 발전에 대한 간략한 역사를 제시한다(pp. 53-60). 개인의 자율성(외부 권위와 규범으로부터 자유로운)은 자유주의 신조의 핵심 신념이다. 자유주의자들은 인간이 스스로 삶을 영위할 자유가 있어야 한다고 믿는다. 이러한 믿음은 개인이 재산을 소유하고 스스로 선택할 권리가 있다는 필연적인 믿음에서 비롯된다. 이러한 선택에는 단 하나의 내재적 한계가 있는데 바로 다른 개인의 권리이다. 그러나 개인의 선택이 다른 사람의 권리를 직접적으로 해치지 않는 한 자유주의 이념은 그 사람에게 전권(백지수표, carte blanche)을 준다.

따라서 자유주의는 사회정치적 공동체보다 개인을 강조한다. 실제로, 자유주의자들은 공동체를 자율적인 개인들의 집합체로 축소하는 경향이 있다. 자유주의자들은 가상의 "자연 상태"(정부가 아닌 개인만 있는 가상의 상태)에서 개인이 자유롭다고 주장한다. 그러나 이러한 자유의 단점은 개인이 다양한 위험으로부터 충분한 보호를 받지 못하여 자발적으로 서로 계약을 맺고 통치되는 사회를 형성한다는 점이다. 따라서 이들에게는 개인의 인격과 재산에 대한 위협으로부터 개인을 보호하는 최소한의 역할을 한다는 점에서 아무리 좋은 정부라도 일종의 필요악이다.

코이지스는 이런 신조가 서구에서 형성되는 방식에 주목한다. 처음에 국가는 사람과 재산을 보호하기 위해 존재했다. 그러나 머지않아 서구 자유주의자들은 자신의 인격과 재산에 대한 강력한 위협뿐만 아니라 자원공급의 불충분과 같은 덜 명백한 "위협"에 대해서도 국가의 보호를 요구했다. 사람들은 정부가 삶, 자유, 행복을 추구할 수 있도록 공간을 비워주기를 바라지 않고 정부가 그런 이익을 제공하기 위해 그 공간에 개입하기를 원했다(p. 59). '나의 원함(I want)'이 이념의 중심에 있을 때, 내가 스스로 제공할 수 없는 것을 국가처럼 큰 힘은 할 수 있으리라 기대하는 것은 당연하다.

마지막으로, 자유주의자들은 현 정부가 개인의 욕구는 수용하면서, 종교적, 도덕적으로는 중립적이기를 기대한다. 더 중요한 것은, 정부가 그들의 욕망에 대해 도덕적 판단을 내리지 않기를 기대한다. 따라서 그들의 잘못된 판단이나 부도덕한 선택이 부정적인 결과를 초래할 때 자유주의자들은 정부가 비난은 하지 말고 그 결과를 개선해주길 기대한다. (예: "혼외로 5명의 아기를 낳았나요? 정부에서 그 아기를 돌볼 것입니다. 그러나 더 좋은 것은 낙태하도록 부추길 것입니다.").

2. 이념적 자유주의의 우상숭배

정치적 자유주의는 진정한 딜레마에 빠져 있다. 한편으로는 개인의 자율성과 자유로운 선택을 신격화했고, 반면에 자율성이 제대로 작동하지 않을 때는 정부의 도움을 요청하는 경향이 있다. 따라서 자유주의 하에서는 정부의 개입이 자유주의의 원래 방향과 반대될 경우에도 증가한다. 그렇다면 우리는 자유주의를 어떻게 평가해야 할까?

우리는 인권, 자유, 평등에 대해 자유주의가 강조하는 것에 감사해야 하며, 특히 미국 건국의 아버지들에게 미친 그들의 영향에 대해 감사해야 한다. 그러나 문제는 자유주의가 사회의 '근본적 악'을 이질적 권위(자율적인 개인의 내부에서 나오지 않는 모든 유형의 권위)로 오인한다는 점이다. 개인의 자율성을 최대화하고 외부 권위를 최소화할 것을 약속하는 이념적으로 자유주의적인 정당에 희망을 두는 것은 잘못된 것이다. 왜냐하면 개인의 자율성에 대한 과도한 충성심 때문에 결국 각 개인이 공동체의 필요성을 이해하지 못한다. 최악의 형태로, 마침내 스스로를 창조하고 자신의 소유가 될 수 있도록 신을 없애기를 간절히 원하게 된다.

정치적 자유주의의 부정적인 결과는 많지만 그중 가장 중요한 것은 역설적이게도 정부 확장으로 인한 자유의 상실과 도덕률을 훼손함으로 인한 인간 번영의 상실이다. 이념적 자유주의는 국가가 지지하는 도덕률의 약화가 더 큰 자유의 성취로 이어질 것이라 거짓말을 한다. 그러나 아담과 하와가 그랬던 것처럼, 보기에 좋아 보이는 것은 실망과 죽음으로 이어질 뿐이라는 것을 우리는 배운다. 만일 우리가 있는 그대로를 진실하게 본다면 어느 누구도 하나님으로부터의 독립을 원하지 않을 것이다.

서구 국가에서 정치적 자유주의는 사회를 질식시키는 팽창된 정부로 이어졌다. 서구 자유주의 정부는 코이지스의 말에 따르면 "더 나은 선택" 및 "욕망 충족"의 제공자가 되도록 변화해 왔다(p61). 그러나 이것은 값비싼 모험이다. 이러한 상황에서 국가는 정부가 원하는 대로 재분배하고, 욕구를 충족시키며, 선택권을 향상시킬 수 있도록 지속적으로 세금을 인상한다(예: 정부가 지원하는 낙태). 정부는 이미지 관리를 해야 하기 때문에 사회의 다양한 활동가 또는 이익단체가 원하는 사회적 또는 제도적 지위(예: 동성혼에 대한 입법)를 얻을 수 있도록 지원해야 한다. 그리고 정부의 감독권을 가정이나 교회와 같은 정부 관할권이 없는 문화 영역으로 확장하여 그 경계를 침해한다(예: 가정의 자녀 양육권과 교육권에 대한 정부의 침해).

선택의 향상과 욕구 충족을 제공하는 자유주의의 최신판은 특히 초월적인 도덕률에 반대한다. 따라서 개인의 자율성이라는 그들의 신을 위협하는 모든 도덕적 토대를 기꺼이 전복한다. 그것은 시민들에게 도덕적 판단을 유예하도록 만들고, 종교적, 도덕적 확신을 없애도록 권장한다. 물론 그 시대의 자유주의자들이 선호하는 판단과 신념은 거기에서 제외된다.

개인의 욕망과 선택에 대한 그런 강조는 무수히 다양한 방식으로 시민 생활을 저하시킨다. 이 만연한 개인주의 문화는 정치영역에서 제도화될 정도로 미국의 공공 생활에 영향을 미친다. 이렇게 제도화되면 사회와 문화의 모든 영역에서 자율적 개인수의를 강화한다. 사회 철학자 엘라인 스토르키(Elaine Storkey)는 다음과 같이 썼다.

개인주의의 문화는 방대하고 정치적 영역을 훨씬 넘어선다. 예를 들어, 그 문화는 성공, 행복, 보상, 성격, 선택, 독립, 자기발견과 같은 주제들을 매일 강조함에 의해 강화된다. 그 결과는 관계를 외부적으로 구성된 것으로 보며, 성취감, 행복 또는 관계 역학이 주제가 되는 자기형성 목표 또는 이상을 중심으로 보는 삶의 철학이다. 개인적 성취, 정신적 보상, 자존감, 인기, 그리고 자기표현은 높이 평가되는 반면 겸손, 취약함, 겸손, 그리고 인내심은 낮은 점수를 받는다. 개인적 성취, 정신적 보상, 자존감, 인기, 그리고 자기표현은 높이 평가되는 반면 겸손, 취약함, 겸손, 그리고 인내심은 낮은 점수를 받는다. … 관계적 삶에 대한 전반적인 영향은 이전에는 진리로 특징지어졌던 관계가 점점 더 영속적이지 않은 것으로 가정된다. 신뢰, 상호성, 사랑, 신실함의 규범적 구조는 협상, 보상, 소송 및 권력 거래를 정상적인 것으로 간주되는 구조로 대체되었다(『영역주권론』[*Sphere Sovereignty*] pp. 198–199).

이념적 자유주의는 자아를 왕좌에 앉히고 외부 권위를 악마화하기 때문에, 약속한 구원을 제공할 수 없는 거짓 종교로 기능한다. 버치체프스키(J. Budziszewski)가 적절히 표현한 바와 같이, 정치적 자유주의는 "심각한 도덕적 [그리고 종교적] 오류들의 묶음이며, 논리적 결론에 더 가까워질수록, 이 오류들에 대한 경종이 더욱 커지는 정치적 결론을 보인다(양심의 복수, p. 89).

그러므로 우리는 자유주의 기획에서 발견된 선의와 통찰력을 긍정할 수 있지만, 자아를 신격화하고 외부 권위를 악마화하는 경향은 거부해야 한다. 그리고 (코이지스가 〈정치적 이상과 환상〉의 마지막 몇 장에서 말했던 것처럼, 그리고 내가 〈하나님 아래 있는 하나의 나라〉와 〈미국 그리스도인에게 보내는 편지〉에서 말하려고 했던 것처럼), 우리는 개인의 자유를 가치 있게 여기지만 진정한 자유는 초월적인 도덕의 틀 안에서 발견되는 비-이념적 대안을 만들기 위해 힘을 모아야 한다.

[이 기사는 데이비드 코이지스의 『정치적 이상과 환상: 현대 이념에 대한 조사 및 기독교 비판』(Grand Rapids: IVP, 2003)에서 자유주의에 대한 **훌륭한** 비판을 빌려왔다.]

N.
자유지상주의의 (종교적) 문제

Bruce Riley Ashford

지난 20년 자유지상주의가 미국 정치, 특히 공화당 내에서 상당한 세력으로 부상하는 것을 보았다. 자유지상주의(Libertarianism)는 자유를 특별히 강조하고, 자유를 정의된 그대로 달성하기 위해 특정한 방식으로 사회를 명령하는 관점이다.

1. 자유지상주의 이념

자유지상주의는 현대 서구 사회에서 집단주의와 권위주의를 약화시키려는 다양한 이론과 태도를 포함한다. 일부 자유지상주의자(예: 로버트 노직, Robert Nozick)는 원칙에 입각하며 주로 생명, 자유, 재산 및 행복 추구에 대한 양도할 수 없는 권리에 관심이 있다.

다른 자유지상주의자(예: Ludwig von Mises)는 공리주의적이며 주로 자유시장경제의 혜택에 관심이 있다. 일부 자유지상주의자(예: Nozick, Ayn Rand)는 경찰보호, 계약집행 및 국방에만 관련된 최소한의 국가를 주장하는 최소국가주의자(minarchist)이다. 다른 자유지상주의자(예: Murray Rothbard)는 모든 정부를 불법으로 간주하고 경찰보호를 사설보호 기관에 외주하는 것을 선호하는 "무정부주의자"이다.

미국의 자유지상주의자들은 일반적으로 자유, 권리, 평등과 같은 미국 전통의 중요한 측면을 보존하기를 원한다는 의미에서 "보수적"이다. 그러나 그들은 사회적 또는 도덕적 규범을 부과하려는 모든 법적, 정치적 시도에 저항한다는 점에서 "보수적"이 아니다. 그들은 정치적 권위와 권력이 사회의 도덕성이나 생활방식을 지키거나 강화하는 데 사용되어서는 안 된다고 주장한다.

많은 종류의 자유지상주의 이념이 있지만, 이들의 계보적 유사성은 개인의 자유를 "최고의 정치적 선"의 지위로 격상시키는 것에서 찾을 수 있다. 따라서 칼 헤스(Karl Hess)는 다음과 같이 기술한다.

> 자유지상주의는 각 사람이 자기가 적합하다고 생각한 대로 자신의 삶을 사용하고 처분할 수 있는 절대적인 소유자라는 견해이다. 모든 사회적 행동은 자발적이어야 한다. 그리고 다른 모든 사람의 생명에 대해서도 유사하고 평등한 소유권, 나아가 재산과 그 삶의 열매에 대해 존중하는 것은 인간적이고 열린 사회의 윤리적 기초이다. 이러한 관점에서 법과 정부의 유일한 기능은 만일 개인이 충분히 강력하다면 그에게 폭력에 대한 자기 방어권을 제공하는 것이다. (『정치의 죽음』[Mostly on the Edge]에서).

개인의 자유가 최고의 정치적 선이라는 이 한 가지 원칙이 최소정부주의자, 무정부주의자, 원칙주의 자유지상주의자와 공리주의자, 그리고 자유지상주의 공동체 중의 다른 분파들을 통합하는 공통 요소이다.

2. 이념의 우상

최고의 정치적 선으로서의 자유

코이지스가 『정치적 이상과 환상』에서 주장하듯이, 현대의 정치이념은 우상숭배의 경향이 있다. 자유지상주의도 더 나은 목적을 위한 수단이 아니라 자유와 개인의 선택 그 자체를 목적으로 삼는 경향이 있기 때문에 예외가 아니다. 일부 자유지상주의자들은 무죄이지만, 일반적으로 자유지상주의자의 핵심 주장은 주어진 정책 제안이나 법률이 개인의 선택권을 방해한다는 점을 지적하는 것이다. 이러한 접근방식은 자유를 더 높은 정치적 선, 즉 인간의 번영과 미덕에서 비롯되는 공동선보다 높이는 잘못된 것이다. 그리스도인들은 시민으로서 어떤 악덕을 처벌하는 법률이 개인의 선택을 제한하더라도, 우리 선출직 공무원들이 그 악덕을 용납하지 않도록 격려해야 한다. 마약 중독자뿐만 아니라 그 가족과 지역 사회에 큰 피해를 입히는 아편을 합법화해야 하는 이유는 무엇인가? 성매매가 여성을 비하하고 질병을 퍼뜨리고 가족을 파괴한다는 것을 알면서도 정부가 왜 매춘을 불법화해서는 안 되는가?

그러므로 그리스도인들은 개인의 자유를 위한 싸움에서 자유지상주의자들과 공동의 대의명분을 가질 수 있지만 자유를 최고의 정치적 선으로 격상시켜서는 안 된다. 자유는 객관적 도덕률과 그 기준에 기반을 두어야 한다.

3. 자율적이고 합리적인 선택자로서의 인간

모든 자유지상주의자들은 개인적 선택의 자유에 높은 가치를 두고 있으며, 많은 자유지상주의자들은 모든 인간이 자신의 주인이라고 주장한다. 폴 커츠(Paul Kurtz)가 말했듯이 인간은 "자신의 경력과 운명을 책임지는, 자기 운명의 주인"이다(『자유와 선』에서 자유지상주의, p.146). 많은 자유지상주의자들은 "자신의 주인은 자기"라는 개념의 대안은 모두 "노예제도"라고 주장한다. 따라서, 모든 형태의 통치는 필연적으로 피통치자를 노예로 만들고 있다.

정부가 부모들에게 아이들을 돌보도록 강요할 수 없다는 자유주의자 머레이 로스바드의 주장을 생각해 보라. 로스바드는 부모가 자녀를 살해하거나 구타하는 것을 금지하는 법을 정부가 만들 수 있지만, 그것은 정부가 선을 넘는 것이 될 것이기 때문에 그런 법을 만들거나 시행해서는 안 된다고 주장한다(자유의 윤리, p. 100).

그러나 성경은 특히 부모의 아이에 대한 책임과 권위를 포함하여 많은 경우에 타율적인 권위의 선함을 내세운다. 물론 부모들은 아이들을 돌봐야 한다. 그리고 정부는 아이를 고의로 굶기는 부모를 처벌해야 한다. 부모가 자녀를 규율하고, 국가의 법이 국민을 규율하지 않으면, 인간성의 악한 부분은 억제되지 않을 뿐만 아니라 번창하도록 권장된다.

나아가 성경은 인간의 본질이 자율적 선택에 있지 않다는 것을 알려준다. 인간은 이성적일 뿐만 아니라 감정적인 존재이다. 우리는 지성뿐만 아니라 사랑과 애정에 의해 움직인다. 따라서 정부가 필수적인 도덕률과 원칙에 의거한 입법을 거부할 때, 정부는 국민들이 가장 나쁘고, 해로운 것을 사랑하도록 장려하는 것이다.

최소한의 정부 혹은 불법적인 정부

모든 자유지상주의자들은 정부를 의심한다. 일부 자유지상주의자들은 정부가 경찰 보호(형법), 계약 집행(민법), 국방에서 제한된 역할을 하도록 허용한다. 로스바드(Rothbard) 같은 다른 자유주의자들은 정부에게 통치할 권리가 없다고 생각한다. 정부는 그 정의처럼 강요를 시작하기 때문에 자유지상주의와 양립할 수 없다.

비록 최소국가주의자들이 무정부주의자들보다는 진리에 훨씬 더 가깝지만, 두 접근법 모두 진리를 제대로 이해하지 못한다. 최소국가주의자들이 주장하는 진리는 창조된 세계를 위한 하나님의 선한 의도는 문화의 각 영역(예: 가족, 교회, 국가, 예술, 과학, 사업)이 자기의 일을 돌보고, 그 영역을 가꾸는 것이다. 그리고 정부가 불필요하게 다른 영역을 간섭할 때는 자신의 소명을 위반하는 것이다.

그러나 기독교 정치이론가 아브라함 카이퍼(Abraham Kuyper)의 주장처럼 정부가 다른 문화의 영역에 개입할 수 있고 개입해야 하는 상황은 적어도 세 가지가 있다(칼빈주의 강연, 97쪽). 정부는 주어진 영역에서 약자를 강자로부터 보호하기 위해 개입한다(아동학대). 또 두 영역 사이의 갈등을 해결하기 위해 개입할 수 있다(예: 중학교 바로 옆에 스트립 클럽 개설 반대). 모든 영역이 공통적으로 요구하는 서비스(예: 도로망)를 제공하기 위해 개입할 수 있다.

사실, 우리는 정부가 그 권한 아래 개인과 공동체를 위해 정의의 성취를 목표로 하는 신이 부여한 기관으로 인식해야 한다(롬 13:1-7). 그리고 성경의 관점에서 정의는 개인의 이익뿐만 아니라 공동체의 이익도 포함한다. 그러므로 정부는 시민들에게 무제한의 자유보다는 적절하게 "규범화된" 자유를 제공해야 하며, 우리 선출직 공무원과 판사들이 적절한 규범을 실행할 때, 우리는 그에 대해 감사해야 한다.

4. 복잡하고 통제가 불가능한 경제

루드비히 폰 미제스와 프리드리히 폰 헤이 같은 많은 자유지상주의자들은 정부의 시장개입에 반대하는 공리주의 경제학자들이다. 그들은 자유시장이 시민들에게 주는 총 이익과, 국가의 시장개입으로 생기는 총 비용과 그로 인한 추가 이익에 대해 긍정적으로 평가하는 것을 우려하고 있다. 국가의 개입은 여러 이유로 비용이 많이 들며, 무엇보다 어떤 경제, 정치지도자 혹은 지도자 그룹도 시장개입의 결과를 예측할 수 없으며, 대개 개입은 예측하지 못한 부정적인 결과를 낳는다.

다른 자유지상주의자들은 세금이 폭력의 행위이며, 시민 개개인에 대한 일종의 합법화된 탈취라고 말하면서 정부의 경제 개입에 반대하는 원칙적인 주장을 한다. 일부 자유지상주의자들은 심지어 정부가 경찰보호, 계약집행, 또는 국가안보의 제공을 위해서도 시민들에게 세금을 부과하면 안 된다고 주장한다.

내 견해에 시장이 환원 불가능한 복잡성을 가진다는 것과, 시장에 개입하려는 재정 관리자와 정치가들도 유한하며 타락했다는 경제 자유지상주의자들의 인식은 옳다. 그러나 우리는 자유 시장을 지지해야 하고, 개입에서 비롯될 수 있는 의도하지 않은 부정적인 결과를 인식해야 하지만, 우리는 토털라이징 마켓을 지지해서는 안 된다. 다시 말해, 우리는 선이나 공동의 이익을 위해 운영되지 않는 시장을 수정하기 위해 노력해야 한다. 최선의 시나리오는 시민, 기관 및 단체들이 구매력을 사용해서 시장이 악에서 선을 향하도록 유도하는 것이다. 최악의 시나리오는 시장의 부도덕한 행위자들이 너무 강력할 경우 정부가 개입할 필요가 있다.

내 견해는 재산권이 절대적인 것은 아니라는 것이다. 정부가 경찰보호, 계약집행, 국가안보와 같은 서비스 제공을 위해 국민들에게 세금을 부과하는 것은 자기 영역 내에서 적절하게 행하는 것이다(마 22:15 - 22; 롬 13:1 - 7). 정부가 도로나 공원과 같은 공익을 위한 공공 서비스를 제공해야 하는 것은 옳은 것 같다. 마지막으로, 정부가 스스로를 문제가 해결되는 대로 물러날 임시 큐레이터로 보는 한, 특정 제한된 경우(예를 들어 독점을 타파하거나 자신의 잘못 없이 어려운 사람들을 위한 복지를 제공하는 것)에 정부가 다른 분야에 간섭하는 것은 정당하고 옳다.

5. 인격과 재산의 명확한 보호로서의 정의

자유지상주의의 핵심에는 사람이나 재산에 대한 폭력으로부터 사람들을 보호하려는 근본적으로 선한 열망이 있다. 불행하게도 많은 자유지상주의자들은 이러한 종류의 보호가 시민들에 대한 국가의 책임을 요약한다고 생각한다. 자유지상주의자에 대한 필립 밴더 엘스트(Philip Vander Elst)의 비판은 인용할 가치가 있다.

개인의 자유는 다른 사람의 평등한 권리를 존중해야 하는 모든 개인의 의무에 의해서만 제한되어야 한다. 다른 도덕적 가치가 있다는 사실을 무시하는 것이 아니며 타협이 필요할 수 있다. 그것은 또한 자신에게만 영향을 미치는 행위와 다른 사람에게 영향을 미치는 것 사이에 절대적으로 명확하고 확실한 구별이 있다는 잘못된 생각을 가져온다. 따라서 자유지상주의자들은 "성적 일탈" 및 약물 중독과 같은 "피해자 없는 범죄"가 법으로 제한되거나 처벌되어서는 안 된다고 믿는다. 그러나 진실은 우리가 하는 대부분의 행동이 다른 사람들에게 어느 정도 영향을 미친다는 것이다. *(자유지상주의, pp. 20 - 21).*

사실, 개인의 자유는 공공의 이익보다 우선하거나, 반하여 설정되어서는 안 된다. 공동선은 인간의 번영을 가능하게 하고, 그것이 전복되면 여러 복잡하고 심지어 미묘한 방식으로 개인에게 피해를 준다.

6. 자유가 우상이 될 때의 의도하지 않은 부정적인 결과

데이비드 코이지스, 조르단 밸로(Jordan Ballor), 유발 레빈(Yuval Levin) 등이 주장했듯이 일관된 자유지상주의는 자유를 억압하는 의도하지 않은 역설적 결과를 초래한다. 밸로가 주장하듯이, "많은 자유주의자들의 핵심 원칙인 개인과 국가 사이에는 아무것도 없다는 견해는 특정 사회적 의제를 추구하는 국가 권력에 대한 실용적 의존보다 폭정을 조장하고 진정한 자유를 훼손하는 데 더 많은 일을 했다"고 주장한다("혼란 피하기").

개인을 고립시키고, 정부 아래에 정지시키는 모든 이념은—최초의 정부가 아무리 적게 했다 하더라도—개인의 도덕성을 배양하고, 국가의 침입에 대한 방벽을 제공하는 그 제도와 기관을 약화시킬 것이다. 반 데어 엘스트(Van der Elst)가 주장했듯이 그 이념은 강력한 정치가들이 권력남용을 더 쉽게 정당화할 수 있는 도덕적 상대주의를 장려하고, 결국 쉽게 통제주의를 초래할 수 있다.

7. 결론

자유지상주의자들은 최근 몇 년간 중요한 정치인을 선출하고, 싱크탱크와 출판물을 만들고, 점점 더 많은 미국인의 지지를 얻는 등 인상적인 성과를 거두었다. 우리는 자유, 존엄, 평등, 비폭력에 대한 자유지상주의의 강조와 사회주의와 세속적 진보주의의 총체적인 주장에 대해 자유지상주의 이념이 확실한 균형추 역할을 하는 것에 대해서는 감사해야 한다. 그러나 그것이 성경적 사고라는 더 완전한 틀에서 분리될 때, "자유"는 우상이 되어 의도하지 않게 공동선을 전복시키고, 사회의 중재기구를 약화시키며, 결국 역설적이게도 국가를 강화하고 개인의 자유를 억압한다.

0.
민족주의의 (종교적) 문제

Bruce Riley Ashford

미국에서 정치이념의 부상과 발전을 조사할 때 각 사고 체계는 본질적으로 그 이념의 핵심개념에서 우상을 만들어낸다는 것을 알게 될 것이다. 예를 들어 자유주의는 '개인의 자율성'을 우상으로 만드는 반면 사회주의는 '물질적 평등'을 절대화한다. 이 글에서 우리는 정치적 민족주의의 우상숭배적 성격을 조사할 것이다. 그러나 정치적 민족주의를 다루기 전에 먼저 민족을 정의해야 한다.

국가를 정의하는 것은 일반적으로 생각하는 것보다 더 어렵다. 전문가들도 심지어 동의하지 않는다. 언어, 문화, 인종, 조국 또는 헌법질서와 같은 진정한 국가를 식별하는 열쇠로 다양한 통일적 특징이 제시된다. 그러나 이 기준들 중 어느 것도 모든 국가를 이해하는데 보편적으로 사용되지 않는다. 따라서, 이 글의 목적을 위해, 우리는 국가를 "국가라고 주장하는 사람들(그리고 그렇게 할 만한 그럴듯한 주장을 가진 사람들)의 모든 집단으로 정의하고, 그들 자신의 기준에 따라 사람들을 포함시키고 배제한다."

이러한 유형의 정의는 공식적으로 유엔 총회의 회원국가가 아닌 다양한 "국가"를 허용한다. 서양인은 이것을 이해하기 어려울 수 있다. 그러나 많은 국가는 현대 민족국가의 경계를 초월한다. 예를 들어, 이라크, 이란, 터키, 시리아 전역에 흩어져 있는 쿠르드족은 스스로를 이라크, 이란 등이 아닌 하나의 국가로 생각한다. 그리고 미국에서는 체로키 인디언과 같은 많은 아메리카 원주민 부족은 미국보다는 아메리카 원주민 부족으로 생각한다. 따라서 미국과 같은 현대의 민족국가는 단일한 "국가"가 아니다.

반면에 민족주의는 정의하기가 더 쉽다. 예를 들어 데이비드 코이지스(David Koyzis)는 민족주의를 "사람들이 국가를 신격화하고, 그 민족을 다른 사람들이 다스리는 악한 존재로부터 보호할 구세주로 보는 정치적 장치"라고 신학적으로 정의한다. (정치적 이상과 환상, pp. 103-8). 나치 독일과 러시아의 경우처럼 가끔 이 구원의 수사학은 노골적이다. 다른 경우에는 더 미묘한 방식으로 나타나지만, 아무리 수사가 미묘하더라도 이념적 민족주의는 우상숭배로 인식되어야 한다.

1. 서구 민족주의의 종류

현대 서구에서 정치적 민족주의는 근대 민족국가를 중심으로 한다. 민족주의자들은 민족 국가를 단순한 시민의 집합체 이상으로 본다. 일반적으로 국가는 초월적 가치를 예시하는 능력에서 다른 민족국가보다 우월한 것으로 간주된다. 미국인에게 이 가치는 일반적으로 자유이다. 우리 민족이 최고의 선을 가지고 있기 때문에 하나님이 "가장 좋아하는" 국가가 되어야 한다는 주장이다. 이러한 종류의 사고는 애국심(건강하고 선할 수 있음)을 넘어 민족국가를 하나님의 지위까지 끌어올린다.

서구의 국가 기반 민족주의는 적어도 역사적으로 볼 때 상대적으로 참신하다. 부족에 기반을 둔 민족주의는 서양 역사의 초기 시대에 우세했고 오늘날에도 여전히 세계 여러 지역에서 볼 수 있다. 이 국가들에서 충성은 특정 민족 집단에 우선적으로 주어진다. 이 종족 그룹은 공통된 민족, 언어, 문화 및 종교를 공유하며 일반적으로 그들의 생활 방식이 다른 국가보다 우월하다고 믿는다. 그들은 (다양한 국가 기반의 민족주의처럼) 정부 스타일에 많은 자부심을 가질 수도 있고 그렇지 않을 수도 있지만 부족 민족주의의 최종 결과는 비슷하다. 우리 부족이 당신 부족보다 낫다.

나치는 국가 민족주의와 부족 민족주의의 혼합체였으며 그들의 민족적 이념이었다. 특정 민족 국가인 바이마르 공화국 또는 독일 제국을 중심으로 한 나치의 특권적인 "독일 인종"에는 독일 국민뿐 아니라 스칸디나비아인, 영국인, 네덜란드인도 포함된다는 점은 부인할 수 없다. 나치 민족주의는 나치 공동체 자체를 가치의 원천으로 만들었기 때문에 특히 해로웠다. 모든 종류의 악이 다른 민족과 인종을 희생시키면서 완전한 게르만 민족을 증진시키기 위한 수단으로 가능하게 되었다.

2. 미국의 민족주의의 종류

타락한 존재로서 우리는 나치 독일의 민족주의에서 우상숭배를 쉽게 발견할 수 있다. 비판 대상이 자기 나라가 아니기 때문이다. 우리는 남의 눈에서 티를 뽑고 우리 눈의 들보는 무시한다. 그러므로 정직해지려면 미국 특유의 다양한 정치적 민족주의를 식별하고 이에 반대하는 목소리를 내야 한다. 다양한 유형의 미국 민족주의 중에서 이 글에서는 백인 민족주의(White Nationalism)와 신과 국가 민족주의(God and Country Nationalism)의 두 가지 유형에 대해 논의할 것이다.

1) 백인 민족주의

내가 "미국 그리스도인에게 보내는 편지"에서 주장했듯이, 특히 혐오스러운 변종 중 하나는 백인 민족주의이다. 백인 민족주의자들은 인종이 문화의 가장 자연스러운 단위이고, 백인이 미국 문화의 가장 기본적인 통합이며, 백인문화가 고유한 모범적 특성을 가지고 있다고 주장한다. 그들은 백인 문화의 고유성에 초점을 맞추고 백인들에게 그것을 보존하여 후대에 전수할 것을 촉구하며, 민족문화를 보호하여 후대에 물려줄 수 있는 통치 구조를 추구한다. 많은 백인 민족주의자들은 백인과 백인문화를 위한 특별한 지위를 부여하는 정의의 이중 기준을 합법화하기 위해 헌법과 그 수정안을 없애기를 원한다.

백인 민족주의는 비미국적이며 더 중요하게는 비기독교적이다. 미국 그리스도인으로서 나는 지역, 주, 국가 정부가 특정 민족, 사회경제적 또는 종교적 그룹의 사람들뿐만 아니라 우리 국경 내의 모든 사람들의 정의를 위해 힘을 행사하기를 바란다.

코이지스는 "민족주의들의 위험은 정의의 이중 기준을 추구하는데 있다. 특정국가에서 인종적 민족주의자들이 집권할 때, 그들은 다른 민족 집단보다 이름뿐인 특정 민족 집단 구성원에게 특권을 부여한다."(*Political Visions & Illusions*, p. 115). 따라서 복음주의자들은 한 민족 집단을 다른 민족 집단보다 우선시하려는 모든 시도를 거부해야 한다.

인종 차별주의와 인종적 불의는 개인과 기관 모두에서 나타난다. 개인의 경우 다른 민족적 유산을 가진 사람들에 대한 편견으로 나타나며, 제도에서는 사회 문화적 제도가 한 인종을 다른 인종보다 우선시할 때 나타난다. 복음주의 그리스도인들은 두 종류의 인종차별의 현실을 이해해야 한다. 성경은 개인이 죄를 짓지만(예: 창 3장) 이 개인의 죄가 거시적 수준에서 합쳐져 사회와 문화를 왜곡하고 타락시킨다고 강조한다(예: 창 4-11). 우리는 투표소뿐만 아니라 교회와 커피숍, 소셜 미디어 계정에서 모든 형태의 인종차별에 맞서 싸워야 한다.

2) 하나님과 국가 민족주의

미국 민족주의의 또 다른 다양성은 "하나님과 국가" 분파에서 찾을 수 있다. 하나님을 사랑하고 조국을 사랑하는 것은 아무런 문제가 없다. 나는 하나님을 사랑하며 동시에 미국 시민임을 깊이 감사드린다. 나는 "하나님 아래 하나의 국가: 미국 정치를 위한 그리스도인의 희망"이라는 책을 공동 저술하기도 했다. 그러나 건강하지 않은 유형의 "하나님과 국가" 애국심은 이스라엘이 성경에서 선택된 국가로 묘사되는 것과 같은 방식으로 미국을 선택된 국가로 본다. 로널드 레이건처럼 위대한 대통령조차 "산 위의 도시"(청교도와 다른 그리스도인들이 교회에 적절하게 적용한)라는 문구를 미국에 적용하여 마구 사용했다.

이와 유사하게, 정치 후보자와 평론가들은 종종 하나님께서 역대하 7:14에서 자신의 백성에게 하신 약속을 남용한다. 본문에서 하나님은 솔로몬에게 "내 이름을 부르는 내 백성이 그들의 악한 길에서 떠나 스스로 겸비하고 기도하여 내 얼굴을 구하면 내가 하늘에서 듣고 그들의 죄를 사하고 그들의 땅을 고칠지라"라고 말씀하신다. 많은 정치인이 이 구절을 인용한 후 하나님의 백성이 아니라 미국인에게 적용한다. 역대하 7장 14절은 보편적인 진리를 담고 있다. 하나님은 회개와 겸손으로 하나님께로 향하는 모든 사람에게 자비롭게 응답하신다. 그러나 그것을 인용하는 사람들은 미국이 성경에 나오는 이스라엘 수준의 선택된 민족이라고 믿음으로써 이 겸손한 적용을 넘어선다. 하지만 그것은 실수하는 것이다. "[그분의] 이름으로 일컬음을 받는" 하나님의 백성은 미국국기에 경배하는 사람들이 아니라, 그리스도의 보좌 주위에 모여 있는 자들이다. 그리고 일단 민족국가에 "하나님의 백성"이라는 정체성을 부여하면, 세상에서 소금과 빛으로서의 독특하고 필수적인 역할을 포기하게 된다.

이런 종류의 신학적 실수는 종종 훨씬 더 큰 정치적 해악을 초래한다. 예를 들어, 미국을 성경적 이스라엘 수준의 선택된 국가로 본다면 특정 "하나님과 국가" 지지자가 선호하는 정치 프로그램이나 외교 정책 의제에 대해 "하나님의 후원"을 가정하는 것이 훨씬 더 쉽다. 즉, 하나의 민족국가에 다른 모든 민족국가보다 높은 존재론적, 도덕적 지위를 부여함으로써 각종 불의나 악을 수단으로 정당화하는 것을 쉽게 만든다.

3. 결론

미국인들은 애국심이 강한 사람들이다. 여기에서 말하는 어떤 것도 애정과 헌신과 자부심으로 조국을 바라보는 것을 부끄럽게 여기지 않아야 한다. 그러나 우리는 천부적이고 훌륭한 애국심이 우상숭배의 민족주의가 되는 것을 막아야 한다. 민족주의에 효과적으로 대항하기 위해 조국을 덜 사랑할 필요는 없다. 오직 하나님을 더 많이 사랑하고 영화롭게 하며 순종하는 것이 필요하다.

미국은 우리의 국가에 대한 맹세(Pledge of Allegiance)에 명시된 대로 "하나님 아래 하나의 국가"이다. 리처드 존 뉴하우스(Richard John Neuhaus)가 지적했듯이, 스스로를 "하나님 아래 하나의 국가"라고 부르는 것은 애국심의 프라이드가 아니라 애국심의 겸손의 표현이다(온라인 상의 First Things에서 "더 나은 방법 추구"). 미국은 하나님이 살펴보시는 눈 아래 있으며, 우리가 궁극을 그리스도에게 돌렸는지 아니면 미국에 돌렸는지에 대해 책임을 지게 될 것이다. "하나님 아래 한 민족"은 희망과 열망의 진술이다. 국가로서의 모든 실패에도 불구하고 우리에게는 여전히 복음의 렌즈를 통해 정치를 형성할 기회가 있다.

[이 글은 코이지스의 『정치적 비전 및 환상: 현대 이데올로기에 대한 조사 및 기독교 비판』(Grand Rapids: IVP, 2003)에서 민족주의에 대한 비판에서 인용하였다.]

P.
사회주의의 (종교적) 문제

Bruce Riley Ashford

사회주의는 전 세계적으로 양극화 현상으로 작용해 왔으며 미국에서 정치적 분열의 최전선으로 부상하고 있다. 2016년 대선 당시 버니 샌더스가 '민주적 사회주의자'로 대선에 출마하면서 전국의 이목을 끌었다. 경쟁이 치열했을 뿐만 아니라 많은 전문가는 클린턴 가족이 배후에서 문제를 조작하지 않았다면 샌더스가 민주당 경선에서 승리했을 것이라고 생각한다. 그러나 샌더스의 견해는 대부분의 사회주의자들이 용어상 모순으로 여길 생각인 자신을 "사회주의 자본주의자"라고 부르는 것을 감안할 때 사회주의 아류로 인정되어야 한다. 미국에서 보다 진지한 사회주의자들은 미국 민주사회주의자(Democratic Socialists of America, DSA)라는 활동가 그룹과 동일시된다. DSA는 미국 시민에게 무시되어서는 안 된다. DSA는 2015년 이후로 당원 수가 7배나 증가한 것과 함께 자본주의를 제거하고("압제적"이기 때문에) 상원(대표성이 없기 때문에)을 폐지하겠다는 명시적 공약 때문에 미국 시민에게 무시되어서는 안 되며 사회주의 사상도 무시할 수 없다. 그러나 사회주의란 무엇이며 미국에서 경제 및 정치 세력으로 등장하는 것에 왜 저항해야 할까?

1. 다양한 사회주의

사실 사회주의에는 여러 종류가 있으며 물질적 평등과 공동재산 소유권을 강조하지만 각각 다른 자기들 방식으로 한다.

대부분의 사회주의 유형은 국가적 혁명을 원하는 거시적 유형이지만, 지역적 또는 개인적 차원에서 사회주의를 홍보하는 견해도 있다. 어떤 사회주의는 자본주의의 갑작스럽고 심지어 폭력적인 전복을 설교하는 반면, 다른 변종은 자본주의를 약화시키는 점진적이고 평화로운 접근을 추구한다. 샌더스와 같은 일부 사회주의는 자본주의를 완전히 없애려고 하지 않는다. 어떤 사회주의는 역사에 대한 사회과학 및 과학적 접근방식을 기반으로 한다고 주장하는 반면, 다른 것은 본질적으로 더 광신적이다.

이러한 다양성 속에서도 공통적인 요소는 언제나 물질적 평등과 공동재산 소유이다. 이것은 경제적인 요소이지만 그 실현은 정치적 의제와 직접적으로 연결되어 있다. 우리는 사회주의의 가장 유명하고 널리 퍼진 버전인 마르크스주의에 초점을 맞출 것이다. 마르크스주의 사회주의는 일부 세계 초강대국과 수억 명의 사람들에게 막대한 영향력을 행사했다.

아마도 다른 정치 이념보다 마르크스주의 사회주의는 모든 것을 포괄하는 세계관으로 더 분명하게 드러난다. 그러나 다른 모든 정치 이념과 마찬가지로 사회주의가 요구하는 최고의 충성이 바쳐졌을 때 그것이 거짓 종교임이 드러난다.

2. 거짓 종교로서의 마르크스의 사회주의(Marxist Socialism)

칼 마르크스(Karl Marx, 1818-1883)는 경제적 요인이 사회의 가장 결정적인 요인이라고 믿었다. 그는 세계 역사를 일련의 경제 투쟁으로 요약할 수 있다고 주장했는데, 사람들이 경제적 현실을 이해하고 그러한 현실을 바탕으로 서로를 잘(혹은 나쁘게) 대하거나 나쁘게 대했기 때문이다. 마르크스는 프리드리히 엥겔스(Friedrich Engels)와 함께 쓴 공산당 선언(The Communist Manifesto)에서 "지금까지 존재하는 모든 사회의 역사는 계급투쟁의 역사이다. 자유인과 노예, 귀족과 평민, 군주와 농노, 길드 주인과 직공, 한 마디로 압제자와 피압제자 사이의 투쟁이다"(카를 마르크스: 선집, Karl Marx: Selected Writings, pp. 158 - 59). 마르크스는 인류가 수렵채집 사회, 노예기반 사회, 중세봉건사회, 현대자본주의사회로 경제적 단계별로 진화했다고 믿었다. 그리고 그의 생각에 자본주의는 사회주의로 진화해야 했다.

마르크스는 자본주의가 국가적 정체성과 문화적 독특성을 존중하기보다 부를 요구하도록 부추겼기 때문에 그런 전통적 정체성과 독특성을 훼손했다고 자본주의를 비판했다. 가장 중요한 것은 자본주의가 인간을 노동에서 소외시켜 인간성을 말살시켰다는 것이다. 그의 견해에 따르면 자본주의 경제는 노동자보다 돈과 부의 획득을 더 중요하게 여겼다. 그는 자본주의가 노동자를 인간이 아니라 단순한 사업비용으로 취급한다고 주장했다. 부가 의심할 여지없는 가장 중요한 자본주의 사회에서, 인간은 조작, 대체 또는 제거되어야 하는 얼굴 없는 기계가 되었다고 마르크스는 느꼈다.

자본주의의 해악에 대응하여 마르크스는 세계 노동자들이 결국 자본주의를 타도해야 한다고 믿었다. 자본주의는 마르크스가 서둘렀던 몰락 직전의 운명에 있는 제도였다. 마르크스는 그 일이 일어날 때, 노동자들이 사유재산을 폐지하고 결국에는 국가 자체를 폐지할 것이라고 예견했다.

마르크스에게 사회주의는 더 나은 경제체제인 공산주의로 가는 일시적 중간단계에 불과했다. 마르크스는 자신의 사회주의(공동재산을 국가가 소유하는 단계)가 공산주의(국가가 더 이상 존재하지 않고 공산당이 지도하는 단계)로 대체될 날을 상상했다. 역사가 우리에게 상기시켜 주듯이, 마르크스의 소원은 전혀 성취되지 않았고, 그 반대의 비극적 결과가 발생했다. 마르크스의 사회주의는 모든 경우에 있어서 과거 어느 때보다 더 많이, 더 깊이 개입하는 정부를 만들었다. 자유주의와 마찬가지로 국가권력을 최소화하려는 시도로 시작된 것은 본질적으로 국가권력의 확장으로 이어졌다.

3. 거짓 종교로서의 마르크스주의 사회주의

특히 현대 자본주의적 맥락에서는 마르크스주의 사회주의가 완전히 나쁜 것은 아니라는 점을 언급할 필요가 있다. 어떤 우상 숭배적 이념도 완전히 나쁘지는 않으며, (정의 상) 완전히 나쁠 수도 없다. 모든 이념은 하나님 창조의 좋은 측면을 붙들고 있지만, 이념을 신의 상태로 잘못 끌어올리고, 잘못된 목적으로 왜곡한다. 악은 선의 파생물이기 때문에 악으로만 구성된 이념은 존재하지 않는다. 사탄은 스스로 창조할 수 없으며 단지 왜곡하고 손상시킬 수 있다.

마르크스주의 사회주의의 경우, 좋은 점은 빈곤을 퇴치하려는 마르크스의 칭찬할 만한 열망이었다. 그는 가난이 가져오는 황폐함을 보았을 뿐만 아니라 깊이 느꼈다. 그는 빈곤이 단순히 물적자원의 부족뿐만 아니라 빈곤에 빠진 사람들의 심리와 문화에 긴 그림자를 드리운다는 것을 직관적으로 이해했다. 마르크스와 그의 아내 제니는 1850년대에 가난과 씨름했고, 당시 6명의 자녀 중 3명이 죽는 것을 보았다. 마르크스의 계획에 동의하지 않는 사람들조차도 그의 이론적 작업이 개인적 연민과 인류의 번영에 대한 열망에 뿌리를 두고 있음을 인식해야 한다.

그러나 대부분의 다른 사회주의 버전과 함께 마르크스주의 사회주의는 극심한 자본주의에 대한 적절한 대안이 아니다. 마르크스주의 사회주의는 규범적 한계를 넘어 공동소유를 확장하면서 도를 넘는다. 즉, 물질적 평등을 신으로 변화시킨다.

따라서 이 무모한 목표는 공공영역을 넘어 삶의 모든 영역에 침입하는 촉수를 가진 짐승이 되는데, 예술과 과학, 기업과 기업가 정신, 교육과 학문, 심지어 가정과 가정생활까지 침투한다. 사회주의는 내재적으로 전체주의화(문화의 모든 영역 포함)되고 급진화(근본적으로 재구성을 추구)됨에 따라 비판거리를 제공한다.

또한 세계 종교와 마찬가지로 세계를 바라보는 포괄적인 방법, 다양한 사회 문화적 현상을 해석하는 방법을 제공한다. 마르크스주의 사회주의는 사회의 한 측면인 경제적 기반의 계급투쟁을 확인하고, 그것을 이 세상의 삶을 타락시키는 것으로 악마화 한다. 계급투쟁이 악마라면 마르크스주의는 신이며 "구원"에 도달할 유일한 길이다. 마르크주의를 특히 끈질기게 만드는 것은 그것의 완전한 종말론이다. 코이지스가 지적했듯이, 대부분의 비-마르크스주의 형태의 사회주의는 사회의 최종 목표에 대해 명확한 견해를 제공하지 못했다. 그들은 사회주의 국가를 달성하기 위해 열심히 일하도록 사회를 부추겼을 뿐이다. 그러나 마르크스는 사회주의가 승리할 것이라고 약속했다. 그는 역사가 사회주의 편에 있기 때문에 경쟁하는 어떤 경제이론이나 종교보다 낫다고 믿었다. 데이비드 코이지스는 다음과 같이 쓴다.

> 이것이 마르크스주의 견해의 주된 매력이다. 성경에서 예수 그리스도가 원수에 대해 궁극적으로 승리하며 의인이 하나님 나라의 새 땅을 통치한다고 가르치는 것처럼, 마르크스주의도 인간 역사의 종말론적 완성을 약속한다 (정치적 비전과 환상, p. 172).

또한 마르크스는 일종의 교회론을 제공한다. 마르크스에게 개인의 주된 공동체는 가족, 교회, 국가가 아닌 경제적 계급이다. 그의 계획에서 "구속된 공동체"는 계급 구분이 지워진 공동체일 것이다. 거짓 종교로서 마르크스주의의 구원은 역사 안에서 시작되고 사회주의적 인류에 의해 안내되며 구속받은 공동체에서 마치게 될 것이다. 혹은 그렇게 기대된 적이 있었다.

4. 마르크스주의 사회주의의 부정적인 결과

마르크스주의의 계획은 역사의 흐름이라는 자체 기준에 의거할 때 파산한 것으로 보인다. 마르크스주의가 우상숭배의 이념이기 때문에 마르크스주의 사회주의는 이기지 못했다. 그것은 피조된 생명의 한 측면을 다른 모든 것보다, 심지어 하나님보다 높였다. 따라서 그것이 인간의 번영도 전복시키는 것은 놀라운 일이 아니다.

마르크스주의의 막다른 골목에 대한 가장 분명한 예 중 하나는 사유재산을 폐지하려는 열망이다. 재산을 소유하는 것은 자유와 밀접하게 연관되어 있고 재산소유권이 정치이론에서 자주 등장하는 이유가 된다. 마르크스주의에서처럼 정부가 대부분의 재산에 대한 공적 소유권을 취하면 시민으로서의 자유가 감소한다. 당신의 재산은 더 이상 당신의 것이 아니며 그 속성에 대한 규칙은 외부에서 지시된다.

또 다른 예는 경제에 미치는 마르크스주의 사회주의의 재앙적 영향이다. 경제는 마르크스주의자들이 시도한 것처럼 효과적인 방식으로 중앙에서 계획될 수 없다. 경제학자 루드비히 폰 미세스(Ludwig von Mises)는 (1) 경제활동을 위한 경제계산이 필요하고, (2) 경제계산을 위해 가격책정이 필요하며, (3) 가격책정을 위해 자유시장이 필요한 것을 입증한 것으로 잘 알려져 있다. 마르크스주의 사회주의의 소비에트 버전은 중앙계획경제의 해로운 영향에 대한 비극적인 예를 보여준다.

가격은 수요와 공급에 의해 결정되지 않고 정부가 인위적으로 결정했다. 수도의 관리들은 모스크바의 우유가격, 카잔 외곽 농장의 트랙터가격, 레닌그라드 병원의 심장수술가격에 이르기까지 모든 것을 결정했다. 그 결과 자신의 일에서 창의성과 탁월함에 대한 주요 인센티브가 사라졌다.

혁신이나 노력에 대한 금전적 보상이 없이, 혁신과 노력은 거의 없었다. 결국, 심장 외과 의사가 거리 청소부와 같은 급여를 받는다면 심장 수술에서 획기적인 발견을 할 잠재력이 있는 남녀가 수년간 공부하여 의대를 졸업하거나 세계적으로 유명한 심장외과 의사가 일하는 주 60-70시간을 일할 동기는 없을 것이다. 전반적인 효과는 문화가 발전하고 돌파의 혁신이 일어나는 대신 현상 유지만 하거나 쇠퇴하며, 경제

규모가 클수록 쇠퇴는 더 치명적이다.

마지막 비판이자 심각한 비판은 사회주의 형태의 정부가 민주적 자본주의 형태보다 더 강압적일 수밖에 없다는 것이다. 다른 이념과 마찬가지로 사회주의는 질투하는 신을 숭배한다. 경제적 평등이라는 우상은 결국 방해가 되는 사람이나 모든 것이 제단에서 희생될 것을 요구한다. 소련의 실험은 유일한 예는 아니지만 실제 예가 된다. 공산당이 점점 더 조직적인 테러를 사용하여 무력으로 공산주의 유토피아를 안내하려고 시도하기 때문이다. 사회주의가 이미 거의 모든 권력을 정부에 넘겨주었기 때문에 이러한 조직적인 테러가 가능했을 뿐만 아니라 쉬웠다. 20세기 사회주의의 대부분이 권위주의적이거나 전체주의적이었다는 것은 우연이 아니다.

5. 결론

오늘날 점점 더 많은 미국인이 사회주의의 일부 버전을 매력적으로 생각한다. 새로운 갤럽 여론조사에 따르면 민주당원의 57%가 사회주의에 호의적이다("민주주의자는 자본주의보다 사회주의에 더 긍정적"). 물질적 평등에 대한 사회주의적 비전은 웅대하고 심지어 유토피아적이다. 그러나 성경적 틀에서 벗어난 "평등"은 더 강하고 압제적인 국가의 손에서 우상과 무기가 된다.

참으로 어떤 우상도 우리의 종말론적 희망과 꿈의 무게를 감당할 수 없다. 따라서 사회 각계각층의 성원, 민족적 유산, 경제계급이 평등하게 함께 번영하기를 바란다면, 사회주의 이념을 통해서는 아닐 것이다. 평등과 번영은 더 큰 분이 왕좌에 앉을 때만 올 것이다. 그리고 그리스도께서 재림하실 때까지 공동선과 민족의 번영을 추구하기 위해서는 보다 현실적인 다른 수단을 강구해야 할 것이다.

[이 글은 도덕과 종교자유 위원회의(Ethics & Religious Liberty Commission) 웹사이트에 처음 게시되었다. 이는 코이지스의 『정치적 비전과 환상: 현대 이데올로기에 대한 조사 및 기독교 비판』에서 사회주의에 대한 비판 부분을 인용하였다. (Grand Rapids: IVP, 2003).]

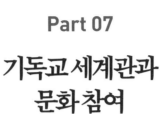

Part 07

기독교 세계관과
문화 참여

/

A. 성경과 피조세계돌봄
B. 묵시와 환경
C. 동물의 권리
D. 낙태에 대한 성경적 평가
E. 기독교 세계관과 악을 이기는 것
F. 인종평등과 인종간 화해
G. 성경과 시민권
H. 성경과 노예제도
I. 결혼에 대한 성경적 견해
J. 젠더는 선택할 수 있는가?
K. 트랜스휴머니즘에 대한 반응
L. 심신 문제
M. 기독교 세계관과 동성 결혼
N. 성 관계의 목적과 한도
O. 노인복지(돌봄)
P. 일에 대한 성경적 견해
Q. 기도와 질병 회복

A.
성경과 피조세계 돌봄

Glenn R. Kreider

성경 이야기는 하나님과 그 창조 사역에서 시작된다. 하나님은 우주가 존재하도록 말씀하셨다. 빛과 어두움, 낮과 밤, 궁창 아래의 물과 위의 물, 땅과 물을 나누셨다. 그런 다음 마른 땅에 풀이 자라게 하셨다. 물고기로 물을 채우고 날짐승으로 하늘을 채우며 땅을 그 종류대로 창조한 다양한 생물로 채우셨다. 지으신 피조물에 복을 주시며 그 지경을 채우라 하셨다(창 1:22). 그런 다음 창조 사역의 정점으로 사람(남자와 여자)을 자기 형상대로 만드시고 그들에게 명령하여 그가 만드시고 축복하셔서 땅에 충만케 하신 모든 피조물을 다스리게 하셨다(창 1:26-28). 하나님은 자신이 피조물을 돌보는 것이 아니라 사람에게 피조물을 돌보는 일을 맡기셨다. 남자와 여자를 "에덴동산에 두어 그곳을 경작하며 지키게"(창 2:15) 하셨다. 그곳은 모든 피조물에 대한 질서, 조화, 축복의 세계였다. 그러나 질서는 혼돈으로, 조화는 혼란으로, 축복은 저주로, 생명은 죽음으로 바뀌었다. 피조물을 돌보는 사람들이 하나님보다 피조물인 뱀을 믿는 쪽을 택했다. 그들은 하나님께서 먹지 말라고 하신 한 나무의 열매를 먹었다(창 3:1-6). 하나님은 이 반역자들에 대한 심판으로 땅을 저주하시고 그들을 동산 밖으로 내치시고, 결국 죽을 것임을 약속하셨다. 그럼에도 불구하고 땅을 다스리고 피조물을 돌보라는 명령을 철회하지 않았다. 대신, 피조물을 돌보는 것이 더 어려워질 것이라고 말하셨다. 그들의 일은 이제 "[그들이] 땅에서 거두어지기까지 고통스러운 노동이 되고 …[그들이] 흙이니 흙으로 돌아가리라"(창 3,17~19).

인류는 땅에서 번성함에 따라 더 부패하고 악으로 가득 차게 되었다(창 6:1-5). 하나님은 "심히 근심"하셨다(창 6:6). 하나님은 창조하신 인류와 짐승과 기는 것과 공중의 새를 지면에서 쓸어버리기 위해 홍수의 형태로 땅에 심판을 내리셨다(창 6:7). 그러나 노아와 그의 가족과 모든 생물의 대표들을 구원하셨다. 홍수가 그치고 방주에서 마른 땅으로 돌아갔을 때, 하나님은 노아와 그의 가족에게 "생육하고 번성하여 땅에 충만하라"(창 9:1)고 말씀하심으로, 처음 인류에 대한 자신의 목적을 반복 확인하셨다.

하나님은 모든 생물과 땅 자체와 언약을 맺으셨고, 다시는 지상의 모든 생명을 멸하지 않겠다고 약속하셨다(창 9:11). 이 언약에는 하나님이 그와 "땅 위의 모든 생물"(창 9,16) 사이의 영원한 언약을 기억나게 하도록 세우신 표적인 무지개가 있었다. 영원한 언약은 하나님의 형상과 모양대로 창조된 사람들이 돌보는 영원한 땅을 전제로 한다.

성육신으로 나사렛 예수의 몸으로 하나님의 아들이 피조세계에 들어오셨다. 창조주께서 육신을 입고 자신이 만드신 세상에 거하셨다(요 1:14). 그렇게 하심으로 그는 하나님을 세상에 계시하시고 세상의 구주가 되셨다(요 1:14-18,29). 그리스도의 구속사역은 인간에게만 좋은 소식이 아니다. 하나님의 구원계획은 그 범위가 우주적이다.

사도 바울은 피조물이 저주받은 날부터 구속을 갈망해 왔다고 설명한다. 그러나 인간의 피조세계 돌봄으로는 저주를 제거할 수 없었다. 그것은 창조주만이 하실 수 있으며, 그분은 만물의 회복과 모든 피조물의 구속 안에서 그렇게 하겠다고 약속하셨다. "피조물이 고대하는 바는 하나님의 아들들이 나타나는 것이니 피조물이 허무한 데 굴복하는 것은 자기 뜻이 아니요 오직 굴복하게 하시는 이로 말미암음이라. 그 바라는 것은 피조물도 썩어짐의 종노릇 한 데서 해방되어 하나님의 자녀들의 영광의 자유에 이르는 것이니라."(롬 8:19-21). 피조세계의 구속은 인류의 구속과 연결되어 있다. 피조세계는 해방을 고대하며 신음한다. 세상을 향한 하나님의 사랑은 이 세상이 구세주의 역사로 구속됨을 의미한다(요 3:16).

바울은 골로새서에서 예수 그리스도는 "보이지 않는 하나님의 형상"(골 1:15), "만물"을 창조하신 분(골 1:16), 사망에서 부활하심을 통해 "만물의 으뜸이 되셨다"(골 1:18)라고 주장했다. 그는 이렇게 결론짓는다. "아버지께서는 모든 충만으로 예수 안에 거하게 하시고 그의 십자가의 피로 화평을 이루사 만물 곧 땅에 있는 것들이나 하늘에 있는 것들이 그로 말미암아 자기와 화목하게 되기를 기뻐하심이라"(골 1:19-20). 예수를 통해 창조주께서는 피조세계를 구속하기 위해 그 속으로 들어오셨다. 교회의 머리이신 그리스도는 그의 추종자들을 통하여 그의 피조물을 돌보신다(골 1:18). 성경 이야기는 새로운 창조에 대한 약속으로 끝난다. 요한은 구속사역의 완성에 대한 환상에서 새 하늘과 새 땅이 하늘에서 땅으로 내려오는 것을 본다. 그는 또한 하나님의 보좌에서 음성을 듣는다.

"내가 들으니 보좌에서 큰 음성이 나서 이르되 보라 하나님의 장막이 사람들과 함께 있으매 하나님이 그들과 함께 계시리니 그들은 하나님의 백성이 되고 하나님은 친히 그들과 함께 계셔서 모든 눈물을 그 눈에서 닦아 주시니 다시는 사망이 없고 애통하는 것이나 곡하는 것이나 아픈 것이 다시 있지 아니하리니 처음 것들이 다 지나갔음이러라"(계 21:3-4).

구속이 완성되면 저주와 그 모든 영향이 제거되고 땅이 새롭게 될 것이며 창조주께서 피조물을 영원히 자기 집으로 삼으실 것이다(사 65:17-25). 그러면 인간은 하나님이 만드신 세상을 돌보며 영원히 하나님을 섬기게 될 것이다.

인류는 하나님이 영원히 거처를 두실 피조세계를 돌봄으로써 하나님을 섬길 책임이 주어졌다. 피조물을 보살피는 것은 우리에게 주어진 청지기 직분이다. 그것은 타락 이전의 성경적 명령이며 결코 폐지된 적이 없다. 타락은 우리의 직분을 더 어렵게 만들지만 책임이 상실되지는 않는다. 이 책임의 심각함을 나타내는 한 가지 표시는 땅을 멸망시키는 자들이 심판을 받을 것이라는 심판주의 선언에서 볼 수 있다. 요한계시록 11장 18절에 24 장로의 노래에 따르면 하나님의 진노의 날에 "죽은 자를 심판하시며 종 선지자들과 성도들과 또 작은 자든지 큰 자든지 주의 이름을 경외하는 자들에게 상 주시며 또 땅을 망하게 하는 자들을 멸망시키실 때로소이다." 세상의 파괴는 단지 적극적이고 고의적인 반역에 의해 달성되는 것이 아니다. 수동성 역시 지구를 돌보지 않는 것이며 지구를 파괴하는 것과 다름없다.

여기에는 몇 가지 실용적인 의미가 따른다. (1) 피조물을 돌봄은 생명의 문제이기에 복음적 관심이다. 건강한 인간과 동물의 삶은 깨끗한 공기와 물을 포함하는 좋은 환경과 질병과 부패가 통제되는 환경에 달려 있다. (2) 야고보서 1:27에서 사도는 "순결하고 더러움이 없는 경건"을 "고아와 과부를 그 환난 중에 돌보는 것"과 "자기를 지켜 세속에 물들지 아니하는 것"이라고 설명한다. 나중에 그는 가난한 사람들에게 의복과 일용할 양식을 제공하지 않는 믿음을 "죽은" 믿음으로 규정했다(약 2:15-17). 확실히, 깨끗한 공기와 물을 제공하는 것은 음식과 옷을 제공하는 것만큼 중요하다. (3) 종말이 언제 올지 아무도 모르기 때문에(마 24:36-44), 피조물을 돌보는 것은 지구상의 모든 거주자들에게 이익이 된다. 수명을 연장하고 삶의 질을 향상시키는 것 또한 청지기 역할을 잘하는 것이다.

B.
묵시와 환경

Glenn R. Kreider

"침몰하는 배에서는 황동 그릇을 닦지 않는다." 널리 인용된 이 속담은 버논 맥기(J. Vernon McGee)가 자주 말한 것으로 최후의 심판에서 지구가 불에 타버릴 것이기 때문에 보존이나 환경적 원인을 지지하는 것은 하나님의 뜻에 반하는 것이라는 견해를 간결하게 요약하고 있다. 이 견해에 따르면 그리스도인은 복음전파에 전념하고 피조물 돌보는 일을 피해야 한다. D. L. 무디는 말했다.

주님이 다시 오실 것을 알게 된 이후로 세 배는 더 열심히 일하고 싶다는 생각이 들었다. 나는 이 세상을 난파선으로 본다. 하나님은 나에게 구명보트를 주시며 "무디, 가능한 한 잘 지켜줘"라고 말씀하셨다. 하나님이 심판하러 오셔서 이 세상을 불사르시지만 하나님의 자녀들은 이 세상에 속하지 않는다. 그 안에 있지만, 물 위에 떠 있는 배와 같이 거기에 속하지는 않는다. 세상은 점점 더 어두워지고 있고, 멸망은 점점 더 가까워 온다. 이 난파선에 구원받지 못한 친구가 남아 있다면 시간을 낭비하지 않는 것이 좋다.

(새 설교, 말씀, 기도, p. 535)

이 묵시적인 세계관을 특징짓는 몇 가지 주요 신념은, 그 옹호자들이 성경적 지지를 받고 있다고 믿는 것이다. 첫째, 세상은 점점 더 나빠지고 있다(딤후 3:1-5). 둘째, 이 시대는 불의 멸망으로 끝난다(벧후 3:7,12). 그 심판이 오면 땅은 멸절되고 "새 땅"으로 대치될 것이다(계 21:1). 셋째, 복음은 최후의 심판이 세상에 내려지기 전에 죽음을 통해서나 땅에서 구출됨으로써 세상에서 도피한다는 약속이다(요 14:1-4). 마지막으로, 이 세상을 돌본다는 것은 잃어버린 대의, 즉 곧 사라질 세상을 돌보는 일에 자신의 노력을 쏟아붓는 것이다. 제한된 시간과 자원을 하늘에 쌓아두는 것이 훨씬 더 좋을 것이다(마 6:19-21).

1. 하나님이 세상을 멸망시킬 것인가?

이런 반환경적 태도가 정말 성경적일까? 하나님은 홍수로 땅에 심판을 내리셨을 때(창 6-8장), 노아와 함께 방주에 있던 생물을 제외한 모든 생물과 물의 맹공격에서 살아남은 수중 생물을 멸하셨다. 홍수가 그쳤을 때, 노아와 방주의 나머지 탑승자들은 땅에 재정착했다. 그런 다음 하나님께서는 모든 생물을 홍수로 다시는 멸하지 않겠다는 언약을 맺으셨다. "내가 너희와 언약을 세우리니 다시는 모든 생물을 홍수로 멸하지 아니할 것이라 땅을 멸할 홍수가 다시 있지 아니하리라"(창 9:11). 다가오는 예언적인 불의 재앙을 믿는 사람들은 이것을 하나님이 다시는 홍수로 땅을 멸하지 않으실 것이지만, 불로 완전히 멸하실 것이라고 믿는다.

그러나 하나님은 무지개를 "내가 나와 너와 및 너와 함께 한 모든 생물 사이에 세우는 언약의 표징 곧 후세에 대한 언약이니라. … 내가 나와 너희와 모든 생물 사이의 내 언약을 기억하리니 다시는 물이 모든 생물을 멸하는 홍수가 되지 아니하리라"(창 9:12,15). 이 영원한 언약은 하나님께서 땅이 견디고 미래에 완전히 멸망되지 않을 것이라고 약속하심을 의미한다. 더 나아가, 홍수가 땅을 멸망시키지 않았기 때문에—홍수 후에도 땅이 남아 있었기 때문에— 종말론적 심판의 불이 땅을 완전히 소멸할 필요는 없다.

사도 베드로는 주의 재림의 약속을 거부하는 냉소자들에게 다음과 같이 대답하며 창조의 교리와 홍수의 심판에 대한 고의적인 무지를 꾸짖는다.

이는 하늘이 옛적부터 있는 것과 땅이 물에서 나와 물로 성립된 것도 하나님의 말씀으로 된 것을 그들이 일부러 잊으려 함이로다. 이로 말미암아 그 때에 세상은 물이 넘침으로 멸망하였으되 이제 하늘과 땅은 그 동일한 말씀으로 불사르기 위하여 보호하신 바 되어 경건하지 아니한 사람들의 심판과 멸망의 날까지 보존하여 두신 것이니라(벧후 3:5-7).

땅 자체가 홍수로 멸망하지 않았기 때문에 장차 불 심판이 땅 자체가 아니라 악인과 저주의 결과를 멸망시킬 것이라고 비유할 수 있다. 베드로는 홍수로 인한 땅의 멸망을 마지막 심판에서 경건하지 않은 사람들의 멸망에 비유하고 있다. 두 경우 모두 지구는 심판의 초점이 아니라 심판의 장소이다. 지구 전체의 파괴가 아니라 지구의 사악한 사람들이 파괴된다.

베드로는 이 심판의 날을 묵시적인 언어로 묘사했다. "하늘이 큰 소리로 떠나가고 물질이 뜨거운 불에 풀어지고 땅과 그 중에 있는 모든 일이 드러나리로다."(벧후 3:10). 그러나 그 불은 땅을 멸망시키는 것이 아니라 정화하고 계시할 것이다. 그것은 행성의 소멸이 아니라 인간의 업적이 공개되거나 가시화되는 결과를 낳는다. 나중에 그는 "하늘이 불에 풀어지고 체질이 불에 풀어지리라"(벧후 3:12)고 말한다. 심판의 불은 파괴적이지만, 그렇다고 해서 땅이 전멸되는 것은 아니다.

2. 새로운 지구

사도 요한은 세상 마지막에 하늘의 도성이 땅에 내려오는 것을 보고 "처음 하늘과 처음 땅이 없어졌더라"(계 21:1)고 외쳤다. 이것은 지구가 더 이상 존재하지 않고 다른 지구로 대체될 것임을 의미할 수 있다. 그러나 리처드 부캄(Richard Bauckham)이 설명하는 것처럼 "처음"과 "새로운"이란 용어는 "질적으로 완전히 다른 내세의 생명을 나타낸다. 불연속성은 우주적 규모에서 인간의 경우 이 도덕적 삶과 종말론적으로 새로운 부활의 삶 사이의 불연속성과 평행한다."(*The Theology of the Book of Revelation*, p. 49)

요컨대 땅에 묻힌 사람의 몸과 부활의 날 다시 살아나는 몸 사이에도 연속성이 있는 것과 같이, 첫째 땅과 구속되거나 재창조된 몸 사이에도 연속성이 있을 것이다. 도마는 부활하신 주님을 보았을 때 그분을 알아보았다(요 20:27~29). 죽은 몸과 살아난 몸 사이에는 연속성이 있었다. 그래서 신자들은 자기 몸의 부활을 고대한다(고전 15:51-57).

3. 창조에 대한 희망

마지막으로, 땅의 멸망과 창조의 희망에 대한 바울의 의인화를 조화시키는 것은 어렵다. 그는 다음과 같이 기록한다. … 이는 피조물도 썩어짐의 종노릇에서 해방되어 하나님의 자녀의 영광스러운 자유에 이르게 하려 함이니라"(롬 8:19-21). 멸절을 해방의 희망이라고 표현하기 어려웠을 것이다. 요컨대 천지의 재창조가 멸절보다 더 잘 맞고, 하나님의 구속사역의 형태에도 더 잘 맞는다. 하나님은 구속하실 때 파괴가 아니라 재생하고 재창조하신다.

지구가 멸망한다고 해서 그리스도인들이 환경 보호론자들의 노력에 반대해야 한다는 의미는 아니다. 복음을 전파하는 것은 피조물을 돌보는 것과 반대되는 것이 아니다. 첫째, 피조물의 청지기 직분은 취소되지 않은 신성한 명령이다(창 1:26-28; 2:5,7). 둘째, 언제 주님이 다시 오실지 아무도 모르기 때문에(마 24:36-41) 깨끗한 물과 공기를 제공하는 것이 사람의 생명 보존과 연장에 도움이 된다는 것을 알고 행동하는 것이 합리적이다. 셋째, 인생이 언제 끝날지 아무도 모르기 때문에 모든 사람은 환경 보호에 기득권을 가지고 있다. 운동이 몸에 유익하고, 은퇴를 대비하여 저축하는 것이 지혜롭고, 땅의 소유를 돌보는 것이 좋은 청지기인 것처럼, 환경을 돌보는 것은 지혜로운 것이다.

C.
동물의 권리

Erik Clary

오늘날 사회적 이슈 중 소위 동물의 권리만큼 유명해진 것은 거의 없다. 불과 몇십 년 전만 해도 주로 철학자들의 관심사였던 이 운동은 현재 육식, 가죽옷 착용, 사냥, 동물 실험 등이 악행임을 선포하려는 A급 유명인들과 대개 젊은 참여자들로 구성된 상당수의 열성적인 추종자를 자랑한다. 핵심 주장은 이러한 목적으로 사용되는 동물이 연민의 마음으로 취급되어야 한다는 것이 아니라 그들을 전혀 사용하지 말아야 한다는 것이다. 동물 해방은 동물권리 운동가에게 도덕적 의무이다.

1. 동물해방의 기초

동물해방론자들은 인간과 동물의 경계선을 자의적이고 부당한 것으로 본다. 그들의 생각에는 보호받을 가치가 있는 권리나 보호의 이점을 가지려면 "도덕적 지위"가 있어야 하며, 고통("지각")을 겪거나 경험할 수 있는 능력이 있는 모든 종이 자격이 있다고 주장한다. 많은 동물(인간뿐만 아니라)은 지각이 있는 것처럼 보이기 때문에 도덕적 지위와 관련해 동물해방론자들은 저명한 운동가 잉그리드 뉴커크가 말했듯이 "쥐는 돼지이고, 개이고, 소년이다"(Katie McCabe in "누가 살고 누가 죽을 것인가?" *Washingtonian*, 1986년 8월 1일, p. 115)라고 주장한다.

2. 동물의 가치

동물권리의 핵심은 진리의 핵심에 있다. 동물을 도덕적으로 고려해야 하는 이유는 동물이 지각이 있어서가 아니라 하나님의 피조물이며 그분이 돌보아 주셨기 때문이다. 그로 말미암고 그를 위하여 창조되었고(골 1:16) 그에게 속하였고(시 24:1), 그는 그것들을 기뻐하신다(시 104:31). 그분은 그들을 좋다고 선언하시고 인간과는 별도로 그들을 축복하셨다(창 1:21-22,25). 따라서 그들은 인간의 목적을 위한 유용성에 기여할 수 있는 것 이상의 가치가 있다. 그러한 가치는 홍수 동안에 모든 종류의 동물을 보호하신 하나님(창 7:14-16)과 니느웨의 "많은 동물"에 대한 관심(욘 4:11)에서 더 잘 나타난다.

하나님께서 동물에게 관심을 갖고 있다는 사실은 동물의 필요를 공급하시는 일에서도 분명히 알 수 있다. 시편 기자는 "모든 사람의 눈이 주를 앙망하오니 주는 때를 따라 그들에게 먹을 것을 주시며 손을 펴사 모든 생물의 소원을 만족하게 하시나이다"(시 145:15-16)라고 선포한다. 초식 동물에게 하나님은 "풀이 자라게 하시며"(시 104:14), 사자에게 사냥감을 주시는 분이다(시 104:21). 새에게는 쉼터와 노래할 무대로 나무를 주시고(시 104:12,16-17), 바다 생물인 리워야단에게는 장난스러운 기질에 적합한 환경을 주셨다(시 104:26). 하나님께서는 피조물의 필요를 아시고 그에 따라 공급하신다.

하나님께서 동물을 소중히 여기시고 그들의 복지에 관심을 기울이시기 때문에 우리도 그렇게 하기를 요구하신다. 그래서 성경은 "의인은 그의 가축의 건강을 염려하나 악인의 긍휼은 그 행위도 잔혹하도다"(잠 12:10)라고 선언한다. 자기 이익과 일치할 때만 동물의 필요를 돌보는 것은 목표를 놓치는 것이다. 그 대신, 도덕적으로 칭찬받을 만한 배려는 짐승에 대한 진정한 연민을 반영하며, 여기서 다시 하나님은 "그가 지으신 모든 것에 그 긍휼이 있음"(시 145:9)에 대한 모범을 보여준다. 의무는 우리가 소유한 동물에게만 적용되는 것이 아니라 하나님께서는 친구나 적에게 속한 가축도 자비롭게 대우하라고 명령하신다(출 23:4~5; 신 22:1~4).

도랑에 있는 황소는 구조되어야 하고, 길 잃은 동물은 주인에게 돌아갈 수 있을 때까지 데려가 보살펴주어야 한다. 이 상황에서는 인간의 이해관계와 무관할 경우에도 의무가 존재한다. 야생동물은 우리의 관심 대상이며, 성경은 새끼를 품고 있는 야생 암탉을 내버려 두라고 명령하고(신 22:6-7), 들판, 포도원, 숲을 정기적으로 휴경하여 떠돌아다니는 짐승을 먹일 것을 요구한다(출 23:11).

3. 동물과 인간의 가치

성경은 동물의 도덕적 가치를 긍정하면서도 동물이 인간과 동등하다는 주장을 지지하지 않는다. 실제로, 성경은 그 개념을 반박한다. 동물처럼 우리는 땅에서 지음을 받았고 생명의 기운을 받았지만(창 1:30, 2:7), 인간만이 하나님의 형상대로 지음을 받았으며(창 1:26-27) 그의 특별한 관심사의 창조물로 만들었다. 예수께서는 우리의 더 높은 지위에 대해 이렇게 증언하셨다. "참새 다섯 마리가 두 앗사리온에 팔리는 것이 아니냐. 그러나 하나님 앞에는 그 하나도 잊어버리시는 바 되지 아니하는도다. 너희에게는 심지어 머리털까지도 다 세신 바 되었나니 두려워하지 말라 너희는 많은 참새보다 더 귀하니라"(눅 12:6~7). 하나님의 계산에 따르면 동물의 생명도 가치가 있지만 인간의 생명이 더 가치가 있다. 그러므로 하나님은 인간이 더 존귀하게 다루어지기를 원하신다.

성경에서는 동물과 인간의 생명에 대한 정당한 차이가 분명히 나타난다. 예를 들어 행인이 들 암탉을 만나면 병아리를 데려가는 것이 허용되지만, 아이를 유괴하는 것은 중범죄이다(출 21:16). 마찬가지로, 우리는 하나님의 축복으로 인간의 생명에 위협을 주지 않는 동물을 죽이고 먹을 수 있지만(창 9:3; 롬 14:2-3), 인간 형상의 지위 때문에 무고한 인간의 피를 흘리는 것은 강력하게 정죄를 받는다(창 9:6; 출 21:12). 따라서 가인은 아벨을 죽이고(창 4:10) 다윗도 우리아를 죽이라고 명령한 큰 죄를 범했지만(삼하 11:15-27), 예수님께서 고기를 많이 잡도록 하거나, 잡은 고기를 제자들을 위한 푸짐한 아침식사(요 21:1-13)로 준비하는 것은 범법이 아니다. 하나님의 도덕질서에서 인간의 삶은, 하나님의 도덕질서 자체의 범주에 속한다.

4. 축복으로서의 인간의 지배인간의 독특한 도덕적 지위를 확인하면서 성경은 동물권리 이념의 균형을 제안한다. 창조에 대한 인간의 머리직분에 대한 성경적 선언은 신성한 목적과 축복의 문제이다. "하나님이 [아담과 하와]에게 복을 주시며 그들에게 이르시되 생육하고 번성하여 땅에 충만하라, 땅을 정복하라. 바다의 고기와 공중의 새와 땅에 기는 모든 것을 다스리라"(창 1:28)라고 하셨다. 종종 동물권리 지지자들은 마

치 정복(*kabash*)과 다스림(*radah*)이 인간이 무자비한 폭군 역할을 하도록 부름을 받았다는 의미일 뿐인 것처럼 동물학대에 대해 주장하는데 이것은 성경의 가르침을 잘못 표현한 것이다. 지배권은 인류가 죄에 빠지기 전과 하나님께서 이미 동물이 번성하기 위한 의도를 나타내신 후에 확립되었다(창 1:22). 다시 말해서, 피조물에 대한 청지기로서 우리의 기능은 모든 피조물을 축복하시려는 하나님 계획의 일부이다.

인간의 청지기 직분 아래 피조물은 번성하도록 의도되었지만 죄로 인한 저주로 현재는 허무하고 부패한 상태이다(창 3장, 롬 8:20-21). 통치하라는 명령은 타락 후에도 남아있지만 죄로 타락한 영향에 대해 면역이 있는 것은 아니며, 노아 언약과 함께 하나님에 의해 그 공급이 고기를 먹는 것을 포함하도록 확장되었다(창 9:3-4). 이러한 지배는 이 시대에 참으로 잔혹함으로 나타날 수 있지만, 동물해방론자들의 주장처럼 인간의 권위를 포기하는 데 있지 않고, 성경이 제시하듯 그리스도를 통한 우리의 구속에 해결책이 있다. "피조물이 하나님의 아들들이 나타나기를 고대하며 썩어짐[과 썩음]의 종노릇에서 해방되어 하나님의 자녀의 영광스러운 자유에 들어가"(롬 8:19-21)라는 확실한 희망을 품고 기다린다. 성경에 비추어 볼 때 동물권 운동의 기저에 깔린 이념적 공약은 잘못된 도덕일 수 있다. 그 윤리는 도덕적 가치의 근거를 자연보다 더 멀리 보지 않는 세속 철학의 산물이다. 참된 선과 정의는 피조물이 아니라 "어두움이 전혀 없으신"(요일 1:5) 창조주에게서 그 근원을 찾는다. "그의 모든 길은 의로우시다"(신 32:4). 하나님은 인간을 특별한 가치를 지닌 피조물로 만드셨다. 그분은 자신의 피조물을 돌볼 책임과 그 자원을 사용할 특권을 우리에게 맡기셨다. 그런 맥락에서 우리는 동물과 동물의 복지에 대한 의무를 진다.

D.
낙태에 대한 성경적 평가

Steve W. Lemke

낙태는 지난 50년 동안 미국에서 가장 논쟁적인 문제 중 하나였다. 성경은 그 주제에 대해 어떤 지침을 주는가? 고대 문서가 이런 현대 문제를 다룬다는 것이 놀랍게 보일 수도 있지만, 사실 성경은 여러 관점에서 낙태에 대한 여러 가지 분명한 가르침을 제공한다.

1. 누가 생명을 창조하는가?

생명은 하나님께로부터 온다. 하나님께서는 당신의 형상대로 인간을 창조하셨다. 그러므로 사람은 모든 피조물보다 소중하다(창 1:26-27; 9:6). 하나님은 우리의 창조에 직접적, 개인적으로 관여하신다. "여호와는 하나님이시니"(시 100:3)라고 가르친다. "그가 우리를 지으셨고 우리는 그의 백성이요 그의 기르시는 양이로다." 시편 139:13-14에서는 이렇게 선언한다. "주께서 내 내장을 지으시며 나의 모태에서 나를 만드셨나이다. 내가 주께 감사하옴은 나를 지으심이 심히 기묘하심이라 주께서 하시는 일이 기이함을 내 영혼이 잘 아나이다." 다른 곳에서는 창조주가 문자적으로 인간에게 생명의 호흡을 불어넣는 것으로 묘사되어 있다. "여호와 하나님이 땅의 흙으로 사람을 지으시고 생기를 그 코에 불어넣으시니 사람이 생령이 되니라."(창 2:7). 욥은 "하나님의 영이 나를 지으셨고 전능자의 기운이 나를 살리신다."고 단언한다(욥 33:4). 생명을 주시는 하나님께서 허락한 생명인데(욥 10:12), 생명을 빼앗는 자는 누구인가?

2. 인간의 생명은 신성한가?

성경은 인간 생명의 보호를 강력히 주장하며 생명을 빼앗는 것을 반대한다. 성경에서는 인간 생명의 신성함을 여러 군데에서 말한다(창 2:7; 시 127:3; 139:13~16; 렘 1:4~5). 인간의 생명은 하나님이 아담을 자신의 형상대로 지으시고 생기를 불어넣으면서 시작되었다. "그가 그들을 남자와 여자로 창조하셨다"(창 1:27). 사실, 하나님의 형상대로 만들어짐은 인간의 삶에 신성함을 부여한다. 태에서 새 생명이 시작될 때 하나님의 형상이 임재한다.

성경은 사람의 생명을 취하는 것을 엄격히 금지한다. 여섯째 계명은 살인을 금하는 계명이다(출 20:13). 마찬가지로, 대홍수 후에 하나님은 인간 생명의 신성함을 재확인하셨고, 살인죄에 대해 사형을 제정하셨다. 이것은 인간 생명의 가치를 강조하기 위해 행해진 것이다(창 9:5-6). 잉태 후 어느 시점에서든 생명을 앗아가는 것은 하나님이 자신의 형상대로 지으신 자를 죽이는 것이다(창 1:27; 9:6). 구약의 법은 우발적인 유산이나 조산을 초래하는 행위에 대한 형벌을 보여준다(출 21:22-25). 한

가지 특이한 법은 두 남자의 싸움으로 인해 여자가 우발적으로 맞아 아이를 일찍 낳게 하는 것과 관련이 있다. 유산이든 조산이든, 부주의한 행동은 법으로 처벌해야 할 죄로 간주된다. 우발적인 부상이라도 산모나 아이에게 치명적인 경우 가해자는 그 책임으로 처형될 수 있다. 이것은 구약 율법에서 나오는 다른 형태의 비의도적 과실치사보다 더 가혹한 형벌이다. 출애굽기 21장에 나오는 어머니의 건강에 대한 관심은 어머니와 자녀의 생명이 모두 위험에 처한 예외적인 경우에 고려하도록 어머니의 생명에 대한 여유를 제공할 수 있다.

3. 태아가 인간인가?

성경은 생명과 인격은 출생 전에 시작된다는 점을 분명히 한다. 태중의 아기는 하나님에 의해 형성되고 그분이 개인적으로 알고 계시며 하나님의 형상을 반영한다. 더욱이 하나님은 태아의 삶을 위한 계획을 가지고 있다. 많은 성경은 출생 전의 어린이일지라도 하나님에 의해 형성되었음을 명확히 한다. 욥기 31장 15절은 "나를 태속에 만드신 이가 그도 만들지 아니하셨느냐 우리를 뱃속에 지으신 이가 한 분이 아니시냐?" 시편 22:9에서 시편 기자는 이렇게 말한다. "오직 주께서 나를 모태에서 나오게 하시고 내 어머니의 젖을 먹을 때에 의지하게 하셨나이다." 그리고 시편 139:14-16은 "내가 주께 감사하옴은 나를 지으심이 심히 기묘하심이라 주께서 하시는 일이 기이함을 내 영혼이 잘 아나이다. 내가 은밀한 데서 지음을 받고 땅의 깊은 곳에서 기이하게 지음을 받은 때에 나의 형체가 주의 앞에 숨겨지지 못하였나이다. 내 형질이 이루어지기 전에 주의 눈이 보셨으며 나를 위하여 정한 날이 하루도 되기 전에 주의 책에 다 기록이 되었나이다."라고 선언한다.

어머니의 자궁을 태아의 위치로 묘사하는 데 여러 성경의 단어가 사용되어 생명이 자궁에서 시작된다는 확언을 뒷받침한다. 동의어인 두 개의 히브리어 단어가 구약에서 "태"로 번역된다: *rachem*(창 20:18; 49:25; 민 12:12; 렘 20:17~18; 욥 10:18; 20:18; 38:8; 사 46:3; 호 9:14)과 *beten*(욥 3:10; 31:18; 시 22:9; 71:6; 139:13; 사 49:1; 렘 1:5). 신약은 또한 두 개의 넓은 의미에서 동의어인 그리스어 *koilia*(눅 1:15,41,44)와 *metra*(눅 1:15, 2:23)를 사용하여 자궁을 출생 전 아기의 위치로 설명한다. 마리아가 방문했을 때 요한이 발로 차는 것을 느낀 엘리사벳의 경험은 아기가 자궁에서 살아 있고 심지어 사회적으로 상호작용한다는 것을 분명히 했다(눅 1:15,41,44).

시편 139편의 언어는 태아에 대한 성경적 견해를 위한 풍부한 자료를 제공한다. 성경 16절에서만 사용된 히브리어 *golem*은 때때로 "형체가 없는" 또는 "형체가 없는 물질"(NASB)로 번역된다. 그럼에도 불구하고 "배아" 또는 "태아"로 정확하게 번역할 수 있다. 따라서 성서는 어머니의 태내에서 발달하는 아이가 다른 발달 단계에서 태어난 아이와 본질적으로 동일한 잠재력을 가진 인간임을 확언한다.

시편 139편의 저자는 인칭 대명사 "나를"과 "나"를 사용하여 자신을 태어나지 않은 아이로 여러 번 언급한다. 따라서 성경은 태어나지 않은 아이들이 자궁에서도 인격을 가지고 있음을 분명히 확증한다. 인격은 수태와 출생 사이에 근본적인 방식으로 변하지 않는다. 개인의 정체성은 정자와 난자의 결합부터 성인이 될 때까지 끊어지지 않는 연속성을 가지고 있다. 태 안에 있는 영혼은 하나님의 선물로 생겨난 것이고, 동일한 영혼은 출생 후 자궁 밖에 존재한다.

시편 139편은 또한 하나님께서 태아에 대해 친밀한 지식을 갖고 계신다고 말한다. 또한 하나님께서 자신의 삶에 대한 계획을 갖고 계시다는 시편 기자의 인식에 유의하라. "나의 모든 날이 주의 책에 기록되었고 그날이 하나도 시작되기 전에 계획되었사오니"(시 139:16)라고 그는 말한다. 놀랍게도 누가는 세례 요한이 아직 모태에 있을 때에도 그 안에 성령이 계시다고 묘사하기까지 한다(눅 1:15b). 인간이 배아나 태아 단계에서 있을 때부터 하나님은 개개인의 삶에 대해 소명을 가지고 계신다는 확언은 성경의 다른 부분에서도 가르쳐지고 있다. 이사야서 49장 1절에서 선지자는 "여호와께서 태에서부터 나를 부르셨고 내 어머니의 복중에서부터 내 이름을 기억하셨으며"라고 말했고, 예레미야 1장 5절에서 하나님은 예레미야에게 "내가 너를 모태에 짓기 전에 너를 알았고 네가 배에서 나오기 전에 너를 성별하였고 너를 여러 나라의 선지자로 세웠노라"라고 말씀하셨다. 사도 바울은 갈라디아서 1:15-17에서 자신의 시작에 대해 비슷한 계시를 공유한다. "내 어머니의 태로부터 나를 택정하시고 그의 은혜로 나를 부르신 이가 그의 아들을 이방에 전하기 위하여 그를 내 속에 나타내시기를 기뻐하셨을 때에 … 돌아갔노라." 신약은 출생한 아이와 태아의 인격을 명확하게 구분하지 않는다.

4. 결론

성경은 태아를 발생의 초기단계에 있는 완전한 인간 개체로, 성인이 성취할 수 있는 모든 잠재력을 가지고 있다고 간주한다. 삶은 끊임없는 조정의 과정이지만 태에서 형성된 온전한 인격체와 고유한 영혼은 일생 동안 동일한 인격체와 영혼으로 남아 있다. 태어나지 않은 아이들은 하나님이 주신 생명의 권리를 가지고 있으며 일반적으로 인간에게 부여되는 모든 권리를 부여받아야 한다. 그리스도인들이 태어나지 않은 생명을 지키고 보호하며 그러한 공개적인 의견을 내는 것은 온당하다.

E.
기독교 세계관과 악을 이기는 것

Mary Jo Sharp

예수님은 세상에 문제가 있음을 인정하신다. 요한이 "예수께서 우셨다"(요 11:35)는 이 구절을 기록할 때, "보시기에 심히 좋았더라"(창 1:31)는 우주를 창조하신 그분이 죄의 저주 아래 있는 세상의 악을 몸으로 경험하고 있음을 강하게 엿볼 수 있다. 예수님께서 나사로를 죽은 자 가운데서 살리심으로 자신의 신적 권위를 나타내셨지만, 죽음의 악에 대한 예수님의 반응은 전적인 슬픔이었다.

예수님은 "해 아래"의 모든 것, 즉 하나님을 제외한 모든 것을 내다보았고 그토록 큰 악과 압제와 고통을 보았기 때문에, 이런 삶이 기대할 수 있는 모든 것이라면 아예 존재하지 않는 것이 더 나을 것이라고 결론지었다(전 3:16-4:3). 예수님은 악의 문제, 즉 이 세상은 사람과 환경이 크게 잘못되어 가는 곳이며 정의와 의로움이 현저히 부족하다는 점을 분명히 목격했다.

그러나 모든 세계관이 실제 선과 실제 악에 대한 믿음을 가지고 있는 것은 아니다. 동양의 범신론적 일원론(불교와 힌두교에서 발견됨)과 같은 일부 신앙에 따르면, 선과 악은 환상이다. 무신론적 유물론은 선과 악의 절대적 기준이 없다고 주장한다. 왜냐하면 우주에는 도덕과 무관하며 중립적인 자연적–물리적 과정 외에는 작용하는 것이 없으며 "선"과 "악"은 무지한 마음의 환상적 투영이지 객관적인 사실에 근거한 것이 아니라고 믿기 때문이다.

기독교 세계관에서는 하나님의 본성은 선하시며(시 119:68; 눅 18:19), 그 선하심은 우리가 "선"이라고 이해하는 것에 대한 기준을 제공한다. 하나님의 선하심이 결여된 모든 것이 "악"이다. 하나님께서 그 능력을 주셨기 때문에 우리는 선과 악을 구별한다. 만일 사람이 세상에 존재하는 악 때문에 하나님의 선하심을 의심한다면, 그 사람은 선과 악이 무엇인지부터 이해해야 한다. 회의론자가 악에 대해 좌절한다는 것은, 그가 선과 악의 절대적 개념을 믿는다는 것을 의미한다. 하지만 자신의 세계관이 그 철학적 근거를 제공할 수 없기 때문에(절대적인 선과 악이 없다고 믿는 상대주의적 세계관) 이러한 개념들을 부정한다. 그러나 그러한 부정은 이 세상의 악에 대한 우리의 경험과 일치하지 않는다.

1. 진짜 악과 진짜 문제

무신론적 유물론에 따르면, 리처드 도킨스가 제안하는 것처럼 우주의 모든 것은 DNA의 선율에 따라 춤을 추고 있다. 가수는 노래하고, 예술가는 창작하고, 살인자는 살인하고, 강간범은 강간한다. 이 관점에서는 어떤 것도 "좋다"거나 "악하다"는 것은 없다: 각각의 사람들은 생물학적으로 그들의 유전자가 시키는 대로 하기로 결심했기 때문에 모든 것이 그대로이다. 뉴멕시코 대학의 낸시 피어시와 랜디 손힐, 콜로라도 대학의 크레이그 파머에 따르면, "강간이 병리가 아니라 생식 성공을 극대화하기 위한 전략이라는 놀라운 이론을 발전시킬 수 있다." 강간은 "표범의 반점과 기린의 길쭉한 목"처럼 "인간 진화 유산의 산물인 자연적이고 생물학적인 현상"이다.[12] 비록 무신론자들이 일반적으로 절대적 도덕률을 부인하지만, 대부분의 사람들은 강간과 살인이 정말로 잘못되었다는 것에 동의할 것이다.

무신론자들은 악의 존재를 알고 있고, 이것은 그리스도인들보다 그들에게 더 큰 문제를 야기한다. 우리가 순전히 DNA 정보의 결과이고, 불멸의 영혼이 없고, 죽음이 우리 존재의 끝이라면, 이 세상의 고통을 덜어주려는 인간의 모든 감성과 시도는 쓸모없고 터무니없는 것이다. 윌리엄 레인 크레이그(William Lane Craig)가 말했듯이 "만약 인생이 무덤에서 끝난다면 스탈린으로 살았든 성인으로 살았든 아무런 차이가 없다. 사람의 최종적 운명은 자신의 행위와 상관없기 때문에, 그냥 원하는 대로 사는 것이 좋을 것이다."(합리적인 신앙, pp. 60~61) 많은 무신론자들이 의미 있고 이타적인 삶을 추구한다는 사실은 그러한 세계관 안에서 일관되게 사는 것이 불가능하다는 것을 보여준다.

반면에 예수님은 악이 무시할 수도, 부인할 수도 없는 진짜 문제라는 것을 이해하신다. 죽음은 단지 우리 DNA의 춤이 아니다. 죽음은 원수이다(고전 15:26). 예수님은 악이 죽음을 통해 우리 모두에게 영향을 미친다고 가르치신다(눅 13:1~5). 그리고 예수님은 악을 대면함으로써 인류에게 희망을 제시하는 진정한 해결책을 제공한다.

12　http://www.leaderu.com/orgs/arn/pearcey/np_world-rape0300.htm), 낸시 피어시, 다윈의 더러운 비밀

2. 진짜 희망

희망은 세상에 문제가 있다는 것을 인정하지만, 동시에 더 나은 일이 올 것을 확신하며 자신 있게 버텨낸다. 기독교 세계관의 독특함은 예수 그리스도의 부활을 통해 주어진 소망에 있다. "죽음은 폭군의 궁극적인 무기이다; 부활은 죽음과 언약을 맺는 것이 아니라 그것을 전복시킨다."(라이트, *하나님의 아들 부활*, p. 730).

괴로움, 고통, 그리고 궁극적인 죽음은 원래 있어야 하는 일의 방식이 아니다. 오히려 악의 결과이다(롬 6:23). 부활은 악의 결과를 명백히 뒤집는 것이다. 베드로는 사도행전 2장 24절에서 "하나님이 [예수 그리스도를] 살리사 사망의 고통을 그치게 하셨으니 이는 그가 죽임을 당할 수 없었음이니라"라고 했다. 바울은 죽음의 쏘는 것과 죽음의 승리가 산산조각 났음을 선언한다(고전 15:55-57). 예수님이 우리에게 희망을 주시는 것은 부활을 통해 죽음을 뒤집고 하나님의 선한 창조물이 회복될 것임을 보여주기 때문이다(고전 15:20-22; 42-44). 모든 것이 원래대로 될 것이다. 악에 대한 우리의 고통스러운 이해와 선함에 대한 희망찬 갈망은 허망하지도 환상적이지도 않다.

이것은 우리가 선하고 전능하신 하나님에 의해 창조되었다는 증거이다. 다른 어떤 세계관도 기독교가 제시하는 것과 경쟁할 수 없다. 진정한 악의 기초, 그 악의 결정적인 패배, 부활에서 볼 수 있는 선의 실제 회복을 통한 인류에 대한 진정한 희망이다.

F.
인종의 평등과 인종 간 화해

Robert Smith Jr.

민권 운동가인 제임스 웰던 존슨(James Weldon Johnson)은 뮤지컬 "모든 목소리를 높여 노래하라"[13]에서 인종평등을 향한 눈물범벅과 피에 물든 여정에 대해 말했다(*Worship and Rejoice*, p. 729). 오늘날 인종에 대한 이야기, 즉 문화와 피부색과 관련된 인종적 구별을 가리키는 단어는 위험한 문제이다. 태초에 하나님은 모든 민족을 한 혈통으로 창조하여 지면에 거주하게 하셨고(행 17:26), 우리는 성경을 통해 인류에 대한 그분의 의도를 본다. "각 나라와 족속과 백성과 방언에서 아무도 능히 셀 수 없는 큰 무리가 나와 흰 옷을 입고 손에 종려 가지를 들고 보좌 앞과 어린 양 앞에 서서"(계 7:9). 모든 인간은 아담과 하와의 후손이며(창 3:20), 예수님은 믿음으로 영접하는 모든 사람이 그와 함께 영원히 살 수 있도록 죽으셨다.

이러한 성경적 현실에도 불구하고 아프리카에서 온 사람들을 노예

---

13 "Lift Every Voice and Sing" 노랫말. http://www.pbs.org/black-culture/explore/black-authors-spoken-word-poetry/lift-everyvoice-and-sing/

화하는 제도는 미국 역사상 두 번의 위대한 종교 운동이었던 1차 및 2차 대각성 운동 후에도 유지되었다. 사실, 서구 기독교는 서로 분리된 교회 상황에서 예배를 드리기 때문에 여전히 양심 없는 권력과 권력 없는 양심이 씨름하고 있다. 하나님의 형상을 따라 하나님의 형상대로 지음 받은 인류(창 1:26)는 인종차별적인 태도를 취하고 있는 그대로 분리된 진영에 머물면서 하나님을 자기 형상대로 만들려고 했을 뿐만 아니라(즉, 외모로 분류) 인류에 내재한 신성한 DNA를 비신학적으로 다루려고 시도했다.

인종 간의 계층화 확립은 인종차별정책, 반유대주의, 만연한 인종차별로 이어졌다. 역사에는 교육에서의 배제와 사회적 분리가 있었음을 기록하고 있고 그 결과 피로 물든 거리를 만들었다. 갈보리에서 흘리신 그리스도의 희생의 피는 인류의 죄를 씻기 위해 바쳐졌으며, 우리를 인종 간의 화해를 넘어 그리스도의 화해로 나아가게 함으로써 겟세마네 동산에서 하신 예수님의 기도가 성취되었다. 예수님은 제자들이 "하나"(요 17:11)되기를 원하셨다. "아버지여, 아버지께서 내 안에, 내가 아버지 안에 있는 것 같이 그들도 다 하나가 되어 우리 안에 있게 하사 세상으로 아버지께서 나를 보내신 것을 믿게 하옵소서"(요 17:21).

그러므로 그리스도의 화해는 단순한 인종 간의 화해보다 더 낫다. 하나님의 아들 예수 그리스도의 죽음으로 인해 모든 인종적 배경의 그리스도인들은 단지 한 생물학적 가족의 구성원이 아니라 그리스도에 연결된 하나의 영적 가족이다. 데스몬드 투투 남아프리카 공화국 대주교는 이 문제에 대해 용서를 강조한다: "용서한다는 것은 가해자에게 되갚을 권리를 포기하는 것을 의미한다." 아프리카 신학자 앨런 오브리 보에삭은 용서는 "기억에서 가시를 뽑아내는 것"이라고 주장한다.

1. 그리스도 중심의 화해

이 주제와 관련하여 피상적인 대화를 넘어 진정한 치유로 나아가려면 세 가지 점을 고려해야 한다. 첫째, 복음주의 교회는 성경보다 사회학의 영향을 더 많이 받는 것처럼 보인다. 둘째, 복음주의 교회는 인류의 하나 됨을 진지하게 받아들여야 한다. 셋째, 복음이 모든 사람을 위해 의도된 것이라는 점은 분명히 이해되지만 복음주의 교회는 종족마다 복음을 다르게 선포하는 경향이 있다. 그것은 바뀌어야 한다.

제임스 얼 매시 박사는 그의 자서전 "나의 순례의 양상들"에서, 1966년 독일 베를린에서 열린 복음주의 세계회의의 대표자였다고 말한다. 각 대표자들은 세계의 가장 먼 국가들을 대표해 왔다. 당시 전도대회는 주후 33년 오순절 이후 최대의 세계교회주의와 복음주의의 합동 모임이었다. 대회의 주제는 "하나의 인종, 하나의 복음, 하나의 과업"이었다. 그러나 매시 박사와 다른 아프리카계 미국인 대표자들은 대화에서 인종에 대한 주제가 누락되었음을 분명히 감지했다. 칼 헨리 박사는 아프리카계 미국인 대표들에게는 주제의 일부인 인종 측면이 당연하게 여겨져 왔다고 고백했으며, 이 누락에 대해 사과하고 아프리카계 미국인 대표들에게 "하나의 인종"에 대한 요약 성명을 준비하도록 요청했다.

복음주의자들은 단순히 종족 집단의 평등을 가정하기만 해서는 안 된다. 이 진리를 받아들이고 선포해야 한다. 복음주의자들은 사도행전 17장 26절을 인용하고 다른 종족과 나라와 방언과 백성으로 구성된 사랑받는 공동체의 종말론적 현실을 지적하면서 이 주제에 대해 진지하게 생각해야 한다. 우리는 모두 한 부부의 후손이며 그리스도인으로서 우리는 예수 그리스도의 피로 씻음을 받았다. 조지아주 애틀랜타에 있

는 밀 스트리트 침례교회의 아프리카계 미국인 목사 윌리엄 홈즈 보더스는 이런 이야기를 한 적이 있다:

한 흑인이 교육, 정치적, 경제적 기회를 박탈당했으며 음식을 구걸해야 했다. 남부 저택의 현관 벨을 누르니 집주인이 응답했다. "배고파요" 라고 흑인이 말했다. "뒷문 쪽으로 돌아서 와"라고 그는 말했다. 음식이 준비되어 있었고 집 주인이 그것을 흑인에게 가져왔다. "우선 음식을 축복할게" 라고 백인이 말했다. "이제 너는 나를 따라 말해 … 우리 아버지여." 흑인이 말했다. "당신의 아버지여 …" "너는 내가 '우리 아버지'라고 말하는데 왜 자꾸 '당신의 아버지'라고 말하나?" 라고 백인이 물었다. 흑인 거지가 대답했다. "제가 '우리 아버지'라고 말하면 저를 당신 형제로 만들 수 있어요. 그리고 형제에게 빵 한 조각 얻기 위해서 뒷 베란다까지 오도록 만드는 것을 주님이 기뻐하시지 않을 것 같아서요."(하나님의 잡역부, pp. 33~34)

2. 결론

사도 바울은 우리에게 모든 사람이 한 핏줄에서 태어났음을 상기시켜 준다. 그 한 피는 인류 안에서 각 개인을 평등하게 만들지만 인류의 죄를 용서하기 위해 흘린 그리스도의 피는 믿는 인류를 형제자매로 만든다. 우리가 하나님의 신성한 디자인을 받아들이기까지 전진하기 바란다.

G.
성경과 시민권

Kevin Smith

성경은 인권 운동의 사상, 수사학 및 발달의 중심이었다. 이 운동은 조직 내의 흑인 교회와 설교자들의 핵심적 역할에 영향을 받았다. 또한 교회에서의 집회와 흑인 영가의 노래들로 특징지어졌고 성경의 주제와 언어로 표시되었다. 많은 비그리스도인들이 인권운동의 목표에 참여하고 지지했지만, 인종에 관계없이 모든 인류의 본성에 대한 근본적인 진리 주장은 성경에 근거했다.

운동 배후의 중심적인 지적 경향은 모든 인간은 평등하다는 것에 초점을 맞추었다, 왜냐하면 모든 사람이 "하나님의 형상대로 창조"(창 1:27)되었기 때문에 피부색은 상관없다. 미국 역사에서의 흑인 자유 투쟁을 통한 창조와 인간 존엄성에 대한 성경의 가르침은 학자나 일반 사람들이 하는 모든 주장의 기초가 되었다. 문맹자들조차 인권운동을 통해 하나님이 한 사람으로부터 모든 사람을 창조하셨다는 것을 알았다 (행 17:26). 이것은 인권운동을 정치적, 경제적, 철학적 또는 기타 아이디어에 뿌리를 둔 다른 혁명과 구별한다. 이 독특한 성경적 기초는 성경에 계시된 하나님이 출애굽에 힘을 실어주신 것처럼 그 운동에 참여하도록 부르짖는 기초를 제공했다.

1963년 4월 16일에 쓴 유명한 "버밍엄 감옥에서 온 편지"에서 마틴 루터 킹 목사는 시위, 농성 및 보이콧에 참여하여 침입자이자 극단주의자라는 비난을 받았을 때 성경의 예를 사용해 변호했다. 버밍엄에 있는 자신의 존재를 정당화할 때 킹 목사는 지역 조직책들이 자신을 초대했으며, 구약 선지자들이 하나님께서 그들을 보내시는 곳이면 어디든지 "주께서 말씀하시되"를 선포하기 위해 마을을 떠나는 예를 언급했다. 또한 그는 마케도니아 신자들의 도움 요청에 대한 응답으로 사도 바울의 전도여행을 예로 들었다.

그는 이 운동을 도덕적으로 성경에 근거하여 말했다. "정의로운 법은 도덕법이나 하나님의 법과 일치하는 사람이 만든 규범이다." 따라서 이 운동은 차별과 차별을 지지하는 법을 경건하지 않고 불공정하며 성경의 분명한 가르침에 어긋나는 법으로 공격할 수 있었다. 물론 미국의 건국 문서인 독립선언문과 미국 헌법이 담론의 중요한 부분이었지만, 그 운동의 도덕적 동기와 영적 에너지는 성경에 근거했다. 킹목사는 심지어 분리를 "죄"라고 규정하고 그것을 지지하는 사람들을 "죄 많은"사람이라 불렀다. 그는 시민 불복종에 대한 자신의 이해를 더 높은 율법인 하나님의 율법에 대한 충성 때문에 느부갓네살의 율법에 굴복하기를 거부한 사드락, 메삭, 아벳느고의 성경의 예에 근거를 두었다. 이것은 때때로 "법과 질서"라는 표현으로 그의 행동에 대한 반대의 근거로 삼았던 수동적이거나 무관심한 성직자에 대한 그의 주장의 중요한 부분이었다. 이 운동에 관련된 많은 설교자들은 부패한 관리들, 특히 반대자와 시위자를 공격하는 보안관과 기타 법 집행관에 대해 "예언"할 때 구약의 선지자, 특히 호세아와 아모스를 인용했다.

그의 편지의 도발적인 부분에서 그의 활동이 시위대와 지역 법 집행 기관 사이에 갈등, 아마도 폭력적일 수 있는 부정적인 결과를 초래할 것이라는 비난에 답한다. 침례교 설교자인 킹은 비평가들을 예수 그리스도의 가르침, 행동, 헌신이 "십자가에 못 박힐만한 악한 행위를 했다"고 말하는 사람들에 비유하며 비난했다. 그의 마음에 이들의 생각은 결함이었고 비윤리적이었다. 시위대에게 가해진 폭력과는 대조적으로 시민권 운동의 비폭력적 접근이 "흑인 교회"와 이웃을 사랑하고 적을 위해 기도한다는 성경적 이해에 근거하고 있다고 지적했다. 지원하기를 거부한 일부 성직자들은 교회가 "세속적인" 일에 관여해서는 안 된다고 말했다. 또한 그들은 교회의 일은 정치적인 문제가 아니라 영혼을 구원하는 일이라고 반박했다. 킹의 편지는 사회적 관심을 무시하는 것이 논리적, 윤리적 또는 성경적이지 않다고 응답한다. 그는 기독교 윤리에 대한 이상한 이해를 발견했다. "나는 많은 교회가 몸과 영혼, 신성한 것과 세속적인 것을 이상하고도 비성경적으로 구별을 하는 완전히 다른 세상의 종교에 헌신하는 것을 보았다."

마지막으로, 킹은 자신이 극단주의자라는 주장에 반대하여 성경의 지도자들과 교회 역사의 인물들을 인용한 확장된 구절에서 성경과 그 광범위한 이야기를 보여준다.

처음에는 극단주의자로 분류되어 실망스러웠지만, 계속 생각하다 보니 점차 그 꼬리표에서 어느 정도 만족감을 느꼈다. 예수는 사랑에 대한 극단주의자가 아니었던가? "너희 원수를 사랑하고 너희를 저주하는 자를 축복하며 너희를 미워하는 자를 선대하며 너희를 학대하고 박해하는 자를 위하여

기도하라." 아모스는 정의에 대한 극단주의자가 아니었던가? "정의는 물처럼 흐르고 공의는 흐르는 강물처럼 흐르게 하라." 바울은 기독교 복음을 위한 극단주의자가 아니었던가? "내가 내 몸에 주 예수의 흔적을 가졌노라." 마틴 루터는 극단주의자가 아니었던가? 나는 달리 할 수 없으니 하나님이 시여 도우소서." 그리고 존 번연: "나는 내 양심을 도살하기 전에 내 인생이 끝날 때까지 감옥에 있을 것이다." 그리고 에이브러햄 링컨: "이 나라가 반은 노예이고 반은 자유인인 상태로 살아남을 수 없다." 그리고 토마스 제퍼슨은 이렇게 말했다. "모든 사람이 평등하게 창조되었다는 이 진리가 자명하다고 생각한다. …" 따라서 문제는 우리가 극단주의자가 될 것인지가 아니라 어떤 종류의 극단주의자가 될 것인지이다. 증오를 위한 극단주의자가 될 것인가 아니면 사랑을 위한 극단주의자가 될 것인가? 불의의 보존을 위해 혹은 정의의 확장을 위해 극단주의자들이 될 것인가? 갈보리 언덕의 극적인 장면에서 세 사람이 십자가에 못 박혔다. 세 사람 모두가 같은 범죄, 즉 극단주의라는 죄로 십자가에 못 박힌 것을 결코 잊어서는 안 된다. 두 명은 부도덕의 극단이었으며, 다른 한 편인 예수 그리스도는 사랑과 진리와 선을 추구하는 극단주의였다. 아마도 남부와 국가, 그리고 세계는 창조적 극단주의자들을 절실히 필요로 하고 있을 것이다.

마틴 루터 킹목사는 민권 운동에서 많은 역할을 했다. 그는 민권 운동의 얼굴이자 윤리학자, 신학자, 조직자 및 홍보 담당자였다. 이 모든 역할에서 그의 생각과 표현은 성경에 의해 형성되고 영향을 받았다.

H.
성경과 노예제도

Craig Mitchell

구약과 신약을 읽을 때 노예제도는 분명히 고대 경제 시스템 전체의 일부이다. 고대 근동 전역에서(그리고 다른 모든 곳에서도) 노예제도는 많은 문제에 대한 일반적인 해결책이었다. 성경 독자들은 종종 노예제도와 같은 악을 어떻게 기독교 세계관과 조화시킬 것인지에 대해 혼란스러워한다. 그러기 위해서는 여러 가지를 고려해야 한다.

성경을 믿는 우리가 가장 먼저 깨달아야 할 것은 타락하고 죄악 된 세상에 살고 있다는 것이다. 인간이 타락하면서 있어서는 안 될 것들이 많이 생겼다. 살인, 강간, 전쟁, 범죄는 하나님이 바라시는 사회질서를 왜곡시키는 많은 것들 중 일부에 불과하다. 노예제는 먼저 타락으로 인한 사회질서의 부패 또는 왜곡으로 이해되어야 한다. 성경은 노예 제도를 지지하지 않는다. 성경은 단지 신자들이 싸워야 하는 상태로 노예제를 인식하는 것뿐이다.

구약 전체에서 "종" 또는 "하인"을 의미하는 'ebed'라는 용어가 800회 이상 사용되었음을 발견한다. 그 중 5분의 1 이상에서는 가사를 도우는 하인을 지칭한다. 불행히도, 우리는 또한 족장의 부를 나타내기 위해 종종 노예의 수를 동물과 함께 나열하는 것을 발견한다. 고대 세계에서 노예는 가정의 재산의 일부로 간주되어 개인의 정체성은 상실됐다. 그들은 고대 이스라엘 내에서도 구타당하고, 매매되고, 상속될 수 있었다.

구약 기록은 고대 이스라엘 내에서 노예제도가 시행되었음을 분명히 밝히고 있지만, 히브리인들은 주변 문화의 관행과 다른 방식으로 노예제도를 시행했다. 다른 나라에서는 노예를 도구에 불과한 것으로 여겼지만, 히브리인들은 노예가 하나님의 형상대로 만들어진 인간이라는 사실을 결코 잊지 않았다. 이처럼 사람은 침해되어서는 안 될 어떤 존엄성을 가지고 있다. 결과적으로, 우리는 모세오경(창세기부터 신명기까지)에서 노예에게 어떤 것은 할 수 있고, 할 수 없는지에 대한 모든 종류의 법을 발견할 수 있다. 사실 고대 이스라엘에서는 노예도 시민의 권리를 가졌다. 이 모든 것은 히브리인들이 하나님께서 그들을 종 되었던 땅에서 인도하여 내신 것을 끊임없이 상기시켰기 때문이다(출 20:2). 히브리인들이 노예제도에 대한 접근 방식에서 또 다른 한 가지는 6년 후 안식년에서 해방되었던 것이다. 노예제도는 노예가 남아 있기로 선택하지 않는 한, 영구적인 노예상태가 되지 않도록 의도되었다.

신약에서 노예에 대한 가장 일반적인 단어는 'doulos(Gk)'로 124회 사용된다. 아리스토텔레스는 만물은 자율성과 자족을 추구한다고 주장했다. 따라서 노예제는 그리스 시민에게 최악의 상황이다. 'doulos'는 어느 정도 자율성을 가질 수 있지만 자족하지는 않는다. 고대 그리스 세계에서는 때로 자유로우며, 어떤 가정의 소유가 아닌 상태보다, 노예이면서 어떤 가정의 소유가 되는 것이 더 나았다. 신약시대에는 전체 인간의 50퍼센트 이상이 어떤 종류이건 노예 생활을 했다. 노예제도는 종종 잔인했고 인간의 생명에 대한 존중은 거의 없었다. *Patri Protempis*(아버지의 법)는 *paterfamilias*(아버지, 가장)에게 노예의 형벌과 보상뿐만 아니라, 삶과 죽음에 대한 권한도 주었다.

신약에서는 노예제도가 정죄되지도 긍정되지도 않았다. 고린도전서 7:20-23절에서 사도 바울은 수신자들에게 만일 그들이 종일 경우 자유를 구하지 말라고 말한다. 그는 갈라디아서에서 우리 모두는 예수 그리스도 안에서 평등함을 강조한다. 에베소서 6:5-10과 골로새서 3:22-25에서 그는 주인들에게 종을 억압하지 말라고 상기시킨다. 성경의 이 부분들에서 바울은 종들에게 사람보다 그리스도를 기쁘시게 하는 것을 목표로 순종할 것을 상기시킨다.

미국 상황에서 노예제도의 개념은 과거에 노예제도와 제도의 악용을 정당화하기 위해 성경을 사용한 방식 때문에 종종 문제가 복잡해진다. 미국의 노예제도는 고대 세계만큼이나 잔인했다. 일부 노예 소유자는 노예를 위한 구원의 필요성을 인식했지만 다른 소유자는 그렇지 않았다. 미국 노예제도와 고대 노예제도의 큰 차이점은, 미국에서는 사람들이 인종에 따라 노예가 되었다는 것이다. 이것은 더 죄 많은 제도를 만들었다.

I.
결혼에 대한 성경적 견해

Alan B. Terwilleger

하나님은 결혼을 사랑하신다. 성경은 외로운 아담이 신부 하와를 맞이하는 결혼으로 시작하고 세계 최초의 사랑 노래로 자축한다(창 2:22-25). 성경은 하나님의 어린 양이신 예수님이 자신의 큰 혼인잔치에서 그의 신부인 교회를 영접하는 것으로 끝난다(계 19:7). 그리고 마지막 혼인만찬을 예상하신 예수님은 혼인잔치에서 첫 번째 기적을 행하셨다(요 2:1-11).

성경은 결혼을 인간의 번영, 자녀의 복지, 그분의 왕국의 발전을 위해 하나님께서 마련하신 신성하고 기초적인 제도로 제시한다. 결혼은 모든 인류에게 주어진 선물이다. 로저 스크루톤(Roger Scruton)은 다음과 같이 표현한다.

모든 사회에는 한 세대의 일이 다음 세대의 복지를 위해 바쳐지는 수단으로 결혼이라는 제도가 존재함을 살펴볼 수 있다. 결혼은 단순히 자녀를 보호하고 양육하는 것이 아니다. 그것은 성적 질투심에 대한 방어막이자, 독특한 형태의 사회−경제적 협력이며, 안전을 위한 공동의 노력에서 각 파트너의 효율성을 두 배 이상 높이는 상호 지원적인 역할 분담이다(결혼의 의미, p. 6).

오늘날 문화가 결혼을 둘러싼 우리의 태도와 행동에 중대한 영향을 미치고 있지만, 그리스도인은 하나님이 설계하셨고 사랑하는 이 가장 신성한 제도에 대해 하나님이 어떻게 생각하시는지 알고 싶어 해야 한다. 하나님께서 결혼에 대한 아무런 지침을 남기지 않으셨다면, 개인적 또는 사회적 변덕에 따라 결혼을 선택할 수 있다. 그러나 하나님은 명확한 정보를 주셨다. 성경에 있는 그분의 계시는 결혼을 위한 그분의 계획으로 우리를 인도하며, 그것을 받아들이면 그분의 피조물인 인간이 번성하는 것을 보게 될 것이다.

1. 사람들은 교제가 필요하다

하나님은 천지와 그 안에 있는 만물을 창조하신 후 자기 형상대로 사람을 창조하여 피조물을 정복하고 다스리게 하셨다. 그분은 우리를 모두 똑같이 창조하신 것이 아니라 "남자와 여자로 창조"하셨다(창 1:27). 창조의 과정에서 하나님은 자신의 창조가 선하다고 거듭 선언하셨다(창 1:4,10,12,18,21,25,31). 하지만 한 가지 예외가 있었는데, 사람이 홀로 있는 것과 고독한 것이 좋지 못하다고 하셨다(창 2:18). 교제가 없는 인간의 창조는 불완전했다. 인간이 혼자라면 출산도 불가능하고, 더 중요한 것은 하나님 안에서 그분과의 친밀한 관계를 인간 사이에서 경험할 가능성도 없는 것이다. 그래서 하나님은 남자를 보완하고 인류를 위한 선한 계획을 완성하기 위해 여자를 만드셨다.

아담은 하와를 기뻐하며 "내 뼈 중의 뼈요 살 중의 살이라. 이것을 남자에게서 취하였은즉 여자라 하리라"(창 2:23)라고 하는 것과 그 다음 구절에서 우리는 "이러므로 남자가 부모를 떠나 그의 아내와 합하여 둘이 한 몸을 이룰지로다"(24절)를 본다.

17세기 성경 주석가 매튜 헨리는 이렇게 썼다. "아담의 머리에서 취하여 하와가 그를 다스리게 하심도 아니요, 그의 발에서 취하여 그 발에게 짓밟히게 하심도 아니요, 오직 옆에서 취하여 그와 동등하게 하고, 그의 팔 아래에서 취하심으로 그의 팔에 보호받게 하고, 그의 심장 가까이에서 취하심으로 그가 아끼고 사랑하게 하려 함이라."

이런 방식으로 남자와 여자는 서로를 위한 동지애를 제공한다. 하나님 나라의 일에서 상호 의존적으로 함께 일하고 하나님의 피조세계에 거주할 자녀를 낳고 가족을 양육한다.

2. 한 남자와 한 여자

창조 시 하나님은 한 남자와 한 여자의 결합으로 결혼을 제정하셨다. 인간의 타락은 우리 시대의 도덕적 혼란을 포함하여, 결혼을 위한 하나님의 계획에 온갖 종류의 왜곡을 일으켰다. 그러나 하나님은 한 남자와 한 여자가 함께하는 신성한 결합에 대한 자신의 계획을 분명히 보여 주셨다.

하나님은 남자와 여자를 동등하게 만드셨지만, 서로 다르게 창조하셨다는 것을 이해하는 것이 중요하다. 남자와 여자는 바뀔 수 없다. 그들은 상호보완적이다. 결혼으로 그들은 한 몸이 되고(창 2:24), 특히 출산에서 기능하는 한 단위가 된다. 루폴드(H. C. Leupold)는 한 몸이 된다는 것은 "관심과 추구의 공동체에서 한 인격을 다른 인격과 완전히 동일시하는 것, 성관계로 완성된 결합을 포함"한다고 설명한다(Exposition of Genesis, vol. 1, 137).

우리 문화에서 성관계는 부부간의 즐거움과 더불어 출산을 위해 마련되었다는 사실을 기억하는 것이 중요하다. 결혼, 성관계, 그리고 자녀들은 함께 간다. 하나님 나라를 위한 하나님 설계의 중심인 가족은 한 남자와 한 여자의 결합과, 결혼을 한 몸이 되는 것으로 정의하는 출산 행위를 통해 형성된다. '보조 생식기술'을 배제한다면, 서로를 상호 보완하는 남자와 여자만이 또 다른 인간을 창조할 수 있다.

3. 결혼은 언약적 관계이다.

하나님과 그의 신부인 교회가 십자가에 못 박히신 그리스도의 새 언약으로 묶인 것같이(눅 22:19-20, 히 9:15, 12:22-24), 남편과 아내는 결혼의 언약으로 묶여 있다(말 2:14). 어떤 사람들은 결혼을 계약이라 말하지만 결혼은 계약이 아니다. 그것은 언약이다. 계약은 "준 대가와 받는 대가" 사이의 합의이다. 그들은 한 쪽이 무언가를 얻을 것으로 기대하면서 다른 쪽에 무언가를 주는 50 대 50의 계약이다. 그리고 계약이 이행되었거나 양쪽 당사자가 계약을 파기하기로 동의하면 계약이 종료된다.

언약은 근본적으로 다르다. 언약에서 양쪽은 상대에게 아무 대가를 받지 못한다 할지라도 주기로 한 것의 100%를 줘야 한다. 언약은 하나님의 이름을 거는 엄숙한 서약으로 맺어진다. 그리고 언약은 결코 끝나거나 변경될 수 없으며, 언약의 계정을 취소할 수 있는 마지막 지점은 없다. 가족과 친구들이 목격한 엄숙한 서약을 통해, 하나님의 이름을 걸고 결혼 언약으로 하나 된 부부의 영원한 관계는 하나님의 신성한 축복으로 봉인된다. "그러므로 하나님이 짝지어 주신 것을 사람이 나누지 못할지니라."(막 10:9)라고 예수님께서 말씀하셨다.

결혼은 평생의 약속이기 때문에 그리스도인의 목표는 단지 "좋은" 결혼을 하는 것이 아니라 경건한 결혼을 하는 것이어야 한다. 우리의 타락한 본성 때문에 결혼 생활이 행복을 항상 제공하지는 않지만, 죄가 많은 곳에 은혜가 넘치고(롬 5:20) 은혜가 넘치는 곳에 평생에 걸친 사랑스러운 결혼의 가능성도 있음을 기억해야 한다. 성경은 특정한 상황에서 이혼을 인정하지만, 이는 이상적 결혼에 대한 하나님의 기대에는 미치지 못한다(마 19:1-9, 고전 7:10-16).

4. 자아에 대한 죽음

결혼식은 각자의 자리에서 살아온 독신남, 독신녀 생활의 마침표이다. 서약을 선포하고 혼인을 인봉하면 둘은 하나가 된다. 피터 레이타르트(Peter J. Leithart)가 말했듯이

결혼식 날은 죽음의 시작일 뿐이다. 예식을 치르고 여느 때처럼 살아온 남녀는 결혼에 필요한 것이 무엇인지 제대로 이해하지 못했다. 결혼식에서의 죽음은 계속되는 죽음에 대한 부르심이다. 그들의 결혼식에서 남자와 여자는 독신생활과, 부모와의 오랜 관계와, 자신의 오랜 습관과 계획으로부터 죽고, 그 죽음은 결혼생활 내내 성취되어야 한다. ("결혼이 죽어가고 있을

때", *Touchstone Magazine*)

5. 세상에 보내진 증인

상호 보완적으로, 결혼한 부부는 하나님께서 그의 백성과 맺으신 사랑의 관계라는 아름다움과 신비를 세상에 나타낸다. 구약에서 시작하여 하나님은 그의 백성을 언약으로 결합된 그의 신부로 언급하셨다(사 54:5-8; 겔 16:8; 호 2:19-20). 하나님은 이스라엘이 언약을 어기는 것을 "간음"과 "매춘"이라고 부르는(겔 23장, 호 2:2-13) 동시에 "신랑이 신부를 기뻐함 같이 너희 하나님이 [이스라엘]을 기뻐하시리라"(사 62:5)라는 날이 올 것을 약속하셨다.

그 동일한 약속이 신약까지 이어진다. 바울은 "이 비밀이 크도다. 나는 그리스도와 교회에 대하여 말하노라"(엡 5:32)라는 말로 그리스도인의 결혼에 대한 가르침을 결론짓는다. 그리스도인의 결혼은 그 사랑을 필요로 하는 세상에 하나님의 사랑을 보여주며, 모든 결혼식을 통해 예수님이 그의 신부인 교회를 영화롭고, 명예롭게 하고, 영원히 함께 하시기 위해(계 19:7-9, 21 :2,9) 재림하실 날을 기대하게 한다.

J.
젠더는 선택할 수 있는가?

Stanton L. Jones

성(sex, 섹스)과 성별(gender, 젠더)은 일반적으로 구별되는데, 성(性)은 남성다움과 여성다움의 생물학적 구성요소를 의미하고, 젠더는 심리적, 문화적 구성요소를 의미한다. 보다 정확하게 말하면, 성의 생물학적 구성요소는 네 가지 측면으로 나누어진다.

1) **염색체:** 남성은 X염색체 1개와 Y염색체 1개, 여성은 X염색체 2개를 가짐

2) **생식선과 합성되는 호르몬:** 남성에게는 고환이 있고 여성에게는 난소가 있다.

3) **해부학적 생식기:** 남성의 외부구조는 음경과 음낭을 포함하고, 내부구조는 정관과 전립선을 포함하는 반면, 여성은 외부구조로 음핵과 음순, 내부구조로 질, 자궁, 나팔관을 포함한다.

4) **이차성징:** 남성은 더 많고, 더 거친 몸과 얼굴의 털, 더 큰 키와 더 많은 근육량을 보이며, 여성은 큰 유방, 더 넓은 엉덩이, 더 적은 몸의 털과 더 적은 근육량을 보인다.

젠더의 심리적/문화적 보완은 적어도 세 가지 개별 측면으로 해결된다.

1) 성 정체성: 남성 또는 여성이라는 주관적인 감각

2) 성적 취향: 남성은 여성에게만 성적 매력을 느끼고 여성은 남성에게 매력을 느낀다.

3) 성 역할: 남성다움 또는 여성다움에 대한 문화적 기대의 수용.

이와 같은 7가지 요인의 복잡성과 발달을 고려할 때, 그렇게 많은 성인이 7가지 모든 요인에 일관되게 일치하여 여성 또는 남성이라는 별로 복잡하지 않은 감각을 경험한다는 것은 놀라운 일이다. 그러나 예외적으로 어떤 사람은 7개 영역 중 하나 이상이 정상에서 벗어난다.

1) 일부 개인은 추가 성 염색체를 받는다(예: XXY 및 XYY, 합병증). DSD[14]

2) 어떤 사람은 생식선 발달이 불완전하고, 어떤 경우 고환과 난소 조직이 혼합된 생식선이 발달된다(예: 가성 자웅동체).

3) 생식선 기능장애, 호르몬 이상, 자궁 환경으로 인해 해부학적 발달에 문제가 있을 수 있다(예: 안드로겐 무감각 증후군, 소음경, 때때로 인터섹스라고 불리는 모호한 생식기[태어날 때 음경과 음낭으로 오인되는 확대된 음핵 및 음순과 같은]); 또한 환경적 사건으로 발생하는 문제(예: 음경을 절단하는 잘못된 할례).

4) 호르몬 문제로 인해 이차 성징이 최소화되거나 과장될 수 있다.

5) 특정 개인은 생물학적 성별과 반대되는 트랜스젠더리즘을 말한다.

6) 인구의 3~5%가 동성 또는 양쪽 성에 대해 일관되고 안정적인 성적 매력(지향)을 보고한다. 다른 사람들은 다른 방향으로 지속적인

---

14 DSD, disorder of sex development, 성발달이상질환으로 분류됨

매력을 느낀다고 보고한다(예: 소아성애자).

7) 일부 개인은 성별이 아닌 역할에 끌린다. 더욱이 현대 문화는 규정된 성 역할의 명확성과 경직성을 다양화한다.

세 가지 젠더 변수에 대한 생물학적 기여와 성의 네 가지 생물학적 측면에 대한 심리적 사회적 기여에 대한 과학적 증거가 있기는 하지만 그 기여가 얼마나 결정적인지 또는 인간의 선택과 어떻게 상호작용하는지는 불확실하다.

1. 성이나 젠더는 선택인가?

그리스도인들은 하나님이 창조주이시며 인간은 피조물로 하나님의 창조의 의도에 따라 남,여 두 가지 성별을 갖고 있으며("그가 그들을 남자와 여자로 창조하셨다", 창 1:27), 우리의 성은 하나님의 선물임을 인식해야 한다, 먼저 감사와 겸손으로 이 사실을 받아들인 다음, 부모와 우리의 선택에 따라 책임감 있게 형성되어야 한다. 하나님은 삼위일체 공동체에 영원히 존재하며, 우리는 그의 신성한 형상으로 공동체 안에서 몸으로 나타난 여성과 남성으로 존재하며 주님의 권위 아래 성과 젠더의 은사에 대한 적절한 청지기 직분을 맡았다. 죄로 인한 타락으로 때때로 선한 것을 이해하지 못하는 것을 감안할 때, 우리는 이 청지기 직분에 대한 하나님의 도덕적 인도를 감사함으로 확증한다.

우리의 섹슈얼리티는 개인적인 존재 이상의 목적을 위해 주어진 선물이다. 남성다움과 여성다움은 일반적으로 결혼의 토대를 마련한다. 한 남자와 한 여자의 언약적 결합은 완전한 성적 친밀감을 포함하여 자녀를 낳고 여러 세대에 걸친 가족으로 확장된다. 성은 관계적이고 공동체적인 의미를 지닌 선물이다. 남편과 아내는 서로에게 선물이다.

그리스도인들은 생물학적으로나 심리적으로 주어진 모든 것을 하나님의 영원한 뜻이라고 주장하지는 않는다. 죄 때문에 인간이나 우리 주변의 세상이 하나님의 뜻과 같지 않을 수 있다. 우리는 무질서하다. 그러므로 우리의 경험을 하나님의 의도로 받아들일 수 없다. 잔인함이나 부도덕이 문화적 규범인 경우(예: 특정 아프리카와 이슬람 문화에서 여성 할례의 관행 혹은 힌두교의 세티(settee) 관습, 남편의 시신을 화장할 때 과부를 화형에 처하는 관행) 문화적 변화를 추구해야 한다.

더 나아가 하나님의 특별 계시를 해석하는 데 있어 우리의 유한한 한계를 인식한다. 예를 들어, 성 역할의 영역에서 합리적인 그리스도인은 책임 있는 선택의 여지가 있음을 인식한다. 많은 사람들이 비즈니스 리더십을 공부하고자 하는 젊은 여성이나 더 높은 소득을 가진 아내의 경력을 지원하기 위해 가사를 선택하는 젊은 아버지를 지지할 것이다. 그러나 어떤 선택도 남성과 여성의 고유한 소명을 부정하는 것은 아니다.

신체적 성적 특성의 영역에서도 장애를 교정하려는 시도는 정당하다. 어린이의 구개열의 외과적 교정을 지원하는 것처럼 절단된 음경의 재부착, 근육통 및 척추 통증에 기여하는 무거운 유방을 가진 여성의 외과적 유방 축소 수술이나, 사춘기가 되었지만 2차 성징의 발달이 지연된, 염색체와 해부학적으로는 남성인 10대에 대한 테스토스테론 강화 치료를 지지한다.

그러나 이제는 더 급진적인 옵션이 가능한 시대를 우리는 살고 있다. 기술력으로 인해 한때 불가능했던 방식으로 의학적 혹은 심리적 개입을 할 수 있기 때문에 성 혹은 성별의 선택 가능 여부에 대한 질문은 오늘날 도전적이다. 그런 선택은 우리에게 딜레마를 안겨준다. 생물학적으로 여성으로 태어났지만 성전환 수술을 받아 난소를 제거하고 인공음경을 만들고, 테스토스테론을 복용하고 남성의 2차 성징을 발달시키고, 심리적으로 남성임을 보고하고, 문화적으로 남성 역할을 하면서, 아직 다른 남자와 섹스를 원하는 동성애 트랜스젠더와 같은 경우는 어떻게 생각하는가? 이 경우 성/젠더의 7가지 차원 중 염색체만 변경되지 않고 6가지가 정상에서 벗어나 있다. "LGBT 정체성은 내가 항상 느꼈던 것과 하나님이 나를 만드신 것은 일치한다."는 그 동성애 트랜스젠더의 주장에 대해 어떻게 생각해야 하는가?

겸손하고 그리스도께 온전히 복종하는 성경적 그리스도인들은 성적 표현에 대한 성경적 규범과 함께 자신이 부여받은 성을 선물로 받아들일 것이다. 그러나 우리는 창조주와 그의 창조 의도를 거부하는 세속 문화에 속에 살고 있다. 이 문화는 행동을 지배하는 모든 규범을 거부하는 것이며, 질환을 규정하는 객관적 규범을 바꾸려는 것이라는 생각에 대한 거부로 이어진다. 성적인 영역에서 무엇이 질환을 규정하는지 정의하는 공식적인 정신건강진단 기준이 지속적으로 변화하고 있는 것을 보아왔다. 한때 "비정상"으로 간주되었던 많은 행위 또는 자극적 패턴이 정상이 되어버렸다. 여기에는 동성애 지향과 "페티쉬(fetish: 특정 물건을 통해 성적 쾌감을 얻는 것)"가 포함된다.

훨씬 더 근본적으로, 삶의 결과는 우연에 의해 결정된다고 가정하는 물질주의적 세계관은 우리에게서 의미나 선에 대한 깊은 감각을 빼앗아 간다. 유전적 번식과 진화론적 진보에 대한 막연한 열망에만 의지하여, 무자비한 우연에 대항하는 인간의 의지만을 무분별하게 주장하는 것만이 남은 전부일 수 있다. 이것은 타락 당시 아담과 하와에게 주어진 원래의 유혹, 즉 규범을 어기고 자신의 선택을 행사함으로써 "너희가 하나님과 같이 되어 선악을 알게 될 것"(창 3:5)이라는 유혹과 같은 것을 사회에서 광범위하게 받아들이도록 이끌 수 있다.

로마서 1장에는 사도 바울의 "썩어지지 아니하는 하나님의 영광을 썩어질 사람과 새와 짐승과 기어다니는 동물 모양의 우상으로"(1:23) 바꾼 사람들에 대한 가혹한 묘사가 있다. 일부 사람들이 그렇게 행하고, 그 결과로 "그들이 마음에 하나님 두기를 싫어하는"(1:28) 시대에 우리는 살고 있다. 인간의지를 우선시하는 가능한 예로서, 미국 심리학회(www.apa.org)의 성적 지향에 대한 적절한 치료적 반응에 관한 2009년 보고서는 두 가지 관점 (1) LGBT 허용에 반대하는, 개인의 정체성에 대해 외부적 초월적 규범을 가진 기독교적 종교적 이해와 (2) LGBT 허용에 찬성하는, 또 "자신의 경험적 자아 안에서 완전함을 느끼며 사는" 심리학적 접근으로 자기 인식과 개인 정체성을 포함한 발달 과정의 전개에 우선순위를 두는 관점(p. 26)을 대조했다. 하나님의 뜻에 개인적으로 순종한다는 기독교적 입장은 개인의 정체성이 "자신의 경험적 자아"와 먼저 일치함으로써 가장 잘 확립된다는 주장과 실제로 대조된다.

그리스도인들은 인간의 타락으로 인한 질병과 세상의 무질서의 결과로 육체적인 성과 성적인 표준 사이, 성과 젠더의 측면 사이, 개인의 성향과 문화적 성향 사이, 성경적 규범과 우리의 개인적 성향(혹은 문화적 표준) 그리고 다른 것들 사이에서 다양한 방식으로 불일치를 경험한다는 것을 인정한다. 그러한 불일치를 해결하는 데는 여러 가지 형태가 있을 수 있으며, 우리는 겸손한 청지기로서 복잡한 선택을 해야 한다. 치료자이셨던 그리스도의 모델을 따라 질환을 치료하기 위해 의학적으로나 심리적으로 개입해야 할 때가 있다. 하나님의 부르심에 따라 지배적인 성 역할을 어길 때도 있다. 예를 들어, 우리는 여선지자, 여성 사사 또는 전쟁에 가담한 여성에 대한 성경 이야기에서 긍정적인 선례를 가지고 있다.

더 큰 문제는 성별 정체성이 생물학적으로 분명한 성과 일치하지 않는 성전환자 같은 경우이다. 오늘날 많은 사람들이 이 상태를 인간 다양성의 일부로 인정될 수 있도록 질병으로 보는 것을 거부한다. 그러나 하나님의 창조 의도를 받아들이는 기독교적 관점은 그러한 상태를 질병으로 봐야 한다. 참으로 모든 인간의 삶은 죄로 인해 혼란하다. 하나님이 우리에게 주신 가장 중요한 소명은 우리의 삶(몸과 영혼)을 하나님의 계시된 뜻(딤전 4:1-5)에 일치시키고, 영원 속에서 우리의 궁극적인 치유를 확신하면서, 우리의 상한 것을 주님의 주권적 치유에 의존하는 것이다.

사안이 복잡한 경우, 무엇이 적절한 대응인지 분별하는 것이 어려울 수 있다. 객관적으로 명백한 장애로 고통받는 사람들을 긍휼히 여기더라도, 경험적 자아에 단순하게 우선순위를 두는 것과 생물학적 성을 쉽게 조작할 수 있다는 생각은 거부되어야 한다. 성과 성별을 최종 결정하는 것이 우리의 자율적 선택에 있다는 환상에 저항해야 한다. 경건한 성생활을 위해 선택해야 할 것이 많지만 가장 깊은 의미에서 성과 성별을 형성하는 우리의 선택은 우리를 위한 하나님의 성 결정에 겸손히 복종하는 것이다.

K.
트랜스휴머니즘에 대한 반응

M. Todd Bates

우리 대부분은 키가 좀 더 크거나, 더 날씬하거나, 더 건강하기를 바라며 조금 더 지적이고, 더 자제력 있고, 어쩌면 조금 더 덕이 있는 사람이 되기를 원한다. 이러한 욕망은 보편적인 것처럼 보이며 현대 기술의 발전과 함께 트랜스휴머니즘[15]이라는 불리는 움직임이 이러한 증진 및 기타 많은 것을 모두 가능하게 하려고 한다.

관대하게 보면 트랜스휴머니즘은 지난 20년 동안 점진적으로 발전해 온 느슨하게 정의된 움직임이다. 이것은 기술의 발전 앞에 활짝 열린 인간의 상태와 육체를 향상시킬 수 있는 기회를 이해하고 평가하기 위한 다학제적 접근을 촉진한다(닉 보스트롬, "트랜스휴머니스트의 가치).

그러나 같은 책에 불길하게 묘사된 부분이 있다 "트랜스휴머니스트들은 인간을 작업 중인, 바람직한 방향으로 재형성하는 것을 배울 수 있는 반쯤 완성된 시제품으로 본다. 현재의 인류가 진화의 종점일 필요

---

15 인간의 수명과 인지능력을 크게 향상시킬 수 있는 정교한 기술을 개발하고 널리 보급함으로써 인간 상태를 향상시키는 것을 옹호하는 철학적, 지적 운동.

는 없다." 두 번째 설명은 더 노골적으로 표현되지만, 이를 불길하게 만드는 생각은 이러한 첫 번째 정의에 들어있다.

트랜스휴먼과 포스트휴먼이라는 두 가지 용어가 트랜스휴머니즘에 대한 관점을 제공하는 데 도움이 된다. 트랜스휴먼은 휴먼과 포스트휴먼 사이의 중간 형태를 의미한다. 포스트휴먼은 현재의 기준으로 볼 때 더 이상 분명히 인간이 아닐 정도로 현재 인간의 능력을 능가하는 가능한 미래의 존재이다. 따라서 트랜스휴머니스트는 트랜스휴먼을 통해 포스트휴먼을 향한 트랜스휴머니즘의 노력을 지지한다.

트랜스휴머니즘의 많은 요소는 인간 본성과 인간 상태에 대한 성경적 관점과 일치한다. 인간의 고통을 덜어주고 인간의 번영을 유지하는 미덕을 육성하려는 명백한 노력은 트랜스휴머니스트 수고에 동기를 부여한다. 실제로, 저명한 트랜스휴머니스트 웹사이트는 왜 그렇게 많은 사람들이 그것을 "새로운 종교"라고 부르는지에 대해 응답할 정도로 복음과 트랜스휴머니스트 내러티브와 크게 겹치는 부분이 있다. 트랜스휴머니즘은 기이한 방식으로 구원의 이야기를 들려준다. 그것에는 인간의 곤경에 처한 상태와 "구원"이 필요한 이유에 대한 관점이 있다. 그리고 구원의 본질과 그 구원이 무엇으로 구성되었는지에 대한 견해를 가지고 있으며 종말론적 희망이라고 부를 수 있는 미래에 대한 비전까지 가지고 있다.

그러나 성경적 관점에서 트랜스휴머니즘은 각각에 대한 성경적 이해와 상반되는 인간 본성, 인간 상태, 실재의 본성에 대한 주요 가정에 뿌리를 두고 있다. 따라서 피상적인 유사성에도 불구하고 트랜스휴머니즘은 다른 복음을 나타낸다.

1. 트랜스휴머니스트들의 신념

옥스퍼드 대학교의 트랜스휴머니스트 철학자인 닉 보스트롬(Nick Bostrom)에 따르면 트랜스휴머니스트 운동은 세속적 인본주의 사고에 뿌리를 두고 있지만 그 이상으로 확장된다. 세속적 인본주의는 실재와 지식의 본질에 대한 몇 가지 믿음, 즉 트랜스휴머니스트들이 동등하게 공유하는 믿음으로 시작한다. 세속적 인본주의 선언문 I, II의 처음 몇 문장, 그리고 지금의 선언문 III이 이러한 신념을 대변한다.

첫째, 하나님에 대해 근본적으로 부정한다. 인본주의는 초자연주의를 인정하지 않는 진보적인 삶의 철학이다. 인류의 더 위대한 선을 열망하는 개인적 성취의 윤리적 삶을 이끌 수 있는 능력과 책임을 확신한다 (III).

둘째, 인간의 생명은 자연주의적 진화 과정에서 발생한다. 인본주의는 인간이 자연의 일부이며 지속적인 진화과정의 결과로 출현했다고 믿는다(I). 인본주의자들은 생명에 대한 유기적 관점을 유지하면서, 몸과 마음의 전통적인 이원론이 거부되어야 한다고 본다(I).

셋째, 초자연주의에 대한 부정과 함께, 신에 대한, 또 신으로부터 오는 지식은 부정되고 오직 자연주의적 지식만 쓸모가 있다. 세상에 대한 지식은 관찰, 실험 및 합리적 분석으로부터 생성된다. 인본주의자들은 이런 지식을 결정하고, 문제를 해결하고, 유익한 기술을 개발하는 데 과학이 가장 좋은 방법이라는 것을 발견했다(III).

이런 소위 유익한 기술은 세속적 인본주의를 넘어 트랜스휴머니즘까지 확장된다.

국제 트랜스휴머니스트 조직인 휴머니티 플러스에 따르면 트랜스휴머니스트는 교육, 문화 개발과 같은 전통적인 인본주의적 방법에만 매달리지 않는다. 궁극적으로 일부 사람들이 인간이라고 생각하는 그 이상으로 우리가 나아갈 수 있도록 하는 테크놀로지를 수단으로 사용할 수 있다. 이 조직은 100개 이상의 국가에서 온 6,000명 이상의 회원과 많은 소속 단체를 자랑한다.

2. 트랜스휴머니즘과 복음

"인간을 초월한 이동" 아이디어는 복음이 나타나는 곳과 이 움직임의 표면적 유사성이 나타나는 곳이다. 트랜스휴머니스트 저술에서 사용되는 핵심 용어는 향상이다. 서두의 정의에서는 인간의 상태를 향상시키기 위해 새로운 기술을 사용하는 것과 관련이 있다. 여기에는 백신 접종이나 치명적인 질병 또는 불필요한 인간 고통을 근절하기 위한 기술 사용 등이 포함된다.

고통받는 사람들을 치유하는 것, 도움이 필요한 사람들을 돕는 것, 노인들을 돌보는 것은 분명히 복음과 일치한다. 많은 트랜스휴머니스트들은 예수님이 질병과 죽음을 단순히 "아버지의 뜻"으로 받아들이신 것이 아니라 고통을 덜어주기 위해 노력하셨다고 주장하면서 자신들의 노력을 뒷받침하기 위해 예수님의 말씀과 사역을 인용하기까지 한다. 실제로 예수께서는 사역의 표징으로 병을 고치는 일에 많은 노력을 기울이셨다. 세례요한의 제자들에게 질문을 받았을 때(마 11:2-6), 예수님은 자신의 신분을 증명하는 사역의 이 부분을 직접 지적하셨다. 그러나 예수님에 대한 트랜스휴머니스트의 호소는 두 가지를 고려할 때 실패한다. 예수님의 말씀과 사역을 문맥에 따라 살펴보면, 예수님의 치유는 하나님의 나라가 임했고 죄의 권세가 무너졌다는 것을 의미하는 것이 분명해진다. 치유와 회복은 생명을 위한 생명의 회복이라는 목적이 아니라 인간의 모습으로 오신 하나님이 세상을 죄에서 구속하기 위해 오셨다는 의미였다.

인간의 깨어진 상태에 대한 성경적 이해는 트랜스휴머니스트들과 공유되지만, 인간에게 고통을 일으키는 원인과 구속의 방법은 크게 다르다. 인간이 육체적 질병은 죄의 영향이 세상에 미치는 결과이기 때문에 단순히 몸을 "향상"시키는 것만으로는 인간을 진정으로 치유할 수 없다(눅 5:31-32; 막 7:23).

두 번째 생각해 볼 점은 예수님이 행하신 치유의 본질과 트랜스휴머니즘의 회복과 개조의 구별이다. 예수님은 눈먼 사람을 고치실 때 시력을 회복시키셨다. 기술이 작은 카메라와 "신경 보철물"을 통해 맹인의 시력을 회복할 수 있는 가능성을 만들어, 인간 독창성의 경이로움을 증거하는 한편, 자연 시력을 장거리 줌 또는 야간 시력으로 "향상"시키는 데 사용되는 기술은 회복보다는 개조에 해당한다. 이렇게 포스트휴먼을 향한 진전이 이루어진다.

여기서 트랜스휴머니즘의 전제가 분명해진다. 하나님의 존재와 무관하게 인간이 개조 중이라면 현재 인간의 한계는 난처한 상황일 뿐 죄와 아무 상관 없다. 이 믿음에 내포된 것은 현재의 모든 생물학적 한계가 인류의 문제라는 것이다. 이러한 한계는 육체적인 것과 지적인 것을 모두 포함하기 때문에, 인간의 유기체가 향상될 수 있다면 현재의 한계를 극복하는 것은 본질적으로 선한 것이며 '구속'을 향한 발걸음이다. 따라서 기술이 구세주가 되고 "테크노 사피엔스"가 탄생한다.

트랜스휴머니스트 철학자 맥스 모어(Max More)의 다음 논평을 고려해

보라.

트랜스휴먼 또는 포스트휴먼이 개인 또는 종으로서 현재의 DNA를 공유할
수 있지만 임플란트, 재생의학, 의료 나노기술, 신경-컴퓨터 인터페이스
와 다른 기술 혹은 문화적 관행들로 인해 점점 우리의 염색체를 개인과 종
정체성 구분의 거의 흔적적인 구성 요소로 만들 가능성이 높다("H+: True
Transhumanism", 137)

성경적으로 이해하자면, 예수님의 삶에서 진정한 인간의 삶을 엿볼
수 있다. 타락한 상태에서 우리는 단지 인간이라고 불릴 수는 있다. 진
정한 인간의 삶에서 예수님은 생물학적 한계를 극복할 대상으로 보지
않았다. 예수님은 목마르셨을 때 마시고, 배고플 때 먹었으며, 피곤할
때 잤다. 이것들 중 어느 것도 본질적으로 문제가 있는, 즉 극복해야 할
것으로 묘사되지 않고 하나님 아버지의 공급하심을 받아들이는 기쁨의
근원으로 묘사된다. 마찬가지로 예수의 부활은 우리의 현재 삶에 대한
관점을 제공한다. 예수님은 새 생명으로 부활하셨다. 이것은 단순히 이
전 삶의 조금 향상된 형태가 아니다. 오히려 부활은 다시는 죽음에 이
르지 않을 영광스러운 몸으로 구성된다.

고려할 가치가 있는 또 다른 질문은 트랜스휴머니스트들이 인류가
현재보다 훨씬 더 많아질 수 있다는 것을 어떻게 아는가 하는 것이다.
흥미롭게도 보스트롬(Bostrom)은 "인간 존재 방식의 한계는 사방에 널려
있고 너무 친숙해서 우리는 그것을 알아차리지 못한다. 그 한계에 의문
을 제기하려면 거의 어린아이같은 순진함이 있어야 한다."라고 제안한
다. 현재의 한계가 그렇게 만연해 있다면 어떻게 우리가 그것에 의문을

제기할 수 있을까? 인간이 하나님의 형상대로 창조되었다는 것과 우리가 영원을 위해 창조되었다는 것에 대한 암묵적인 인식이 있는 것 같다 (창 1:27; 전 3:11). 죄로 인해 모든 피조물, 특히 인간의 본성은 부자연스러운 상태에 있다. 트랜스휴머니즘적 삶의 관점에 함축된 것은 그 상태를 인식하고 그것에 맞서 싸우려는 충동이 옳다는 것이다. 그러나 문제는 제안된 해결책이 우리의 부자연스러운 상태를 초래한 그 움직임과 같다는 것이다. 우리를 하나님처럼 만들어 준다고 약속하는 선악과를 따기 위해 손을 내미는 것은 과거에도 그랬고 항상 잘못된 것이다.

우리에게 합당한 소망은 기술에 의해 향상된 "늙지 않는 몸과 한정 없는 수명"에 있는 것이 아니라 마지막 부활에 있다. 우리의 부활한 몸은 그리스도의 몸과 같이 영광스럽고 더 이상 죽거나 썩지 않을 것이다. 트랜스휴머니스트는 현세에서 그런 현실을 바라지만, 죽음 이전에 우리가 가져야 할 희망은 죽음이 극복된 다음 세상이다. 그 때에 "이 썩을 몸이 썩지 아니함을 입으리라 … 우리 주 예수 그리스도로 말미암아 우리에게 승리를 주시는 하나님께 감사하노라"(고전 15:53, 57).

L.
심신 문제

Jennifer A. Marshall

자의식은 인간이 누리는 축복이자 죄의 무게를 예리하게 감지할 수 있는 요소이다. 인간은 자신의 존재와 행동에 대해서 반성하고 이를 바탕으로 합리적인 선택을 할 수 있는 능력을 가짐으로 다른 생물과 구별된다. 이와 같이 인간은 창조주를 독특한 모양으로 닮아 그와 교제하고 우정을 나누는 특권을 누리게 된다.

그러나 원래 하나님의 선한 창조물 간에 조화가 있었던 곳에 죄의 영향으로 긴장이 생겨 인간의 자기인식이 흔들렸다. 예를 들어, 유물론적 오류는 정신과 영혼을 육체적 존재로 축소시킨다. 반면에 일부 세계관은 자아를 인간 본성의 영적 측면과 완전히 동일시하고 육체와 이질적이거나 충돌하는 것으로 본다. 이러한 신체-자아 이원론(body-self dualism)은 개인의 경험 차원에서 자신의 신체 정체성의 객관적 실재성, 완전성, 선함에 대한 의심으로 이어질 수 있다. 대인 관계에서 그것은 삶의 모든 단계에서 모든 인간의 존엄성을 부정하는 것으로 이어질 수 있다.

개인적으로나 관계적으로, 신체를 자기만족의 목적을 위한 수단으로 취급하여, 인간 본성의 필수적인 부분으로서의 지위를 무시하고 행동에 대한 선택의 도덕적 의미를 부정하려는 유혹이 있다. 그러한 견해는 하나님의 형상대로 창조되었고 하나님의 영광을 나타내도록 설계된 육체와 영혼의 결합으로서의 인간의 본성에 대한 성경의 설명과 상반된다.

1. 창조의 선과 하나님의 형상

창조된 물질세계는 하나님의 영광을 드러내기 위한 하나님의 선한 계획의 결과이다(시 8:1-4; 19:1). 죄는 그 선함을 훼손하고 그 반영을 왜곡했으며, 피조물의 어떤 부분도 타락의 저주를 피할 수 없었다. 그러나 이것이 하나님 계획의 실재성을 훼손하는 것은 아니다. 또한 인간은 창조에 대한 하나님의 목적을 무시하거나, 물리적 세계를 도덕적 양면성을 가지고 대해서는 안 된다. 인간 본성 자체의 물리적 측면과 관련하여 특히 그렇다.

인간은 하나님의 형상으로 지어졌다고 성경은 가르친다(창 1:26-28; 5:1-2; 9:6). 하나님의 영광을 대변하는 독특한 측면은 하나님이 아담과 하와를 창조하신 세부사항 속에 밝혀진다(창 1:26-28; 2:7,21-22). 창세기 1:26은 인류를 창조하신 의도에 대한 하나님의 생각을 보여준다. "하나님이 이르시되 우리의 형상을 따라 우리의 모양대로 우리가 사람을 만들고" 창조 기록의 다른 부분에서는 이런 신적인 논리와 의도를 드러낸 적이 없으며, 인간 이외의 어떤 피조물의 창조에서도 이와 유사한 논리적인 이유가 발견되지 않는다. 이전 창조기록에서 하나님은 단순히 땅에 살아있는 식물과 동물을 내라고 명령하셨다. 대조적으로, 아담을 만드실 때 하나님은 땅의 물질을 취하여 사람의 모양을 만드시고 생명을 그 안에 불어넣으셨다. "주 하나님이 흙으로 사람을 지으시고 생기를 그 코에 불어넣으시니 사람이 생령이 되었다"(창 2:7).

인간의 영적 본성과 합리성은 다른 피조물과는 다른 방식으로 하나님의 속성을 반영하지만, 하나님의 형상은 인간의 특정 부분이나 능력에 국한되지 않는다. 인간이 하나님을 닮도록 창조된 그 형상 전체는 몸, 영혼, 지성, 의지, 모든 재능과 능력에서 하나님을 드러낸다. 영혼과 마찬가지로 몸은 인간 본성의 필수적 요소이다(욥 10:8-12; 사 64:8). 몸이 하나님 형상의 불가분의 한 측면이라는 사실은 하나님이 물질과 영으로 인간성을 형성하신 창조 이야기, 그리스도의 성육신(요 14:9)으로, 자신을 보는 사람은 아버지를 보는 것이라는 선언과 죽음 후에 육체의 부활에 대한 약속(고전 15:44-45,49)을 통해 확인된다.

다시 말하지만, 어떤 사람의 어떤 부분도 죄의 영향에서 자유롭지 않다. 그러나 죄도 하나님의 형상을 멸할 수 없다(창 9:6). 구속은 저주가 있는 모든 곳에 미치며, 믿는 자들을 하나님의 형상으로 회복시킨다(엡 4:24; 골 3:10).

성경은 일반적인 인간에 대한 하나님의 계획, 특히 각 인간의 삶에 대한 계획이 신중하고 보살핌으로 가득 차 있음을 반복해 전달한다. 시편 8편과 139편은 특히 이점을 강조하는데, 시편 139: 13-16은 "나의 모태에서 나를 만드셨나이다… 내가 은밀한 데서 지음을 받고 땅의 깊은 곳에서 기이하게 지음을 받은 때에 나의 형체가 주의 앞에 숨겨지지 못하였나이다… 내 형질이 이루어지기 전에 주의 눈이 보셨으며 나를 위하여 정한 날이 하루도 되기 전에 주의 책에 다 기록이 되었나이다"

라고 표현한다.

2. 함의

하나님이 의도적으로 육체와 영혼의 결합으로 자신의 형상대로 인간을 창조하신 것은 많은 의미를 내포하고 있다. 인간 존재는 육체와 영혼을 모두 포함하기 때문에 유기적 통일체로서의 인간은, 할 수 있는 모든 선택을 하고, 모든 활동을 수행한다. 이 현실에 대한 하나님의 계획은 대인관계와 사회윤리뿐만 아니라 자기인식과 개인행동에 대한 규범을 형성한다.

인간을 하나님의 형상에 따라 창조한 중요한 이유 중 하나는, 온 땅에 대한 하나님의 권세를 반영하여 하나님의 목적에 따라 창조의 지도력과 청지기 직분을 발휘하는 책임을 부여하기 위함이다(창 1:27). 여기에는 하나님의 계획에 따라 자신의 몸으로 선택하고 자신의 모든 존재를 그리스도의 주권에 복종시키는 책임도 포함된다(고전 6:19-20).

하나님의 형상대로 만들어졌다는 것은 각 사람이 남자나 여자로 창조되었음을 의미한다(창 1:28; 2:20-22; 5:1-2). 성(sex)은 인간 사회화의 구성물이 아니라 창조된 생물학적 현실이다. 성별(gender) 정체성이 생물학적 성과 다른 범주로 존재하거나 심지어는 상반되는 범주로 존재한다는 의견은 인간에 대한 하나님의 설계를 성경이 가르치는 것과 반대되는 신체와 자아 사이의 부조화를 가정한다. 남자나 여자로 창조된 것을 포함하여 개인의 육체로 드러난 현실은 각 사람에 대한 하나님의 선한 공급하심의 가장 구체적인 형태 중 하나이다. 하나님이 결정하신 성을 현실에서 경험할 때, 우리의 타락으로 인해 그 현실이 괴로울 수도 있지만, 예수님의 구속은 그것을 극복할 희망을 제공한다.

인간본성에 관한 이런 진리는 우리가 다른 사람을 대하는 태도에도 영향을 미친다. 예를 들어, 일부 윤리적 논쟁의 관점은 인간의 존엄성이 특정 수준의 논리 혹은 기능과 같은 특정 속성의 존재에 달려 있다고 주장한다. 이 주장은 태아에 심각한 기형이 있을 경우 낙태를 정당화하거나 정신적 또는 신체적 무능력이 특히 문제가 된 사람들을 위해 조력자살을 정당화하는 데 사용되었다. 그러나 인간 존재의 이러한 가변적 특성에 따라 개인의 생명권을 결정하는 것은 너무 자의적이다. 특정 속성의 스펙트럼이 특정 수준 이상 존재하는 것이 아니라, 하나님의 형상으로 창조된 인간본성이라는 결정적인 사실이 인간 존엄성의 성경적 기초이다.

하나님은 인간을 만드신 후에야 그가 만드신 모든 것을 "심히 좋았다"(창 1:31)라고 선언하신다. 인간은 육신과 영혼이 하나님의 형상으로서의 고유한 존엄성을 가지는 것과 모든 생각과 말과 행위로 그분께 영광을 돌리는 독특한 책임을 가지고 있다.

M.
기독교 세계관과 동성 결혼

Andrew T. Walker

동성결혼은 기독교 세계관에 커다란 문화적 도전을 던진다. 서구문화 전반에 걸쳐 동성혼이 점차 정상으로 받아들여짐에 따라, 그리스도인들은 결혼에 대한 성경의 가르침에 무관심해지고, 결혼에 대한 기독교의 가르침을 주변 문화가 거부하는 것에 대해 두려워하거나, 동성결혼을 시민생활의 현실로 어쩔 수 없이 받아들이고 싶은 큰 유혹에 직면하게 될 것이다. 그러나 결혼에 대한 성경의 가르침은 복음과 인간의 번영에 대한 하나님의 비전과 연결되어 있기 때문에 성경의 권위에 헌신한 그리스도인들은 이러한 유혹을 물리치고 결혼을 두 이성 간의 결합으로 정의하는 성경의 가르침에 계속 헌신해야 한다.

1. 성경의 결혼과 성별

결혼은 성경에서 성별이 정해진 제도이다. 창세기의 초기 장은 결혼을 위한 하나님의 설계도를 제공한다. 아담과 하와는 남자와 여자로 지음받아 성적으로 구별되지만 서로를 위해 만들어졌다. 하나님께서 그들의 구별을 그들의 존재의 가장 깊은 수준까지 짜셨기 때문에 남자 남편과 여자 아내는 감정적으로, 육체적으로, 심지어 해부학적으로도 서로를 위해 설계되었다. 아담과 하와의 상보성은 그들의 결혼결합을 가능하게 하고 출산을 가능하게 한다(창 1:27-28; 2:24). 창세기는 두 이성 사이의 배타적이고, 상호보완적이며(즉, 두 남녀 간의 관계), 평생 지속되는 결혼의 그림을 보여준다.

결혼의 가장 기본적인 요소는 남녀 사이에 존재하는 신체적 차이이며, 이는 성적 결합으로 나타난다. 남자와 여자는 함께 출산을 지향하는 디자인을 가지고 있지만, 자손의 생산을 실현하거나 완성하기 위해서는 서로를 필요로 한다. 작가 로버트 조지(Robert P. George), 라이안 앤더슨(Ryan T. Anderson), 쉐리프 기르기스(Sherif Girgis)가 『결혼이란 무엇인가?』에서 언급했듯이 결혼은 포괄적인 결합이다. "배우자와 사랑을 나누는 행위로 새로운 생명이 탄생하기 때문에 결혼에는 가정생활이 따라야 한다. 그 사랑의 행위로 결혼생활을 확정하고 자녀를 낳는다. 그렇기 때문에 결혼만이 완전한 새로운 인간의 출산과 양육에 의해 완성되는 심신의 사랑의 결합인 이유이다"(33).

창세기에 제시된 이 방식은 예수 그리스도께서 신약에서 권위 있게 다시 확인하신 방식이다(마 19:4-6). 성경은 항상 결혼의 이러한 측면을 함께 묶는다. 상호보완성과 그에 뒤따르는 모든 것이 없다면 결혼과 같은 제도가 존재하는 이유와 결혼이 두 사람 사이에서만 영구적이고 배타적이어야 하는 이유를 설명하기 어렵다. 결혼은 성경이 말하는 것이다. 그렇지 않으면 결혼은 존재하지 않는다. 그리스도인들은 역사를 통틀어 많은 것들에 대해 의견이 일치하지 않았지만, 성경이 분명히 밝히는 기본 진리를 중심으로 항상 연합되어 왔으며, 한 남자와 한 여자 사이의 결혼에 대한 성경의 정의는 그리스도인들이 지금까지 명확하고 일관되게 말한 문제 중 하나이다.

2. 동성 결혼의 불가능

위에 제시된 결혼에 대한 성경적 그림은 동성결혼이 남자와 여자 사이의 성 관계를 규율하는 하나님의 도덕법을 위반하는 것일 뿐 아니라 (롬 1:18-32; 고전 6:9-11), 왜 동성결혼은 진정으로 존재할 수 없는지를 보여준다. 정부는 동성의 두 사람의 관계를 결혼으로 간주하는 법안을 만들 수는 있다. 그러나 정부는 하나님의 도덕법을 재 정의할 권한이 없다. 성경에 따르면 결혼은 이성의 두 사람만을 위한 것이기 때문에 동성 간의 결혼은 결코 있을 수 없다. 이것은 세상 사람들이 보기에 인기가 없는 가르침일지 모르지만 성경에 충실하려면 모든 문제, 심지어 논쟁의 여지가 있는 문제라도 순종해야 한다.

3. 결혼에 대한 수정주의적 정의의 결과

동성결혼은 사회에 나쁜 길이다. 인간의 번영을 방해할 수 있는 패턴이다.

첫째, 아이들에게는 엄마 아빠가 필요하다. 동성 결혼은 어머니와 아버지 사이에 차이가 없다고 주장함으로써 이 진리를 전면 부인한다. 우리의 양심은 이것이 거짓임을 안다. 우리는 어머니의 사랑과 아버지의 사랑은 다르지만 아이들에게는 모두 필수적이라는 것을 알고 있다.

실제로 "부모 됨"이라는 것은 없다. 오직 어머니와 아버지가 각각 있을 뿐이다. 그러므로 아이들이 자라기에 이상적인 장소인 엄마 아빠가 있는 기혼 가정을 조성하는 것이 정부와 사회의 가장 큰 이익이다.

결혼을 재정의하는 것은 국가에 막대한 권한을 부여하여 근본적으로 가족을 재 정의할 수 있도록 한다. 결혼과 가정생활의 정의에 대한 생물학적 연결을 끊음으로써 가정생활에서 파생되는 자연적 토대와 자연권에 대한 의문이 제기된다. 이것은 위험한 선례이다.

결혼을 재정의하는 것은 단순히 결혼할 수 있는 대상을 확대하는 것이 아니다. 그것은 결혼이 무엇이며 안정적인 사회질서의 기초가 무엇으로 구성되어 있는지를 근본적으로 변화시킨다. 결혼은 국가가 만드는 것이 아니다. 결혼은 국가보다 먼저 존재해 왔던 것으로 국가도 인식하고 있기 때문에, 국가는 결혼을 통제할 수 없음을 인정할 수밖에 없다.

동성결혼은 결혼생활을 더욱 악화시키는 모순된 전제에 기반을 두고 있다. 동성결혼은 결혼이 남녀의 신체적 차이에 근거한다는 사실을 부정함으로써, 성 차이와 상관없이 두 사람 사이에 존재하는 정서적 결합과 육체적 끌림이라는 전제에 기초하여 결혼이 가능하다고 본다. 그러나 이것은 견고한 기초가 아니다. 사실, 동성결혼은 인류 역사상 어디에서도 찾아볼 수 없는 역사적 변칙현상이다. 왜 그럴까? 모든 사회에서 사회의 기초가 결혼한 남자와 여자의 결합에 달려 있다는 것을 이해했기 때문이다. 남녀 간의 출산 가능성이 없었다면 결혼제도가 애초에 존재할 이유가 없었을 것이다. 결혼이 단순히 법적혜택을 교환하는 두 사람 사이에 육체적 끌림을 허용해 주는 제도라면, 사회는 그런 제도가 필요하지 않다.

4. 동성혼에 대한 그리스도인의 반응

그렇다면 결혼이란 무엇인가? 결혼은 한 남자와 한 여자가 남편과 아내로 함께 모여 그들의 결합으로 낳은 모든 자녀의 아버지와 어머니가 되는 결합이다. 이 정의에서 역할의 발전은 남녀구별에 핵심적으로 의존한다는 것에 주목하라. 결혼은 남자와 여자가 다르다는 인류학적 진리, 번식에는 한 남자와 한 여자가 필요하다는 생물학적 사실, 아이들에게는 엄마와 아빠가 필요하다는 사회학적 현실에 기반을 두고 있다. 위의 정의에 따르면 동성결혼은 결혼에 관한 이러한 핵심진리를 근본적으로 거부하고 훼방한다.

동성결혼을 둘러싼 가장 근본적인 고민은 기독교적 세계관을 가진 우리가 이웃에게 전하는 메시지이다. 성경은 동성 간의 성관계를 정죄한다. 일부 수정주의자들은 성경이 고대에 볼 수 있는 특정 형태의 동성애 행위만을 정죄한다고 말하지만, 이러한 잘못된 주장은 동성애에 대한 성경의 광범위하고 전면적인 정죄를 간과하고 있다. 동성애는 하나님께서 남자와 여자 사이에 두신 물리적 경계를 어기는 것이다. 신약에서 동성애는 하나님의 진노를 일으키는 범죄로 기록되어 있고, 그리스도에게 복종하는 대신 그 나라에 탐닉하는 자들은 하나님 나라에 받아들여지지 않는다(고전 6:9-11). 그러므로 그리스도인이 이웃을 사랑한다면 성경에서 금하는 성행위와 욕망의 불순종을 근거로 그 제도를 지원할 수 없다. 고린도전서 13장 6절에 "사랑은 불의를 기뻐하지 아니하고 진리와 함께 기뻐한다"라고 했다. 우리는 이웃에게 결혼에 대한 진리를 말해야 하고, 우리의 법에서 그것을 지키기 위해 노력하고, 그것을 사회 전체와 공유하기 위해 노력해야 한다. 그리스도인은 동성 결혼을 수용하거나 받아들일 수 없다.

동성혼을 지지하는 사람들이 성경적 확신을 갖고 있는 사람들에게 "동성결혼이 당신에게 해를 끼치지 않는데 왜 당신이 그렇게 신경 쓰는 가?"라고 말하는 것을 자주 듣는다. 그러나 이것은 명백한 거짓이다. 동성결혼은 사회의 기본단위인 결혼의 역할에 불확실성을 던짐으로써 사회에 해를 끼친다. 또 엄마와 아빠의 자녀들에 대한 권리를 거부함으로써 아이들에게 해를 끼치고, 종교적 자유에 대한 큰 도전을 불러일으킨다. 더욱이 그것은 결혼과 성도덕에 대한 하나님의 계획을 거부하는 길에 빠지게 하여 개인에게 해를 끼친다. 지금 같은 시대에 이런 진리를 유지하는 것이 당연히 어려운 일이지만, 하나님께서 자기 백성에게 결혼에 대한 그분의 비전을 새롭게 배울 수 있는 훌륭한 기회를 주셨다. 동성혼 반대가 사회에 번영을 가져다주는 것만이 목적이 아니다. 결혼은 궁극적으로 복음 자체에 대한 그림이다(엡 5:22-33; 계 19:6-9).

N.
성 관계의 목적과 한도

Christopher Yuan

무한한 회색 음영의 세계에서 모호성은 미덕으로 승격되고 성적 자유는 이 나라의 종교가 되었다. 단지 동의를 성도덕의 기준으로 삼아 일부 사람들은 성교를 음식과 물만큼 필수적인 것으로 간주한다. 여기에 오늘날의 세속적 세계관의 속임수가 있다. 당신의 성적 욕망은 당신을 정의하고 결정하며 항상 당신을 기쁘게 해야 한다. 그러나 성경에 비추어 볼 때 성을 우상화하는 것은 복음과 충돌하는 것이 분명하다.

현대 서구 문화의 쾌락주의를 한탄하기 전에, 고대에도 성적 부도덕이 만연했다는 사실을 잊지 말자. 이스라엘과 초대 교회는 이교도 이웃들에게 가장 우스꽝스럽게 보일 수 있는 성적 표현에 대한 독특한 접근 방식의 새로운 세계관을 도입했다. 고대 이스라엘 사람들과 1세기 그리스도인들은 성적 부도덕(혼외 성관계)의 실존적 결과를 강조하면서 성적순결(결혼 내에서의 성)을 심하게 강조했다. 성 윤리에 대한 이 독특한 패러다임(남편과 아내 사이의 성적인 친밀함의 아름다움과 미덕을 노골적으로 찬양하는 것)은 성경에 근거한다. 결혼 생활에서의 성관계는 좋은 것이다

(창 1:31; 2:24). 섹스는 하나님의 생각이다. 그분은 그것을 창조하시고 축복하셨다. 하나님은 섹스를 남편과 아내 사이에 즐길 수 있는 특별하고 독점적인 선물로 만드셨다. 히브리어 작가들은 종종 성에 대해 완곡어법을 사용하는데, "알다"는 그 대체 단어 중 하나이다(창 4:1). 섹스를 통해 다른 사람을 친밀하게 알기 때문에 "알다"는 적절한 단어이다.

성적으로 해방된 세상에서 결혼 밖의 성관계(혼전 및 혼외)는 이 가장 친밀한 행위를 축하하지 않고 평가절하한다. 다른 사람과의 나누는 성관계, 심지어 낯선 사람과도 관계가 일반화되면 성관계는 더 이상 좋은 것이 아니게 된다. 부부 사이의 성관계는 둘이 한 몸이 되는 것이다(창 2:24). 한 육체에 대한 성경적 개념은 하나님이 아담의 갈빗대 중 하나로 하와를 만드시고(창 2:21-22) 그녀를 그에게 데려오셨을 때를 시작으로 거슬러 올라간다. 아담은 기뻐하며 "이는 내 뼈 중의 뼈요 살 중의 살이라"(창 2:23)라고 선언했다. 이 "한 몸으로의 결합"은 결혼을 단순히 육체적으로 끌리는 두 사람의 편리한 짝짓기에서 물질과 감정을 초월하는 존재론적 현실로 격상시킨다. 성관계에 대한 하나님의 의도는 한 남편과 한 아내 둘만이 공유해야 할 육체적, 정서적, 영적 하나가 되는 것이다. 결혼에서의 성관계는 창조 명령을 수행하는 데 도움이 된다(창 1:28). 히브리 학교에 다니는 착한 유대인 소년이나 소녀는 창세기 1:28에 나오는 토라의 첫 번째 계명(미츠바)을 알 것이다. "하나님이 그들에게 복을 주시며 하나님이 그들에게 이르시되 생육하고 번성하여 땅에 충만하라. 땅을 정복하라." 이 계명의 문맥은 신성한 축복이다.

축복과 후손 사이의 이러한 연결은 창세기 후반에 아브라함과 맺은 하나님의 언약의 성립과 함께 볼 수 있다. 창세기 12장 2절에서 하나님은 아브람에게 조상의 땅을 떠나라고 명하셨다. 하나님은 그에게 "내가 너로 큰 민족을 이루고 네게 복을 주어 네 이름을 창대하게 하리니 너는 복이 될지라."고 약속하셨다. 이 축복에는 하늘의 별과 같이 많은 후손이 포함되어 있어 한 민족이라고 할 수 있다(창 15:5)! 시편 기자는 "자식들은 여호와의 기업이요 태의 열매는 그의 상급이로다 젊은 자의 자식은 장사의 수중의 화살 같으니 이것이 그의 화살통에 가득한 자는 복되도다 그들이 성문에서 그들의 원수와 담판할 때에 수치를 당하지 아니하리로다"(시 127:3-5). 그리고 잠언 17장 6절에 "손자는 노인의 면류관이요 아비는 자식의 영화니라"고 했다.

결혼 생활에서의 성관계는 결혼 언약의 표시이다. 언약에 해당하는 히브리어인 베릿(*berit*)은 유대 성경에 287번 나온다. 하나님이 시작하신 이런 결혼 언약은 종종 언약이라는 무형의 현실을 유형화하는 데 도움이 되는 표징으로 표시되었다. 창세기 9장에서 하나님은 노아와 그의 후손과 모든 피조물과 언약을 세우셨고 그 언약의 징표는 무지개였다(11,13절). 아브라함과 맺은 언약의 표적 중 하나는 하나님께서 아브라함에게 새 이름을 주신 것이다. "이제 후로는 네 이름을 아브람이라 하지 아니하고 아브라함이라 하리니"(창 17:5).

또한 아브라함에게 많은 씨와 많은 땅을 주시겠다는 하나님의 언약(창 15:18)은 할례로 표시되었다. "너희는 포피를 베어라 이것이 나와 너희 사이의 언약의 표징이니라"(창 17:11). 예언자 말라기는 결혼을 언약이라고 부른다. 아내는 결혼 파트너이자 언약적 관계이다"(말 2:14). 창세기 2:24에서 "한 몸" 은유도 언약적 언어이다. "이러므로 남자가 부모를 떠나 그의 아내와 합하여 둘이 한 몸을 이룰지로다" 아담은 하와와 언약을 맺을 때 하와에게 이름을 주었다(창 2:23). 이는 아내가 현대에 아내가 이 새 언약을 맺을 때 남편의 이름을 이어 받는 의미를 더한다.

그리고 이 "한 몸" 결혼관계의 결합은 결혼언약의 표시로 이해될 수도 있다. 성관계를 결혼 후 받는 상으로 이해해서는 안 된다. 오히려 그것은 결혼언약의 물리적 표징이다. 남편과 아내가 성행위를 할 때마다 하나님과 그리스도 안에 있는 형제자매들 앞에서 맺은 언약을 재확인하고 그 아름다운 언약을 상기시키는 역할을 한다. 결혼생활의 성관계는 타자 중심적이다. 성적 쾌락은 지구상에서 가장 강력한 힘 중 하나이며, 성적 쾌락의 인센티브 특성은 성을 자기중심적인 것으로 쉽게 만든다. 쾌락은 우상이 될 수 있으며, 제공할 수 있는 것보다 더 많은 것을 약속한다. 그러나 하나님의 말씀은 성적인 친밀감의 초점과 관심이 결혼의 맥락에서 내가 아닌 사랑하는 배우자를 향해야 함을 일깨워준다.

고대와 현대 세계가 성을 자기만족과 동일시하는 것처럼 사도 바울은 몇 가지 중요한 명확성을 제시했다. 고린도전서에서 바울은 배우자를 사랑하는 것이 올바른 초점임을 부부에게 상기시킨다. "남편은 그 아내에 대한 의무를 다하고 아내도 그 남편에게 그렇게 할지라. 아내는 자기 몸을 주장하지 못하고 오직 그 남편이 하며 남편도 그와 같이 자기 몸을 주장하지 못하고 오직 그 아내가 하나니"(고전 7:3-4). 그런 다음 에베소서 5:28-29에서 바울은 또 다른 유사한 말을 한다. "이와 같이 남편들도 자기 아내 사랑하기를 자기 자신과 같이 할지니 자기 아내를 사랑하는 자는 자기를 사랑하는 것이라. 누구든지 언제나 자기 육체를 미워하지 않고 오직 양육하여 보호하기를 그리스도께서 교회에게 함과 같이 하나니" 아내는 남편의 몸을 주장하고 남편은 아내의 몸을 주장할 뿐만 아니라, 서로 자기 몸처럼 사랑해야 한다.

세상은 모든 것이 잘못되었다. 섹스는 우리 자신에 관한 것이 아니다. 우리 배우자들을 위한 것이다. 자기만족이 아니라 배우자 만족이다. 그렇다고 해서 개인적인 쾌락을 거부해야 한다는 뜻도 아니고, 배우자와 성적 친밀감에서 쾌락을 찾는 것이 잘못된 것도 아니다. 그러나 자기만족은 노력이나 선택이 필요하지 않은 자연스러운 결과인 반면, 배우자를 기쁘게 하려면 결단력, 의도 및 노력이 필요하다.

결혼 생활에서의 성관계는 자기결정권을 포기하고 상호 애정, 존중 및 충성을 추구하는 것을 의미한다. 사랑은 "자기의 유익을 구하지 아니하며"(고전 13:5). 이러한 방식으로 성을 재구성하는 것은 한 사람 이상에게는 전적으로 속할 수 없기 때문에 한 남자와 한 여자 사이의 결혼에서 충실성의 개념을 긍정한다. 간음하는 것은 말도 안 된다. 내 몸은 내 것이 아니기 때문이다. 그러므로, 성관계가 오직 결혼을 위한 것이라면, 하나님은 우리를 두 가지 구체적인 길로 부르신다. 만약 당신이 독신이라면, 성적 금욕을 해라. 만약 당신이 성경적으로 결혼했다면, 당신의 이성 배우자에게 충실하라. 독신에서의 정절과 결혼에서의 신실함 우리는 이것을 거룩한 성(holy sexuality)이라고 부른다.

0.
노인복지(돌봄)

Daniel Darling

대부분의 그리스도인들은 노인들의 생명을 앗아가는 것을 더 쉽게 만드는 종류의 법에 경악하고 반대한다. 대부분의 사람들은 양로원의 부패와 학대에 대해 보도하는 뉴스 기사로 인해 공포에 질려 움츠러든다. 하지만 진짜 스캔들은 아마도 하나님의 사람들이 전성기를 지난 것으로 간주되는 사람들이 버림받고 죽는 문화에 미묘하게 기여하는 방식일 것이다.

1. 부모를 공경하라

성경에서 노인에 대한 그리스도인의 책임은 분명하다. "네 부모를 공경하라"는 것은 성경 전체에 걸쳐 잘 형성된 윤리이다. 그것은 옛 언약에서 하나님의 계명으로 주신 명령(출 20:12)과 새 언약에서 하나님 백성의 책임으로 반복된 명령(엡 6:2)이다. 현대인들은 종종 이것을 추수감사절에 엄마에게 공손하게 대하라는 훈계로 읽지만, 단순히 명절에 좋은 분위기에 기여하는 것 이상의 의미가 있다.

부모를 공경하라는 부름은 자녀들에게 그들을 이 세상에 태어나게
한 사람들을 존경할 뿐만 아니라, 이생에서 그들을 돌볼 책임이 있음을
의미한다. 출애굽 시대의 고대 근동문화와 1세기 에베소 문화는 모두
노인을 평가절하했다. 사회보장 및 의료보호와 같은 안전망에 자금을
지원하는 서구사회와 달리 그 문화에서는 인구 고령화를 대비한 규정
이 거의 없었다.

초대 교회 교부들은 이 명령을 젊은 자녀들이 늙은 부모를 재정
적으로 부양하라는 명령으로 받아들였다. 오리겐(Origen), 암브로스
(Ambrose), 제롬(Jerome)은 하나님의 백성이 노인들을 의도적으로 돌볼 것
을 격려하기 위해 이 성경본문을 사용한 소수에 불과하다.

2. 노인의 존엄성

노인에 대한 우리의 견해는 인간 존엄성에 대한 독특한 기독교적 개
념에 의해 형성되어야 한다. 성경은 모든 인간의 생명이 가치를 지니는
이유는 유용성 때문이 아니라 각 생명이 창조주의 형상을 지니고 있기
때문이라 가르친다. 죄는 인간의 상태를 타락시켜 사망과 질병, 부패와
혼란을 가져왔다. 그것은 또한 인간을 서로 대적하게 만들었다. 우리가
창조주를 공격하는 방법 중 하나는 그분의 형상을 지닌 사람이 무시 받
거나 버려질 수 있는 일회용이라고 생각하는 것이다. 기독교의 증거를
거부하는 사회는 노인에 대한 잔인함으로 특징지어진다.

예수의 삶, 죽음 그리고 부활은, 예수님이 죄의 저주를 뒤집고 그의
왕국을 완전히 완성하기 위해 다시 오실 때 그의 백성에게 완전한 육체

적 회복을 약속하셨다. 예수님을 따르는 사람들은 나이가 들어서 스스로를 돌볼 수 없는 사람들을 포함하여 가장 취약한 사람들을 돌봄으로써 이 복음의 소식을 대변한다. 우리는 또한 예수님의 이 땅에서의 삶을 본받아야 한다. 예수께서는 죽음이 임박했을 때 가장 친한 제자인 요한에게 어머니 마리아의 육신을 돌보라고 지시하셨다. 예수님은 십자가에서 우리의 죄를 짊어지셨지만 여전히 시간을 내어 어머니를 공경하셨다.

3. 복음과 노인 돌봄

노인에 대한 그리스도인의 태도는 그가 얼마나 복음을 믿고 있는지를 보여주는 좋은 지표이다. 연약한 부모를 돌보는 것은 우리를 잘 보살펴 주셨기 때문이 아니라 존경받을 만한 하나님의 형상을 가지고 있기 때문이다. 우리가 어른을 경시하기보다 존경하는 것은 나이를 뛰어넘는 지혜를 주시는 하나님의 거룩하신 일의 좋은 결실을 인정하기 때문이다. 그리스도를 따르는 우리는 외모가 아니라 왕의 아들과 딸의 지위에서 가치를 찾기 때문에 젊음과 성적매력을 숭배하는 문화에 저항한다.

노골적인 무시나 미묘한 무례함으로 기성세대를 소외시킬 때, 우리는 그리스도의 왕국의 것과는 반대되는 다른 복음을 세상에 전하는 것이다. 적합성의 제단에서 예배할 때 우리는 누가복음 16장의 비유에 나오는 부자처럼 최후의 부활 때에 예수님께서 우리의 몸과 영혼을 새 힘으로 새롭게 하실 것이라는 진리를 믿는 대신, 마치 이생이 전부라고 믿는 것처럼 사는 것이다. 교회가 노인을 희생시키면서 젊은이를 우선시할 때, 우리는 디도서 2장의 이상적인 세대 간의 관계와 완전히 다른 윤리로 살고 있다.

따라서 여기에는 교회에 대한 이중적 책임이 함축되어 있다. 첫째, 사회에서 노인의 존엄성을 옹호해야 한다. 오늘날 많은 서구 사회에서 노인을 사회의 부담으로 소외시키는 강력하고 활발한 움직임이 일어나고 있다. 비인간적인 정부정책, 공리주의적 시장경제, 약탈적 금융관행에 맞서기 위해 우리의 목소리와 투표권을 사용해야 한다.

둘째, 다음 세대의 그리스도인들에게 부모와 노인세대를 공경하고 존경하는 것이 무엇을 의미하는지 가르치고 모범을 보여야 한다. 교회 공동체는 "고아와 과부를 그 환난 중에"(약 1:27) 돌보는 참된 종교를 구현하는 품위 있는 오아시스가 되어야 한다. 성적매력과 곧 사라질 젊음에 가치를 부여하는 치열한 세상에서, 모든 인간은 창조주가 부여하신 존엄성을 지니고 있다는 반문화적 메시지를 교회가 울려 퍼지게 하기를 바란다(롬 5:8).

P.
일에 대한 성경적 견해

Gregory B. Forster

일은 인간의 삶의 중심이다. 집에서, 직장에서, 학교에서, 그리고 동네에서 우리가 깨어 있는 시간의 압도적인 부분을 일을 하며 보낸다. 일하는 방식과 일을 보는 방식은 전체 삶의 형태를 결정하는 주된 요소이다. 그리고 한 문화가 일에 대해 어떻게 이해하는가는 성, 정의 혹은 예배에 대한 이해만큼이나 그 문화의 정체성과 기능을 정의하는 가장 중요한 요소 중 하나이다.

성령께서는 우리의 일하는 방식을 바꾸실 때, 우리가 살아가는 방식을 하루 종일, 매일 변화시키신다. 이것이 역사를 통틀어 일에 대한 성경적 관점이 기독교의 영적, 문화적 부흥의 중심이 된 이유이다. 그레고리우스 대왕과 중세 후기의 학자부터 마틴 루터와 존 칼빈, 웨슬리 운동, 마틴 루터 킹 주니어와 같은 20세기 영웅에 이르기까지 항상 같은 이야기이다. 우리 삶에 지대한 영향을 미친 기독교 개혁가들을 보면 당신은 그들이 일에 대해 할 말이 많다는 것을 알게 된다.

일은 성경의 가르침과 인간문화가 자연스럽게 생각하는 경향 사이의 대조를 가장 핵심적이고 광범위하게 보여준다. 고대 세계에서 이교도들의 공통점은 신은 일하지 않는다는 가르침이었다. 그들은 자신들이 일하지 않아도 되도록 사람들을 일하게 만들었다. 이런 관점에서 일은 단지 수고와 고역, 저주에 불과하다. 현대 세계에서 일상의 세계관에 대한 기독교의 영향력이 줄어들면서 일을 저주, 수고, 고역과 유사한 용어로 보거나, 우상, 강박 관념, 우리가 신뢰하는 돈, 권력, 지위, 안전, 자기표현, 등을 제공할 수 있는 것으로 본다.

우리는 일을 하면서 고통, 좌절, 불공정을 경험한다. 일에서 겪은 고통의 생생한 경험에서 시작하지 않는다면, 대부분의 사람들은 일에 대한 어떤 관점에 대해서도 관심을 기울이지 않을 것이다. 더구나 일을 우상화하는 사람들의 "인간의 일이 세상에서 가장 강력한 힘 중 하나"라는 말은 옳다. 인간의 일은 모래더미, 기름웅덩이, 기타 몇 가지 기본 요소들을 취하여 동영상을 녹화하고, 전 세계에 퍼뜨릴 수 있는 스마트폰으로 변형시킬 수 있다.

1. 일하시는 하나님

성경은 일의 고통과 일의 힘을 모두 변환시킨다는 충격적이고 터무니없는 주장을 한다. 그리고 성경 첫 페이지(창 1:26-30, 2:15)와 마지막 페이지(계 21:24-26; 22:5)에서 이 주장을 대담한 방법으로 옳게 만든다. 구약에서 이 주장은 십계명(출 20:9), 모세의 율법(레 19:9-18; 신 25:13-16), 지혜서(잠 12:11-14; 16:3; 18:9; 22:29; 24:27; 31:1, 13-31; 전 3:22; 5:6; 9:10), 가난한 자에게 가해지는 불의에 대한 예언적 증거(삼상 8:14; 왕상 21:1~19; 사 3:13~15; 5:8~10; 10:1~2; 호 5:10; 미 2:1~4; 8~9), 그리고 기타 여러 곳에서 중심적인 위치를 차지한다. 신약에서 이 주장은 비유의 중심적인 위치를 차지한다(52개의 비유 중 45개는 영적인 삶의 이미지로서 일과 사업을 묘사한다). 또한 예수님의 가르침(막 10:42-45; 요 13:1-20), 예수님과 그의 대적들 사이의 갈등(마 12:1-8; 막 2:23-3:6; 눅 6:1-11; 13:10-17; 14:1-6; 요 5:1-18; 7:23; 9:14-41), 그리고 서신서의 윤리(엡 4:28; 골 3:23-24; 살전 4:11; 살후 3:10~12; 딤전 5:8; 딤후 2:6; 벧전 2:18~25) 속에 나타난다.

성경은 하나님이 일하시며, 인간을 창조하신 일차적인 이유가 일 때문이라 주장한다. 왜냐하면 우리가 올바르게 일할 때 하나님과 이웃을 사랑함으로 하나님께 영광을 돌리기 때문이다. 하나님은 사랑이시기에 일하신다(창 2:2-3; 요 5:17). 그리고 우리도 마찬가지이다. 하나님도 쉬시며 자신이 하신 일의 아름다움을 감상하시는데(창 1:31-2:3) 우리도 마찬가지이다. 일을 통해 우리는 하나님의 피조세계에 대한 청지기 직분을 행사한다. 하나님의 청지기로서 신실하게 일할 때 하나님의 거룩한 사랑의 영광이 나타나게 되고, 우리가 돌보는 세상도 그것을 나타내게 된다.

2. 청지기로 일하기

우리는 가정과 사업에서 함께 일하고 경제적 교환과 함께 노동을 서로 교환하면서 하나님 나라의 청지기로서 개인적으로, 또 집단적으로 하나님을 섬긴다. 우리는 다양성 속의 통일성과 통일성 속에 다양성이신 삼위일체 하나님의 거룩하신 사랑의 형상으로 만들어졌다.

이러한 주장은 노동의 고통을 변화시키기 때문에 우리의 타고난 감성에 충격적이고 터무니없는 것으로 받아들여진다. 그러나 일 자체가 나쁘기 때문이 아니라 죄 때문에 일에서 수고, 좌절, 불의를 경험한다 (롬 3:23). 일은 저주가 아니지만, 우리에게 일은 하나님이 거룩한 사랑으로 결정하신(창 3:17-19) 죄와 그로 인한 저주를 경험하는 주된 현장 중 하나이다.

우리가 기쁨, 평화, 의에 대한 희망을 가지려면 성경의 이러한 충격적인 주장이 필요한 이유이기도 하다. 복음을 믿음으로써 예수님이 우리 안에 거하시면, 하나님께서는 우리를 변화시키기 위해 일의 고통을 통해 우리의 인내를 사용하신다는 위안을 받을 수 있다(약 1:2-4; 롬 8:28). 세상의 방식으로 일하는 세상 사람들은 하루 종일 더 세상적인 사람들로 자신을 만들어가고 있다. 그러나 충성되게 일하기 위해 지속적으로 어려운 선택을 할 때 우리는 하루하루 왕이신 예수그리스도를 닮아가게 된다.

3. 일의 힘

일에 대한 성경의 주장은 일의 힘을 변화시키기 때문에 우리의 자연스러운 감성에 충격적이고 터무니없게 느껴진다. 우리가 하는 일의 엄청난 힘은 실로 숨 막힐 지경이다. 하나님도그것을 보고 놀라신 것 같다(창 11:6). 그러나 이 권세는 하나님과 이웃을 섬김으로 하나님의 거룩한 사랑에 영광을 돌리기 위해 주어졌다. 정체성, 안전, 공급을 위해 하나님보다 우리의 일을 더 신뢰할 때, 우리를 노예로 만들고, 서로를 등지고, 비참하게 만들고, 파멸로 몰고 갈 엄청난 악에 빠지게 된다.

예수 안에서 하나님과 이웃의 사랑을 위해 윤리적 청렴과 성실로 매일의 일을 하는 것은 높고 어려운 소명이다. 또한 자발적인 청지기 의식과 서로에 대한 사랑의 표현으로서, 일을 윤리적으로 명령하는 특별한 책임은 기업가들에게 있다. 또 다른 책임은 정치 지도자들이 이 일의 순서를 지켜야 하는 것이다. 이득이 되는 일의 기회를 가난한 사람들과 억압받는 사람들에게까지 확대해야 하는 복잡한 도전도 우리를 짓누른다.

그러나 바로 이것이 기쁨과 평화와 의에 대한 희망을 가지기 위한 성경의 충격적인 주장이 필요한 이유이기도 하다. 일에서 하나님의 소명을 따르는 사람은 새로운 삶을 발견한다. 그들에게 있어 하나님 나라의 시민으로서 하나님과 이웃을 사랑하여 하나님께 영광을 돌리는 것은 일주일에 몇 시간씩 짜내는 특별한 활동이나, 일상 속에 파고들기 위해 끝없이 힘쓰는 부가 활동이 아니다. 그것은 일상이다. 이런 방식으로 일을 수행하는 것은 하나님이 우리에게 하신 투자에 대해 보답하는 중심적 방법이다(마 25:14-30). 일상에서 주린 자를 먹이고, 벗은 자를 입히며, 병든 자를 돌보는(마 25:31-46) 것은 구원받은 우리가 명령받은 선한 일들인데(엡 2:10), 이것은 하나님의 원수들조차 그분께 영광 돌릴 수밖에 없도록 만든다(마 5:16; 벧전 2:15).

이것은 수천 가지의 성경적 진리 중 하나가 아니며 성경 이야기의 중심 되는 형식으로, 성경적 증언의 깊고 본질을 규정하는 요소 중 하나이다. 이것은 중요한 의미가 있다. 일은 우리 삶의 압도적인 대부분을 차지하며, 개인과 문화로서 우리가 누구인지를 이해하는 중심요소이다. 하나님께서 일을 중심으로 우리를 설계하셨다고 성경이 말하는 것에 왜 놀라는가? 성령에 의한 우리 일의 변화는 영적이고 정신적이고 문화적인 개혁의 가장 중요한 경로 중 하나였으며, 오늘날에도 지속되고 있지 않은가?

Q.
기도와 질병 회복

Joy Greene

너희 중에 병든 자가 있느냐 그는 교회의 장로들을 청할 것이요 그들은 주의 이름으로 기름을 바르며 그를 위하여 기도할지니라. 믿음의 기도는 병든 자를 구원하리니 주께서 그를 일으키시리라 혹시 죄를 범하였을지라도 사하심을 받으리라. 그러므로 너희 죄를 서로 고백하며 병이 낫기를 위하여 서로 기도하라 의인의 간구는 역사하는 힘이 큼이니라(약 5:14-16).

하나님의 말씀을 통해 우리는 "기도하다" 또는 "기도"라는 단어를 여러 번 발견한다. 실제로 성경에는 600개 이상의 기도가 기록되어 있다. 하나님의 말씀은 우리에게 "쉬지 말고 기도하라"(살전 5:17)라고 말한다. 예수님은 제자들에게 "항상 기도하고 낙심하지 말라"(눅 18:1)라고 말씀하셨다. 우리는 종종 기도를 하나님과 소통하는 방법이라고 정의하지만, 성경을 자세히 살펴보면 그 말에 훨씬 더 깊은 의미가 있음을 알 수 있다. 기도에 가장 많이 사용되는 헬라어는 'proseuche'로 친밀한 관계를 통한 하나님과의 만남을 의미한다. 그것은 자기를 바치는 항복의 행위로 하나님께 나아가는 사람을 의미한다. 그러므로 기도는 단지 하나님께 당신이 원하는 것을 주시도록 구하는 것이 아니다. 기도는 우리가 하나님과 교통하는 한 가지 방법이다. 기도는 우리를 하나님께 더 가까이 이끌고, 우리에게 힘을 준다.

에베소서 6장 18절에 "모든 기도와 간구를 하되 항상 성령 안에서 기도하고 이를 위하여 깨어 구하기를 항상 힘쓰며 여러 성도를 위하여 구하라"라고 했다.

전통적으로 기독교의 기도는 주로 청원으로 여겨져 왔다. 기도할 때 우리는 간구를 가지고 하나님께 나아온다. 그리스도를 믿고 따르는 자로서 하나님께 우리 상황에 개입해 달라고 간구하는 것이 가치가 있다고 믿는다. 우리는 성경을 통해 하나님께는 불가능한 것이 없음을 안다(눅 1:37). 하나님이 기도를 들으시며 필요한 것을 신실하게 주실 것을 믿는다(마 7:7; 눅 11:9). 시편은 전능하신 하나님의 귀가 도움을 청하는 우리의 부르짖음에 귀 기울이심을 확인해 주는 기도와 찬양으로 가득 차 있다(시 34:15,17; 116:1). 우리는 성경 말씀에서 치유와 기도의 능력에 대한 수많은 이야기를 읽는다.

따라서 실질적인 그리스도인의 삶에서 기도는 필수적이다. 그러나 때때로 우리의 기도가 효과가 없는 이유는 무엇일까? 왜 하나님은 우리가 기도하는 그 사람이 죽어가는 동안, 다른 사람을 치유하기로 선택하실까? 우리의 기도에 문제가 있었을까? 우리가 올바른 방법으로 기도하지 않았을까? 사람들은 수천 년 동안 이 같은 질문에 대해 생각해 왔다.

치유가 필요한 사람들을 위한 중보기도를 들어보면 다음과 같은 질문이 생긴다. 기도가 환자의 회복에 도움이 되는가? 기도가 효과적이라는 구체적이고 과학적인 증거가 있는가? 기도한 그 친구가 나았다면 내가 기도했기 때문에 치유가 된 걸까? 내가 기도하지 않았어도 친구의 건강이 나아졌을까? 과학적 도구를 사용하여 이러한 질문에 정확하게 답할 수 있을까?

환자 회복에 미치는 기도의 효과는 학계의 관심을 끌고 있다. 실제로 지난 10년 동안 회복을 위한 기도의 효과에 초점을 맞춘 연구는 거의 두 배 증가했다. 대부분의 전문가는 기도가 환자에게 위안과 영적 지지를 제공한다는 데 동의하지만, 환자 치료에서의 기도의 역할에 대해서는 회의적이다. 일부 연구에서는 건강회복과 기도 사이에 긍정적인 연관성을 보여주었지만 다른 연구에서는 부정적인 연관성을 보여주었다. 과학적 연구를 검토할 때 중보기도를 받는 사람들이 받지 않은 사람들보다 더 많이 회복된다는 개념을 지지하는 믿을 만한 증거는 없다.

연구자들은 기도의 효과를 증명하거나 반증하기 위해 다양한 임상 시험을 수행했다. 기도의 효과와 관련된 임상 시험을 정확하게 수행하려는 시도는 측정하기 어려운 질문을 불러온다. 기도의 결과는 기도하는 사람의 영적 상태에 달려 있을까? 개인이 아닌 여러 사람이 함께 기도하면 더 효과적일까? 한 사람의 신앙이나 영성을 측정하는 방법을 포함하여 그러한 연구에서 중요한 모든 변수를 측정하는 것은 불가능하다. 더욱이 그러한 연구는 기도와 회복에 대한 연구를 "과학적 종교적 지뢰밭"으로 만드는 반박, 이의제기 및 추정으로 흐려져 있다.

기도에는 과학적 공식이 없다. 기도는 예수 그리스도와의 개인적인 관계를 중심으로 존재한다. 기도는 친밀하다. 기도는 초자연적이다. 과학적 방법으로는 초자연적인 것을 측정할 수 없다. 기도가 환자의 회복에 영향을 미친다는 일관된 과학적 증거는 없지만 그것이 기도가 효과가 없다는 의미는 아니다.

그리스도인으로서 우리는 기도를 마술과 동일시하지 않도록 주의해야 한다. 하나님은 우리의 소원을 들어줄 준비를 하고 알라딘 램프에서 나타나는 지니(요정)가 아니다. 일부 기도는 들어주고 다른 기도는 거절하는 하나님의 결정이 그분의 존재를 증명하거나 반증하지 않는다. 그것은 그가 주권자임을 보여준다. 그의 생각은 우리의 생각이 아니고, 그의 길도 우리의 길이 아니다. 그분의 생각과 길은 우리보다 더 높다(사 55:8-9). 그의 백성에게 귀를 기울이시지만 그의 뜻은 우리보다 훨씬 낫고, 그의 길은 완전하다. 하나님은 때때로 우리의 요청을 들어주지만, 때때로 들어주지 않는다. 항상 하나님의 뜻을 알지는 못하지만, 아플 때 하나님은 단순히 몸을 치유하는 것보다 더 많은 일을 우리 삶에서 하기 원하심을 우리는 안다. 그는 종종 더 큰 목적을 위해 우리의 육체적 고통도 사용하신다. 기도할 때 우리는 하나님께서 그 기도를 들으시고 그분의 완전한 뜻에 따라 응답하심을 확신할 수 있다.

우리의 구원자 예수님은 완전한 하나님이시며 완전한 사람이셨다. 그가 이 세상에 오신 목적은 우리를 구원하는 것이었다. 그의 죽음은 우리 구원을 위한 필수조건이었다. 예수께서는 십자가에 달리시기 전날 밤에 겟세마네 동산에서 이렇게 기도하셨다. "내 아버지여 만일 할 만하시거든 이 잔을 내게서 지나가게 하옵소서. 그러나 나의 원대로 마시옵고 아버지의 원대로 하옵소서"(마 26:39). 예수님은 세상의 죄를 자신이 짊어지고 있다는 것을 아셨다. 그 잔은 참기 힘들었고 그냥 지나가기를 기도하셨다. 그렇게 되지 않았다. 그러나 하나님의 완전한 뜻이 이루어졌다.

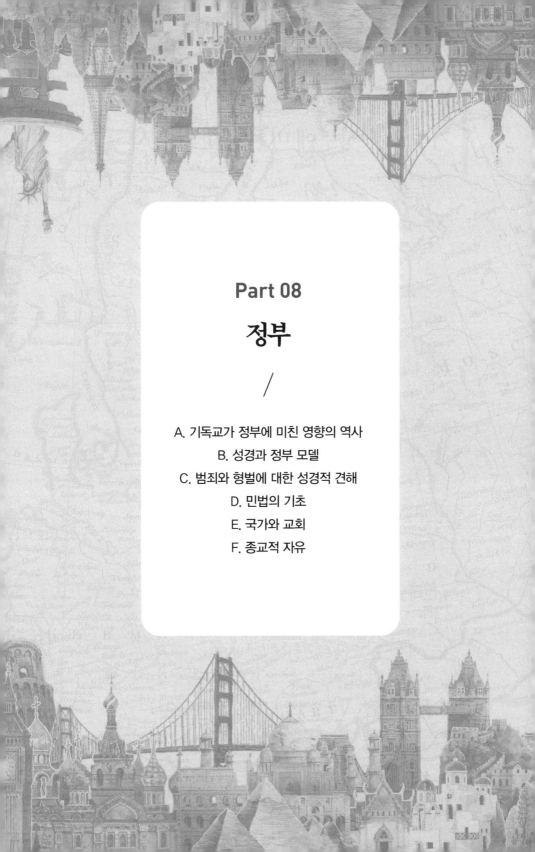

Part 08

정부

/

A. 기독교가 정부에 미친 영향의 역사

B. 성경과 정부 모델

C. 범죄와 형벌에 대한 성경적 견해

D. 민법의 기초

E. 국가와 교회

F. 종교적 자유

A.
기독교가 정부에 미친 영향의 역사

Carl R. Trueman

신약은 기독교가 정부에 미치는 직접적인 영향에 대한 정교한 선언문을 제시하지 않는다. 그리스도께서는 세금을 납부하는 것이 정당한 명령임을 제자들에게 말씀하셨다(마 22:15-22). 바울은 행정관은 하나님이 세우신 자로서 순종하고 존경해야 하며(롬 13:1-7), 교회는 권위 있는 자들을 위하여 기도해야 한다고(딤전 2:2) 말한다. 다른 곳에서 바울은 법적특권을 얻기 위한 수단으로 자신의 로마 시민권을 기꺼이 사용한다(행 25장).

1. 고대 교회

사도 이후 시대 초기인 1세기 후반에 로마 정부는 교회가 주로 반항하는 것이 아니라, 순교의 원천으로 특징지어짐을 안디옥의 주교 이그나티우스(Ignatius)의 여러 편지에서 볼 수 있다(AD 107). 그 후 2세기에 그리스 변증가들은 그리스도인이 최고의 시민이며, 따라서 제국 내에서 기독교가 허용되어야 한다고 자주 주장했다. 요컨대, 그들은 기독교를 대표적 저항집단이 아닌 순종하는 시민으로 로마의 신민으로 사는 것과 양립할 수 있는 집단으로 인정했다.

교회에 대한 산발적인 박해는 3세기와 4세기 초에 더 많은 범 제국적인 캠페인으로 대체되었다. 황제에게 충성을 맹세하고, 신께 하듯 황제에게 제물을 바쳐야 한다는 요구는 광범위한 그리스도인의 반대와 배교를 촉발했다. 결국 4세기 초에 콘스탄티누스 황제는 기독교로 개종했고, 교회와 국가 관계의 새로운 시대가 열렸다.

비록 자주 비판을 받기는 하지만 콘스탄티누스와 그 이후의 시대는 서구에서의 공식적인 박해의 종식을 포함하여 교회에 많은 이점을 가져다주었다. 4세기 말, 교회와 국가 간의 화목한 관계는 지역 총독으로 봉사한 암브로스가 세례도 받기 전에 밀라노의 주교로 부름을 받을 정도였다. 교회를 다스리는 데 필요한 능력은 제국을 다스리는 데 필요한 능력과 동일하다고 여겨졌다. 또한 4세기 후반의 금욕주의 교사인 프리실리안의 경우는 이단자가 공권력에 의해 기소된 첫 사례이다. 올바른 교리는 교회 규율뿐만 아니라 국가 기강의 관심사가 되었다.

2. 중세

중세(500-1500)는 서방교회와 동방교회 모두에서 교회와 국가 간에 중대한 투쟁을 겪었다. 동방에서는 황제교황주의(정부 수반의 통치 아래 교회와 국가권력을 결합하는 관행)가 공식적인 교리가 아니었다. 그럼에도 불구하고 황제가 총대주교를 임명할 수 있는 권한을 행사했기 때문에 이것이 비잔틴 교회의 실질적인 지위였고 차르(황제) 아래 러시아 정교회의 실질적 지위이기도 했다.

서방교회에서는 서기 800년 교황이 샤를마뉴를 신성 로마제국의 황제로 즉위시킨 후 11세기와 12세기의 소위 황제취임식 논쟁은 교회와 국가의 관계를 불안한 대치라는 용어로 정의하는 데 도움이 되었으며, 교회는 엄격한 교회의 종교적 영역을 벗어나 군사적, 정치적 야망을 드러냈다.

3. 종교개혁

마르틴 루터, 훌드리히 츠빙글리, 장 칼뱅, 토머스 크랜머와 같은 개혁가들은 교회 개혁을 세속 행정가와 일했다. 이것은 지역 특성화된 형태를 취했다. 츠빙글리와 칼뱅은 중등도의 대의적인 정부가 있는 도시에서 개혁했다. 루터는 중세 봉건 체제에서 일했다. 크랜머는 군주제하에서 일했다. 이런 정황 때문에 교회와 국가에 대한 각자의 다른 태도가 형성되었다. 루터는 일반적으로 교회와 국가가 서로 다른 도구를 사용하여 서로 다른 두 영역에서 운영되는 것으로 보고 무저항을 권고했다. 츠빙글리는 특히 규율 문제에 있어서 교회와 국가를 밀접하게 동일시하였다. 칼뱅은 비록 제네바에서 그가 바라던 대로 성취할 수 없었지만, 국가의 간섭으로부터 교회의 사역을 해방시키려고 노력했다. 크랜머는 본질적으로 에라스티투스적[16]인 개념의 영국 국교회의 토대를 마련했으며, 국가 원수는 교회의 최고 통치자로 기능했다. 따라서 교회는 본질적으로 국가의 한 부서였으며 이는 중세 영국의 신학자 존 위클리

16　교회 문제에 있어서 국가의 우위적 교리를 옹호하거나 그 특징을 나타내는 것

프의 저술에 나타난 입장이었다.

급진적 그룹은 처음에 행정 개혁자들과 연관되었지만, 그것을 넘어서는 급진적 개혁 모델을 옹호하게 되었다 그 결과 1525년 독일에서는 농민반란이 일어났고, 1534~1535년에는 급진주의자들이 뮌스터 시를 폭력적으로 장악했다. 뮌스터 포위가 유혈사태로 끝난 후, 포위공격에서 형제가 사망한 메노 시몬스의 영향으로 재세례파는 강력하게 평화주의적이며 사회와 분리주의적 방향으로 움직였다. 이들은 대안적이고 평화로운 공동체를 형성했다.

존 녹스(John Knox)와 크리스토퍼 굿맨(Christopher Goodman)은 루터와 칼빈의 입장을 급진적으로 만들었고, 국가 원수가 우상 숭배, 특히 로마 가톨릭을 장려, 관용 또는 실천하는 형태로 우상 숭배를 저질렀을 경우 신민들에게 반역의 권리를 확대했다. 이 개념은 17세기 새뮤얼 러더퍼드(Samuel Rutherford)와 다른 사람들의 언약적 정치신학에서 결실을 맺었다. 그것은 또한 영국 내전의 이념적 조건을 조성했다.

4. 현대

지난 200년 동안 교회와 정치에 대한 그리스도인의 접근 방식은 매우 다양했다. 냉전 중 동구권의 로마 가톨릭과 동방정교는 명백히 무신론이며 전체주의적인 정권에 대해 항의의 관용구를 제공했다.

좌파와 우파 모두의 일부에서는 교회가 사회 변혁의 근본적인 주체가 될 것을 성경이 요구한다고 주장해 왔다. 남미에서 로마 가톨릭의 해방신학은 기독교와 마르크스주의의 주제가 기본적으로 통합된 내용을 포함한다. 개신교 신학자들은 전근대적 사회조직 모델과 구약의 판례법이 영구적인 성경의 승인을 받은 것으로 보았다. 따라서 그들은 모세의 법과 구약의 판례법을 그 땅의 법으로 세우기를 원한다. (어떤 사람들은 비그리스도인들이 투표를 하거나 공직을 맡아서는 안 된다고 말하기까지 한다.) 미국에서 레이건 시대는 냉전의 종식이라는 정치적 목적을 위해 성경적 수사학을 독점적으로 사용하는 것을 보았다. 이것은 보수 기독교와 보수 정치 사이의 연결이라는 지속적인 유산을 남긴 것으로 보인다. 이러한 입장은 최근 수십 년 동안 낙태 문제에 대한 당파적 성향과 공적 정치담론에서 성 정체성 정치가 차지하는 역할이 증가하면서 강화되었다.

해방신학, 신정정치, 기독교 미국 운동에서 찾을 수 있는 교회와 사회의 긴밀한 동일시에 대한 대안으로 제시된 것은 장로교 한 분파의 생각이다. 원칙적으로 교회의 영적인 본질을 강조하며, 교회가 당대의 정치문제에 대해서는 직접적으로 말하지 않고, 그 문제에 대한 성도들의 자유도 조심스럽게 허용하자는 것이다. 교회는 단순히 그리스도로 정점을 찍고 성례를 행하며 말씀만 전파한다. 최근에 이것은 종교개혁, 특히 마르틴 루터의 사상에 그 뿌리를 두고 있는 '두 왕국신학'으로 알려진 것으로 분명해졌다. 이것은 어떤 면에서 특정 형태의 재세례파 사상과 유사한데, 교회를 세속에 대한 대안적 공동체로 여기고 정치제도를 직접 변화시키는 것이 아니라, 대안적인 삶의 방식을 본받게 함으로써 교회의 임무를 수행하는 것으로 본다.

B.
성경과 정부 모델

Micah J. Watson

정부에 대한 기독교적 이해와 평가는 창세기에서 시작된다. 정부의 목적은 무엇인가? 정부는 어떤 요구에 응할 필요가 있으며, 어떻게 지원해야 하는가? 정부에 대한 성경적 기초를 이해하면, 어떤 특정 형태의 정부도 평가할 수 있을 것이다.

창조 기사는 정치와 정부에 대한 기독교적 이해를 위한 네 가지 기본 진리를 보여준다.

첫째, 만물은 창조주 하나님의 손에서 나오며, 만물에는 모든 권위가 포함된다. "태초에 하나님"이라는 말은 성경을 여는 말일뿐만 아니라, 모든 기독교적 사상의 기초가 되어야 한다(창 1:1). 이것은 정치사상에 특히 해당된다. 통치만큼 교만과 우상 숭배의 유혹에 취약한 직업은 거의 없기 때문이다.

둘째, 남자와 여자는 하나님의 형상대로 창조되었다(창 1:27). 하나님은 자신의 모든 피조물을 선하다고 선언하셨지만, 오직 인간만 하나님의 형상을 지니고 있기 때문에 하나님과 특별한 관계를 누리게 된다.

하나님과 인간 사이의 이런 관계는 우리의 존엄성과 책임과 관련하여 다른 피조물과 구별된다.

셋째, 성경에 묘사된 첫 번째 좋지 않다는 표현은 아담과 하와가 하나님께 불순종한 것이 아니라 사람이 홀로 사는 것이다(창 2:18). 이것은 하나님이 인간을 자신과의 관계에서뿐만 아니라, 서로 간에도 합당한 관계를 맺도록 창조하셨음을 말해준다. 우리는 창조주와 함께, 또 서로 동행하도록 창조되었으며, 이 진리가 가장 큰 계명과 두 번째로 큰 계명에 반영된 것을 본다(마 22:37-40).

넷째, 아담과 하와의 불순종을 시작으로 인간이 하나님께 반역하게 되었다(창 3장). 타락의 교리는 하나님께서 창조하신 우리의 본래 선한 본성이 어떻게 죄와 이기적인 욕망에 의해 부패되어, 그 관계가 우리의 힘으로 고칠 수 있는 한계 이상으로 손상을 입게 되었는지를 설명한다(롬 7:23, 3:23). 우리는 아담과 하와가 동산에서 추방된 사건에서 하나님과의 수직적 관계가 손상된 것을 보고, 가인이 아벨을 죽인 형제간의 수평적 분열에서 그 반역의 다른 비극적 결과를 본다.

이 네 가지 기본 진리는 인간관계와 정치의 기본 토대를 설명한다. 우리는 하나님에 의해 그분의 형상대로 만들어졌다. 따라서 우리 인간은 신성하다. 우리는 조화롭게 함께 살도록 부름 받았지만, 우리의 반역으로 인해 하나님과 관계를 맺는 것과, 이웃과 서로 일관성 있게 잘 지내는 것이 스스로의 힘으로는 불가능해졌다. 우리의 깨어짐에 대한 하나님의 해결책은 창세기에 예언되고, 복음서에서 증명된 바와 같이 예수 그리스도의 십자가에서 죽으심과 죽은 자 가운데서 부활하심에서 찾을 수 있다(창 3:15; 요 3:16). 우리는 모든 피조물과 함께 부활하신 메시아가 영광 중에 재림하실 이 사역의 절정의 시기를 기다린다(롬

8:19−23).

1. 정부의 임시 역할

이 구원의 계획은 하나님의 궁극적인 해결책이기 때문에 인간 정부는 악을 억제하고 선을 촉진하는 일시적인 역할만 할 뿐이다. 인간 정부는 첫째 아담의 죄와 둘째 아담 예수 그리스도의 재림 사이에 존재한다(롬 5:12−21; 13:1−6). 그리스도인들은 정부의 적절한 역할에 대해 서로 같지는 않지만, 대부분은 성경이 인간 정부를 하나님이 정하신 제도로 설명하고 있다는 것에 동의한다. 마태복음 22:15~22를 인용한 황제에게 속한 것(황제의 형상을 새긴 동전)과 하나님께 속한 것(하나님의 형상을 지닌 인간)을 구분하면서, 또 통치권은 우리의 유익을 위해 하나님이 제정하셨다는 바울의 확언(롬 13:1−7)을 통해 동의한다. 이 생각은 베드로전서 2:13에서 베드로가 반복한다. 바울은 디모데에게 보낸 편지에서 정부의 중심 목적을 밝히고 있다. "그러므로 내가 첫째로 권하노니 모든 사람을 위하여 간구와 기도와 도고와 감사를 하되 임금들과 높은 지위에 있는 모든 사람을 위하여 하라 이는 우리가 모든 경건과 단정함으로 고요하고 평안한 생활을 하려 함이라"(딤전 2:1−2). 우리는 평화로운 삶을 영위할 수 있도록 정치권을 위해 기도한다.

이제 우리는 정부의 모델과 정치 전반에 대한 생각에 네 가지 기본진리를 적용할 수 있게 되었다.

첫째, 창세기의 서두에서 알 수 있듯 하나님이 진정 으뜸이라면 하나님의 자리를 뺏으려는 정부는 그 목적에 어긋나는 것이다. 그리스도인은 하나님을 부인하거나 스스로를 적정한 위치에서 높이려는 모든 통치 철학을 경계해야 한다. 우리는 통치자를 위해 기도하여 평안을 누리도록 해야 한다. 그러나 화평이 없는 상태에서 선택해야만 한다면 사람보다 하나님께 순종하는 것이 마땅하다(행 5:29).

둘째, 하나님의 형상대로 지음 받았기 때문에 사람마다 고유한 가치가 있다. 정부는 사람들을 보호하고 그들의 선을 증진하기 위한 것이다. 정부는 인간을 위해 존재한다. 국민이 소모품인 것처럼 행동해서는 안 된다.

셋째, 하나님께서 아담의 홀로 있는 것에 대해 "좋지 않다"(창 2:18)라고 하셨듯이, 하나님은 인간이 외톨이로 존재하지 않고 동거하도록 창조하셨다. 우리는 결혼과 가족을 위한 하나님의 계획과 그의 신부인 교회에 대한 계획에서 이것을 볼 수 있다. 우리는 "하늘에 계신 우리 아버지"께 "오늘 우리에게 우리의 일용할 양식을 주시옵고"(마 6:9,11)를 간구한다. 따라서 정부의 한 가지 목적은 사회를 보호하여 인간이 가족, 결혼, 교회, 클럽 및 자선 단체와의 상호작용을 통해 번영할 수 있도록 하는 것이다. 원칙적으로든 실천적으로든 사회의 다양한 영역에 과도하게 간섭하는 통치철학은 문제의 원인이 된다.

넷째, 상식적으로 볼 때 타락의 교리보다 더 분명한 기독교 교리는 없을 것이다. 인간은 이기적 피조물이며, 우리는 종종 어떤 일이 본질적으로 옳기 때문보다, 처벌이 두려워 옳은 일을 하게 된다. 따라서 정부는 타락한 인간 본성의 사악함을 억제해야 한다. 더욱이 인간의 죄에 대한 하나님의 궁극적인 해결책이 예수님의 십자가 사역이라는 점을 감안할 때 타락을 부정하거나 인간의 악을 단호하게 척결, 박멸하려는 정치철학은 실패할 수밖에 없다. 또한 그로 인해 불행과 고통의 흔적을 남길 가능성이 있다.

2. 기독교와 정부 모델

이러한 성경의 기준 원칙을 고려할 때 그리스도인은 다양한 정부 모델에 대해 어떻게 평가해야 하는가? 지난 150여 년 동안 우리는 몇 가지 정치적 접근 방식의 흥망성쇠를 보아 왔다. 여기에는 공산주의, 사회주의, 군주제, 입헌 민주주의, 파시즘, 이슬람 근본주의가 포함된다.

이런 문제에 대한 지침을 찾는 첫 번째는 성경이지만 여기서 우리는 어려움에 직면한다. 왜냐하면 구약과 달리 신약은 정부 체제의 세부 사항을 다루지 않기 때문이다. 성경에서 우리는 정치적 권위와 관계를 맺는 법에 대해 많은 것을 배우고, 하나님께서 정부에 권한을 부여하신다는 것을 알 수 있지만, 정치적 청사진으로 쓸 수 있는 것은 아무것도 찾지 못한다. 그럼에도 불구하고 하나님은 자신의 지혜로 우리에게 평화와 정의 같은 정치적 목적을 주셨지만 다른 많은 것들은 우리에게 맡기셨다(C.S.루이스, *순전한 기독교*, p. 79).

이것은 우리가 통치 모델에 대해 정보에 입각한 판단을 할 수 없다는 것을 의미하지 않는다. 예를 들어 공산주의는 지상 천국을 창조한다고 주장하지만 하나님의 존재와 원죄를 부인한다. 파시즘은 국가를 사회에서 가장 중요한 위치로 끌어올려 하나님의 정당한 위치를 뺏고, 하나님의 형상으로 지음 받은 개인의 중요성을 최고의 중요성을 가진 정부의 필요에 종속시킨다. 이슬람 근본주의 정권은 기독교를 완전히 배제하고 실제로 사람들을 본질적으로 가치 있는 것으로 취급하지 않았다. 이러한 접근 방식은 분명히 성경에 명시된 원칙에 어긋난다.

다른 정부 모델을 평가하는 것은 더 복잡하다. 엄밀히 말해 사회주의는 통치 철학이 아니다. 오히려, 사회주의는 정부에 대한 집단적 경제

협정을 지지한다. 군주제는 분명히 성경적 뿌리를 가지고 있지만 서구 역사와 성경기록 모두에서 볼 수 있듯이 심각한 위험을 동반한다. 입헌 민주주의는 정치에 대한 성경적 접근 방식과 일치하지만, 정치체제로서 국민의지가 나타나는 것은 그 권력을 부여한 국민의지의 수준만큼 정의롭고 선할 뿐이다. 대의민주주의는 국민에게 달려있고 국민은 타락했다.

정치와 정부에 적용되는 성경적 원칙을 인정하는 것이 현재의 정치 체제나 논쟁과 관련하여 우리가 원하는 모든 결론을 제공하지는 않지만, 그것이 시작이다. 하나님의 말씀은 정치세계와 크고 작은 정부를 평가할 수 있는 수단을 제공한다.

C.
범죄와 형벌에 대한 성경적 견해

Hunter Baker

오늘날 유죄 판결을 받은 범죄자가 보내지는 장소로 구치소 혹은 감옥이라는 용어를 가장 자주 사용하지만 교도소라는 이름도 일반적으로 사용된다. 참회로부터 유래된 교도소의 어원을 분별하기 위해 언어학자가 될 필요는 없다. 형용사 형태로 참회는 강한 후회를 나타내는 데 사용된다. 명사로서 '회개하는 사람'은 하나님께 용서를 구하는 사람이다. 18세기 영국의 존 하워드(John Howard)가 시작한 교도소 설립은 범죄자들이 회개하고 하나님과 사람들로부터 용서를 받고 공동선에 기여하는 시민이 되어 공동체로 돌아갈 수 있다는 기독교적 희망을 표현했다.

성경이 범죄와 형벌에 대한 처리에 끼친 영향은 18세기의 부흥운동보다 앞서 있었다. 히브리어 성경(구약)은 하나님께서 한 백성(히브리인)을 택하시고 그들에게 의로운 사회를 운영하기 위한 규례를 주셔서 다른 모든 민족과 구별하셨다고 말한다.

때때로 함무라비나 히타이트의 법전이 구약의 법에 영감을 주었다고 주장하지만, 유대 학자들은 하나님이 주신 법이 독특하며, 더 큰 공의를 보여준다는 중요한 차이를 지적한다. 그들은 함무라비 법전이 이스라엘 법보다 더 잔인하고 원시적이라고 주장한다. 예를 들어, 함무라비 법은 다른 사람의 딸을 죽인 경우, 그 죽인 사람의 딸을 데려가도록 처벌했다. 그러한 처벌은 범죄자를 넘어 무고한 사람, 즉 가해자의 딸에게까지 미치기 때문에 명백히 부당하다. 보상에 기초한 히타이트인의 법전도 하나님이 구약의 율법에 규정한 규례에 미치지 못한다. 히타이트의 접근 방식에 따르면 살인과 같은 심각한 범죄조차도 충분한 현금으로 해결할 수 있다. 대조적으로, '눈에는 눈' 논리가 있는 출애굽기 21장 23절-25절은 형량이 범죄에 비례하므로 더 정당하다.

히브리 법전은 심판을 서두르기보다는 참된 공의에 대한 열망이 크다는 것을 보여준다. 한 가지 예는 범죄의 증거를 입증하기 위해 두 증인이 동의해야 한다는 신명기의 규칙이다(신 17:6; 19:15). 이것은 한 명 이상 증인의 증거 없이는 아무도 죽임을 당하지 않는다는 것을 의미한다. 미국의 법은 이것보다 피의자를 덜 보호한다는 점에 유의해야 한다. 신명기의 지침과 유사하게 마태복음 18:16에서는 분쟁을 해결하려 할 때 증인을 동반해야 함을 알려준다. 그러한 조언은 여러 사람의 관점을 바탕으로 신뢰할 수 있는 방식으로 진리를 확립하려는 관심을 나타낸다. 신, 구약 모두 범죄의 진실성을 확인하기 위해 세심한 주의를 기울이며, 형벌, 범법자, 범죄의 심각성 사이의 강한 연관성에 중점을 둔다.

성경의 범죄에 대한 형벌의 방식에서 한 가지 놀라운 점은 투옥이 드물다는 것이다. 신명기, 출애굽기 및 기타 구약 내용은 배상금, 추방, 체벌 및 사형 선고의 예를 제공하지만 많은 수의 범죄자를 감옥에 보내는 것을 지지하지 않는다. 감옥이 없는 첫째이자 가장 분명한 이유는 고대 농경사회에 많은 범죄자를 가두고 먹일 수 있는 자원이 없었기 때문이다. 이 물질적인 요인 외에도 현재 시행 중인 대량감금 모델이 현명한 것인지 의문일 수도 있다. 우리는 채찍질과 같은 성경적 형벌을 야만적으로 보는 경향이 있지만, 범죄자의 나쁜 행동을 더 강화시킬 수 있는 범죄자들과 함께 범인을 투옥하는 것이 정말로 더 나은 것일까?

1. 세 학파의 생각

범죄와 형벌에 대한 현대적 사고에는 위법행위에 대처하는 방법과 관련하여 최소한 세 가지 주요 학파가 있다. 이론가들은 종종 보복, 공리주의 및 재활의 관점에서 말하고 쓴다.

1) 보복

상응하는 보복에 근거한 생각은 오늘날 처벌에 대한 사회과학적 추진력과 상충된다. 그것은 조잡하고 복수심에 기초하며 더 야만적인 것으로 보인다. 구약의 많은 형벌이 이런 관점에서 인식된다. 그럼에도 불구하고 어떤 사람들은 보복적 접근방식이 조잡하거나 잔인하지 않다고 설득력 있게 주장해 왔다. 오히려, 보복에 근거한 처벌의 선택은 피해자와 가해자 모두에게 존엄성을 부여한다. 보복은 중요한 무언가가 침해되었다는 것을 인식하고 그 위반에 따라 처벌을 받아야 하기 때문에 피해자의 권리를 옹호한다. 동시에, 보복은 가해자의 인권도 존중한다. 왜냐하면 가해자에 대한 처벌은 가해자에게 하나님과 사회가 더 나은 의사 결정과 행동에 대한 진정한 기대를 갖고 있음을 나타내기 때문이다. 본질적으로, 범죄하는 사람들은 하나님의 표준(또는 사회의 표준)에 따라 살지 않았기 때문에 우리는 범죄를 처벌할 만큼 충분히 그들을 존중한다는 것을 상기시켜야 한다.

2) 공리

범죄와 처벌에 대한 공리주의적 이론은 개인의 권리보다는 인구집단의 과학적 통제에 더 중점을 둔다. 예를 들어, 공리주의자는 갈등을 일으키는 법을 계속 시행하기보다는 시민 간의 사회적 마찰을 줄이는 법을 마련해야 한다고 말할 수 있다. 공리주의적 접근의 위험성은 그것이 대부분 사회적 규제와 관련되어 있다는 점이다. 예를 들어, 일련의 살인이 저질러졌다고 상상해 보자. 공리주의적 관점에서 대중에게 살인범이 잡혀 처벌을 받았다고(사실이 아니더라도) 인식시키는 것은 실제로 악당을 잡는 것만큼이나 대중에게 설득력이 있다. 인식은 거의 현실만큼 중요하다. 범죄를 무고한 당사자에게 돌리는 것이 설득력 있게 행해질 수만 있다면 살인자를 그냥 풀어놓았다고 생각하게 두는 것보다 나을 것이다.

3) 재활

앞서 언급한 바와 같이, 재활이론은 원래 죄와 벌에 대한 기독교적 사고에서 시작되었다. 기독교적 관점은 보복에 기초한 결과를 지지하면서 재활의 요소를 추가하는 경향이 있다. 용서가 처벌까지 없애주는 것은 아니지만, 처벌과 재활이 완료되면 사회구성원으로 완전히 수용되는 길을 열어준다. 그러나 20세기 동안 재활에 대한 생각은 변화를 겪었다. 빚을 갚고 용서를 구하는 "회개하는" 사람의 생각은 버려야 한다. 재활 접근방식은 범죄를 불의를 영속시키는 시스템의 소외된 희생

자를 생성하는 광범위하고 구조적인 사회적 불의의 결과로 보게 되었다. 이러한 방식으로 사회 시스템에 대해 생각하는 결과는 범죄의 도덕적 차원과 범죄자가 개인적으로 다른 사람들에게 잘못을 저질렀고 죄를 회개해야 한다는 인식을 약화시킬 수 있다.

그러나 모든 사람이 이러한 발전을 높이 평가한 것은 아니다. 진보적인 처벌 정책에 대한 분노는 피해자 인권 운동을 낳게 했다. 무엇보다도 이러한 운동은 피해자가 자신에게 저지른 잘못이 처벌을 받지 않거나 제대로 처벌되지 않았다는 사실을 인지할 때 피해자가 겪는 피해를 사회와 사법 시스템에 알리기 위해 노력했다.

오늘날 그리스도인들은 교도소 사역에서 매우 활발하게 활동하고 있지만, 종종 예전보다 형벌 제도에 대한 공식적인 영향력은 줄어들었다. 워터게이트 사건으로 투옥된 후 찰스 콜슨이 설립한 교도소 선교회(Prison Fellowship)은 예수 그리스도를 통한 구속의 복음을 수감자들에게 전하는 데 앞장서고 있다. 수감자들과 그 가족들에게 수년 동안 효과적인 사역을 한 후, 이 단체는 특별한 기독교 감옥을 개설하고 다른 곳에서 신학교 프로그램을 제공함으로써 일부 기관에 참여할 수 있는 능력을 얻었다. 초기증거에 따르면 그들의 사역은 석방된 사람들의 재범률을 줄였다.

범죄의 사회적 원인을 밝히려는 시도를 통해 좋은 정부가 달성할 수 있는 것이 무엇이든, 우리는 이 시도를 무시해서는 안 된다. 범죄는 해결되어야 할 영적 문제가 사회적으로 드러난 채 유지되는 것이다. 불의로부터 진정한 회복과 변호는 하나님의 아들이신 예수 그리스도만 하실 수 있으며, 우리는 범죄자와 그 희생자 모두에게 예수 그리스도의 복음을 가르쳐야 한다.

D.
민법의 기초

Hunter Baker

미국 하원에는 여러 가지 흥미로운 특징이 있다. 푸에르토리코 테러리스트의 공격으로 생긴 총알구멍은 그 특수한 예이다. 현재의 주제와 더 관련이 있는 것은 역사의 위대한 입법자들의 초상화이다. 특히 세 사람은 특별한 주의를 이끈다. 이스라엘 사람 모세, 비잔틴 황제 유스티니아누스, 영국 역사상 가장 위대한 법학자 중 하나인 윌리엄 블랙스톤 경이다.

1. 이스라엘 사람 모세

모세를 통해 우리는 인류 역사상 가장 유명한 율법인 십계명을 받았다(출 20:1-17). 히브리어 성경에 따르면, 하나님은 모세에게 시내산에서 그 유명한 율법이 적힌 돌판을 주셨다. 그는 그것들을 이스라엘 사람들에게 전달하고 사람들이 하나님께 져야 할 의무(4개의 수직적인 계명)와 서로에게 져야 하는 의무(6개의 수평적인 계명)에 대한 가장 오랫동안

전해오는 계명을 정립했다.

부모를 공경하지 않는 것, 거짓말, 도둑질, 간음, 살인, 심지어 탐욕에 관한 수평적 금지에서 우리는 현대법의 구성요소를 본다. 예를 들어, 거짓말은 사기, 허위 진술 및 위증의 형태로 실행 가능한 범죄이다. 아동은 성인이 될 때까지 완전한 헌법상의 권리를 누리지 못하기 때문에 부모의 권리는 여전히 중요하다. 절도와 살인은 형법의 큰 부분을 차지한다. 탐욕마저 우리 강령의 일부로 아직 남아 있다. 만일 어떤 개인이 지속적으로 탐욕적인 행동을 해 왔다면, 민사 또는 형사 범죄의 엄중함을 입증하는 데 필요한 "망 레아(mens rea)"[17] 즉 범죄 의도를 확인할 수 있다. 수평적 계명 중에서 간음은 이제 현대법에서 가장 주목을 받지 못하고 있다. 간통은 형법에서 거의 완전히 벗어났지만 이혼절차와 관련하여 남아 있다. 비록 무책이혼 시대에 법적으로 덜 중요하긴 하지만 말이다.

최근 몇 년간 공공장소에 십계명을 게시하는 것을 둘러싸고 교회와 국가의 분리에 관한 논쟁이 벌어졌다. 앨라배마의 로이 무어 판사는 자신의 법정에 십계명을 게시했다가 앨라배마에서 대법관으로 선출된 후 대법원으로 가져간 것으로 유명했다. 무어 판사는 그 사건에서 패했지만, 십계명의 다른 기념물과 게시판은 도전에서 살아남았다. 예를 들어, 텍사스 오스틴의 국회 의사당 부지에 대한 계명은 그대로 유지된다. 법원은 십계명이 법의 중요한 원천이라는 주장을 받아들였다. 성공적인 도전은 십계명이 현대법에서 중요하지 않다는 것이 아니라 어떤 계명은 부적절한 목적과 관련되어 나타날 수 있음을 시사한 것이다. 현

---

17 어떤 행위가 처벌의 대상이 되려면 범죄로서의 구성요건을 충족하는 행위(ACTUS REUS)와 그러한 범죄행위를 인식하면서 그 행위를 하려는 의사(MENS REA)가 있어야 한다.

대 국가가 공개적으로 십계명을 수용하는지 여부와 상관없이 십계명이 서방과 전 세계적으로 법에 미친 영향에 대해서는 의문을 제기하기 어렵다.

2. 유스티니아누스 비잔틴 통치자

두 번째 초상화 차례이다. 유스티니아누스는 서기 6세기 중반에 비잔틴 제국의 기독교 통치자였다. 그는 오랜 로마제국의 집권기간 동안 싹트고 있던 각종 법과 판례를 체계화하고 합리화하는 사업에 착수했다. 흥미롭게도 유스티니아누스는 이 프로젝트를 시작할 때 하나님께 충성을 나타냈다. 그는 "천상의 주께서 주신" 제국을 다스릴 때 "하나님의 도움"을 요청했다. 황제는 더 나아가 국가는 무기가 아니라 "삼위일체의 섭리"에 의해 보호된다고 주장했다. 로마법 대전(Corpus Juris Civilis)은 이렇게 시작되었고, 그 내용은 미국 헌법보다 기독교 하나님에 대해 훨씬 더 의존적인 것이 분명했다.

유스티니아누스의 작품은 하나님을 입법자로 완전히 포용하는 법관점을 보여 주었다. 로마법 대전은 법학을 인간과 신 모두에 대한 지식이라고 말한다. 민법은 한 국가가 국민을 위해 마련한 조치로 정의한다. "국가법"은 우리 모두가 자연 이성의 행사를 통해 알고 있는 것을 반영하며 이것은 자연법칙이다. 기독교 사회에서 자연법은 혼돈과 분쟁으로부터 세상을 보호하는 하나님의 일반은총의 일부로 이해되었다. 실제로 존 로크의 유명한 사회 계약에서 그는 도덕법이 이미 자연법에 존재했기 때문에 정부가 도덕법을 제공할 필요가 있다고 생각하지 않았다. 오히려 그는 정부가 자연법의 명령을 집행해야 한다고 생각했다.

로마법 대전은 유럽 대륙의 민법 시스템의 모델이 되었다. 비잔틴 제국에서 유지된 민법은 로마 가톨릭 교회의 교회법 발전에 영향을 주었다. 이 두 가지 법률 유형이 함께 유럽 법률사상의 기초를 형성했다.

3. 윌리엄 블랙스톤 경

영국 관습법 모델은 중세 시대에 생겨난 다른 시스템이다. 민법 시스템은 고도로 성문화된 반면, 관습법 시스템은 판사가 해석하는 판례에 훨씬 더 의존한다. 미국처럼 영국에서 파생된 국가들도 관습법 체계를 가지고 있다. 미국 판사들이 의견을 형성하기 위해 영국 판례를 살펴보는 것은 드문 일이 아니다. 방법의 차이(성문화 대 판례)에도 불구하고 관습법 시스템 역시 자연법에 대한 기독교 사상에서 크게 영감을 받았다.

세 번째 초상화의 윌리엄 블랙스톤(William Blackstone) 경은 아마도 영국 관습법의 가장 위대한 대표자일 것이다. 그의 주석은 판례와 사상을 전체로 이해할 수 있도록 체계화하려고 했다. 오늘날 미국의 법대생들은 그의 견해와 개념을 공부한다. 그의 논평에서 블랙스톤은 자연법이 창조와 피조물에 어떻게 적용되는지에 관해 기록했다.

예를 들어, 하나님은 율법의 일부로 물질에 특정한 속성을 부여하셨다. 그는 행성들이 예측 가능한 경로를 따라 움직이게 만드셨다. 동일하게 하나님은 정의를 세우는 방식으로 인간관계를 다스리는 자연법칙을 만드셨다. 블랙스톤의 논리에 따르면 우리는 이 법칙을 제정하신 하나님을 의지하기 때문에 이 법칙에 순종해야 한다. 특히 블랙스톤은 계시된 신성한 법을 신의 자연법 옆에 두었고 그것을 권위 있는 것으로 보았다. 인간이 만든 법칙은 이 두 가지 근원 모두에 모순되어서는 안 된다.

블랙스톤을 통해 자율성을 넘어서는 신의존성의 개념을 쉽게 이해할 수 있다. 자율성은 스스로를 자신이 만든 법칙으로 보는 반면, 신의존성은 하나님의 법을 준수하는 것을 말한다. 블랙스톤의 법리론은 자연법에 대한 우리의 이해를 바탕으로 한 신의존적 입장에서 작동했다. 그러나 한때 평범했던 것이 이제는 심각한 논쟁의 대상이 되었다.

올리버 웬델 홈즈 주니어(Oliver Wendell Holmes Jr.)는 자연법을 공격한 것으로 유명하다. 그는 자연법이 "하늘에 음울하게 널려있는 것이 아니다"라고 강조했다. 그는 법을 사회적 마찰을 줄이고 다른 바람직한 결과 달성을 위해 고안된 도구로 보았다. 이 새롭고 실증적인 법에 대한 관점은 지난 세기 동안 많은 근거를 얻었지만, 유감스럽게도 자연법에 근거를 부여하는 데는 불리하게 작용했다. 그럼에도 불구하고 미국 의회처럼 법이 만들어지고 있는 곳에서는 우리가 어디에서 왔으며 어떤 기초 위에 서 있는지에 대해 충분히 일깨워 준다.

E.
국가와 교회

Micah J. Watson

　"교회와 국가"라는 문구는 일반적으로 기독교 교회와 그 사회를 통치하는 정치당국과의 관계를 나타낸다. 보다 구체적으로, "교회와 국가"는 미국의 종교적, 정치적 전통 전반에 걸쳐 이 둘 사이의 특별한 관계를 나타낸다. 이 관계는 논란이 될 만큼 중요하며 그리스도인들은 2천년 동안 신앙과 정치의 교차점과 씨름해 왔다.

　하나님의 교회와 국가는 둘 다 특정한 목적을 위해 하나님이 제정하신 것이기 때문에 둘 사이의 관계가 중요하다. 우주적 교회는 그리스도의 신부로서 신랑 맞을 준비를 하고 지역교회 안에서 신앙생활을 하는 모든 정통 그리스도인으로 구성되어 있다(계 17:7-9). 하나님의 교회는 그리스도 아래 새 언약에 참여하고, 거룩한 삶을 사는 소명을 함께 이루는 새 이스라엘이다(히 10:24-25). 그리스도인들은 또한 정부가 "악행하는 자들을 벌"(롬 13:4; 벧전 2:14)하는 강제력을 행사하는 "[우리]의 이익을 위한 하나님의 종"이라는 것을 안다. 각 기관이 제 역할을 하면 모든 것이 잘 된다. 국가는 악을 억제하고 선을 촉진한다. 교회는 복음을 전하고 굶주린 자를 먹이고, 헐벗은 자를 입히며, 하나님을 경외하고, 다음 세대를 양육하며, 잃어버린 세상의 영적, 육적 필요를 채워준다(마 25:31-46; 28:19-20).

그러나 모든 것이 잘되는 경우는 드물다. 정치 지도자들은 종종 종교적 권위를 자기 권력에 대한 위협으로 여기거나, 자신의 목적을 위해 종교의 힘을 뺏으려고 한다. 이스라엘의 초대 왕인 사울도 하나님께서 그의 선지자 사무엘에게 맡기신 희생제사(삼상 13장)를 직접 시도함으로써 하나님의 정하신 경계를 혼동했다.

더욱이, 정치 지도자들이 정치적인 이유로 종교를 악용할 수 있는 것처럼, 그리스도인들은 강압적인 정치권력의 통치를 오용하여 많은 동료 신자들을 포함한 다른 사람들에게 그들만의 종교적 신념과 관습을 강요해 왔다. 슬프게도 역사는 하나님께서 정하신 목적과 교회와 국가의 경계를 위반한 정치 및 교회 지도자들의 비극적이고 피로 물든 결과로 가득 차 있다.

이 문제에 대한 기독교적 생각은 크게 두 가지 범주로 나뉜다. 첫째는 그리스도인 개개인이 하나님의 나라 시민(빌 3:20)과 지상 정부의 시민(행 22:22-29)으로서의 정체성을 어떻게 이해해야 하는가이다. 성경은 우리에게 정치지도자들에게 순종하고 존경하며 기도하고(롬 13:1; 딤전 2:2), 세금을 내고(막 12:13-17; 롬 13:7), "모든 사람과 화목하라"(롬 12:18)라고 가르친다. 동시에 우리의 정부에 대한 충성은 이차적인 것이다. 우리는 "먼저 하나님의 나라를 구하고", 사람의 나라가 간섭하면 "사람보다 하나님께 순종하는 것이 마땅"하다(마 6:33; 행 5:29).

이 첫째 범주가 그리스도인의 개개인 의무에 초점을 맞춘다면, 둘째 범주는 교회와 정부가 거시적 관점에서 상호작용해야 하는 방식에 관한 것이다. 즉, 정치지도자들이 정부의 목적을 가장 잘 달성할 수 있도록 정치제도를 어떻게 마련할 수 있을까? 즉, 정치 지도자들이 정부의 목적을 가장 잘 달성하는 동시에, 교회가 목적을 달성할 수 있는 자유를 허용하는 정치제도를 어떻게 마련할 수 있는가?

이 질문에 대한 답으로, 정치와 종교에 대한 미국인의 경험은 유익하다. 초기 식민지 시대부터 현재에 이르기까지 교회와 국가 간의 균형과 잠재적 긴장은 영원한 관심사였다. 초기 침례교인 로저 윌리엄스(Roger Williams)와 같은 일부 인물은 주로 국가가 교회의 자유와 신자들의 양심을 간섭하는 경향에 대해 우려했다. 토마스 제퍼슨(Thomas Jefferson)과 같은 다른 사람들은 교회 지도자들이 특정 교단에 대한 배타적 특권을 주장함으로써 정치영역에 간섭할 가능성에 더 관심이 있었다. 한편으로 공적 생활에서 신앙의 역할은 보호해야 할 믿지 못할 선인 동시에, 우려의 원인이 될 논란과 파벌의 잠재적인 화약고로 여겨졌다.

종교의 중요성은 미국의 통치문서인 헌법에서 종교의 특권적 지위에 의해 더욱 입증된다. 수정헌법 제1조의 첫째 우선순위는 연방정부로부터 종교와 종교 활동을 보호하는 것이다: "의회는 종교의 설립 또는 자유로운 종교 행사를 금지하는 법률을 제정할 수 없다."

이것은 설립 조항과 자유행사에 대한 법리적 발전으로 이어졌다. 전자는 정부가 어떤 식으로 종교를 선호하는지 여부와 관련이 있다. 후자는 시민의 종교적 신념과 관행이 정부에 의해 부당하게 침해되었는지 여부를 다룬다. 수정헌법 제1조는 원래 연방정부에만 적용되었지만 "법인화"라고 불리는 이후의 법적 발전은 주와 지방정부도 종교 조항의 적용을 받는다는 것을 의미한다. 그리스도인과 다른 시민들이 직면한 엄청난 도전은 이러한 건국문서의 아이디어를 어떻게 해석하고, 현대의 상황과 갈등에 적용할 것인가 하는 점이다.

미국 창시자들이 종교 조항에 의미하는 바에 대한 의견은 "엄격한 분리"에서 "포용"에 이르기까지 다양하다. 엄격한 분리주의자들은 토마스 제퍼슨(Thomas Jefferson)이 댄버리 침례교 그룹에 보낸 편지에서 교회와 국가 간의 "분리의 벽"을 언급한 언어를 따른다. 설립 조항과 관련하여 이런 견해는 정부가 종교를 지지하는 것처럼 보이지 않도록 정부에 일종의 감시 역할을 부여한다. 엄격한 분리주의자들은 종교 학교에 대한 정부의 지원, 공개 행사에서의 기도, 시청에서의 성탄 행사 장면이나, 주화에 새겨진 "In God We Trust"와 같은 상징적 의사표시에도 반대한다.

포용주의자들은 헌법을 좀 더 광범위하게 해석한다. 설립자들의 주된 의도는 국가교회의 설립을 막고 종교단체가 유럽의 많은 국가-교회 협정을 특징짓는 편협함에서 벗어나 번영할 수 있는 공간을 제공하는 것이라고 생각한다. 설립자들은 교회와 국가 간의 모든 협력을 거부하는 벽을 세울 의도가 없었지만 여전히 종교의 자유를 보호할 수 있는 호의적인 협력을 구상했다. 포용주의자들은 정부가 미국의 공식 종교로 장로교 교단을 채택하는 것에 반대하지만, 공개기도, "In God We Trust" 같은 상징적 언어사용 및 이와 유사한 문제에 대해서는 더 유연할 것이다.

이러한 문제들에 대해 생각하는 그리스도인은 창시자가 의미한 바에 대한 역사적 논쟁과 교회와 국가에 가장 좋은 상황이 무엇인지에 대한 규범적 논쟁을 구별해야 한다. 현재 보유하고 선호하는 견해를 역사로 되돌리는 것은 너무 쉽다. 창시자들 내부에서도 이러한 문제에 대해 의견이 일치하지 않았지만, 신앙은 본질적 가치가 있고, 보호받고 어떤 경우에는 권장될 가치가 있는 것으로 이해되었다.

다행스럽게도 기독교 세계관은 인간이 이룬 성취들(그 성취들 중 일부가 훌륭했을 수도 있다)보다 훨씬 더 많은 것을 바탕으로 한다. 그리스도인들은 교회와 국가에 대한 하나님의 특별한 명령이 어떻게 교차하는지에 대해 함께 일하고 함께 생각하면서 성경 속에서 계속 이끌어 내어야 한다. 타락을 감안할 때, 하늘과 땅의 시민으로서의 정체성을 실천하려는 그리스도인의 시도는 항상 실패할 것이다. 그럼에도 불구하고 그러한 노력은 참 왕이 다시 오셔서 그의 통치를 영원히 세우실 때까지(마 5:13-14; 계 21:1-6) "소금"과 "빛"이 되는 데 기여할 것이다.

F.
종교적 자유

Scott H. Moore

종교의 자유는 개인과 신앙 공동체가 자신의 종교를 믿고 숭배하며 옳다고 생각하는 대로 생활할 수 있는 권리를 확인하는 정치적 원칙이다.

종교적 자유의 기원은 로마 황제 콘스탄티누스가 기독교 신앙과 실천을 금지하는 법을 폐지하여 그리스도인들에게 투옥이나 박해의 두려움 없이 예배할 수 있는 "자유"를 부여한 4세기로 거슬러 올라갈 수 있다. 그러나 형식적 개념으로서의 종교의 자유는 16세기 종교개혁 이후 근대 초기에 와서야 비로소 결실을 맺게 된다. 존 로크의 "관용에 관한 편지"(1689)는 종종 종교자유 개념의 기초문서로 인식된다.

종교의 자유는 미국 헌법의 권리장전(1791)에서 확인되었으며 유엔 세계인권선언(1948)은 모든 국가의 종교자유가 정의를 위해 필요하다고 주장한다. 종교자유에 대한 가장 중요한 기독교적 성찰은 제2차 바티칸 공의회의 종교자유선언(1965)인 '인간존엄성'(Dignitatis Humanae)에서 찾을 수 있다.

이러한 오랜 유산에도 불구하고 오늘날의 종교다원주의 세계에서 민음과 실천 때문에 차별, 박해, 심지어 죽음에 이르는 다양한 종교의 신자들을 흔히 볼 수 있다. 그러한 불의에 맞서 종교의 자유는 정치, 문화, 종교 당국의 강압을 두려워하지 않고 종교를 실천할 수 있게 해준다.

종교의 자유는 현대 정치사상에서 중요한 개념이지만, 구약이나 신약에서 종교적 자유에 대한 명확한 변호나 확고한 설명은 찾아볼 수 없다. 더욱이, 종교의 자유는 성경의 가르침, 교회의 전통, 또는 대다수의 저명한 신학자와 교사로부터 명시적으로 추론할 수 있는 기독교 신학의 교리가 아니다.

성경은 종교다원주의를 영속시키기 위한 구체적인 정치적 원칙을 제시하지 않는다. 그와 반대로 구약에서는 점령당한 가나안 사람들(성인, 어린이, 가축)을 다른 신을 섬기기 때문에 하나님은 죽이라 명령하셨다(신 20:16-18). 마찬가지로 니느웨 사람들은 회개하지 않을 경우 완전히 멸망하게 되어있다(욘 3장). 성경 어디에도 참된 종교적 믿음은 선택 사항이 아니다. 하나님의 백성과 불신자들 모두 회개와 신실함과 거룩함으로 부르심을 받았다.

성경은 양심의 정당성을 일관되게 확언하고 있으며, 종교의 자유는 양심의 원칙에 따른 것으로 이해될 수 있다. 양심의 인정은 인간의 존엄성을 존중하는 데 필수적이며, 최선의 경우 종교의 자유는 민족국가가 양심의 행사를 침해하지 않도록 하는 정치적 원칙이다. 그럼에도 불구하고 정치적 원칙으로 수용된 종교의 자유는 좋은 쪽으로든 나쁜 쪽으로든 사용될 수 있다. 따라서 그리스도인들은 신중하게 생각할 필요가 있다.

예를 들어, 종교다원주의적인 현대 세계에서 신자들은 다양한 도전에 직면해 있다. 최근 비서구 역사에서 특정 무신론 국가들은 종교적 신념을 완전히 폐지하려고 노력한 반면, 이슬람 샤리아 법을 실천하는 국가들은 다른 종교들을 모두 불법화했다. 서구 국가에서도 특정 기독교 교파가 지배적인 지역에서는 소수 기독교 교파의 종교 활동이 어려운 경우가 있다(예: 미국 남부의 개신교, 특정 도시 혹은 미국 북부의 이민자 지역의 가톨릭). 이러한 모든 상황에서 소수 종교 전통이 자유롭게 다양한 신앙 활동을 할 수 있도록 허용하는 종교적 자유가 필요하다.

허용적 의미의 종교 자유가 지배적인 문화나 민족국가의 권위로부터 종교적 활동을 보호하는 길을 찾지만, 제한적 의미의 종교적 자유는 종교적 믿음과 실행의 요구로부터 국가에 의한 개인의 보호를 추구한다. 후자는 종교적 믿음이 주변 문화에 의해 길들여지고, 하찮게 여겨지며, "존경받는" 사회의 중심에서 주변부로 강등되어, 종교가 공동체적이고 공적인 것이 아니라 내면적이고 사적인 것이 될 때 발생한다.

소송 및 공공정책에서 개인과 커뮤니티가 공공 및 사생활의 다양하고 많은 영역에서 신념대로 사는 것을 허용하지 않을 때 제한적 의미가 명시적으로 발생한다. 미국 서부에서 일부다처제를 불법화하는 것에서부터 성적지향을 시민권으로 인정하는 것을 거부하는 기업을 기소하는 것에 이르기까지 종교적 자유에 대한 제한적인 의미의 범위는 넓고, 깊고, 복잡하다. 종교의 자유라는 양날의 검이 제시하는 딜레마는 궁극적으로 판례법으로 해결할 수 없다.

어떤 사람들은 제한적인 의미가 종교적 자유의 진정한 표현이 아니라고 주장할 수 있다. 반대로 허용적 의미와 제한적 의미의 종교적 자유는 정치적 일관성을 위해 반드시 서로를 필요로 한다. 한 커뮤니티에서 허용하는 것으로 보이는 것이 다른 커뮤니티에서는 제한적일 수 있다. 더욱이 신자들이 국가가 제정한 것과는 다른 양심의 지시를 따를 때 국가와 잠재적인 갈등을 겪게 되는 경우가 항상 있다. 불행하게도, 종교의 자유를 보호하기 위해 민족국가에 호소한다는 것은 이 자유 자체가 내가 보호받고자 하는 민족국가에 속함을 의미한다. 국가는 종교 행위를 자신의 패권에 대한 도전으로 간주하지 않는 한 종교의 자유를 보호할 것이다.

종교의 자유는 근대 민족국가에 맡길 수 없다. 성경 기록이 종교의 자유에 대한 문제를 직접적으로 다루지는 않지만, 그리스도인이 누구에게 충성을 서약해야 하는지에 대한 질문은 매우 분명하다. 우리는 "… 가이사의 것은 가이사에게, 하나님의 것은 하나님께 바쳐야 한다"(마 22:21). 그리고 "사람보다 하나님께 순종하는 것이 마땅하다"(행 5:29).

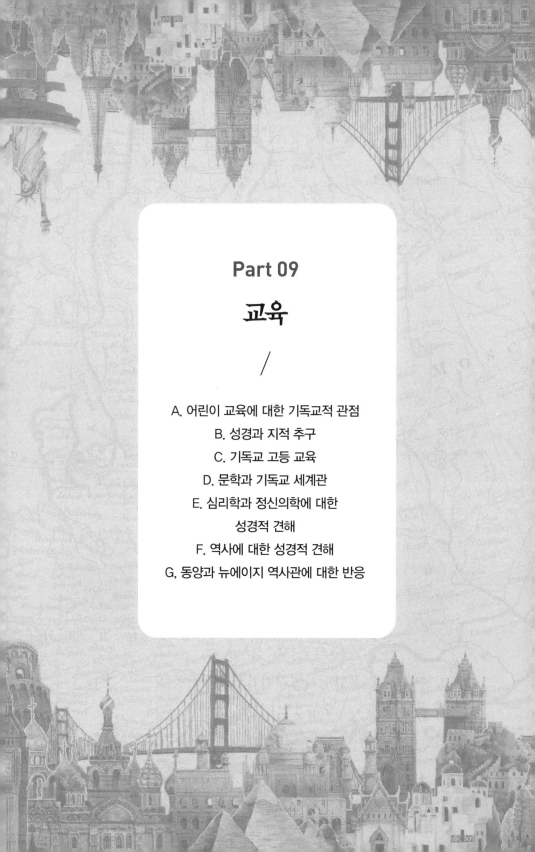

Part 09

교육

A. 어린이 교육에 대한 기독교적 관점

B. 성경과 지적 추구

C. 기독교 고등 교육

D. 문학과 기독교 세계관

E. 심리학과 정신의학에 대한
성경적 견해

F. 역사에 대한 성경적 견해

G. 동양과 뉴에이지 역사관에 대한 반응

A.
어린이 교육에 대한 기독교적 관점

Timothy Paul Jones

성경적 세계관을 갖는다는 것은 삶의 모든 측면을 하나님 이야기의 틀 안에서 해석하는 것이다. 하나님 이야기의 중심에는 예수 그리스도 안에서 하나님이 직접 인간 역사에 뛰어드시고, 인류를 구속하신 이 유일한 행위가 있다. 그러나 이 중심적인 행위는 단독으로 존재하지 않는다. 한편으로는 하나님의 선한 창조와 인류의 죄를 향한 타락으로, 다른 한편으로는 하나님 나라의 완성으로 둘러싸여 있다. 이 창조, 타락, 구속, 완성의 이야기는 예수께서 승천하시고 자신의 영을 그의 첫 추종자들에게 거하게 하신 이후로, 그리스도인들이 서로에게, 또 세상을 향해 반복해 온 이야기이다. 이 오래된 이야기는 자녀들을 대하고 훈련하는 방법을 포함하여 우리 삶의 모든 측면에서 틀이 되어야 한다.

1. 하나님의 선물인 동시에 구원이 필요한 죄인들

하나님의 이야기의 각 무브먼트에서 자녀들은 피해야 할 짐도 죄의 부산물도 아니다. 모든 어린이는 선물이다(시 127:3-5). 인류가 타락하기 전에도 하나님은 자녀 양육을 자신의 영광을 더하는 수단으로 삼으셨다(창 1:26-28). 타락한 후에도 남자와 여자는 여전히 자녀를 양육함으로써 창조에 대한 신성한 명령을 받은 지배권을 행사한다(창1:26~28; 8:17; 9:1~7; 막 10:5~9). 타락 이후 달라진 것은 아이들이 양육되어야 할 선물인 동시에, 훈련받아야 할 죄인이라는 것이다.

어린아이들의 훈련은 부모의 일차적인 책임이다. 부모는 자녀에게 필요한 것을 제공할 뿐만 아니라 하나님의 영광을 드러내도록 훈련시킬 책임이 있다. 이것은 어린이의 영혼을 형성하는 책임에서 더 큰 신앙 공동체의 의무 해제를 의미하지 않는다. "제자 삼으라"는 지상명령은 하나님의 모든 백성에게 주어졌으며 모든 연령층을 포함한다(마 28:19). 부모는 교회 사역과 협력하거나 교사를 고용하여 자녀의 특정 기술을 개발할 수 있지만 부모는 자녀가 평생 훈련을 받는 방법에 대해 하나님 앞에서 최종 책임을 진다.

구약에서 모세는 부모, 특히 아버지에게 자녀를 하나님의 방법으로 훈련하라고 명령했다(신 6:6-7에서 "너"와 "너의"로 번역된 대명사는 원어에서 남성 단수임). 모세는 자녀들이 부모에게 가족의 영적 관행에 대해 물어보고 아버지가 하나님의 권능을 강조하는 방식으로 응답하도록 준비되기를 기대했다(출 12:25~28; 신 6:20~25). 이러한 기대는 이스라엘의 노래와 초기 역사 전반에 걸쳐 지속되었다(수 4:6; 시 78:1-7). 노래, 법규 및 의식에 대한 이 고대 유산은 예수님의 오심을 예고했으며 또한 자녀 훈련에서 부모의 우선순위를 명시적으로 인정했다.

바울은 신약에서 아버지들에게 "주의 훈련과 훈계"(엡 6:4)로 자녀들을 양육하라고 상기시키면서 이것을 반복했다. 바울은 이 구절을 신명기 11:2에서 끌어온 것으로 보인다. 여기서 "주의 징계"는 하나님께서 자신의 백성을 징계하여 그들과 맺은 언약을 기억나게 하신 방법이다.

다른 서신들에서 바울은 훈련과 가르침이라는 동일한 두 용어를 믿음 안에서 형제자매의 제자 삼는 관계를 특징짓는 패턴에 적용했다. 훈련은 제자삼는 것을 의미하며 하나님의 말씀으로 훈련한 핵심 결과의 하나로 설명했다(딤후 3:16). 교훈에는 현명하지 못한 행동과 경건하지 않은 가르침을 피하라는 경고가 포함되었다(고전 10:11; 딛 3:10). 그러한 성구들은 바울이 부모들에게 자녀의 행동을 관리하고 자녀의 필요 사항을 충족시키는 것보다 훨씬 더 많은 일을 하라고 부르고 있었음을 시사한다. 바울은 부모가 자녀가 하나님의 말씀과 방식에 비추어 세상과 소통하도록 훈련하기를 기대했다.

어린이 훈련은 세계관 훈련이다. 이 훈련에는 단순히 어린이의 성경 지식을 늘리거나 신앙 공동체에 어린이를 참여시키는 것 이상이 포함된다. 모세는 이스라엘인에게 그 자손에게 그들이 행한 모든 것("손")과 그들이 선택한 모든 것("이마"), 그리고 그들이 집에서 어떻게 살았는지("문설주"), 그들이 어떻게 사업을 수행했는지("당신의 성문") 그 모든 것을 포괄하는 하나님 중심적 세계관(신 6:8-9)의 틀 안에서 가르칠 것을 명령했다.

잠언에 나오는 "지혜"는 부모에게서 자녀로 전해지는 것으로, 하나님에 대한 지식뿐 아니라 하나님의 진리에 비추어 세상과 소통하는 실용적인 기술도 포함되었다. 장인의 기술, 지도력 및 기타 다양한 분야의 기술은 "여호와를 경외함"(잠 1:7)에서 시작하는 지혜라는 제목에 속했다. 믿는 공동체 밖에 있는 사람들도 이러한 기술을 소유할 수 있지만, 믿는 자만이 그것을 하나님이 의도하신 대로 본다. 그것들은 하나님의 질서와 영광을 가리키는 이정표이다. 어린이 훈련을 세상이 처리하는 "세속적" 범주와 부모가 감독하는 "거룩한" 범주로 나누는 것에 대한 성경적 근거는 없다. 하나님은 모든 삶의 주인이시다.

아동 교육에는 공식 및 비공식 구성요소가 포함된다. 모세는 이스라엘 백성에게 하나님의 말씀을 자녀들에게 가르치고 이 진리를 매일 비공식적으로 토론하라고 명했다(신명기 6:7~9). 잠언에서 아버지는 아들에게 특정한 가르침을 전했고(잠 4:2) 특정한 상황에 따라 때때로 지시를 했다(잠 4:1). 성경적 패턴은 부모가 공식 및 비공식 훈련에 참여하는 것이다.

잠언은 어머니의 역할을 다섯 번 언급한다(잠 1:8; 4:3; 6:20; 31:1; 26). 성경학자 피터 젠트리(Peter Gentry)에 따르면, 이러한 어머니의 포함은 고대 근동 국가의 지혜 문학에서는 사례가 없다. 성경에서 아버지는 인도할 특별한 책임이 있었지만 자녀 양육과 훈계에서 어머니의 지원 역할을 부정하거나 축소하지 않았다.

2. 모든 아이는 그저 한 아이 이상이다

아무리 많이 훈련시켜도 아이를 하나님의 완전한 의의 수준에 이르게 할 수는 없다. 아무리 잘 훈련시켜도 아이에게 믿음의 끈기가 생기지 않을 수 있다. 잠언 22:6에 "늙어도 떠나지 아니하리라"는 말씀은 부모에게 주는 약속이 아니라 그저 지혜의 말씀이다. 삶이 일반적으로 어떻게 작동하는지에 대한 간략한 관찰이다.

자녀와의 관계를 포함하여 모든 피조물은 타락으로 인해 좌절을 겪었다(롬 8:20-22). 궁극적인 해결책은 더 나은 훈련이 아니라 완전한 대체이며, 그것이 바로 하나님께서 예수 그리스도 안에서 마련하신 것이다. 하나님은 그리스도를 통해 그의 완전함과 인간의 불완전함 사이의 틈을 메우셨다(고후 5:21). 예수님의 죽음은 현재 우리의 삶 속으로 구속의 가능성을 가져왔다. 그의 부활은 장차 하나님 나라의 완성을 보장했다.

이것은 근본적으로 새로운 차원에서 아이들을 바라보게 만든다. 하나님의 구속을 받아들이는 것은 하나님의 상속자이신 예수 그리스도 안에 입양되는 것이다. 그것은 세상의 모든 지위를 초월하는 새로운 정체성을 얻는 것을 의미한다(롬 8:15~17; 갈 3:28~29; 4:3~7; 엡 1:5; 2:13~22). 그리스도 안에서 다른 신자들과 연합하여 교회는 신자의 첫 가족이 된다. 교회는 가족이기 때문에 부모 중 한 사람이 부재하거나 불신자인 경우 다른 신자들이 믿음으로 그 자녀의 부모가 될 수 있다(딤후 1:2,5; 3:15). 예수님은 "누구든지 하늘에 계신 내 아버지의 뜻대로 행하는 자가 내 형제요 자매요 어머니라"(마 12:50)고 말씀하셨다. 바울은 디모데에게 "젊은 남자는 형제같이", "젊은 여자는 자매같이"(딤전 5:1~2) 격려하라고 지시할 때 같은 점을 지적했다.

예수를 따르는 사람들에게 이것은 모든 아이가 그저 한 아이 이상임을 의미한다. 모든 아이들은 그리스도 안에서 잠재적 혹은 실제적 형제자매이다. 영원한 영광중에 우리 옆에 서 있을 아이들은 우리 자녀나 학생으로 서 있지는 않을 것이다. 그들은 "하나님의 상속자요 그리스도와 함께 한 상속자"(롬 8:17; 갈 4:7; 히 2:11; 약 2:5; 벧전 3:7)인 형제자매로서 우리 곁에 설 것이다.

모든 아이는 지상 왕국의 흥망성쇠보다 더 오래 지속되는 영원한 영혼이다. 그들과, 그 자녀들과, 그 자녀들의 자녀들은 영원으로 휩쓸려

가기 전에 이생에서 아주 잠깐 스쳐 지나갈 것이다(약 4:14). 그러나 이 자녀들이 그리스도 안에서 형제자매가 된다면 이 땅에서의 나날은 영원히 끝나지 않을 영광을 위한 준비가 될 것이다(단 12:3; 고후 4:17-5:4; 벧후 1:10-11). 따라서 우리가 아이들을 교육하는 주된 목적이 세상에서의 성공처럼 작고 보잘것없는 것이 되어서는 안 된다. 우리 교육의 목적은 아이들의 삶이 하나님의 왕국을 전진시키는 지렛대로 사용되게 하는 것이다.

B.
성경과 지적 추구

Christopher W. Morgan

어떤 사람들은 기독교가 반지성적이라고 생각한다. 그러나 성경이 반지성주의를 조장하는가? 오히려, 성경은 정신의 생명력을 장려한다. 실제로, 기독교 세계관은 배움을 가치 있게 여기고, 그런 지적 추구를 기반으로 삼고, 강화하며, 명확히 한다.

하나님의 본성이 어떻게 그렇게 하시는지 주목하라. 하나님의 무한성은 그분만이 과거, 현재, 미래에 대한 완전한 지식을 소유하고 있다는 것을 분명히 한다. 하나님의 은혜로움은 하나님을 아는 지식으로 모든 배움을 시작하고, 생명은 그의 은혜로운 자기 계시에서 흘러나온다. 하나님의 진실하심은 그분의 자기 계시로 진리를 전달하되, 일관성 있게 전달하는 것을 보여준다. 하나님의 인격적 본성은 지식도 관계적임을 의미하며, 하나님과의 관계가 언약적임을 가리킨다.

1. 하나님의 자기계시는 하나님을 반영하며 지적 추구에 대해서도 같은 교훈을 준다.

2. 하나님의 자기계시는 은혜롭다: 하나님은 거리낌 없이 자기계시를

시작하고 이를 통해 축복한다.

3. 하나님의 자기계시는 하나님은 누구시며, 무엇을 하시고, 인간과 어떤 관계를 맺고 계시는지 진실하고 신실하게 나타낸다.

4. 하나님 자기계시의 일체성: 비록 다양한 형태로 나타나지만(아래 참조), 자신과, 인류와, 생명들과의 소통은 일관성이 있다.

5. 하나님의 자기계시는 그가 누구신지, 또 그의 길을 전하기 때문에 개인적이다.

6. 하나님의 자기계시는 자신과 인류, 생명, 역사, 구원에 대한 진리를 드러내기에 명제적이다.

7. 인간은 하나님의 자기 계시를 받는 존재이기에, 인간의 상황, 문화, 언어를 사용하여 소통하신다는 점에서 하나님의 자기계시는 비유적이다.

8. 하나님의 자기계시는 무한하신 하나님이 유한한 인간에게 제한된 정보만을 드러낼 수 있기 때문에 부분적이다.

9. 하나님의 자기계시는 그분이 시간과 공간 속에서 인간과 소통하기에 역사적이다.

10. 성경 속에서 하나님은 여러 세대의 인간들과 관계하시며 시간에 따라 점차 자기계시의 범위를 넓히시기 때문에 하나님의 자기계시는 진행형이다.

이처럼 하나님의 자기계시는 교육적 추구가 명확한데 하나님이 주도하셔야만 가능하며, 계시된 진리의 내용과 통일성에 기초하고, 객관적이고 주관적인 요소를 가지며, 인간 문화에 대한 통찰력을 요구하고, 고갈될 수 없으며, 모든 것과 연결되어 있고, 여러 해에 걸친 과정이다.

더욱이 하나님의 은혜로운 자기계시는 다양한 방식과 상황하에서도 놀라운 통일성을 보이며 주어진다.

- 하나님은 언제나, 피조세계의 어디서나, 모든 사람에게 자신이 창조주와 주되심을 드러내셨다(시 19:1-6; 롬 1:18-32). 그는 마음에 기록된 도덕률(롬 2:12-16)이라는 양심을 가진 인간을 그의 형상(아래에서 언급됨)을 따라 창조하심으로 또한 드러내셨다.
- 하나님은 또한 특정한 시간과 장소에서 특정한 사람들에게 자신을 드러내셔서 자신과 그의 언약 관계를 점진적으로, 점점 더 분명하게 전달하셨다. 그는 역사적 행위(예: 출애굽), 신성한 말씀(예: 십계명), 그리고 자신의 언약 백성의 거룩함, 사랑, 공의가 하나님 자신의 성품을 반영하는 것을 통해 스스로를 드러내셨다(출 19:5-6; 레 19:1-18).
- 하나님은 예수님과 그의 성육신, 죄 없는 삶, 가르침, 천국 선포, 기적, 십자가 형, 부활, 승천, 통치, 재림 안에서 자신을 가장 온전히 드러내셨다(요 1:1-18; 히 1:1-4).
- 하나님은 영감받은 예언적 사도의 성경에서 자기계시를 정확하게 기록하고 해석함으로써 스스로를 드러내셨다. 더구나 성경은 하나님의 말씀이라고 불리며, 그 자체가 하나님이 자기를 계시하는 중요한 형식이다(시 19:7-14; 119; 마 5:17-20; 요 10:35; 딤후 3:15-4:5; 벧전 1:22-25; 벧후 1:16-21; 3:15-16).

이 때문에 인간의 합당한 지적 추구는 여호와를 경외하는 것에서 시작되며(잠 1:1-7), 창조주의 자기계시에 의존하여 창조주와 그 지으신 세계를 알고자 하는 피조물로서의 태도가 필요하다.

1. 창조와 지적 추구

창조는 지적 추구를 뒷받침하고 강화하며 명확하게 한다. 무한하시고 자존하시며 주권적이고 인격적이며 거룩하시고 선하신 주님은 "하나님이 보시기에 좋았더라"(창 1;1,4,10,12,18, 21,25)라는 꾸준한 후렴구로 증명되는 좋은 우주를 힘차게 말씀으로 창조하신다. 이 선함은 여섯째 날에 강조되었다. "심히 좋았더라"(1:31).

빛, 땅, 초목, 동물에 대한 하나님의 은혜로운 공급은 인류의 유익을 위해 주어진 축복이며, 하나님을 알고, 일하고, 결혼하고, 출산하는 능력도 마찬가지이다. 창세기의 첫 장에서 하나님은 안식일을 맞은 사람을 축복하고, 그를 기쁨 가득한 에덴동산에 두고, 그를 돕는 배필을 주시고, 단 한 가지만 금지하셨다. 이는 그를 억압하지 않고 그의 삶을 향상시키기 위함이다. 따라서 선하신 하나님은 인류의 선을 위해 선한 세상을 창조하셨고 이 창조 세계에는 진, 선, 미와 평화가 흘러넘친다. 결과적으로 인간이 모든 피조물과 생명을 하나님의 계시에 비추어 이해하려고 노력하는 것은 적절하다.

2. 인류와 지적 추구

인간성은 지적 추구에 관해서도 교훈적이다. 피조물로서 인간은 자연히 유한성의 모든 흔적을 지니고 있다. 그러므로 모든 인간의 지식은 창조주와 피조물의 구별을 반영하여 제한된다.

더욱이 인간은 하나님을 사랑하고 그의 성품을 반영하며 그의 사명을 수행하기 위해 하나님의 형상대로 창조되었다. 따라서 지식은 단순히 추구해서 좋은 부가적인 것이 아니라 인류를 향한 하나님의 원초적이며, 근본적인 목적, 즉 하나님과 타인과 피조물을 사랑하고 섬기는 것과 관련이 있다(창 1:26-28). 그러한 사랑과 섬김에는 하나님과 자신, 문화와 피조물에 대한 지식이 필요하다. 인간은 진선미와 평화를 배우고, 바르게 추구하는 그 자체를 목적으로, 또한 하나님을 알고, 드러내고, 섬김을 통해 그분께 영광을 돌리기 위해 창조되었다.

3. 죄와 지적 추구

불행하게도 인간의 죄는 이러한 지적 추구를 왜곡한다. 인간은 하나님께 반역하여 하나님과 자신, 타인, 피조물과의 관계를 단절시켰다(창 3장; 롬 5:12-21). 이제 인간은 하나님의 형상과 죄라는 특징을 공유한다. 그들은 정의, 평화, 아름다움을 갈망하지만, 그것을 왜곡하거나 하나님의 영광이나 타인의 유익보다 자기의 이익을 추구하는 경향이 있다. 실제로, 죄는 마음, 애정, 태도, 의지, 행동, 심지어는 행동하지 않는 것에까지 영향을 미치고 감염된다.

성경은 영적 사망, 흑암, 완고함, 속박, 소경과 같은 은유를 사용하여 이 죄를 다양한 방식으로 설명한다(막 7:20-23; 롬 1:18-32; 3:9-20; 고후 4:3-4; 엡 2:1~3; 4:17~19). 이처럼 인간의 지적 추구는 너무나 자주 유한성, 편견, 문화적 근시안으로 특징지어지며 이기심, 자만심, 명예욕, 탐욕, 권력욕에 영향을 받는다.

4. 구원과 지적 추구

감사하게도 그리스도는 죄보다 크시고, 지적 추구에 빛을 비추신다. 예수님은 하나님의 가장 완전하고 분명한 계시인 말씀이시다(요 1:1-18; 히 1:1-4). 예수님은 죄로 어두워진 세상에서 빛과 진리이시다(마 5:13-16; 요 1:4-18; 8:12; 14:6). 예수님은 생각을 포함하여 삶의 모든 영역에서 충성과 복종을 받기에 합당하고, 그것을 요구하는 최고의 권위자이시다(빌 2:5-11). 그는 제자들을 다듬고, 그들에게 시간과 노력을 쏟아 하나님 나라와 메시아의 공동체를 세우도록 가르치는 스승이시다.

또, 예수께서는 참 예배는 신령과 진정으로 하는 것이라고 선포하시고, 사람들에게 자신을 증언하는 내용을 성경에서 찾도록 촉구했으며, 자신이 하나님에게서 왔는지를 알아보기 위해 그의 기적과 가르침을 조사하기를 기대하고, 자신을 진리에 연결시키고, 오류를 시정하고, 제자들을 진리로 인도할 성령을 보내시고, 영생을 하나님을 아는 것과 연관시키시며, 하나님께서 진리라고 하신 말씀으로 자기 백성이 거룩하게 되기를 기도하신다(마 5-7; 요 1:15 - 18; 4:20 - 24; 5:19 - 47; 6:32 - 33; 7:18; 8:14 - 18; 14:6; 15:26; 16:13; 17:3,17).

5. 교회와 지적 추구

참으로 진리의 주님은 자신의 삶과 죽음과 부활을 통해 모든 사람들을 구속하신다. 교회는 진리로 특징지어지는데, 그것은 사도들의 가르침에 의해 빚어지고, 말씀공동체로서의 삶을 공유하며, 오류를 논박하고, 그리스도와의 연합을 통해 하나님의 선하심, 특히 그의 하나됨, 거룩함, 사랑, 진리를 드러낸다(행 2:41-47; 엡 2:4-10; 4:1-24).

하나님의 백성은 거룩하고 기뻐할 만한 산 제물로 자신을 그분께 드리고, 다른 한편으로 마음을 새롭게 함으로 변화를 받아 하나님의 뜻을 분별함으로 그분께 예배드린다(롬 12:1-2; 엡 4:17-24). 이처럼 지적 추구는 개인주의적 노력이 아니라 전 생애에 걸쳐 통합되어 권위 있는 하나님의 말씀 아래 하나님의 백성과 공동체 안에서 추구된다. 지적추구에는 겸손, 믿음, 은혜에 의지함, 타인 존중, 인내, 신중함, 끈기가 필요하다.

6. 영원과 지적 추구

역사에 대한 하나님의 궁극적인 목적은 또한 인간의 삶에 유익하다. 예수님의 재림, 승리, 그리고 심판은 그의 주권을 선언하고, 그 백성의 무죄를 선언하며, 우주적 정의와 평화를 영구적으로 확립한다(살후 1:5-10; 계 20:10-15). 새 하늘과 새 땅은 하나님의 인격적 임재, 영광, 거룩함, 연합, 사랑, 선하심, 진리로 특징지어질 것이다. 모든 거짓이 무너지고 거짓을 행하는 모든 사람이 추방된다(계 21-22장). 역사는 종말론적이고, 직선적이며, 목적이 있고, 우리의 유익을 위한 것이며, 크신 하나님의 영광을 위한 것이다(롬 8:18-39; 엡 1:3-14). 배움은 선, 사랑, 정의, 평화를 이해하려는 가치 있는 과정이며, 이를 통해 인간은 서로를 섬기고, 하나님께 영광 돌리게 된다.

그리스도인들은 배우고, 읽고, 알고, 가르치는 것에 정당한 가치를 부여한다. 그러한 추구는 하나님께 영광 돌리고, 기독교 세계관으로부터 자연스럽게 자라 나온다. 참으로 하나님의 본성, 그의 자기계시, 창조, 그분의 형상을 가진 인간, 예수의 구원 사역, 교회, 종말론은 교육을 요구하고 구체화한다.

C.
기독교 고등 교육

Barry H. Corey

  대학의 사명이 충분히 기독교적일 수 있다는 것은 최근의 개념은 아니다. 오늘날의 많은 기독교 고등교육 기관은 1800년대 중반에 설립되었고, 유럽 및 북미의 많은 대학은 수 세기 전에 설립되었으며, 기독교에 뿌리를 깊게 두고 있다.

  시간이 지남에 따라 이런 대학들 중 많은 곳의 지도자들은 설립자의 신념을 벗어난 결정을 내리게 되었고. 그 결과 오늘날 설립자들의 기독교적 의도에서 어긋나게 되었다. 그리스도 중심성과 성경의 권위로부터 멀어지는 데에는 몇 가지 이유가 있다. 먼저는 세월이 흐르며, 교수진에게 모든 가르침이 진리와 연관되어 있음을 가르치라고 더 이상 기대하지 않는다. 그 진리란 하나님이 작성하시고, 명령하신 것으로 모든 삶과 모든 학문을 초월하는 진리를 말한다.

1. 지식과 진리의 하나님

성경적 세계관으로 삶을 바라보는 그리스도인들은 배움을 다르게 이해한다. 그들은 학문과 신앙이 양립할 수 있다고 믿는다. 기독교 사상가들은 교육이 신앙과 단절된 것이 아니라, 모든 지식이 하나님의 주권의 영역에 속하기 때문에 이를 염두에 두고 연구해야 한다고 믿는다. 그들은 예술과 과학, 사실상 삶의 전체와 관련된 모든 것이 하나님에 의해 선하게 창조되었고, 궁극적으로 그분을 가리키는 진리를 포함하고 있다고 믿는다.

골로새서 1장에서 바울은 삶 전체에 대한 그리스도의 통치를 요약하는데 위대한 기독교의 지적 전통을 변호할 때 자주 인용된다. 16절과 17절에서 "만물"이라는 구절이 반복되어 삼위일체 하나님이 만물의 창조주이시며, 만물의 대상이시며, 만물의 연결자라는 성경적 주장을 강화하는 것을 주목하라. 성자 예수에 대하여 그 구절은 말하기를:

그는 보이지 아니하는 하나님의 형상이시요 모든 피조물보다 먼저 나신이시니라. 만물이 그로 말미암아 창조되되 하늘과 땅에서 보이는 것들과 보이지 않는 것들과 혹은 왕좌들이나 주관자들이나 통치자들이나 권세들이나 만물이 그로 말미암고 그를 위하여 창조되었느니라. 그는 만물보다 먼저 계시고 만물이 그로 말미암아 함께 섰느니라(골 1:15-17)

2. 통합적인 가르침

기독교 대학은 하나님이 만물의 창조주이시며, 만물을 하나로 묶으신다는 관점으로 가르친다. 이러한 방식으로 가르치는 것을 종종 "통합적인 가르침"이라고 한다. 이상적인 기독교 고등교육 환경에서 하나님으로부터 창조되고 연결되는 진리는 전체 교과과정과 공동체 속에서 분명히 드러나야 한다. 교직원이 신앙 선언문에 서명하거나 학생들이 예배에 참석하기 때문에 그 고등교육이 "기독교적"이 되는 것은 아니다. 기독교 고등교육은 대학 전체에 걸쳐, 모든 지식과 지혜가 하나님에게서 나오고 하나님을 가리킨다는 것을 함께 이해할 때 "기독교적"이 된다.

따라서 기독교 대학의 일원이 된다는 것은 학생들이 자기 전공분야와 다른 모든 학문분야에서 진리를 하나님의 주권 아래 있는 것으로 보고, 그 진리와 씨름하는 것을 의미한다. 이것이 바로 네덜란드의 신학자 아브라함 카이퍼(Abraham Kuyper)가 "우리 인간 존재의 모든 영역에는 주권자이신 그리스도께서 '내 것이다'라고 외치지 않는 곳은 한 곳도 없다."라고 말한 의미이다. 기독교 학자 존 헨리 뉴먼(John Henry Newman), 아서 홈즈(Arthur Holmes), 마크 놀(Mark Noll), 조지 마스든(George Marsden) 등도 같은 주장을 했는데, 신앙과 분리된 학습은 비참할 정도로 불완전하다는 것이다.

학습에 대한 이런 접근방식은 기독교 고등교육의 특징이며 모범적인 기독교 대학을 구별하는 표시로 남아 있어야 한다. 세계 이념의 장터에서는 예수 그리스도의 인격과 업적, 또 성경적 세계관이 품은 뜻은 거의 영향력을 행사하지 못하지만, 그리스도인이 지배적인 문화 이념을 평가하고 그에 반응하는 데에는 매우 중요하다. 기독교 고등교육의 역할은 기독교 지식 전통을 보존하고 발전시키며, 하나님께 영광을 돌리는 것이다.

3. 평생을 위한 기독교

기독교 고등교육을 통해 하나님이 모든 진리의 창시자라는 것을 아는, 모든 지식의 중심에서 생각할 수 있게 되면서, 그리스도인 학생들이 새로운 질문을 시작한다.

"어떻게 믿음과 이성은 삶 전체에서 교차하면서 별도의 길을 달리지 않는가?"

"어떻게 재정과 법률, 의학과 정치, 예술과 매체의 세계에서 그리스도를 영화롭게 하고, 또 하나님께 영광을 돌리는 삶을 살아야 하는가?"

"우리 시대의 큰 질문들에 대해 기독교적으로 생각한다는 것은 무엇을 의미하는가?"

"성경적 세계관은 나의 사업운영, 기부, 가족 부양, 지역사회에의 봉사하는 방식에 어떤 영향을 주는가?"

기독교 고등교육의 교과과정 프로그램과 공동과외활동들은 학생들이 신학적 틀 내에서 기독교와 다른 세계관의 질문에 대한 답을 찾아가는 공동체를 만든다. 기독교 고등교육은 대학 학위에 기독교적 조미료를 뿌리는 것 이상이다. 대신, 지적으로 견고하고 학문적으로 총체적인 사고방식이다.

거기에 도달하기 위해 기독교 대학의 학자들은 의도적으로 통합적 사고를 할 필요가 있다. 모든 진리는 하나님의 질서 있는 창조의 영역 안에 있기 때문에 각 학문 분야는 서로 분리되지 않고 함께 연결되어 있다. 통합 교수진을 통해 교수들은 하나님의 계시된 말씀이 각자의 학문과 자기 대학의 교육적 사명에 어떤 영향을 미치는지 토론할 시간을 할애할 수 있다.

이러한 통합 개념은 사회과학, 신학, 예술, 자연과학, 인문학, 경영학, 교육 등의 교수진을 모든 사물의 연결성에 대해 공유된 접근방식을 가진 공동체로 통합한다. 자칭 기독교 대학의 교실에서 가르치는 내용의 대부분이 비기독교 대학의 교육내용과 구별할 수 없다면, 그 대학의 교육은 통합이 우선순위가 아닌 것이 분명하며, 기독교 세계관에 대한 이해가 부족한 것이다.

4. 교육 및 영적 형성

기독교 대학은 지적 발달의 기반을 제공하기 때문에 학문적 능력은 교회와 사회에서 사상적 리더십을 동반한다. 마음과 영혼을 위한 학문을 함께 육성하기 위해 대학 생활에서 많은 일이 일어난다. 이것은 바울이 로마서에서 영적 변화가 "마음을 새롭게 함으로"(롬 12:2) 일어난다고 설명하는 것이다.

실력있는 학자로, 그리스도에 대한 깊은 사랑이 있으며, 학문과 신앙을 잘 통합한 교수진을 임명하는 대학은 여러 세대의 학생들에게 영향을 미칠 것이다.

그런 기독교 사상 지도자들은 하나님 나라의 전진을 위해 공동체, 모임, 문화를 형성한다.

하나님의 말씀은 만물의 중심에 있는 그리스도의 진리를 증언하기 때문에 그리스도 중심의 대학은 성경에 기반을 두어야 한다. 복음주의 운동의 출발점은 진지한 학문과 함께 성경의 권위를 포기하지 않는 믿음이다.

계시된 하나님의 말씀에 대해 그렇게 헌신하는 것이 모범적인 기독교 대학의 핵심이다. 기독교 대학이라는 것은 성경이 원래 의도했고 시대를 통해 이해되었던 내용이 모든 교육 프로그램에서 중심적인 역할을 함을 의미한다.

5. 예배로서의 기독교 교육

기독교 고등교육은 우리 삶을 포함하는 만물에 대한 그리스도의 주권 위에 세워진 예배 행위이다. 하나님에 대한 사랑과 분리된 학문은 일종의 우상숭배이다. 삶과 직업을 모두 거룩한 소명으로 봄으로써 기독교 고등교육을 이수한 사람들은 다른 사람들에게 그리스도의 구속사역을 바라보게 하고, 하나님의 은혜를 받도록 격려하는 삶을 살아내야 한다.

이런 식의 배움은 자기개발 행위가 아니다. 창조주 하나님을 경배하는 행위이다. 이것이 예수께서 제자들에게 마음과 목숨과 힘과 뜻을 다하여 주님을 사랑하라고 하신 뜻이다(마 22:37; 눅 10:27). 신학의 목적은 지적인 훈련이 아니라 하나님께 올리는 찬양의 표현인 송영이다. 우리는 하나님을 더 사랑하기 위해 하나님의 모든 진리를 연구한다.

D.
문학과 기독교 세계관

Gene C. Fant

사람이 모이는 곳이면 어디든지 이야기가 있다. 이야기를 하는 것은 창조세계 어디에서도 찾아볼 수 없는 인간만의 독특한 활동이다. 문학은 사람들이 삶이나 상상에서 공유한 경험을 글로 표현한다.

수천 년 동안 문학, 더 광범위하게는 이야기가 문화 전반에서 교육적 역할을 담당해 왔다. 글 읽기가 가능해지면서 작가들은 자신의 문화에서 무엇을 가치 있게 여겼는지 설명하기 위해 문학을 사용했다. 명예롭다는 것은 무엇을 의미하는가? 우리는 자연과 어떤 관계를 맺고 있는가? 우리는 죽음의 망령 아래서 어떻게 살고 있는가? 신은 누구인가? 사랑이란 무엇인가? 사실 어떤 문화의 세계관을 이해하는 가장 좋은 방법은 그 문화의 문헌을 읽는 것이다.

문학은 감정적이기 때문에 다른 담화 수단보다 훨씬 더 효과적이다. 즉, 지속적인 통찰력을 창조하기 위해 사고를 촉진하는 감정을 불러일으키기 때문이다. 이런 식으로 문학은 우리가 다른 사람의 입장에 설 수 있는 공감능력을 배양한다.

따라서 이야기와 시를 통해 다른 사람들의 경험을 공유할 수 있다. 우리는 등장인물과 친구가 될 수 있다. 그들과 함께 웃고, 그들을 위해 울고, 문학에서 찾은 삶을 본보기로 삼을 수도 있다. 글을 읽는 것은 우리 삶에 쉽게 파고들 수 있는 고립감이나, 자기중심주의를 예방하는 데 도움이 된다.

1. 문학으로서의 성경

그리스도인들에게 문학의 정수는 놀라운 범위의 역사, 시, 이야기를 담고 있는 성경 그 자체이다. 그 속에는 도덕적 통찰력을 위해 반복적으로 채굴할 수 있는 당대의 가장 위대한 걸작들이 들어 있다. 세속 사상가와 무신론자조차도 교육받은 사람이라면 성경의 기본 내용을 이해하는 것이 필요하다는 점을 자주 지적한다. 성경은 진리를 전달할 때 여러 장르의 문학을 사용한다. 마찬가지로, 그것은 풍유법, 은유법, 과장법 및 다른 일반적 문학 기법을 사용한다.

성경이 문학적으로 훌륭하다고 해서, 하나님이 전한 기록된 권위 있는 계시로서의 고유한 지위가 훼손되는 것은 결코 아니다. 성경은 단지 인간에 대한 또 하나의 다른 이야기가 아니다. 영감받은 하나님의 말씀이다. 성경은 다른 작품에서 발견할 수 있는 질적 수준을 보이지만, 성경의 독특한 지위는 주제적으로나 신학적으로 다른 모든 이야기들을 능가한다. 참으로, 그리스도가 "우리 믿음의 주요 또 온전하게 하시는 이"(히 12:2 KJV)이신 것처럼, 하나님은 성경의 궁극적 저자이시다. 우리는 그분이 절묘한 완성도의 작품을 만들어 낼 것을 당연히 기대한다.

성경이 사용하는 문학적 특성과 기법을 이해하는 것은 성경을 해석하는 데 중요하다. 그러한 도구가 없다면, 우리는 본문을 잘못 읽은 것에 기초하여 약화되거나, 심지어 잘못된 신학적 입장을 세울 수 있다. 예수께서 "나는 양의 문이라"(요 10:7)라고 말씀하셨을 때, 그분은 영원을 향한 문을 지키는 자신의 역할을 잘 이해하도록 비유를 사용하셨다. 그의 이름은 세상 모든 사람이 그것으로 구원받을 이름이다. 독창성 없는 문장의 직역은 실제로 그리스도의 독점성 이해의 기초가 되는 선언의 신학적 힘을 단축시킬 것이다.

2. 문학과 기독교

대부분의 서구 문학은 유대—기독교 전통에 뿌리를 두고 있고, 그리스—로마의 문화유산을 통해 깊이 있게 보완된다. 20세기 이전의 작품 중에서, 기독교 신앙의 저변에 깔린 인간에 대한 기초적인 이해 없이 만들어진 것은 드물다. 최근의 문학에서 그 전통의 단절을 주장할 수 있지만, 그 작품이 정통기독교의 전통에 반대하는 것이라 하더라도 여전히 성경의 많은 전제들을 건드리고 있다.

기독교 사상가들은 문학에 반영된 다양한 세계관을 바르게 다루려는 씨름을 항상 해왔다. 키프리아누스와 터툴리안 이래로 일부 비평가들은 비기독교 사상이 신자들에게 무가치하다고 했는데, 특히 어거스틴은 이에 대해 반박했다. 어거스틴은 하나님이 금을 창조하신 것처럼 진리를 창조하셨기 때문에 우리는 진리를 오류와 섞은 사람들로부터 진리, 이 경우에는 문학적인 금을 되찾을 권리가 있다고 믿었다.

현명한 독자는 한 손에 문학 작품을, 다른 손에 성경을 읽으며 어거스틴이 말한 은유적 황금을 찾아 헤매게 될 것이다. 세속 작품에서 우리는 그리스도의 빛으로 오는 진리의 예표를 볼 수 있다. 그런 작품들은 깨짐, 소외, 죄악, 죽음을 다루고, 이런 것들은 더 큰 것에 대한 갈망으로 집약되는데, 그것은 모든 것을 회복시켜 줄 구세주를 기대하는 일종의 화해이다.

3. 문학과 기독교 선교

사도행전 7장 22절은 "모세가 애굽의 모든 지혜를 배워 그 말과 행위에 능하더라"라고 말한다. 다니엘은 역시 바벨론의 문학을 배웠고(단 1:17) 그의 소명을 위해 준비했다. 신자들은 믿지 않는 세상을 섬기기 위해 스스로 준비해야 하며, 문학을 이해하는 것은 우리의 문화나 타인들과 소통할 수 있는 기초가 된다. 바울이 아레오바고의 세속 작가들로부터 인용한 것처럼(행 17장), 그리스도인들은 복음을 효과적으로 전달할 수 있도록 주변과 문화적 연관성을 발전시키는 것이 현명하다.

다른 문화로 선교 여행을 떠나는 사람은 그 문화의 시와 소설의 번역본을 읽어보는 것이 현명할 것이다. 이런 겸손한 문화적 행동은 다른 민족의 세계관을 이해하는 것뿐만 아니라 그런 시나 소설을 사랑하는 사람들에 대한 진정한 사랑을 키워나가는 데도 상당한 도움을 준다. 예를 들어, 현명한 그리스도인은 인도로 여행할 때 그 나라의 서사시인 라마야나를 읽는데, 이 서사시에는 변혁적 관계성에 복음을 연결할 수 있는 많은 이야기가 포함되어 있다.

마지막으로 문학은 서구 기독교 사상가들이 자신의 문화를 접할 수 있는 놀라운 기회를 제공한다. 우리 사회가 점점 더 인쇄된 활자와 멀어짐에 따라 우리가 다른 사람들과 말하고 공유하는 이야기는 계속해서 그들의 삶에 영향을 미치는 힘을 갖게 된다. 역사는 기독교의 지적 문화가 기독교 세계관을 반영하는데 지속 가능하고 효과적임을 보여주었다. 예를 들어, 유럽의 대부분은 이제 기독교 사상에 대해 헌신하지 않지만, 유럽의 거의 모든 도시를 방문하면 건물과 색유리 창문이 여전히 그들을 만든 신앙에 대해 증거 하는 교회와 성당을 방문하게 된다. 마찬가지로 잘 쓴 문학작품은 수십 년, 심지어 수백 년 동안 지속된다. 존 밀턴의《실낙원》과, 중세의 꿈의 환상《진주》와 같은 작품은 작가 사망 후에도 오랫동안 계속 기독교 사상을 전달하고 있다.

4. 좋은 문학의 힘

좋은 글은 일상의 단조로움을 초월하는 어떤 힘이 있기 때문에 항상 귀를 기울인다. 시대를 초월한 기독교의 진리를 반영하는 글은 비할 데 없는 힘, 즉 가장 순수한 형태의 진리로 전달되는 신앙의 힘을 누리고 있다.

기술의 발전으로 문학은 전 세계의 새로운 독자에게 노출될 수 있는 새로운 플랫폼을 찾을 수 있었다. 문학은 과거를 향한 목소리도 내지만, 또한 "모든 나라와 족속과 백성과 방언"이 하나님을 찬양한다는 요한계시록 7:9의 미래 비전을 기대하기도 한다. 이처럼 전 세계의 소설, 이야기, 희곡, 시를 통해 우리 현재의 삶이 풍요로워지고 있다. 기독교 사상가는 전 세계의 세계관들을 탐구하고, 기독교 세계관에 대한 자신의 이해를 높이려 할 때, 자기 지성과 인격개발을 위해 문학을 꼭 포함시켜야 할 책임이 있다.

E.
심리학과 정신의학에 대한 성경적 견해

Eric L. Johnson

심리학, 정신의학, 심리치료는 "영혼"으로 번역된 그리스어 프시케(*psyche*)를 어근으로 공유하고 있다. 심리학("말" 또는 "지식"을 의미하는 그리스 단어 logos와 함께)은 "영혼의 연구"를 말한다. *psychiatry*("치유"를 의미하는 라틴어 *iatreia*와 함께) 및 *psychotherapy*("치유"를 의미하는 그리스어 *therapeuo*와 함께)라는 단어는 모두 "영혼의 치유"를 의미한다. 그러나 정신의학에서는 정신질환 치료를 전문으로 하는 의사가 진료한다. 심리치료는 더 넓은 범주의 심리적 장애를 치료하기 위해, 인지, 감정 및 관계 기술을 사용하는 박사 수준의 훈련을 받은 심리학자가 시행한다. (미국 문화에서 카운셀링이라는 단어는 "심리치유"의 또 다른 범주이다. 그것은 종종 목회자뿐 아니라 석사 수준의 훈련을 받은 전문가에 의해 실행된다.).

세 가지 모두 현대의 전문분야로 널리 간주된다. 1800년대 후반부터 20세기 전반에 걸쳐 이 분야의 사람들이 인문과학이었던 심리학에 자연과학의 감성과 방법론을 헌신적으로 적용함으로써 최근에 크게 발전했기 때문이다. 그러나 역사가들은 그들의 선구자가 고대부터 어떤 형태로든 발견될 수 있다는 것을 알고 있다.

플라톤(429-347 BC)과 아리스토텔레스(382-322 BC)와 같은 고대 그리스의 철학자들은 영혼을 훌륭하게 분석했다. 갈렌이라는 로마의 의사(AD 129-200)는 정신 질환의 의학적 근거를 설명하려고 시도했다. 그리스도인들에게 더 중요한 것은 성경이 심리적이고 영적인 지혜로 가득차 있고 예수 그리스도의 인격과 사역에 기초하여 영혼 치유를 위한 신성한 틀을 제공한다는 점이다. 특히 사도 바울은 기독교 구원과 관련된 심리학적 주제를 마음 깊이 가지고 있었다(Roberts, 1995).

현대 심리학과 비교할 때, 성경의 가르침은 평범한 독자를 향해 일상 언어로 작성되었지, 과학적 용어로 작성되지 않았다. 그럼에도 불구하고 성경은 신자들에게 신성한 영감을 부여하는 렌즈를 제공하여, 그 관점을 통해 인간의 투쟁을 포함한 세상 전체를 올바르게 해석할 수 있게 한다. 따라서 수 세기에 걸쳐 많은 그리스도인들은 목회적, 수도원적 또는 철학적 논의의 제목으로 기독교 심리학과 영혼 치유에 대해 썼다. 그들은 많든 적든 간에 플라톤, 아리스토텔레스, 갈렌과 같은 고대사상가들뿐만 아니라 어거스틴, 참회자 막시무스, 클레르보의 베르나르, 특히 토마스 아퀴나스와 같은 초기 기독교 주요 인물들의 영향을 받았다. 중세 시대의 관련 목소리에는 마르틴 루터(Martin Luther), 블뢰즈 파스칼(Blaise Pascal) 및 쇠렌 키에르케고르(Søren Kierkegaard)가 있다. 수많은 다른 사람들이 근대에 나타나서 1850년까지 상당한 범위의 기독교 심리학 및 영혼치유 문헌이 존재했다.

그럼에도 불구하고, 자연과학의 방법을 인문과학에 적용하는 일들과 함께 기독교 세계관을 세속적 세계관으로 대체하는 세속혁명(Smith,

2003)이 있었다. 자연주의는 서구에서 지적 담론과 과학적, 치료적 행위의 공통된 기초가 되었다. 그 결과 1950년까지 모든 주요 대학, 특히 미국에서는 인문학을 본질적으로 세속적인, 자연과학으로 이해하여 재해석했다. 결과적으로 현대 심리학, 정신의학, 심리치료는 성경적, 신학적, 형이상학적 고려가 결여된 과학의 한 형태로 전락하였다.

이러한 차이는 어거스틴의 "두 도시 구조틀(Two-Cities Framework, 때때로 '대립의 교리'라고도 함)에 비추어 볼 때 놀라운 일이 아니다. 로마제국이 멸망할 즈음, 어거스틴은 인류가 근본적으로 두 공동체로 구성되어 있다고 주장하며 기독교를 옹호하였다. 즉, 모든 인간은 태어난 도시와 그리스도를 믿어 거듭나서 속하는 하나님의 도시가 있다는 것이다(요 3:3). 어거스틴은 인간의 도시는 자기를 사랑하고 하나님을 멸시하는 자들로 구성되어 있는 반면, 하나님의 도시는 하나님의 은혜로 그리스도 안에서 거듭났기 때문에 하나님을 사랑하고 자기를 멸시하는 자들로 구성되어 있다고 썼다(딛 3:5). 현대 심리학이 초기 단계에 있었을 때 아브라함 카이퍼(Abraham Kuyper, 1898)[18]는 인문과학에 두 도시 구조틀을 적용했다. 그는 심리학 분야도 두 도시 구조틀의 영향을 필연적으로 반영할 것이며, 자연주의에 기초한 하나의 심리학과 영적 거듭남에 기초한 다른 심리학인데 각각은 완전히 다른 인문학적 분야로 발전할 것이라고 결론지었다.

인문과학에 대한 기독교적 접근은 다음과 같은 점에서 현대적 접근법과 다르다.

1. 하나님은 인간 생명의 창조자요 중심과 끝으로 인정되시며, 그 영

---

18 Abraham Kuyper: a doctrine of "anti-thesis" 대립의 교리

광을 추구하는 것은 인간 최고의 목적이다(사 43:7; 고전 10:31).

2. 인간은 하나님의 형상대로 지음받았기 때문에(창 1:26-27; 9:6), 하
   나님과의 관계를 통해서 제대로 이해받을 수 있다. 그들은 하나님
   과 교제할 때 가장 잘 번성한다.

3. 그러나 인간은 이제 죄를 지었고 창조주로부터 격리되었다(창 3장;
   롬 3:10-18). 그들은 몸과 마음이 모두 타락하여 심리적 장애를 일
   으킬 수 있는 생명이다.

4. 인간은 이 땅에서 어느 정도의 정신-영적 치유를 얻고, 내세에 완
   전한 치유를 얻기 위해 그리스도와의 연합이 필요하다. 신자들은
   그리스도와의 연합을 통해 일상생활과 그들이 지역사회를 크게
   개선할 수 있는 잠재력을 포함한 많은 영적 축복을 하나님으로부
   터 받는다. 가장 중요한 축복은 내주하시는 성령의 은사이다. 이
   러한 진리들은 기독교 버전의 심리학, 정신의학, 심리치료에 심오
   한 영향을 미쳐야 한다.

동시에 일반은총[19](하나님과의 관계와 상관없이 모든 인간에게 주어진 하나님
의 공급하심) 때문에 현대 및 기독교 버전의 인문과학에서 공통부분이 생
긴다. 예를 들어, 두 커뮤니티는 인간의 경험과 행동이 생물학적 및 사
회적 변동에 의해 영향을 받는 것에 동의 할 수 있다. 인간의 기억은 장
기 저장용 및 작업용 기억으로 구성된다. 그리고 인간의 전반적인 측면
을 연구하기 위해서는 경험적인 연구가 필요하다. 실제로, 두 집단은
서로 충돌하는 부분보다 동의하는 부분이 훨씬 많다. 하지만 서로 동의

---

19 Herman Bavinck: a doctrine of "common grace" 일반은총의 교리

하지 않는 그 부분이 엄청난 의미를 가지며 인간의 이해와 해석, 특히 영혼의 치유와 관련하여 깊은 영향력을 행사한다.

더욱이 일반은총은 문화나 정신건강 공동체와 같은 좋은 기관의 발전에 책임이 있다. 불행하게도, 오늘날 그런 기관들이 자연주의를 가정하는 사람들에 의해 지배되고 있으며, 그들의 세계관을 반영하고 있다. 대립의 교리와 일반은총의 교리는 모두 기독교적 관점에서 심리학, 정신의학, 심리치료를 이해하는 데 필요하다.

심리과학의 이 두 가지 버전 사이의 현재 논쟁 범위에는 인간 종의 기원에 대한 진화와 신의 역할 문제, 정신질환의 영역에서—정신질환 발병에 인간의 책임과 죄의 역할의 문제, 정신질환 치료를 위한 약물의 사용과 오남용 문제, 동성애나 ADHD 같은 상태를 질환으로 간주해야 하는지의 여부—에 대한 문제—, 그리고 내담자가 요청하지 않는 한 진료 중 자신의 믿음을 공유하는 것에 대해 금지하는 문제 등이 있다.

현재 그리스도인들은 이 세 가지 분야에 대해 세 가지 기본 접근 방식을 취하고 있다. 가장 일반적인 접근 방식은 현재 형성된 상태를 비교적 무비판적으로 그대로 수용하는 것이다. 그리스도인은 이 분야에서 논의된 내용과 실행되고 있는 자연주의 및 세속주의의 규칙을 따름과 동시에 그리스도인의 진실성을 추구하고 기독교 윤리를 충실히 따르는 것이다.

둘째, 첫 번째 스펙트럼의 반대편에는 세속적이고 자연주의적인 근거에서 유래한 논의의 내용을 기본적으로 거부하는 그리스도인들이다. 그들은 대부분의 정신질환을 완전히 영적이고, 향정신성 약물치료에 의해 치료되지 않기 때문에 오직 성경에 근거한 상담을 수행한다. 이 그룹은 전문면허의 필요성을 인정하지 않는다.

마지막으로, 일부 그리스도인들은 중도를 추구하는데, 어느 정도의 비판적인 연대와 참여를 실행한다. 인간에 대한 기독교적 이해에서 시작하여, 기독교 세계관으로 해석된 세속 인문학의 지식을 차용하며, 기독교가 영혼의 치유를 위한 그리스도의 신성한 자원을 제공한다고 믿는다. 이 후자의 접근 방식은 심리학, 정신의학 및 심리치료를 보완하고, 기독교 공동체, 대학 및 지역 교회를 위해 이들 학문을 재정비하는 동시에, 현재 공공 영역에서 규정된 논의와 실행에 대한 세속적 규범 내에서 작동한다.

F.
역사에 대한 성경적 견해

Thomas S. Kidd

그리스도인들은 성경의 하나님이 역사의 주인이심을 믿는다. 개인의 생명에서부터 광대한 우주에 이르기까지 모든 역사는 하나님의 주권 아래 있다. 역사라는 단어를 사용함으로써, 확실히 전쟁, 왕 및 정치 문제의 큰 이야기를 의미하려 하지만, 역사책에 등장하지 않는 기억되지 못한 사람들의 더 조용한 이야기를 의미하기도 한다. 인간 역사에는 기억되지 못해도, 비록 비천하지만 하나님 역사의 관점에서는 드러나는 많은 사람이 있다. 하나님은 참새 한 마리도 잊지 않으시는데, 우리는 참새보다 훨씬 더 귀하다고 그리스도는 말씀하신다. 그분은 우리의 머리카락까지도 세신다(눅 12:6-7). 하나님은 그 어떤 것도, 그 누구도 간과하신 적이 없다.

그럼에도 불구하고, 하나님은 역사에서 모든 일을 직접 하시지 않으신다. 가장 주목할 것은, 그가 죄를 만드신 분이 아니기 때문에 악의 원인이 아니라는 것이다. 반면 그의 허락이나 동의 없이는 아무 일도 일어나지 않으며, 참새 한 마리도 죽지 않는다(마 10:29). 비판자들은 하나님께서 악이 일어나도록 허용하신 것과 실제 악을 일으키지 않으신 것 사이의 구분은 공허한 것이라고 주장해 왔다. 그러나 그리스도인들은 하나님이 절대적으로 거룩하시며, 역사를 선의 궁극적인 승리로 인도하시며, 타락한 사람들과 마귀를 통해 악과 고통이 세상에 들어오도록 허락하셨다는 것을 확언한다.

1. 역사와 하나님의 목적

역사나 인간 존재에 대한 통찰이 없는 세속적 혹은 유물론적 철학과는 대조적으로, 그리스도인은 과거, 현재, 미래가 직선적이고 목적을 가지고 있다는 관점을 지닌다. 기독교 역사가 데이비드 베빙턴(David Bebbington)이 자신의 저서 『역사의 패턴』(*Patterns in History*)에서 기술했듯이, 그리스도인은 역사에 대한 세 가지 핵심 신념을 받아들인다. "하나님은 역사에 개입하신다, 역사를 직선적으로 인도하신다. 그리고 그가 계획한 결론에 이를 것이다"(43). 이러한 생각은 하나님의 섭리에 대한 기독교 신앙의 핵심이다. 하나님은 자신을 영화롭게 하기 위한 주된 목적을 가지고 세상을 창조하셨고, 인류가 에덴동산에서 타락한 이후로 하나님도 자신의 영광을 위해 구속의 계획을 세우셨다. 웨스트민스터 신앙고백이 말하듯이, "만물의 위대하신 창조주 하나님은 가장 지혜롭고 거룩한 섭리로 가장 큰 것부터 작은 것까지 모든 피조물과 행동과 사물을 유지, 명령, 처분 및 통치하신다. "

하나님은 언뜻 보기에 역사와 일상생활에서 "자연스럽게" 보일 수 있는 일에서도 지속적인 역할을 하신다. 히브리서 1:2-3은 아버지 하나님께서 아들을 통해 우주를 만드셨으며, 아들은 "그의 능력 있는 말씀으로 만물을 붙드시고"라고 알려 준다. 그리스도를 통하여 "만물이 한데 얽매어"(골 1:17). 어떤 의미에서 하나님은 자신의 피조물과 모든 피조물을 유지하고 보존하기 위해 항상 개입하고 계신다. 그는 중력이나 시간과 같은 힘의 통제조차 포기하지 않으셨다.

그러나 하나님은 또한 자신의 목적을 이루기 위해 특별한 방법과 특정한 장소와 시간에 개입하신다. 몇 가지 예를 들 수 있는데, 하나님께서는 유배된 유대인들을 예루살렘으로 돌아오게 하기 위해 페르시아의 고레스 왕을 일으키셨다. 에스라 1:1과 역대하 36:22에서는 고레스가 이교 신들을 숭배했을 것임에도 불구하고 하나님께서 어떻게 "고레스 왕의 영을 일깨워" 포로들의 귀환을 선언하셨는지 알려준다. 이사야서 44:28에서 하나님은 고레스를 자신의 택한 백성인 유대인들에게 하나님의 모든 "기쁨"을 이룰 자신의 "목자"라고 부르신다.

역사에 대한 하나님의 주권이라는 사실은 단순한 철학적 명제가 아니라 우리 삶에 개입하신 하나님의 사랑의 통제에 대한 개인의 신뢰에 놓여 있다. 우리는 모두 실망과 때때로 비극을 경험하며, 그럴 때 많은 사람은 이런 질문들을 할 유혹을 받는다. 하나님이 어디에서 무엇을 하고 계시지? 우리 일에는 상관하지 않으시는가? 그러나 하나님을 놀라게 할 수 있는 것은 아무것도 없으며, 또한 "하나님을 사랑하는 자 곧 그의 뜻대로 부르심을 입은 자들에게는 모든 것이 합력하여 선을 이루느니라"(롬 8:28)라는 사실을 아는 것은 큰 위로가 된다. 현재 일어나고 있는 일이 이해되지 않거나 마음에 들지 않을 수도 있지만, 하나님께서 우리의 삶뿐만 아니라 우주 전체에 걸쳐 만물에 대한 주권을 갖고 계신다는 사실을 아는 것은 큰 위안이 된다.

2. 역사와 겸손

역사에서 그리스도인에게 던져진 큰 도전은 하나님의 목적을 분별하는 우리의 제한된 능력이다. 우리의 한계는 제한된 시간 속에 산다는 것, 인간의 타락 영향에서 일부만 구속받은 영혼을 가진 데서 온다. 반대로 하나님은 시간이나 공간에 구속되지 않는다. 그는 무한히 강력하고 거룩하시다. 이사야 55:8에서 "내 생각은 너희 생각과 다르고 너희 길은 내 길과 같지 아니하니라."라고 말씀하신 것처럼 인간은 하나님과 같은 수준의 이해를 하고 있지 못하다. 요셉은 창세기 37장에서 자신이 노예로 팔려갔을 때 바로의 왕궁에서 자신의 권위가 올라가고 가족이 구출될 것이라는 사실을 전혀 몰랐다. 그러나 창세기 50:20에서 요셉은 그의 형제들에게 겸손하고 놀라운 관점의 변화를 보여 준다. "당신들은 나를 대적하여 악을 계획했지만, 하나님이 지금과 같은 결과를 가져오게 하려고 선을 계획하셨다."

하나님의 구체적인 목적에 대해 제한적으로 이해하기 때문에 성경에 계시된 것과 동일한 문제를 제외하고는 역사 속에서 하나님이 무엇을 하고 계시는지 정확히 안다고 주장하는 데에 겸손해야 한다. 어떤 경우에는 하나님이 특정한 사건이나 우리를 포함하여 어떤 사람의 삶에서 움직이고 있다고 안전하게 주장할 수 있다. 16세기 종교개혁이나 18세기 대각성 운동과 같은 교회사의 중대한 사건처럼 19세기 중국 선교사 로티 문(Lottie Moon)이나 위대한 부흥 설교자 빌리 그레함 같은 영웅적인 그리스도인의 삶에도 하나님 섭리의 명백한 표지를 가지고 있다. 물론, 하나님의 섭리적 역할의 표징이 있다고 해서 그리스도가 아닌 그 사람들이나 사건이, 죄가 없거나 완전하다는 것을 의미하지는 않는다.

　미국 건국과 같은 다른 역사적 사건에서 하나님의 역할을 이해하려면 더 많은 반성과 주의가 필요하다. 많은 미국 그리스도인들은 미국 건국이 하나님의 특별한 섭리의 역사라고 열렬히 주장한다. 실제로 많은 미국 건국의 아버지들도 그렇게 생각했다. 다른 유사한 정치적 변화와 마찬가지로 영국으로부터 미국의 독립이 하나님의 주권적인 허락 아래 일어났다는 점은 확실히 동의해야 한다. 그러나 우리는 또한 역사 속에서 하나님의 주된 목적이 세속국가 건설(성경적 이스라엘 외부에)이 아니라 하나님 나라의 건설에 있음을 기억해야 한다.

　마찬가지로 우리는 자연재해나 죄인들의 악행을 허용하신 하나님의 목적을 이해한다고 주장할 때 주의해야 한다. 2001년 9월 11일, 테러 공격 또는 2005년 허리케인 카트리나의 뉴올리언스 황폐화와 같은 사건의 결과로 일부 그리스도인들은 이러한 사건이 하나님의 진노 표현이라고 말했다. 그러나 다른 그리스도인들은 성경의 예언자들에게 주어진 신성한 지식이 없다면 우리에게는 하나님의 섭리 역사에 대한 직접적인 통찰력이 주어지지 않는다고 주장한다. 예를 들어, 뉴올리언스가 하나님의 심판을 받았다면 미국의 다른 도시들은 왜 안 받았나? 폭풍과 홍수로 황폐해진 경건한 사람들과 교회들은 도대체 무엇인가? 모든 허리케인이 하나님의 심판을 상징하는가, 아니면 특히 심한 것들만 그런가? 그러한 질문에 대해 생각하면 할수록 제한된 시야를 가진 우리는 하나님의 관점에서 그러한 사건을 어떻게 처리하는지 알기가 더 어려워진다.

　하나님은 역사에서 일어나는 바로 그 일의 목적을 우리가 이해하는 것을 허락하지 않으시지만, 성경은 하나님이 모든 것을 주관하심을 확실히 보증한다. 성경은 또한 우리에게 역사상 가장 중요한 하나님의 목적, 특히 예수 그리스도를 믿는 신자들의 구속과 하나님의 영광을 위한 그의 나라 건설에 대해 알려준다.

G.
동양과 뉴에이지 역사관에 대한 반응

Nathan A. Finn

　성경과 기독교 전통에 따르면 역사는 직선적이고 목적이 있다. 역사는 과거의 어느 특정한 순간에 시작되었고 미래의 어떤 알 수 없는 시점에서 우리가 현재 이해하고 있는 역사는 끝이 날 것이다. 역사적 사건은 우연, 사고, 운명의 문제가 아니다. 천지를 창조하신 주님은 역사의 주권자이시다. 그분은 자신의 주권적인 목적에 따라 처음부터 끝까지 섭리적으로 인도하신다. 역사에는 주님께 영광을 돌린다는 방향성이 있다.

　역사에 대한 기독교적 관점이 유대적 접근의 확장으로 이해될 경우, 과거를 해석하는 가장 오래된 철학이다. 그러나 역사를 이해하는 유대-기독교 전통에는 많은 경쟁자가 있다. 가장 오래된 경쟁자 중 하나는 고대 인도나 중국과의 연관성 때문에 소위 동양적 역사관이라고 불리며 오늘날 동아시아 일부 지역에서 여전히 인기가 있다. 이는 또한 북미와 유럽 일부 지역에서 뉴에이지 운동에 영향을 미쳤다.

1. 동양의 역사관

동양적 역사관의 특징은 역사를 직선적이라기보다 순환적으로 이해한다는 점이다. 동양적 해석에서 역사는 끝없이 반복되는 순환의 연속이다. 과거는 현재에서 반복되고 현재는 미래에서 반복될 것이다. 역사에는 궁극적인 목적이나 목표가 없으며 단순히 반복해서 발생한다. 역사에는 출발점이 없었고, 절정도 없을 것이다. 따라서 역사의 개별 주기는 항상 발생했으며 영원히 계속될 반복 가능한 패턴이며 특정 예의 경우를 제외하고는 개별 주기 사이에는 아무 연관성이 없다. 역사는 선형적이지 않기 때문에 "거대서사"가 없으며, 모든 역사를 초월하여 시간의 모든 개별 순간을 결합하는 포괄적인 의미라는 것은 없다. 회전하는 바퀴는 종종 이러한 역사 철학을 시각적으로 묘사하는 데 사용되는 이미지이다.

신화와 현실 사이의 경계를 흐리게 하는 문화에서 동양 역사 철학의 다양한 버전이 인기를 얻었다. 동양의 역사 이해의 기원에 대해 적어도 두 가지 관련 설명이 있다. 첫째, 역사의 각 주기는 어떤 면에서 인간 생활의 정상적인 패턴과 유사하다. 개인은 어린 시절부터 성인이 될 때까지 이해력이 성장하고, 신체적으로 성숙하지만, 생의 마지막 몇 년 동안 신체적으로, 지적으로 쇠약해져서 점진적인 후퇴를 경험한다. 동양의 역사 해석에서 개인의 경험은 세계의 역사 과정에 투영되어 끝없는 순환 속으로 통합되었다.

동양적 관점에 대한 두 번째 설명은 많은 고대 문명의 농업 환경과 관련이 있다. 역사는 자연적 과정의 일부로 이해되었다. 농업의 맥락에서 사람들은 매년 계절 주기와 계절이 파종과 수확에 미치는 영향을 정기적으로 관찰한다. 해가 거듭될수록, 계절이 바뀌고 농경 가족은 심고 추수하는 과정을 반복했고, 이 주기에 참여하는 데 자신의 존재가 달려 있음을 이해했다. 동양의 역사관에서 자연의 리듬은 더 큰 역사적 과정에 투영되었다. 사실 후자는 전자의 근원으로 이해되었다.

2. 세 가지 유형의 동양적 관점

역사가들은 다양한 문화권에 널리 퍼져 있는 동양적 관점에 대해 적어도 세 가지 다른 버전을 지적한다. 고대 인도에서는 초점이 지구 전체에 있었다. 모든 피조물은 탄생-죽음의 순환에 참여하고, 이는 차례로 새로운 순환에 자리를 내준다. 이것은 항상 일어났고 패턴은 영원히 계속될 것이다. 이 견해는 동남아시아에서 여전히 인기가 있으며 이 글에서 가장 주의 깊게 살핀 동양적 관점이다.

고대 중국에서는 통치자의 특정 왕조와 그들이 다스린 문명에 더 초점을 맞추는 경향이 있었다. 각 왕조는 성장-성숙-쇠퇴의 더 큰 주기의 특정한 표현으로 여겨졌다. 이 견해는 오늘날 널리 받아들여지지 않는다.

고대 그리스-로마와 중동 문화에서 유행했던 세 번째 관점에서는 과거를 되찾아야 할 황금기로 보았다. 전통적으로 이 세 번째 옵션을 긍정하는 문화는 역사에 대한 기독교적 관점이나 역사적 과정에 대한 직선적 이해를 더 빨리 수용하는 경우가 많다. 예를 들어, 그리스-로마 세계에서 기독교적 견해는 서기 4세기에 기독교가 합법화되면서 대중화되었다. 중동과 북아프리카에서는 7세기에 이슬람이 도래한 후 대안적인 직선적 접근(유대-기독교 전통에서 차용한)이 지배적이었다.

3. 동양의 역사관이 미친 영향

동양의 역사관에서 진정한 개인적 의미를 찾기는 어렵다. 왜냐하면 이런 접근 방식은 역사 자체에 더 큰 의미를 부여하지 않기 때문이다. 이런 이유로 환생에 대한 믿음은 역사의 순환적 해석을 지지하는 사람들, 특히 극동 지역에서 인기가 있다. 끝없는 역사적 순환 때문에 사람이 바랄 수 있는 최선은 죽음 이후에 다시 태어나는 것이고, 바라건대 현생에서 경험한 것보다 다음 생에서 더 나은 전망을 갖고 태어나는 것이다. 환생은 힌두교, 불교, 시크교, 자이나교에서 중요한 역할을 한다.

과거에는 동양적 관점을 수용한 많은 문화권에서도 일종의 숙명론을 받아들였다. 이것은 그리스-로마와 중동 세계에서 특히 그랬다. 숙명론은 미래가 인간이 통제할 수 없는 힘에 의해 돌이킬 수 없이 고정되어 있다고 주장한다. 동양의 숙명론에서 이러한 역사적 필연성은 신성한 영적 능력에 기인한다. 우리의 행동 자체는 중요하지 않다. 오히려 우리는 진정한 자유가 없는 미리 결정된 계획을 실행하고 있다.

많은 불교도는 운명론의 한 형태를 주장하지만 불교의 숙명론은 신이 아닌 업보에 연결되어 있다. 도교 또한 숙명론적이다. 숙명론은 기독교의 부상으로 유럽에서 대부분 제거되었지만, 하나님의 섭리에 대한 일부 이해는 숙명론에 가깝다. 무슬림이 역사에 대한 직선적 관점을 긍정함에도 불구하고, 운명론의 한 형태가 이슬람에서 지속된다.

4. 뉴에이지 운동의 동양적 견해

동양의 역사관은 주로 유럽과 북미의 유대—기독교 전통의 영향으로 인해 서양 문화에서 오랫동안 거부되었었다. 그럼에도 불구하고 동양의 역사 해석이 의존하는 세계관의 요소들은 1960년대에 북미에서 대중화되었다.

이른바 뉴에이지 운동은 범신론, 카르마, 환생과 같은 뒤죽박죽된 동양 신앙을 포용한다. 이러한 견해는 인류가 뉴에이지 지지자들에 의해 정의된 영적 완성을 향해 이동함에 따라 세계가 점점 더 발전되고 있다고 해석하는 역사에 대한 진화론적 접근과 결합되었다. 많은 뉴에이지 지지자들은 지적 경향은 배제하면서 사회적 격변과 계급 긴장을 지나치게 강조하는 마르크스주의적 역사 해석의 영향을 받았다.

부분적으로 그들의 역사 철학 때문에 많은 뉴에이지 신봉자들은 극동 이외의 지역에서 주변적인 영적 수행을 되찾는 데 관심이 있다. 그들은 이러한 잃어버린 영적 관행이 권력에 굶주린 주류 종교 전통에 의해 억압되었다고 믿는다. 여신 숭배, 자연 숭배, 영지주의 및 다양한 형태의 아메리카 원주민의 신비주의는 뉴에이지 지지자들에 의해 회복된 잃어버린 영성의 예이다. 뉴에이지 신봉자는 자신들의 억압된 영적 전통을, 그중 일부는 기독교의 이단적 부패로 인한 것으로 생각하여, 전통적인 종교의 영적 전통보다 우월하다고 본다.

많은 뉴에이지 신봉자들은 관용에 대한 포스트모던적 관점의 영향을 받는다. 그들은 이론적으로 하나님께로 가는 유일한 길이라고 주장하는 기독교의 체계를 제외한 모든 영적 전통에 열려 있다. 기독교, 유대교 및 이슬람의 보수 버전은 배타적인 진리 주장 때문에 거부된다.

5. 기독교와 동양의 역사관

동양과 뉴에이지의 역사 이해는 기독교 세계관과 양립할 수 없다. 신자들이 역사의 범위와 목적을 정확히 이해하기 위해서는 '전 세계의 진짜 이야기'라 일컬어지는 하나님의 말씀을 바라보아야 한다.

역사는 모든 피조물의 주님이 창조와 언약과 구속과 완성에 있어서 그의 권능을 통하여 자신을 알리시는 무대이다. 역사의 중심인물은 예수 그리스도이시며, 역사의 중심 행위는 성육신, 온전한 순종, 희생적 죽음, 승리의 부활이다. 역사는 그의 재림으로 구원 사역을 완료하고, 창조 질서에서 "저주가 발견될 때" 죄의 영향을 역전시키는 것으로 절정에 달할 것이다.

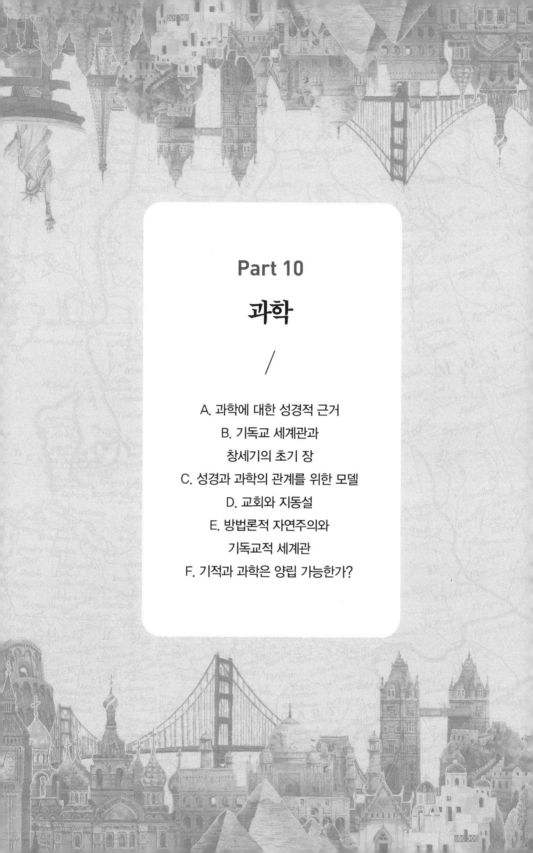

Part 10

과학

A. 과학에 대한 성경적 근거
B. 기독교 세계관과
   창세기의 초기 장
C. 성경과 과학의 관계를 위한 모델
D. 교회와 지동설
E. 방법론적 자연주의와
   기독교적 세계관
F. 기적과 과학은 양립 가능한가?

A.
과학에 대한 성경적 근거

John A. Bloom

대중적인 이야기에서는 과학기술과 신학은 항상 서로 싸워 왔다고 말한다. 하지만 대부분의 과학역사가들이 그건 사실이 아니라고 하는 것을 알면 놀라울 것이다. 사실, 성경은 서양의 과학발전에 핵심적인 지적기반을 제공했다.

1. 우주의 주관자이신 하나님

첫 번째 기반은 성경의 일신론적 관점으로 인해 자연에서 규칙성을 기대한 것이다. 다신론과 범신론 종교는 우주가 신들의 위원회에 의해 운영되는 것으로 보기 때문에, 초자연적인 신들 간의 갈등으로 예측할 수 없는 사건이 발생할 수 있다. 결과적으로 자연은 규칙성을 기대할 수 없는 변덕스러운 것으로 간주된다.

반면, 성경은 하나님을 말씀으로 만물을 존재하게 하셨고(시 33:6-9; 148:5), 다스리시는(사 40:26) 우주의 유일한 주인이자 주관자로 제시한다

(시 89:11-13; 사 48:12-13). 한 분 하나님이 자연을 다스리시며 변하지 않는다고 말씀하셨기 때문에(민 23:19; 말 3:6), 우주가 그분의 규칙에 따라 운영될 것이라 기대할 수 있다. 이것은 추론 이상인데, 하나님은 정해진 법칙을 따르는 하늘과 땅을 지으셨다고 분명히 말씀하신다(창 8:22; 렘 33:20,25).

2. 추구할 가치가 있는 과학

또 다른 기반은 자연을 연구하는 것은 지혜를 얻고 하나님께 영광 돌리기에 합당한 일이라는 성경의 가르침이다. 하나님의 피조물은 선하며 비록 죄로 인해 오염되었을지라도 그것으로부터 배우라고 하신다(시 19:1; 잠 6:6). 시편 104편과 욥기 38-39장은 하나님의 지혜와 주권, 그리고 피조물을 다스리심에 대해 찬양하고 있다. 아이작 뉴턴(Isaac Newton)과 요하네스 케플러(Johannes Kepler)와 같은 과학자들은 하나님의 피조물 연구를 통해 하나님께 영광 돌리려 노력했다는 말을 자주했다. 갈릴레오는 대공비 크리스티나에게 보낸 편지에서 "전능하신 하나님의 영광과 위대하심이 모든 일에 놀랍게 분별되어 있고 하늘 책에 기록되어 있다"라고 말했다. 이와 대조적으로, 세계의 다른 종교들은 영적 세계는 선하고 물질적 세계는 악하다고 여기며, 자연을 이원론적으로 바라보고 있다. 따라서 물질세계에 대한 연구는 관심을 잘못된 방향으로 집중시키는 것으로 간주한다.

3. 하나님 세계의 복잡성

과학에 대한 세 번째 성경적 기반은 하나님의 창조가 이해하기 쉽지 않다는 것이다. 하나님께서는 "그분의 생각은 우리생각과 다르며 우리의 길은 그분의 길"(사 55:8; 잠 25:2)과 다르지만, "여호와께서는 지혜로 땅에 터를 놓으셨으며 명철로 하늘을 견고히 세우셨다"(잠 3:19)라고 알려 주셨다. 이것은 어렵지만 노력을 통해 하나님의 지혜를 어느 정도 엿볼 수 있음을 시사한다. 케플러가 말했듯이 과학을 할 때 우리는 "하나님을 따라 그분이 생각하신 바를 생각하는 것"이다.

4. 하나님의 우발성

여기서 언급할 마지막 기반은 하나님의 우발성이다. 하나님은 자신이 원하는 대로 세상을 창조하셨다. 인간의 논리나 철학적 원칙과 같은 외부 제약에 얽매이지 않으신다. 하나님은 "하늘과 땅, 그리고 바다와 그 모든 깊이에서 그가 기뻐하시면 무엇이든지 행하신다"(시 135:6; 115:3). 그러므로 하나님이 어떻게 창조하셨는지 예측할 수는 없지만 우리는 어떻게 창조하셨는지 알기 위해 피조세계 자체를 연구해야 한다. 따라서 좋은 과학이란 직접적인 관찰과 실험을 기반으로 하는 반면, 이론은 의심의 여지없이 입증될 때까지만 잠정적으로 유지될 뿐이다.

5. 과학과 신학 사이의 긴장

성경이 과학 교과서는 아니지만 자연을 보는 올바른 관점과 자연을 연구하는 적절한 동기를 제공함을 알게 되었다. 과학은 인류에게 위임된 임무 중 하나임에 틀림없다. 아담은 에덴동산에서 동물의 이름을 지어야 했으며(창 2:19), 땅을 다스리는 청지기 직분을 받았고(창 1:28), 그것을 잘하기 위해서는 연구와 지혜가 필요했다. 성경이 하나님의 섭리가 어떻게 작동하는지 설명하는 것보다 더 중요한 내용들을 포함하고 있지만, 성경에 기술된 자연은 간단하게 언급되어 있더라도 심오한 진실이다. 예를 들자면 창세기 1:1의 창조 사건(또한 사 44:24; 히 11:3)과 시간이 흐름에 따라 하늘과 땅이 닳아 없어지는 것(시 102:25-26)이 있는데, 이것은 열역학 제2법칙을 드러내는 것이다.

자연에 대한 연구가 역사적으로 성경적 통찰에 근거했다면, 과학과 신학 사이의 현대적 긴장은 어떻게 생겨났을까? 이러한 경향은 1600년대 후반 계몽주의 철학자들이 아리스토텔레스와 다른 고대 권위자들의 족쇄에서 스스로를 해방시키고, 이성과 경험에만 근거한 진리 주장을 확립하려는 노력을 시도하면서 시작되었다. 운동과 중력의 법칙에 대한 뉴턴의 발견은 철학자들과 신학자들을 유신론적 관점(신이 자연에 적극적으로 간섭하는 관점)에서 이신론적 관점(신이 우주를 창조했지만 지금은 간섭하지 않고 그가 설정한 법칙을 통해 우주가 작동하도록 허용하는 관점)으로 이끌었다. 1800년대에 토마스 헉슬리(T. H. Huxley)와 여러 사람들은 모든 지식을 물리적 인과관계에 기반을 두어 사회에서의 종교적 권위를 과학적 권위로 대체하기를 원했다. 이것은 과학의 실행범위를 좁혀, 세상사에 대해 오직 자연주의적 설명만 가능하도록 제한했다.

따라서 오늘날 과학과 신학 사이의 이슈들은 자연주의와 유신론의 종교적 차이에 달려 있다. 달리 말해서 우주를 하나님이 손댈 수 없는 순수한 기계로 보는가, 아니면 하나님이 자신의 영광을 위해 연주하시는 악기로 보는가의 차이이다. 이 차이는 자연현상을 어떻게 받아들이느냐에 이르면 매우 심각해진다. 예를 들어 자연주의를 택했다고 가정하면, 자연에 대한 하나님의 인도나 개입을 사전에 배제하기 때문에, 생명의 발달에 대해 다윈주의만 "과학적" 설명이 될 수밖에 없다. 자연주의에 반대하는 사람들이 있기 때문에, 자연주의자들은 아무리 자기편의 설명이 설득력이 없더라도 자연주의적 설명을 선택할 수밖에 없다. 가능성 있는 다른 답들을 무시함으로써 오늘날의 과학은 불행히도 진리를 놓치고 있을 수 있다. 이것은 생물학, 심리학, 사회과학 분야에서 가장 두드러질 것이다. 왜냐하면 인간을 단순한 기계로 혹은 동물로부터 진화한 것으로 설명하기 위해, 창조에서 인간의 특별한 위치를 포기함으로써 인간의 생명과 인격의 가치를 떨어뜨리기 때문이다.

과학의 기초를 유신론에서 자연주의로 철학적 이동을 한 것 때문에, 과학적 추구의 정당화가 어려워지게 된 것은 놀라운 일이다. 더 나은 기술로 명예와 재산, 군사적 이익, 더 안락한 삶을 얻을 수는 있으나, 자연주의적 사고에 빠진 과학자들은 우주의 행동방식을 수학으로 설명하거나 예측할 것을 기대할 이유가 없다. 세계가 어떤 규칙 아래 작동할 것을 기대할 이유도 없고, 또 유물론에 "물질"을 제일 앞자리에 넣은 것에 대한 설명도 할 수 없다. 자연주의적 전제는 임시적이다. 이것은 우주가 영원 전부터 존재한 것이 아니라 시작이 있었고, 물리적 법칙과 그 상수 자체가 복잡하고 지적인 생명체의 존재가 가능하도록 미세 조정된 것처럼 보인다는 인식과 함께 더욱 뚜렷해졌다. 자연주의자들은 때때로 우리 우주가 소위 다중우주에 있는 무수한 우주들 중 하나일 뿐이며, 우주가 무수히 많으면 각 우주마다 하나쯤은 생명을 위해 잘 조정되어 있을 수 있다고 제안한다. 하지만 중요한 것은 다른 우주가 존재한다는 증거가 없다는 것이다.

6. 그리스도인과 과학

과학이 성경적 기초로 돌아가는 것이 가능한가? 그리스도인에게는 물론 가능하다. 우리는 시야를 제한하는 자연주의적, 물질주의적, 기계적 가리개들 너머를 바라보고 "세상은 하나님의 위대함으로 가득 차 있다"(제라드 맨리 홉킨스(Gerard Manley Hopkins), "하나님의 위대함")는 것을 보려고 노력해야 한다. 성경 작가들과 초기 과학자들이 그랬던 것처럼, 하나님의 손으로 나타내신 지혜, 능력, 창조성에 놀라워하는 그리스도인들은 비록 동료들이 편협한 견해를 지지하는 중에서도 진정한 과학을 추구하려는 강한 동기를 가진다.

우주에 미세 조정과 시작이 있다는 사실은 그 뒤에 누군가가 있음을 강하게 암시한다. 생화학이 생명의 비밀을 풀면서 점점 더 분명해지는 생명의 어지러운 복잡성도 마찬가지이다. 이처럼 지속적인 발견을 통해, 타당한 과학적 설명에 대한 자연주의적 제한의 정체(즉 무신론적 동기가 부여된 제한)를 볼 수 있게 된다면, 아마 과거에 과학이 아리스토텔레스와 플라톤의 제약에서 벗어났던 것처럼 곧 자연주의를 벗어 던질 것이다. 그렇게 되면 자연을 보는 가장 생산적 관점인 유신론적 뿌리로 되돌아올 것이다.

B.
기독교 세계관과 창세기의 초기 장

C. John Collins

전통적으로 그리스도인들은 유대인들과 마찬가지로 성경의 서두에 나오는 아담과 하와의 이야기를 모든 인간의 조상인 첫 번째 인간 부부를 묘사하는 것으로 이해했다. 실제 사건을 설명하는 창세기 1–11장을 읽으면서 그리스도인들은 (1) 인류는 실제로 한 가족이며 한 부부로부터 유래되었다고 결론지었다. (2) 하나님은 초자연적인 방식으로 우리의 첫 조상을 만드셨다. (3) 인류의 시작에서 우리 첫 조상은 죄 없이 창조되었지만 불순종의 유혹에 빠져 피조세계 전체와 특히 인간 자신의 삶에 죄와 역기능이 도입되었다.

이것은 동–서 고대 기독교 작가들의 표준적인 믿음이다. 그리스도인들은 첫 번째 죄가 모든 사람에게 정확히 어떤 영향을 미쳤는지, 또는 이러한 사건이 발생한 것이 얼마나 오래되었는지 같은 많은 중요한 문제에 대해 의견이 불일치하지만, 창세기 앞부분에 대한 이해의 일치를 통해 자기 세계관의 동일한 기반을 찾는다.

1. 현대적 질문

첫째, 오늘날에 교회 안팎에서 이 옛날의 믿음을 계속 유지해야 하는지에 대해 질문하는 목소리가 있다. 어떤 사람들은 이렇게 묻는다. "오래전에 다른 사람이 한 일이 지금 여기 내 삶에 어떻게 영향을 미칠 수 있는가? 아담과 하와가 실제로 살아서 하나님께 불순종하고 동산에서 쫓겨났다고 한들 어떻단 말인가? 그것이 왜 나에게 영향을 미쳐야 하는가?"

둘째, 창세기 1-11장의 내용이 다른 고대 이야기, 특히 메소포타미아의 이야기에서 발견되는 내용과 매우 유사하다는 결론은 이미 널리 인정되고 있다. 어떤 이는 "다른 이야기들은 역사로 취급하지 않으면서 왜 창세기는 역사로 취급해야 하는가? 성서 저자들이 다른 이야기들과 다른 독특한 것을 만들어내려 했다고 우리가 생각하게 만드는 것은 무엇인가"

셋째, 현대과학에는 지배적인 이론이 있다. 천체 물리학자들은 우주가 약 130~140억 년 전에 "빅뱅"으로 시작되었다고 말한다. 창세기가 역사적 시간표를 제공한다고 생각하느냐 하지 않느냐에 따라 이 시간이 그리스도인들에게 문제가 되기도 하고, 되지 않기도 한다.

더 심각한 도전은 인간이 순전히 자연적인 진화 과정을 통해 어떻게 생겨났는지에 대한 이야기를 가진 진화생물학에서 비롯된다. 일부 진화론은 새로운 인간종족의 "첫 번째" 구성원에 대해 말할 수 없게 만든다. 더구나 DNA 연구는 인류가 두 명 이상의 사람들로 시작하지 않는 한 현재 인류 집단에서 발견되는 유전적 다양성을 얻을 수 없을 것이라 암시하는 것 같다. 많은 사람들은 인류의 다른 종족이 실제 서로 독립적으로 별도의 지역에서 발생했는지 궁금해 하는데, 그것은 인류가 하나의 혈통이 아님을 의미한다.

2. 세계관 문제

이 논의에서 기독교 세계관의 어떤 측면이 문제가 되는가? 성경을 통해 우리에게 하시려는 진정한 이야기, 즉 우리가 누구이며, 어디에서 왔으며, 무엇이 잘못되었고, 하나님은 이 모든 것을 통해 무엇을 하시려는지에 대하여 믿을 수 있는가의 문제이다. 그 다음에는 죄의 문제에 도달한다: 죄는 하나님의 선한 세계에 들어온 외부 침입자인가, 아니면 시간의 흐름에 따라 우연히 일어날 수밖에 없는 불가피한 결과인가? 그리고 인간은 어떤가? 동물과 구별되는 인간의 능력에는 세상을 현명하고 사랑스럽게 통치할 의무가 부여되어 있는가? 전 세계 모든 사람이 따라야 할 결혼이나 가정생활의 모범이 있는가? 그리고 마지막으로 기독교 세계관은 모든 종족의 사람들이 평화롭고 정의롭게 사는 사랑의 공동체에 대한 우리의 갈망을 인류가 한 가족이라는 공통된 기원에서 찾고자 한다.

창세기는 확실히 전통적인 기독교 관점을 지지한다: 우리는 하나님이 어떻게 첫 인간을 창조했는지에 대해 읽는다(창1:26-27; 2:5-25에 더 자세한 설명이 있음). 그들의 결혼은 미래의 모든 건전한 결혼의 패러다임이 될 것이며, 가족과 공동체의 시작이었다(2:24). 슬프게도 그들은 하나님께 불순종했고 그들 자신과 그 모든 후손들에게 형벌을 가져왔다(창 3-4장). 아담과 하와로부터 나머지 "땅에 있는 민족들"(창 12:3)이 생겨났고(창 10-11장), 아브람과 그의 가족을 통해 축복받을 민족들도 생겨났다. 창세기 5장, 10장, 11장의 족보에는 아담에서 아브람에 이르는 이스라엘의 조상으로 인도한다.

많은 신학자들은 성경의 모든 다른 부분을 통합하는 가장 중요한 줄거리가 있다는 것을 깨닫게 되었다. 그리고 그 스토리 라인은 세상의 "큰 이야기(거대서사)" 역할을 한다. 그것은 우리가 누구이고, 어디서 왔으며, 무엇이 잘못되었으며, 하나님께서 그것에 대해 무엇을 하고 계시는지 알려주는 이야기이다. 이것이 바로 성경의 역사성이 중요한 이유이다. 성경적 믿음은 시대를 초월한 원칙들의 단순한 목록에 있는 것이 아니라 창조와 구속에서 하나님이 얼마나 위대하게 일하셨나 하는 이야기에 근거를 두고 있다.

3. 성경의 줄거리와 창세기의 앞부분들

성경의 전체 줄거리에 대해 잘 생각하면 성경 전체를 더 깊이 이해할 수 있다. 창세기 12장 1절~3절에서 아브람의 가족인 이스라엘은 하나님의 언약 안에서 신실하게 순종함으로써 이방인들에게 하나님의 빛의 매개체가 되어야 했다. 그러나 이것이 사실이라면 그 기반으로 무엇이 필요한가?

그것은 모든 이방인(비유대인)이 그들의 삶에 없는 어떤 것으로 인해 하나님과 멀어지기 때문에 하나님의 빛이 필요하며 유대인처럼 그 빛에 반응하여 생기를 불어넣을 수 있는 어떤 것이 이방인들에게도 필요함을 뜻한다. 다시 말해, 이방인들은 인간으로서 이스라엘과 공통된 기원, 공통된 인간의 능력, 그리고 어떤 침략적 사건이 제공할 공통의 필요를 가지고 있다.

즉, 하나님과의 결별은 부자연스러운 것으로 마땅히 되어야 할 상황에서 벗어난 것이다. 그 결별을 일으킨 어떤 일을 인간이 저지른 것이며, 그 어떤 일이 죄이다(전 7:29, "하나님은 사람을 바르게 지으셨으나 그들은 많은 꾀를 좇았더라"). 그것은 모든 사람을 감염시키는 시기에 그런 방식으로 인간의 삶에 들어갔다. 죄는 아주 초기부터 도입되었다.

성경 이야기에서 죄는 외부 침입자이다. 그것은 하나님의 선한 창조 세계의 질서를 어지럽힌다. 이것은 레위기의 희생이 죄를 다루는 방식에서도 분명히 드러난다. 그들은 죄를 더럽히는 요소로 취급한다. 즉 인간의 존재를 파멸시키고 사람들을 하나님 앞에 합당하지 못하게 만든다. 희생 제물은 "속죄", "구속", "대속물"에 연관시켜서, 죄를 하나님의 진노를 불러일으키는 더러운 침입자로 규정한다(레 16장).

죄의 부자연성은 잠언과 같은 지혜서가 도덕적 선을 정신적 지식과 연결하고, 사악함을 우둔함이나 어리석음으로 연결하는 방식에서도 분명히 드러난다(잠 12:1). 즉, 하나님의 뜻대로 사는 것은 현명하고, 하나님의 뜻 밖에서 사는 것은 어리석은 것이다.

인류가 한 가족이고 동일 조상을 공유한다는 개념, 즉 인류의 원천에서 죄와 역기능을 이 세상에 도입한 조상이라는 개념은 이러한 모든 요소 뒤에 있는 확고한 가정이다. 신약의 저자들은 이 가정을 따른다. 사도 바울도 확실히 그런 식으로 말했지만(롬 5:12-21; 고전 15:20-22, 44-49), 이러한 가정의 가장 주목할 만한 예는 예수님으로부터 나온다.

마태복음 19장 3~9절을 생각해 보자. 일부 바리새인들이 예수님을 "시험"한다. 자신들의 다양한 분파들의 논쟁에서 편들게 하여 예수님을 함정에 빠뜨리려는 의도였을 것이다. 그들은 예수께 물었다. "남자가 어떤 이유로 자기 아내와 이혼하는 것이 옳습니까?" 태초에 그들을 창조하신 이가 그들을 남자와 여자로 만드시고 또 말씀하시기를 "이러므로 남자가 부모를 떠나 그 아내와 합하여 둘이 한 몸이 될지니라 하셨느니라. 그러므로 그들은 더 이상 둘이 아니라 한 몸이다. 그러므로 하나님이 짝지어 주신 것을 사람이 나누지 못할지니라."

예수님은 창세기 1:27과 2:24를 연결하여, 하나님에 의해 결합된 한 몸이므로 분리되어서는 안 된다고 대답하셨다. 바리새인들은 모세가 이혼을 허락한 이유를 물었고(마 19:7, 신24:1-4), 예수님은 "처음부터 그런 것은 아니었으며"(마 19:8) 백성들의 마음의 완악함 때문이라고 설명하신다.

이 대화는 예수님께서 창세기 1-2장의 창조 기록을 결혼 생활에서 온전하게 작동하는 이상으로 설정하셨음을 보여준다. 그것이 하나님께서 "처음부터" 의도하신 바이다. 반면에 신명기의 가족법은 윤리적 규범을 설정하지 않았다. 그것은 또 다른 기능, 즉 이스라엘의 예의(civility)를 유지하는 기능을 가지고 있는데, 이것은 "태초" 이래 일어난 어떤 상황의 변화 때문에 필요하게 되었다 그 결과가 모든 인간에게 미치는 그 상황변화 사건의 명백한 후보는 아담과 하와의 죄이다.

바울서신 전문가들은 바울이 예수께서 하신 것처럼 구약의 이 포괄적인 이야기에 자신의 주장을 얼마나 확고하게 뿌리내리고 있는지 깨닫게 되었다. 로마서 1:2-6에서 바울은 구약을 성경 이야기의 앞부분으로 읽었다는 것이 분명하다. 구약은 하나님께서 어떻게 아브라함의 가족을 선택하여 죄로 인해 손상된 것을 회복하기 위해 일하게 되었는지 알려준다. 또한 이방인이 빛을 받는 새 시대를 기대하며 끝이 난다. 바울은 그의 핵심 용어인 "좋은 소식"(또는 "복음")을 예수님의 죽음, 부활, 승천을 통해 이러한 새 시대가 시작되었다는 선언과 연결한다(롬

1:2-6; 갈 3:8-9; 막 1:15; 마 28:1-20). 바울이 우리에게 말하듯이, 유대인
이건 이방인이건, 그리스도인이라면 그들의 개인, 가족, 공동체 생활에
서 적절한 인간 기능을 발휘하기 위해 하나님께서 새로운 형상으로 태
어나게 하신 자들이다(예: 골 3:9-10; 고후 3:18). 그곳에서 깨어진 가족은
다시 한번 뭉친다.

아담과 예수님을 비교할 때(롬 5:12-19; 고전 15:20-23,42-49), 바울의
주장도 문서에 있는 역사적 이야기에 의존한다. 즉, 어떤 사람이 어떤
일을 했고(한 사람이 죄를 범했다. 롬 5:15), 결과적으로 어떤 일이 일어났다
(죄, 사망, 정죄가 인간 세계에 들어왔다). 그런 다음 예수님은 그 모든 것의
결과를 해결하기 위해 오셨다(그의 순종하심으로 많은 사람들을 의롭게 하시기
위해). 그 주장의 일관성을 사건의 순서에서 얻는다. 바울이 여기서 단
순 비교를 하고 있다고 말하는 것은 대단히 부적절하다. 더 나아가, 사
람들이 "아담 안에" 혹은 "그리스도 안에" 있다는 개념을 고려하라. 누
군가 "안에" 있다는 것은 그 누군가가 대표하는 그 백성의 일원이 되는
것이다. 우리가 가진 모든 증거는 실제 사람만이 대표 역할을 할 수 있
다는 것이다.

요한계시록은 이런 이야기의 초점을 유지한다. 정결하게 된 피조물
(계 22장)로 완전케 된 인간의 삶을 진술하기 위해 에덴과 성소의 이미지
를 사용하여 하나님의 목적의 최종적 승리를 묘사한다. 그러므로 우리
가 죄를 짓기 쉬운 것이 인간에 내재되어 있다고 말한다면

그러므로 우리가 죄를 짓기 쉬운 것이 인간에 내재되어 있고, 자유
의지를 갖는 것(누군가의 불순종으로 인해 초기 단계에 도입된 끔찍한 잘못이 아
니라)에 죄를 범하는 경향이 원래부터 내재되어 있다고 말한다면, 우리
는 성경 저자들의 방식으로 속죄를 묘사하는 것은 잘못되었고 예수님

이 자신의 죽음을 이런 용어로 설명하는 것이 잘못되었다고 말해야 한다(막 10:45). 더 나아가, 이러한 접근 방식은 언젠가는 죄와 죽음이 사라진 영화로운 세상에서 살게 될 것이라는 그리스도인들의 즐거운 기대를 헛되게 만든다(계 21:1-8). 어떤 그리스도인도 영화롭게 된 세상에 사는 사람들이 더 이상 죄를 짓지 않기 때문에 덜 인간적이 될 것이라고 암시하고 싶어 하지는 않을 것이다.

따라서 우리 조상들의 죄가 우리에게 어떤 영향을 미쳤는지 정확히 알 필요는 없다. 그렇게 했다고 말하는 정도로 충분하다. 즉, 현재 세상이 마땅히 되어야 할 방식이 아니라는 우리의 직관적 감각이 현실과 일치한다. 더 나아가 다른 고대 문화의 이야기가 세상을 설명하는 것을 목표로 했다는 점을 인정한다면, 성경 저자들이 우리의 기원에 대한 참된 이야기를 하는 것을 목표로 했으며 성경의 이야기가 사실처럼 들린다는 것을 알 수 있다.

4. 과학과 창세기의 앞부분들

그러나 성경이 세상과 그를 위한 하나님의 목적에 대한 실재 이야기라는 우리의 확신을 과학이 약화시키지 않는가? 여기에 답하려면 "과학"이 실제로 그럴 능력이 있는지 생각해봐야 한다. 과학이 자연주의적 세계관에 따르기를 미리 요구한다면 그렇게 될 것이다. 그러나 그것이 우리에게 진실을 말해 줄 것이라는 의미는 아니다. 대신 우리가 훌륭한 과학으로 모든 증거를 설명하도록 한다면, 과학은 생물학적 메커니즘뿐만 아니라 우리의 마음이 육체적 존재 너머의 무언가에 참여할 것을 가정하는 인간의 도덕적 감각과 추론도 설명해야 한다.

나아가 평화와 정의에 대한 갈망과 인간의 삶에 문제가 있다는 인식이 모든 그룹의 사람들에게 얼마나 널리 퍼져 있는지를 고려해야 한다. 그리고 마지막으로, 모든 인간은 실제로 같은 능력과 욕구를 가진 하나의 공통된 가족이다. 이러한 특징은 우리를 동물의 세계와 구별하여 인간과 동물 사이에 단순한 자연적 과정으로는 메울 수 없는 간극을 남긴다. 선하게 창조했지만 불순종하고 죄와 불행을 그들 자신과 우리 삶에 가져온 아담과 하와의 이야기가 이에 대한 정확한 답을 제시한다. 또한 인간의 기원과 인간 본성에 대한 건전한 역사적, 과학적 연구에 대한 지침을 제공한다.

성경 이야기를 받아들이면 더 많은 유익을 얻을 수 있다. 일이 왜 잘못되었는지에 대한 좋은 설명이 있다면, 하나님께서 언젠가는 그 문제를 바로잡으실 것이라는 그리스도인의 희망이 확실한 위안됨을 알게 된다. 그것은 하나님의 사랑하는 백성으로서 삶을 즐기는 데 도움이 될 것이다.

창세기 1-11장의 세부 사항을 얼마나 엄격하게 해석해야 하는지, 아담과 하와가 얼마나 오래전에 살았는지, 하나님이 첫 사람을 형성하기 위해 어떤 과정을 사용하셨는지, 첫 번째 불순종이 오늘날 우리에게 어떤 영향을 미치는지에 대한 질문에 그리스도인들이 동의하지 않을 여지가 있다. 이것은 우리가 피해서는 안 되는 중요한 질문이다. 동시에 우리는 그 질문들에 대해 서로 다른 답을 제시할 수는 있지만, 이러한 기본 개념들을 고수하는 한 창세기의 앞부분이 세상의 "큰 이야기"에 대한 진정한 서문을 제공한다고 자신 있게 말할 권리가 있음을 알아야 한다.

C.
성경과 과학의 관계를 위한 모델

Jimmy H. Davis

성경과 과학 모두 이야기를 가지고 있다. 성경 연구의 결과로 나온 신조와 조직신학으로부터 인간을 위한 쾌적한 세상을 예비하시고 유지하시는 창조주 하나님에 대한 큰 이야기(메타네러티브)가 있다. 그 세계와 거주자들은 모두 죄로 인해 저주 아래 있게 되었다고 성경은 가르치지만 역사는 만왕의 왕이요 만주의 주되시는 그리스도의 승리의 재림으로 끝날 것이다.

현대 과학의 메타내러티브는 약 137억 년 전 공간과 시간이 무한히 작고 무한히 뜨거운 특이점에서 무에서 순간적으로 생겨났다는 것을 암시하는 물리학의 증거를 바탕으로 한 빅뱅의 이야기이다. 우주가 팽창하고 냉각되면서 원자, 별, 은하, 행성, 생명, 그리고 마침내 인간이 나타났다.

1. 일치주의와 비일치주의

성경과 과학자들이 성경과 과학을 연관시키기 위해 사용한 많은 접근법은 일치주의와 비일치주의라는 두 가지 중요한 접근법으로 요약될 수 있다.

일치주의는 "개인, 집단과 사물 간의 조화 또는 합의"를 의미하는 단어 concord에서 파생된다. 일치주의자들은 성경의 주석(해석)이 현대 과학에 대한 올바른 이해와 일치하는 메시지를 드러낸다고 믿는다. 이것은 성경이 과학과 관련된 문제를 언급할 때마다 완벽히 정확하게 언급한다는 것을 의미한다. 일치주의는 때때로 하나님의 두 책(자연과 성경)의 관점으로 표현되는데, 둘 다 적절하게 해석될 때 조화를 이룰 것이다.

비일치주의 모델은 성경의 증언과 과학의 결론 사이에 조화를 찾지 못한다. 비일치주의자들은 이러한 부조화는 성경에서 하나님이 올바른 과학적 용어로 말씀하지 않고, 자연을 기술하는 고대의 비과학적 방법으로 말씀하셨기 때문이라고 믿는다. 그리스도인이 아닌 비일치주의자들은 성경이 과학적 주제에 대해 정확하게 말하려 했지만 실패했다고 말할 것이다.

첫 번째 접근에서, 성경이 과학적으로 정확하게 말하지 못한 것은 과학혁명 이전에 살았던 사람들이 이해할 수 있도록 하나님이 말씀하셨기 때문으로 간주된다. 두 번째 접근에서, 성경이 과학적으로 정확하게 말하지 못하는 것은 성경에 영감을 주신 신성한 저자가 없다는 증거로 간주된다. 유한한 역사 속에 위치한 인간들에게 말할 때 그들이 이해할 수 있는 수준의 말(baby talk) 대신 하나님이 자신의 완전한 지식에 따라 말씀하시기를 부당하게 요구하는 회의적인 관점이다.

2. 일치주의의 다양한 유형

일치주의에는 여러 유형이 있으며, 주요 분열의 원인은 창세기의 "날, day"(yom)에 대한 히브리어의 해석에 있다(창 1:3,8,13,19,23,31; 2:2). 창조 과학 또는 "젊은 지구 창조론(Young Earth Creatinism, YEC)"으로 알려진 한 그룹은 창세기의 욤을 문자 그대로 24시간의 하루를 의미하는 것으로 해석한다. 이 입장은 창조 이야기의 서두에서 "날"을 사용하면서 항상 "저녁"과 "아침"이 함께 언급되는 것과 관련이 있다.

"젊은 지구 창조론" 옹호자들은 이 주석과 과학의 내러티브 사이에서 조화를 찾으려고 한다. 이들의 접근 방식에 따르면 천문학, 물리학, 생물학 및 지질학 분야의 과학적 기준을 크게 수정해야 한다. 호주 태생의 켄 햄(Ken Ham)은 자신의 조직인 "창세기의 대답, Answers in Genesis"를 통해 "젊은 지구 창조론"을 홍보한다. 그들의 주요 신념 중 하나는 과학은 문자 그대로의 창세기를 통해 해석되어야 한다는 것이다.

"오랜 지구 창조론(Old Earth Creationism, OEC)"으로 알려진 또 다른 그룹은 '욤'이라는 단어를 다르게 해석하여 창세기의 "날"이 24시간보다 긴 기간을 언급한다는 결론을 내린다. "오랜 지구 창조론"의 접근 방식에 따르면 각 창조일은 하나님에 의한 많은 창조 행위를 포함하는 긴 기간이었다. 창세기 2장 4절에서 "날"은 하나님이 "땅과 하늘을 만드신 날"을 가리키는 문자적이지 않은 표현으로, "날"이 항상 24시간을 의미하는 것은 아니라는 주장의 근거로 사용된다. "오랜 지구 창조론"은 "젊은 지구 창조론"보다 우주 역사에 접근하는 방식에서 표준 과학적 방식과 더 조화를 잘 이루지만, 대중 과학 이론 속에 스며있는 자연주의적 전제에는 부딪침이 있다. 캐나다 태생의 천문학자 휴 로스(Hugh Ross)는 자신의 조직인 "믿음의 이유, Reasons to Believe"를 통해 "오랜 지구 창조론"을 이끌어 간다. 이 조직과 다른 "오랜 지구 창조론" 지지 조직의 주요 신념에는 죄에 빠진다고 해서 과학이 쓸모없어지지 않으며, 성경에는 실제로 빅뱅과 고대 지구와 같은 과학적 진리에 대한 암시나 힌트가 있다는 것이 포함된다.

3. 비일치주의의 다양한 유형

비일치주의적 접근은 성경의 다른 주해에서 비롯되는데, 성경의 의도는 과학을 가르치는 것이 아니라, 영적 진리에 대한 이해를 돕기 위해 과학과 자연사의 용어를 사용한다고 말한다.

프레임워크 관점은 창세기의 "날"은 창조의 목적과 그 기원에 대한 중요한 진리를 전달하기 위한 문학적 장치라고 말하는 비일치주의적 접근 방식이다. 이 관점에서는 창세기에 기록된 하나님의 창조 활동은 국소적이고 비순차적인 방식으로 배열되어 있으며, 우주의 나이에 대해 주장하려는 어떤 의도도 없다. 여섯 개의 창조 "날"은 대칭적으로 배열된 창조에 대한 주제 설명을 형성하며, 2세트의 3일로 설정되는데 각 3일에서 유사한 활동을 한다. 하나님은 첫 3일에서 세 왕국을 창조하는 것으로 보인다. 첫째 날(창 1:3-5), 빛; 둘째 날(1:6-8), 바다와 하늘; 셋째 날(1:9-13), 흙과 식물. 두 번째 3일 동안 하나님은 이 왕국들을 통치자들로 채우셨다. 넷째 날(1:14-19), 빛을 내는 천체; 다섯째 날(1:20-23), 물고기와 새; 그리고 여섯째 날(1:24-31), 동물과 사람. 마지막으로, 일곱째 날(창 2:1-3)은 창조주 왕의 안식일이다. 어떤 사람들은 유대 성전의 일곱 등잔 메노라에서 이 삼위일체 배열을 본다(출 25:31~40).

요약하면, 프레임워크 관점은 창세기의 이야기가 하나님의 창조적인 방법이나 그가 창조하신 시간 프레임에 대한 문자적, 과학적 설명을 제공하기 위한 것이 아니라고 주장한다. 오히려 창세기가 다신교와 범신교에 대항하기 위한 것이라고 주장한다. 메시지는 하나님이 만물의 창조주라는 것이다. 그가 언제, 어떻게 창조했는지에 대한 질문은 창세기와 관련 없는 것으로 간주된다. 미국 신학자이자 구약 학자였던 메리디스 G. 클라인(Meredith G. Kline)이 프레임워크 관점의 지지자였다.

비일치주의의 또 다른 접근 방식은 상호보완성(complementarity)이다. 이는 과학과 신학이 서로를 보완하여 현실에 대한 완전한 그림을 제공한다고 말한다. 과학과 신학은 경쟁관계가 아니며, 적절하게 해석되면 동일한 것에 대한 유효한 정보를 제공한다. 예를 들어, 과학은 우주의 역사에 대해 합리적인 이야기를 가지고 있을 수 있지만 이 이야기의 기초가 되는 법칙이 인간을 위해 미세 조정된 이유를 설명할 수는 없다. 창세기에 있는 창조 이야기의 영적 진리는 사랑의 하나님의 창조적이고 섭리적인 사역의 관점에서 미세 조정을 이해할 수 있는 틀을 제공하여 자연에 대한 그림을 완성한다. 영국의 물리학자이자 신학자인 존 폴킹혼(John Polkinghorne)은 그의 저서에서 상호보완성을 강조했다.

4. 요약

성경과 과학을 연관시키는 위의 각 모델은 독실한 그리스도인들에 의해 유지된다. 일부 학자들은 몇몇 모델에 근거한 견해를 갖고 있다. 영원의 이쪽 편에서 우리는 이 두 가지 지식(성경과 과학)을 연결하는 가장 좋은 방법을 완전히 알 만큼 충분한 지식을 얻지 못할 것이다. 바울은 고린도전서 13:12에서 "우리가 지금은 거울로 보는 것 같이 희미하나 그 때에는 얼굴과 얼굴을 대하여 볼 것이요 지금은 내가 부분적으로 아나 그 때에는 주께서 나를 아신 것 같이 내가 온전히 알리라"라고 말한다.

D.
교회와 지동설

Theodore J. Cabal

널리 퍼진 문화적 믿음과는 달리 과학적 이론과 성경적 해석은 단지 두 부분에서만 크게 장기간에 걸쳐 충돌했다. 첫 번째, 코페르니쿠스 논쟁은 거의 2세기 동안 지속되었으며 가톨릭과 개신교 모두에게 영향을 미쳤다. 두 번째, 다윈주의는 1859년 《종의 기원》 출판 이후 기독교의 모든 흐름에 영향을 미쳤다. 이 글은 성경의 진리와 권위를 과학적으로 훼손하는 것처럼 보이는 것에 대한 교회의 첫 번째 논쟁에서 배운 역사와 교훈에 관한 것이다.

1. 코페르니쿠스적 혁명

니콜라우스 코페르니쿠스의 『천구의 회전에 관하여』는 1543년 그가 죽기 직전에 출판되었다. 이 주장은 태양 중심의 우주 이론이 성경뿐 아니라 과학과도 모순되는 것처럼 보였기 때문에 논쟁을 촉발했다. 유럽에서 받아들인 천문학에서는 움직이지 않는 지구를 우주의 중심으로 이해했다. 그것은 클라우디우스 프톨레마이오스가 2세기에 주장한 이후 지적 표준이 되었다. 그러나 독실한 가톨릭 신자였던 코페르니쿠스는 지동설이 천동설보다 행성 궤도에 대해 더 나은 설명을 제공한다고 믿었다.

신학자들은 성경이 천체가 고정된 지구 주위를 공전한다고 가르치는 것처럼 보인다는 사실에 고민했다. 여호수아의 유명한 "긴 날"은 일반적으로 다음과 같이 인용되었다. … 해가 하늘 한가운데에 멈추어 거의 하루 종일 지는 것을 더디 하였더라"(수 10:13). 다른 성경 본문도 천동설을 가르치는 것으로 나타났다(창 15:12,17; 19:23; 28:11; 출 17:12; 22:3,26; 레 22:7 등).

당연히 코페르니쿠스의 지동설은 처음에는 비과학적이고 비성경적이라는 이유로 크게 거부되었다. 루터는 "바보가 천문학 전체를 뒤엎을 것"이라고 경고했다. 성경이 선언하는 바와 같이 여호수아는 땅이 아닌 태양이 멈추라고 명령했다." 신학자들과 천문학자들은 이 새로운 이론을 물리치기 위해 함께 일어났다.

그러나 초기의 저항에도 불구하고 지동설의 매력은 더 나은 설명력을 가진 이론으로 성장했다. 한 세대 후에 당대의 가장 위대한 관측 천문학자인 티코 브라헤가 사망했다. 그는 제자인 요하네스 케플러(Johannes Kepler)에게 망원경 없이 할 수 있는 가장 좋은 관측 데이터를 남겼다. 코페르니쿠스는 초기 천문학의 원형 궤도를 유지했지만, 티코의 관찰 결과를 이용한 케플러는 1605년에 "행성은 태양을 중심으로 타원형 궤도로 움직인다."라는 행성 운동의 첫째 법칙을 결정할 수 있었다. 1609년과 1619년에 그는 수학적으로 타원을 설명하는 두 번째 및 세 번째 행성 법칙을 발견하고 발표했다. 케플러의 연구는 지동설의 주장을 크게 강화했다.

2. 코페르니쿠스 이후 세대

이 천문학자들은 성경을 믿었다. 그럼에도 불구하고 코페르니쿠스 이후의 이 세대는 새로운 천문학에 대해 훨씬 더 큰 논쟁을 겪었다. 신학자들은 종종 성경의 진실성에 대한 지동설의 함의에 대해 격렬한 논쟁을 벌였다. "준 코페르니쿠스"라고 불리는 일부 천문학자들은 오래된 이론과 새로운 이론 사이의 화해를 시도했다. 그들은 다른 행성이 지구를 공전하는 태양 주위를 공전하는 동안 지구가 매일 자전하도록 하는 것과 같은 "혼성 솔루션"을 가정했다.

이 2세대의 최저점은 갈릴레오 사건에서 극에 달했다. 갈릴레오 갈릴레이는 망원경을 만들고 그것을 천체 관찰을 위해 체계적으로 훈련시킨 최초의 사람이 되었다. 1610년 그는 목성에 4개의 위성이 있다는 것을 발표하여 모든 천체가 지구를 공전한다는 개념을 반박했다. 또한 그는 금성이 천동설에 의해 예측되는 일정한 초승달 형태가 아닌 완전한 형태를 가지고 있음을 밝혔다. 갈릴레오가 코페르니쿠스주의를 진전시킨 것에 교회 당국은 놀랐다. 교회는 갈릴레오의 견해가 성경을 거짓으로 만들어 거룩한 믿음을 손상시켰다고 경고했다.

갈릴레오는 성경이 틀리지 않았다는 점을 지적하며 대답했다. 오히려 성경에 대한 지구 중심적 해석은 틀렸고 성경 전체가 문자 그대로 해석되어서는 안 된다고 설명했다. (예를 들어, "젖과 꿀이 흐르는 땅"이라는 이스라엘은 그렇게 읽을 수 있는 시적 언어이다.) 크리스티나 대공비에게 보낸 "과학에서 성경 인용문 사용에 관해"(1615)라는 편지에서, 갈릴레오는 이렇게 썼다. "저는 성경의 진정한 의미가 이해될 때마다 성경은 결코 거짓을 말할 수 없다고 단언하는 것이 매우 경건하고 신중하다고 생각합니다." 그는 하나님의 영감을 받은 성경은 "일반인의 능력에 맞게" 기록되었다고 주장했다. 그러나 그는 성경이 주의 깊게 해석되어야 한다고 강조했다. 그렇지 않으면 명백한 거짓 명제, 모순, 심지어 "심각한 이단과 어리석음"을 드러낼 수도 있다.

갈릴레오의 설명은 논란을 완화하는 데 아무 역할도 하지 못했다. 1616년에 지동설은 이단으로 정죄되었고 코페르니쿠스와 케플러의 책은 공식 금지 도서 목록에 등재되었다. 더욱이 갈릴레오는 지동설을 계속 옹호하여 1633년에 로마 종교 재판부의 조사를 받아야 했다. 그는 지구가 태양을 공전한다는 이단적인 가르침을 퍼뜨린 죄로 무기징역을 선고받았다.

3. 아이작 뉴턴과 논쟁의 약화

지동설 논쟁이 약화되기 전에 또 다른 세대가 지나갔다. 아이작 뉴턴(Isaac Newton)의 『자연 철학의 수학적 원리』(Mathematical Principles of Natural Philosophy)가 1687년 출판되면서 천동설은 종말을 고했다. 논쟁에 대한 주요 과학적 논의를 본질적으로 종식시킨 그의 발견은 (1) 세 가지 운동 법칙, (2) 만유인력 이론, (3) 케플러의 세 가지 행성 운동 법칙이 (1)과 (2)의 요점을 따른다는 실증이었다. 태양 중심 궤도는 지구에도 동일하게 작동하는 역학의 결과로 이제 이해된다.

뉴잉글랜드의 청교도들은 1687년 이전에도 이 새로운 천문학을 널리 가르치고 믿었다. 기독교 성직자들은 당시 가장 널리 유통된 문학

형식인 연감(almanacs)에 출판된 과학 에세이를 통해 지동설을 전파하는
데 주요 역할을 했다. 코페르니쿠스의 획기적인 연구로부터 1.5 세기
후, 과학계와 많은 미국 대중은 주저 없이 지동설을 믿었다. 18세기 중
반에 이르러 해석학적 논쟁은 빠르게 가라앉고 있었다. 한때 천동설을
가르치는 것으로 이해되던 성경 구절이 이제는 지동설에 비추어 재해
석되고 이해된다.

4. 온고지신

코페르니쿠스 이후의 천동설 중심의 성경해석 실수에 대한 비판은
이제 쉽게 접수된다. 그러나 천 년 이상 동안 최고의 과학이 우주에 대
한 천동설의 견해를 가르쳤다는 것을 기억해야 한다. 더욱이 이 오래된
천문학을 바탕으로 한 천문학적 예측이 지동설에 기반한 예측만큼이나
정확했다. 더구나, 교회는 새롭게 수용된 과학이론과 성경해석 사이에
오랫동안 지속되어 온 명백한 갈등을 결코 다루지 않았다. 지금도 지동
설 논쟁에서 얻은 교훈에 대한 말다툼이 계속되고 있다.

예를 들어, 많은 지동설 옹호자들은 최신 과학 이론에 비추어 성경을
해석한다. 그러나 코페르니쿠스 논쟁은 성경해석과 마찬가지로 나쁜
과학이론과도 관련이 있다. 성경은 과학으로 교정되지 않았다. 오히려
잘못된 성경해석과 잘못된 과학이론 둘 모두가 진리로 교정되었다.

성경과 과학은 그 이후로 계속 전쟁을 하고 있으며 성경은 이 싸움에
서 계속 지고 있다는 주장은 역사적인 근거가 전혀 없다. 다윈주의 논
쟁만이 광범위하고 오래 지속되는 영향을 통해 최초로 성경 대 과학의
논쟁이라 할 만한 수준에 이르렀다. 이때 지동설 문제는 종종 전체 신-

다원주의 패키지를 수용해야 하는 충분한 이유로서 제시된다. 사실, 창조론자들은 정통 다원주의가 가지는 철학적 자연주의는 말할 것도 없고, 보편적 공통 조상은 거부하면서도 자연 선택을 생물학적 변화의 방법[20]으로 받아들이는 것은 정당화할 수 있다. 코페르니쿠스 사건은 성경 해석과 과학적 이론화에 주의를 요한다는 점 외에는 더 이상 가르칠 것이 없다.

5. 오늘날에 주는 교훈

최초의 성경 대 과학의 큰 논쟁에서 어떤 정당한 교훈을 얻었는가? 첫째, 그리스도인들은 성경의 권위와 완전한 진리에 대한 확신을 포기해야 한다는 강박관념을 느낄 필요가 없다. 신자들은 하나님 말씀의 진리와 그분의 피조물 사이에 갈등이 존재할 수 없다는 성령께서 주신 확신을 굳게 붙잡아야 한다. 하지만 과학이나 신학 이론이 비록 필요하긴 하지만 성경에 주어지는 무오류성을 결코 누리지 못한다. 이 기본 원칙을 확신할 때, 신자들은 직면한 명백한 갈등에 대해 해결책을 기다릴 인내심을 가질 수 있다.

현명한 신자들은 관련된 사람들의 주장에도 불구하고 모든 신학적 또는 과학적 논쟁의 중요성이 똑같지는 않다는 것도 인정한다. 일부 문제는 더 많은 진리가 밝혀질 때까지, 아마도 다음 세대에도 신자가 어떤 입장을 취하도록 강요하지 않을 수 있다. 논란의 여지가 많고 유동적인 "혼합 해결책"이 어떤 집단에 대한 충성을 위해 경쟁할 때, 지혜는

---

20 소진화를 설명하는데 사용하는 것을 의미한다.

최종 결정을 유보할 것을 지시할 수 있다. 궁극적으로, 특정 사안이 신학적으로 중요한가에 대한 분별은 자신의 책무와 연관성이 높은 것에 우선순위를 두어야 한다.

E.
방법론적 자연주의와 기독교적 세계관

Jimmy H. Davis

성경의 저자들부터 교부들, 그리고 오늘날의 개혁자들에 이르기까지 유대-기독교 전통의 신자들은 물리적 세계와 자신들이 어떻게 관계를 맺어야 하는지에 대한 문제를 다루어 왔다. 성경은 첫 구절부터 하나님이 창조주이심을 분명히 밝히고 있다(창 1:1). 그분은 창조주이실 뿐만 아니라, 또한 유지자(행 17:28; 히 1:3; 골 1:17); 통치자(시 104:10,14,20; 135:7; 렘 31:35; 33:20); 그리고 제공자(시 104:27-28; 마 6:26-30)이시다. 또한 예수님은 우리가 창조세계를 이해하기 위해 관찰한다고 말씀하셨다(눅 12:54-56).

오늘날 과학은 물리적 세계를 관찰하고 이해하는 가장 좋은 방법으로 간주된다. 현대 과학은 자연 현상을 자연의 사건과 원인으로 설명하지만 초자연 현상을 다루지는 않는다. 과학의 원리는 방법론적 자연주의에 의해 지배된다.

물리적 우주가 존재하는 전부라는 철학적 자연주의와 달리 방법론적 자연주의는 현실 한계의 끝이 어디냐에 관심이 있는 것이 아니라 자연을 연구하는 최선의 방법에 관심을 가진다. 방법론적 자연주의는 자연 연구를 위한 틀을 제공한다.

방법론적 자연주의는 기독교 세계관과 양립할 수 있는가? 가능하다. 모든 진리는 하나님의 진리라는 의미에서 그렇다. 도전은 과학과 신앙이 만나는 곳에 있으며, 그곳에서 과학과 신앙은 같은 사건에 대해 서로 다른 역사적 진술을 한다.

1. 방법론적 자연주의의 장단점

과학적 질문에 답하기 위한 방법론적 자연주의적 접근은 성공적이었다. 방법론적 자연주의는 우주의 물리적 측면(물질의 구조, 물질에 작용하는 힘, 에너지 변화)에 초점을 맞춤으로써 행성 운동을 설명하고 질병에 대한 치료법을 찾고 컴퓨터를 설계하는 효과적인 방법을 제공한다. 방법론적 자연주의는 과학이 모든 국가와 세계관 내에서 기능하도록 했고 인류의 생활수준을 크게 향상시켰다. 이 접근법은 영국의 기독교 철학자이며 과학의 개척자였던 프랜시스 베이컨(Francis Bacon, 1561-1626)이 희망했던 것처럼 과학으로 타락의 결과를 완화시켰던 것이다.

반면, 방법론적 자연주의는 철학적 자연주의로 귀결될 수 있지만 반드시 그래야 하는 것은 아니다. 자연신학은 자연의 발견에서 신의 속성을 밝히려는 시도인데 자연주의적 접근은 그 결과에 영향을 미치므로 초자연적 현상은 고려 대상에서 제외된다. 자연주의적 설명은 과학과 신앙의 경계에서 자연주의적 설명만이 존재하게 하는 맹점을 생성한다. 그 접점에서 발견되는 결정적인 문제는 예수의 역사적 죽음, 매장, 부활이다.

자연주의적 관점을 지닌 과학은 십자가에 못 박히는 동안 발생하는 생리적 변화와 사망 후 3일 이내에 신체에서 일어나는 일에 대한 자세한 설명을 제공함으로써 부활 사건을 이해하는 데 도움이 될 수 있다. 그러나 부활은 생화학적으로 불가능하다. 따라서 자연주의적 설명은 부활을 과학적으로, 따라서 역사적으로 근거가 없는 것으로 간주해 버린다.

2. 방법론적 대 철학적 자연주의

그러나 방법론적 자연주의가 철학적 자연주의로 이어질 필요는 없다. 과학의 자연주의적 가정보다는 믿음의 소유자로 시작하는 과학자는 실제로 자연에서 하나님의 활동을 관찰할 수 있다. 성경에 계시된 하나님의 성품에서 출발하여 믿음의 눈은 하나님이 이 타락한 세상을 낭비나 고난처럼 보이는 것을 통해 단련시키는 것을 볼 수 있다. 세계관은 우리가 보는 것을 결정하는데—즉 자신의 피조물을 보살피는 인격적인 하나님에 의해 지배되는 세상인지, 혹은 오직 우연에 의해 지배되는 전적으로 물리적인 우주인지를 결정한다. 히브리서 기자는 "믿음으로 모든 세계가 하나님의 말씀으로 지어진 줄을 우리가 아나니"(히 11:3)라고 말했다. 우주가 하나님의 창조물이라는 것을 이해하는 데 믿음이 필요하다면, 이 타락한 세상의 일상적인 일에서 하나님을 보는 믿음이 필요하다.

3. 기독교 역사의 방법론적 자연주의

기독교가 방법론적 자연주의의 포기를 요구하는 것이 옳은가? 방법론적 자연주의가 수 세기에 걸친 숙고 속에 기독교 세계관 내에서 발전했다는 사실을 무시해서는 안 된다. 어거스틴(AD 354-430)은 자연 질서의 규칙성이 경이로움을 상실시킬 수 있다고 우려했지만, 모든 진리는 하나님의 진리이며, 2차 원인이 자연을 설명하는데 사용될 수 있다고 말했다. 중세 시대의 기독교 신학자들과 철학자들은 자연에서 하나님의 섭리는 자연의 일반적인 과정, 즉 2차원인(물리적 인과관계)을 통해 일한다고 제안했다. 이 믿음은 자연을 연구하기 위해 이성뿐만 아니라, 관찰과 실험을 허용했지만, 하나님의 가시적 활동을 자연의 일반적인 경로와 밖에 두었다. 예를 들면 강한 바람이 부는 현상이 다른 기상 패턴의 영향에 의한 것인지, 아니면 홍해를 가르는 하나님의 뜻인지는 믿음에 따라 결정된다.

토마스 아퀴나스(Thomas Aquinas, 1225-1274)는 자연의 연구에 2차적 원인이 사용될 수 있다고 재확인했지만 모든 일은 하나님이 지시한다고 강조했다. 장 칼뱅(John Calvin, 1509-1564)은 하나님이 모든 진리의 근원이라는 어거스틴의 개념을 재확인했다. 프랜시스 베이컨(Francis Bacon, 1561-1626)은 하나님이 두 권의 책, 즉 창조의 책(시 19:1-6)인 자연과 계시의 책인 성경(시 19:7-14)에서 자신을 계시하셨다고 제안했다. 워필드(B. B. Warfield, 1851-1921)는 신이 규칙적인 인과관계에 의해 세상을 통치하기로 선택했다고 말함으로써 아퀴나스의 주장을 재확인했다. 이처럼 물리적 인과관계(오늘날 우리가 방법론적 자연주의라고 부르는 것)의 가정에 대한 현대 과학의 헌신은 기독교 사고 속에서 오랜 역사를 가지고 있다.

4. 방법론적 자연주의와 과학적 탐구

방법론적 자연주의를 거부하면 인과관계의 원인이 하나님이라는 섣부른 주장을 과학이 할 수 없게 만드는가? 하나님을 일차적 원인으로 지목하기 위해 자연적 인과관계를 거부할 필요는 없다. 하지만, 하나님을 모든 사건의 물리적 원인으로 간주하게 되면 탐구가 중단될 수 있다. 현대 과학이 고전 이슬람 세계에서 발전하지 못한 한 가지 이유는 신이 모든 사건에 실제로 이런 식으로 관여하고 있다는 철학적 믿음 때문이었다. 이슬람 황금기의 저명한 철학자 알 가자리(Al-Ghazali, 1058-1111)에 따르면 불이 면화를 태울 수 없으며, 하나님이 개입하셔서 면화가 탈 수 있게 만든다. 더구나, 하나님은 우리와 너무 다르시기 때문에 면화를 태우는 것이 항상 하나님의 뜻인지는 확신할 수 없다.

하나님이 1차적 원인이며, 2차적 원인을 통해 작용한다고 믿는다 해서 과학적 탐구가 중단되어야 하는 것은 아니다. 창조주에 대한 기독교 세계관은 우주가 실제로 존재하고 연구할 가치가 있다고 믿는 기반을 제공한다. 과학자의 세계관은 어떤 질문을 하고, 결과를 어떻게 해석할 것인지에 영향을 미친다. 역사적으로 우리는 믿음이 지식 습득을 방해하지 않았다는 것을 알고 있다. 대신 이해를 높이는 데 필요한 통찰력을 제공했다.

요하네스 케플러(Johannes Kepler, 1571-1630)는 하나님이 무에서 창조하셨다고 믿었고 하나님의 조화를 찾기 위한 행성 운동의 법칙을 발견했다. 하나님의 원래 "정해진 종류대로"의 창조를 믿는 것이 스웨덴 박물학자 칼 린네(Carolus Linnaeus, 1707-1778)의 종 분류 연구를 제한하지 않았다. 오히려 그가 생물학적 종에 대한 분류 체계를 찾도록 이끌었다. 루이 파스퇴르(1822–1895)는 생명이 하나님에 의해 창조되었고, 화학 반응의 집합이 아니라고 믿었기 때문에 생명의 자연발생설이 틀렸음을 입증함과 동시에 미생물학에서 많은 발견을 했다. 미국 농업 과학자 조지 워싱턴 카버(George Washington Carver, 1864 – 1943)는 하나님이 최초의 인간에게 "씨 맺는 식물[들]"(창 1:29)을 음식으로 주었다는 믿었기 때문에 땅콩에서 300가지 이상의 제품을 개발했다. 벨기에의 사제이자 천문학자인 조르쥬 르메트르(Georges Lemaître, 1894 – 1966)는 창조주 하나님에 대한 믿음으로 인해 오늘날 빅뱅 모델이라고 불리는 것을 제안할 수 있었다. 대조적으로, 독일계 미국인 물리학자 알베르트 아인슈타인(1879–1955)은 이 모델이 자신의 이론에서 나왔음에도 불구하고 정적이고 영원한 우주를 가정하는 일반적인 과학적 견해와 충돌하기 때문에 이 모델 수용을 거부했다.

5. 요약

결론적으로, 과학의 자연주의적 방법론은 과학적 노력을 위한 유용한 도구였으며 앞으로도 계속 그럴 것이다. 그러나 우리는 물리적 우주에 대해 오직 자연주의적 설명만을 제공하는 다양한 환원주의에는 주의해야 한다.

F.
기적과 과학은 양립 가능한가?

Douglas Groothuis

기독교에 대한 세속적 주장 중 하나는 과학(주로 화학, 생물학, 물리학)을 통해 자연 세계에 대한 현대 세계의 지식이 증가하면서 기적에 대한 믿음이 정당화되지 않을뿐더러, 심한 경우 비합리적이라는 믿음이 생겼다는 것이다. 최근에 생물학자이자 무신론자인 리처드 도킨스(Richard Dawkins)는 특히 그의 베스트셀러 책인 "만들어진 신"(2007)에서 이 일을 주도했다. 이 도전에 응답하기 전에 우리는 기적과 과학이라는 두 가지 기본 용어를 정의해야 한다.

성경적으로 이해하면, 기적은 창조세계에 대한 하나님의 초자연적 개입으로, 자연적으로는 생길 수 없는 결과를 낳는다. 우주의 창조주이자 유지자이신 하나님은 이른바 자연법칙을 제정하신 분이므로 그러한 법칙 밖에서도 자유롭게 행동하실 수 있다. 결국, 자연 법칙은 일이 정상적으로 일어나는 방식에 대한 하나님의 계획을 단순히 반영한다. 그가 이 정상적인 계획을 벗어나 행동하기로 결정했다면, 자연법칙이란 하나님의 뜻을 반영하는 단순화한 틀일 뿐이며, 하나님을 제어하는 "법칙"이 아니기 때문에 하나님이 자연법칙들을 어기는 것은 아니다.

그렇다면 왜 세속주의자들은 과학과 기적에 대한 믿음이 양립할 수 없다고 생각하는가? 세 가지 주된 이유가 있다.

첫째, 신이 없다고 믿는다면 기적을 일으키는 신적 행위자가 없다. 즉, 신이 존재하지 않는다는 것을 전제로 시작하면 기적을 믿을 수 없는 것이다.

그럼에도 불구하고, 개인의 창조주이자 설계자가 존재한다고 믿을 만한 과학과 철학에서 나온 충분한 이유가 있다. 우주론은 우주가 빅뱅과 함께 유한한 시간 전에 무에서 시작되었음을 나타낸다. 그러한 사건에는 우주 밖의 원인이 필요하다. 가장 좋은 설명은 하나님께서 이 사건을 일으키셨다는 것이다. 어떤 관점에서 볼 때 무에서 우주를 창조한 것은 하나님의 첫 번째 초자연적 행위이다. 물리학은 또한 우주의 법칙과 비율이 인간의 생명을 유지하도록 미세하게 조정되어 있음을 보여준다. 우연과 분별력 없는 자연법칙은 이것을 적절하게 설명할 수 없다. 하나님의 목적과 설계가 최고의 설명을 제공한다.

과학은 그 자체로 자연 안에서의 신의 활동을 배제하지 않는다. 그러나 과학자들이 신이 존재하지 않는다고 가정한다면 위의 설명은 취소된다. 결과적으로 많은 세속주의자들은 기적을 배제하는 방식으로 과학을 정의한다. 과학은 자연 현상에 대한 자연적인 설명만을 제공하는 것으로 보인다.

둘째, 과학적 노력은 자연 세계에 대한 지식의 합법적인 유일한 원천으로 간주된다. 초자연적인 설명은 원칙적으로 허용되지 않는다. 따라서 우주가 무에서 시작되었다고 해도 과학은 창조주의 개입을 암시할 수도 없다. 또한 우주의 미세 조정을 설명하기 위해 설계자의 존재에 대해서도 말할 수 없다. 필연적으로, 기적을 믿는 것을 누구도 지적으로 정당화할 수 없다는 결론에 이른다.

그러나 과학에 대한 이런 주장은 과학의 역사에 근거하지도 않았고 (과학 혁명의 많은 지도자들이 유신론자였음) 철학적으로 신뢰할 수 있는 것도 아니다. 실제로 하나님이 우주에 자신의 존재를 알아볼 수 있는 흔적을 남겨두었다면 이런 과학의 태도는 지식을 가로막는 장애물이 된다. 우리가 자연계에서 신에 대한 증거를 찾을 수 있는지 여부는 엄격한 조사를 위한 공개 질문이 되어야 한다. 게다가 과학만이 이성적 지식의 유일한 원천으로 간주될 때, 그 주장은 논리적으로 자신을 논박한다. 과학주의로 알려진 이 접근법은 (1) 과학은 논리적 추론에 기초하여 자연적 사건에 대한 자연적 설명을 제공하는 것으로 제한된다. 그리고 (2) 과학은 지식(또는 신뢰할 수 있고 참된 믿음)을 위한 유일한 통로이다. 이 두 진술은 다음과 같은 반론을 당연히 받게 된다. 첫째, 과학이 지식의 유일한 원천이라는 주장은 어떤 자연현상이나 논리적 추론으로도 정당화되지 않는다. 과학주의는 오히려 철학적 주장이다. 따라서 둘째, 과학의 이러한 유물론적 관점은 과학 자체의 이해에 의해 정당화되지 않기 때문에 과학주의는 거짓임에 틀림없다. 이것은 실재에 대한 지식의 유일한 원천이 과학이라는 주장을 무너뜨린다. 과학이 진정한 지식을 얻는 유일한 수단이 될 수는 없다.

셋째, 어떤 사람들은 특히 20세기의 기술 발전이 기적에 대한 믿음과 양립할 수 없다고 단언한다. 과학자가 아닌 성서학자는 이것을 불쾌하지만 엄연한 현실로 받아들인다. 독일 신학자인 루돌프 불트만(Rudolph Bultmann, 1884-1976)은 트랜지스터 라디오를 사용하는 사람은 아무도 신약에 나타난 기적의 세계를 믿을 수 없다고 말했다.

그러나 기술의 발전은 기적과 양립할 수 있다. 왜냐하면 이러한 기술은 위에서 논의한 것처럼, 기적을 논박하지 않는 과학적 발견과 방법에서 나왔기 때문이다. 그 주장은 우리가 자주 듣는, 고전적인 불합리한 주장이다.

인간의 경험에서 기적을 발견하는 것은 역사적 탐구의 문제이다. 화학, 생물학 또는 물리학과 같은 경성과학은 인류 내에서 한 번 발생하는 사건에 대해 직접적으로 말하지 않는다. 즉, 카이사르가 루비콘을 건넜다는 것을 과학의 방법으로는 알 길이 없다. 그렇다고 해서 우리 문화 내의 사회적 변화, 제국의 흥망 또는 전기와 같은 역사적 문제에 대한 지식이 없다는 것을 의미하지는 않는다. 지식을 습득하는 방법은 학습 주제에 맞아야 한다. 역사는 과거의 기록된 항목과 기록되지 않은 항목을 참조하여 무슨 일이 일어났는지 식별한다. 많은 역사가들이 알려진 역사에서 하나님과 초자연을 무시하고, 일어났던 그 내용을 기록해야 한다는 성경의 주장을 타당한 이유 없이 무시한다. 신이 존재한다면 기적도 가능하고, 그렇다면 기적이 라는 주장을 조사하여 실제 기적이 있는지 알아볼 수도 있다.

많은 종교가 기적을 주장하지만 어떤 종교도 신약의 기적만큼 잘 입증되지 않았다. 특히 예수님의 기적과 부활이 그러하다. 사실, 기독교는 최초의 기초 문서인 신약을 구성하는 책에서 창시자에게 기적을 돌린 유일한 종교이다. 예를 들어, 죽은 자 가운데서 예수의 역사적 부활은 네 복음서 모두에서 확증된다. 또한 신약의 나머지 부분에서도 직간접적으로 확인된다. 이 문서들은 부활하신 그리스도를 목격한 증인(요 19:35)이나 목격자들에게 전해들은 사람들(눅 1:1-4)에 의해 기록되었다.

마지막으로 신약 시대 이후에도 기적이 그치지 않았다는 충분한 증거가 있다. 사도 시대의 표적과 기사만큼 많지는 않지만 예수님의 이름으로 행한 많은 기적이 기록되었다. 신약의 기적과 그 이후의 기적에 대한 학문적 연구는 크레이그 키너의 『기적들: 신약성경 문서들의 신뢰성』[21]을 참조할 수 있다.

그리스도인들은 과학의 발전이 기적에 대한 믿음의 합리성을 훼손할 거라고 두려워할 필요가 없다. 기적은 과학과 양립할 수 있다. 과학이나 기적, 혹은 둘 모두에 도움이 안 되는 해석만이 이런 잘못된 인상을 불러일으킨다. 과학과 역사는 둘 다 하나님이 시공의 역사와 영원에 대해 놀라운 일을 행하시는 하나님이라는 성경의 가르침을 확증한다.

---

21 Craig S. Keener, *Miracles: The Credibility of the New Testament Accounts,* two vols., Grand Rapids, MI: Baker, 2011.

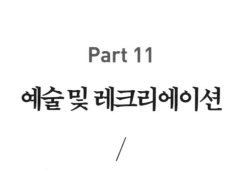

Part 11

예술 및 레크리에이션

/

A. 하나님이 존재한다는 증거로서의
아름다움
B. 영화와 기독교 세계관
C. 음악에 대한 성경적 견해
D. 예술에 대한 성경적 견해
E. 매체의 형식과 시대정신에 대한 저항
F. 기술과 기독교 세계관
G. 레크리에이션에 대한 성경적 견해

A.
하나님이 존재한다는
증거로서의 아름다움

William Edgar

성경은 하나님이 아름다움의 원형임을 분명히 한다. 시편 27편은 여호와의 "아름다움"(시편 27:4)을 바라보기 위해 여호와의 집에 거하고자 하는 열망을 표현한다. 다른 구절들은 "그의 거룩하심의 광채"(대상 16:29; 대하 20:21; 시 29:2; 96:9) 안에서 하나님을 예배할 것을 권고한다. 리처드 스윈번(Richard Swinburne)은 "신이 있다면 기본적으로 추한 세상보다, 아름다운 세상을 기대할 이유가 더 많다"고 말했다(Existence of God, 150). 표도르 도스토예프스키(Fyodor Dostoyevsky)는 『백치』에서 "아름다움이 세상을 구할 것이다"라는 유명한 말을 했다.

그럼에도 불구하고 하나님이 아름다움의 근원이라는 믿음을 변호하려면 사려 깊은 대응이 필요한 심각한 문제가 제기될 수 있다. 첫째, 아름다움을 정의하라는 질문을 받을 때 우리는 종종 성경이 아니라 플라톤을 따른다. 플라톤은 아름다움이 이 지상에서 볼 수 없는 조화 또는 비율이라고 가르쳤다(향연, 209e-12a). 이것은 하나님에 의해 존재하게 된 모든 것이 아름답다고 생각한 어거스틴에게 영향을 미쳤다. 벌레는 목적을 위해 아름답고, 심지어 악도 형벌과 관련하여 아름답다(고백록, VII, 18-19). 토마스 아퀴나스는 아름다움이 하나님의 아들의 속성에서 나온다고 선언했다. 그렇게 받아들여진 아름다움은 완전성, 비율, 그리고 밝음의 세 가지 조건을 포함한다:(신학대전, 1.39.8). 심지어 조나단 에드워즈(Jonathan Edwards)조차도 하나님 속성으로 아름다움을 고려할 때 플라톤처럼 들린다(Works, 17, 413).

오늘날 아름다움에 대한 관념은 덜 플라톤적이며 더 주관적이 되었다. "아름다움은 보는 사람의 눈에 있다"는 상대주의적 격언을 생각해 보라. 어떤 사람들은 당근을 좋아하지만 다른 사람들은 좋아하지 않는 것과 거의 같은 방식으로 아름다움을 개인적인 취향의 문제로 축소시킨다.

아름다움에 대한 주관적인 관점보다 정교한 버전은 임마누엘 칸트(Immanuel Kant, 1724 - 1804)에 의해 표현되었다. 그는 아름다움에 대한 인간의 감수성은 도덕성과 관련이 있다고 생각했다. 더 최근에 일부 사람들은 아름다움을 정의하는 것이 권력에 대한 가면을 쓴 탐구라고 말했다. 하버드 교수 일레인 스카리(Elaine Scarry)는 아름다움과 공정함의 유사성을 지적하면서 이 주장에 답했다(On Beauty and Being Just).

1. 아름다움에 관한 성경의 언급

위의 견해와 달리 성경은 아름다움을 다른 세상과의 조화 감각이나 주관적인 취향으로 정의하지 않는다. 다양한 영어 성경 번역본에서 아름다움으로 번역된 몇 단어를 살펴보면 영광, 명예, 그리고 드물게 사랑스러움과 관련된 개념을 찾을 수 있다. "아름다움"으로 번역될 수 있는 히브리어 '티파라(tiph'arah) '는 균형이나 조화보다는 영광이나 존귀를 가리킨다(참조 시 96:6; 사 21:1,4 – 5; 44:13; 62:3). 예를 들어, 아론의 겉옷은 그의 지위에 적합한 "영광"으로 장식되었다(출 28:2,40). 아름다움에 대한 더 일반적인 용어는 '요피(yophiy)'이며 다양한 의미를 가지고 있다. 여기에는 여자의 사랑스러움(시 45:11; 잠 6:25; 31:30)과 시온의 영광(시 50:2; 애 2:15; 겔 16:25)이 포함된다). '하다르(hadar)'도 마찬가지인데, 이는 "광채"를 의미한다(겔 16:14). 광채, 위엄, 힘, 아름다움은 하나님의 임재로 인한 그분의 성소를 특징짓는다. 이런 개념은 불명예, 위엄 없음, 약함에 대조되어 사용될 수 있지만 추함과는 관련이 없다. 이사야가 고난받는 종을 우리가 보기에 흠모할 만한 아름다움이 없었다고 말할 때(사 53:2 KJV), '마레(mareh)'라는 용어는 그 자체로, 추함이라기보다는 "아름다운 얼굴" 또는 "아름다운 용모"와 같은 것을 의미한다. 성경에서 에덴동산의 나무들과 같은 어떤 광경이 "보기에 아름다운"(창 2:9)이라고 말할 때, 그것은 헬라어 의미에서 아름답다기보다는 "바람직한"과 같은 것을 의미한다. 종종 아름다움이란 용어는 우상숭배나 유혹에 대한 경고(잠 6:25; 약 1:11)에서처럼 그릇된 욕망에 대해 사용된다. 그러므로 이런 예들을 아름다움에 대한 단순하고 포괄적인 정의를 위해 사용하지 않을 것이다.

또 다른 도전은 예술 작품과 아름다움에 대한 혼란에서 비롯된다. 특정 그림, 음악 또는 시는 아름다움을 지닐 수 있다. 우리가 바흐 합창이나 베토벤 교향곡을 들으면 "얼마나 아름다운가!"라고 외치는 것이 옳다. 그러나 많은 예술 작품들은 잘 만들어졌지만 아름답지는 않다. 누가 고야의 1808년 5월 3일을 "아름답다"라고 부르거나 마티아스 그뤼네

발트의 그림 "작은 십자가"를 아름다움으로 꼽겠는가? 그런 작품들은 걸작이지만 아름답기 때문이 아니다. 흑인 영가 "그는 뭄발린 말을 결코 한 적이 없다"는 잊히지 않고, 심히 충격적이지만 전통적인 의미에서 아름답지는 않다. 더욱이 일부 예술가와 작곡가는 어떤 종류의 결코 아름답다고 정당화할 수 없는 주제에 강요하려고 했다. 값싼 예술품이나 키치(kitsch)[22]같은 괴상한 것을 예로 생각해 보라.

2. 아름다움과 미학

아름다움을 정의하는 논쟁은 아름다움의 개념이나 그것이 하나님을 가리킨다는 믿음을 버려야 한다는 것을 의미하는가? 아니다. 더 나은 방법은 성경 계시에 비추어 미학의 더 넓은 개념을 생각해 보는 것이다. 미학은 아름다움을 포함하지만 삶의 예술적 차원을 가리키는 보다 포괄적인 용어이다.

미학의 첫 번째 측면은 우리가 만들 수 있는 것들을 포함한다는 것이다. 사랑스러운 한 쌍의 귀걸이, 예쁜 도자기, 좋은 음악, 초상화, 기념물, 예배, 무대장식은 합법적인 미의 측면이다. 혹은 박물관의 그림처럼 더 심오하고 오래 지속되는 것일 수도 있다. 여기서 부수적으로 기독교 미술이 단지 종교적 주제만을 묘사하는 것으로 생각하지 않도록 주의시켜야 한다. 렘브란트의 '도살된 황소"는 그의 '엠마오로 가는 길' 만큼이나 심오하게 기독교적이다. 예술은 눈에 잘 띄지 않는 것, 즉 산

---

22 키치(Kitsch)는 미학 관련 독일어 단어로 "나쁜 예술"이란 뜻이다. 하찮은 모조품, 저급한 것, 나쁜 취미 등으로 간주되며 이러한 속성을 가진 예술적 작품 또는 싸구려 문화상품 등의 부정적 의미로도 이해될 수 있다. "값싸게 만들다"라는 뜻을 가진 독일어 동사 verkitschen이 어원이다.

의 윤곽, 표정에 숨겨진 슬픔, 사랑, 두려움 또는 하나님의 거룩함과 같이 보기 힘든 것을 "볼" 수 있도록 우리를 가르치고, 도전하고, 도와준다. 예술이 없는 세상을 상상해 보라. 그러면 미적 측면이 생물 존재의 필수적인 부분인 이유를 이해하게 될 것이다. 예술은 인간의 상태를 표현한다. 그리고 인간이 영원히 접근할 수 없는 플라톤의 이상이라는 비물질적 영역과 달리 예술은 만질 수 있는 실제 세계의 일부이다.

미학의 두 번째 특성은 우리의 모든 기술이 훌륭해야 한다는 것이다. 성경 전체에 걸쳐 우리는 하는 일에 능숙할 것을 명받는다. 여기에는 현명한 통치(단 1:17), 군사적 능력(렘 50:9), 조각(사 41:7), 패션(출 39:24), 음악 만들기(시 33:3)가 포함된다. 아름다움을 창작하는 사람이 평범하거나 훈련이 부족한 것은 일종의 게으름이나 모욕이다. 또한 예술 작품은 고도로 숙련되어 있지만 신성 모독적일 수 있다. 살바도르 달리의 "십자가의 성 요한의 그리스도"는 훌륭한 그림이라 생각할 수 있지만 이단적인 영지주의 메시지가 담겨있다.

미학의 세 번째 특성은 예술적인 것과 진리 사이에 일치가 있어야 한다는 것이다. 성경은 우리가 하나님께서 "심히 좋은"(창 1:31; 히브리어 토브[towb]는 숙련된 방식과 도덕적인 방식 모두에서 "탁월한"을 의미함) 상태로 창조한 세상에 살고 있다고 말한다. 이 세상에서 하나님은 인류를 부르셔서 땅을 채우고 경작하며 다스리도록 하셨다. 이 문화 명령에는 미적 차원이 포함된다(창 4:20-22). 그러나 세상은 심히 타락하여 이제 죄와 비참과 죽음으로 훼손되었다. 그런 상황에서 삶의 미적 측면도 타락하게 된다. 잘 만들어진 조각상은 우상이 될 수 있다(사 44:13). 음악은 소음이 될 수 있다(암 5:23). 시는 거만하고 복수심이 있을 수 있다(창 4:23-24). 여기에서도 성경은 피상적인 매력이나 아름다움과 진정으로 칭송

할 만한 것의 차이를 보도록 우리에게 말한다(잠 31:30; 빌 4:8-9).

그러나 하나님은 지금 세상을 구속하시고, 그리스도의 속죄와 부활을 통해 당신의 백성을 당신께로 인도하고 계신다. 이제 예술은 하나님의 은혜를 말할 수 있다. 이것이 주님께서 성막에 있는 예술품을 위해 오홀리압과 같이 구체적인 은사를 받은 장인들에게 분명하게 지시하신 이유이다(출 36:1-2, 38:23). 미학에 성경적으로 충실하다는 것은 삶의 모든 부분에서와 마찬가지로 예술에서도 창조, 타락, 구속에 대한 이야기를 전하는 것을 의미한다. 비록 그것이 완벽하게 합법적이긴 하지만, 소위 종교 예술을 창조하는 것에 우리를 제한하지는 않는다. 그러나 예술가가 창조의 영광만을 표현하고, 불행한 타락을 무시한다면, 그 예술은 정직하지 못한 것이다. 만일 작품이 악만 묘사한다면 복음의 소망이 결여된 것이다.

3. 아름다움과 신의 존재

아름다움이 신의 존재를 증명하는가? 우리가 가진 자격요건 없이는 안 된다. 아름다움의 본질과 한계에 대한 풍부한 이해뿐만 아니라 수학에서의 증명처럼 피할 수 없는 것을 의미하지 않도록 증명이라는 용어의 사용을 제한한다. 아마도 시편 기자처럼 "하늘이 하나님의 영광을 선포하고 궁창이 그 손으로 하신 일을 나타내는도다"(시 19:1)라고 말하는 것이 가장 좋을 것이다. 미에 대한 플라톤적이거나 주관적인 개념보다는 오히려 하나님의 영광과 구원의 은혜가 우리 미학의 핵심이다.

B.
영화와 기독교 세계관

Doug Powell

영화는 우리 문화에서 가장 영향력 있는 예술 형식이다. 영화 자체에 더 중요한 것이 있기 때문이 아니라 영화 제작 비용으로 인해 영화 회사가 마케팅 캠페인을 통해 영화를 알리는 데 수백만 달러를 지출하기 때문이다. 영화는 제작비용이 많이 들기 때문에 음악 앨범, TV 프로그램, 소설 또는 그림보다 제작되는 작품이 훨씬 적다.

사실 각 영화에 들어가는 비용 때문에 당신이 들어본 적이 없는 밴드나, 읽은 적이 없는 책보다, 본 적이 없는 영화에 대해 알게 될 가능성이 훨씬 더 높도록 마케팅한다. 이러한 광범위한 알려짐 때문에 영화는 우리 문화의 중요한 공통 기반이 된다. 영화는 제작자의 세계관을 전달할 수 있는 기회를 제공한다. 그리고 영화 관객들은 그 세계관과 상호작용하고, 자기 세계관을 수정하고, 공통 관심사에 대해 논의할 기회를 가진다.

1. 예술과 세계관

예술은 의사소통의 한 형태이며 항상 작가의 세계관을 소통한다. 종종 영화 제작자는 의도적으로 자신의 세계관을 공유한다.

몇 가지 예를 들자면, 스타워즈 시리즈는 범신론적인 세계관을 전달한다. 2005년 영화 〈V for Vendetta〉는 정치적 무정부 상태(자아법, self-rule)에 대한 논쟁이다.

2012년 영화 〈라이프 오브 파이(Life of Pi)〉는 힌두교 세계관을 묘사한다. 그러나 때때로 영화 제작자는 영화가 표현하는 세계관을 인식하지 못한다. 2004년 영화 〈폴라 익스프레스(Polar Express)〉를 생각해 보라. 영화가 끝나갈 무렵, 기차 차장은 소년에게 이야기의 교훈으로 보이는 것을 이렇게 말한다. "기차들에 대해 말하자면 그 행선지는 중요하지 않아. 중요한 것은 타기로 결정하는 것이지." 한마디로 실존주의자 장 폴 사르트르의 철학이다. 무의미한 세상에서 우리는 자신을 주장하고 선택한 여정에 의미를 부여해야 한다는 것이다. 어린아이들을 대상으로 한 이 영화는 제작자가 취학 전 아동을 실존주의자로 만들기 위한 것은 아니었을 것이다. 그럼에도 불구하고 영화 속에서 만나게 되는 메시지이다. 모든 연령대의 시청자는 기차 차장의 말의 중요성을 이해했을 것이고, 그 세계관 형성에 영향을 미쳤을 것이다.

관객의 참여를 유도할 만큼 믿을 만한 세상을 만들기 위해 영화 제작자는 먼저 자신의 이야기가 어떤 세상에서 펼쳐지는지 결정해야 한다. 세상이란 무엇인가? 신은 누구이며 무엇인가? 우리는 누구인가? 세상의 문제는 무엇이며 그 문제의 해결책은 무엇인가? 즉, 영화가 이야기하는 바를 관객들이 이해할 수 있도록 영화는 반드시 세계관을 가져야 한다. 영화는 이러한 질문에 명시적으로 답하지 않을 수 있으며 일부 영화는 특별한 부분을 모호한 채 남겨둔다. 그럼에도 불구하고 영화가 묘사하는 세계의 내부 논리는 질문을 해결하고 이야기를 이해하는 방법을 제공한다. 이야기의 이러한 내부 논리와 이러한 질문에 대한 답은 반지의 제왕 시리즈와 같은 판타지 영화가 불의 전차(1981)와 같은 전기 영화만큼 정확하게 성경적 세계관을 묘사할 수 있는 이유이다.

2. 삶의 이야기

영화를 힘 있고 인기 있게 만드는 것은, 어떤 방식으로든 반향을 일으키는 이야기 속에 관객인 우리를 참여시키는 능력이다. 우리의 삶에서와 마찬가지로 화면상의 이야기에서도 항상 해결되어야할 일종의 긴장이 있다. 드라마는 잘못된 것, 원래 있어야 할 방식이 아닌 것, 속죄와 구속이 필요한 죄가 필요하다. 그러나 우리는 또한 영화에 나오는 이야기가 일반적으로 만족스러운 결말로 해결된다는 것을 알고 있다.

하나님의 형상대로 지음받은 우리는 하나님께서 우리의 삶과 세상의 긴장을 바로잡고 해결해 주실 때를 고대한다. 우리가 직관적으로 기대하는 해결이 하나님께서 우리의 모든 이야기에 가져다주실 해결의 전조이기 때문에 우리는 부분적으로 영화에 빠져든다. 그리고 영화가 원하는 해결책을 제공하지 않을 때, 정의가 실현되지 않거나 나쁜 사람이 도망갈 때 뭔가 잘못되었음을 인식하고 마치 영화의 결과가 우리 자신의 결과인 것처럼 강력하게 반응한다. 이런 경우 해결에 대한 우리의 열망은 충족되지 않는다. 이것은 궁극적으로 모든 문제에 대한 해결을 제공할 수 있는 유일한 분, 즉 하나님을 가리킨다.

3. 세계관과 영화의 형식

영화의 형식 자체도 여러 면에서 성경적 세계관을 반영하고 있다. 첫째, 시나리오 작가는 이야기의 형태로 정보를 제공하면서 관객에게 무언가를 드러내고 있다. 감독은 우리가 이야기에 대해 알고 싶어 하는 모든 정보를 제공하지 않지만, 줄거리를 이해하고 정보를 처리할 수 있을 만큼 충분히 공유한다. 정보는 이야기가 시작되기 전에 영화 제작자가 결정한 해결책(또는 해결책 부족)을 향해 선형 방식으로 진행되는 스토리를 통해 공개된다.

특히, 영화감독은 영화 자체와 관련하여 초월적이며, 영화의 모든 측면에 대한 주권적 통제를 행사하는 제작자이자 가이드로서 영화 외부에 서 있다. 감독은 존재할 뿐만 아니라 알려지기를 원한다. 사실 감독들이 만들어가는 이야기와 그것을 드러내는 방식을 통해 우리에게 힌트를 주기 때문에 우리는 각 감독에 대해 알 수 있다. 기독교, 유대교, 이슬람교와 같은 종교에서도 마찬가지이다. 이들 각각의 세계관에 따르면, 하나님은 존재하시고 알려지기를 원하시며 일반적으로 자신의 피조물을 통해, 더 구체적으로는 성경의 특별 계시를 통해 자신을 계시하셨다.

4. 예술과 하나님의 반영

예술의 한 종류인 영화는 창조의 능력을 창조해 내신 하나님을 본받아 행하는 창조행위로 인식된다. 그런 의미에서 모든 예술은 성경의 하나님을 반영한다. 왜냐하면 그것은 하나님의 형상대로 만들어지는 데 필수적인 예술적 충동이기 때문이다.

우리는 영화나 다른 예술형식을 전하고 싶은 메시지를 전달하는 수단의 일종일 뿐이라는 실용주의적 방식으로 취급해서는 안 된다. 이런 접근방식은 나쁜 예술이나 선전선동으로 이어질 뿐이다. 영화는 예술형식이며, 의사소통의 일종이기 때문에, 항상 어떤 메시지를 담고 있다. 월트 디즈니(Walt Disney)의 동화에서 우디 앨런(Woody Allen)의 독백에 이르기까지, 또 "어퓨굿맨, A Few Good Men"의 하이드라마[23]에서 "에이스 벤튜라, Ace Ventura"의 하이징크스[24]에 이르기까지 모든 영화는 세계관을 제시하고 관객을 영화 속으로 초대한다. 영화는 그리스도인들이 그런 세계관들에 대해 다른 사람들과 이야기해 볼 수 있는 강력한 기회를 제공한다. 거의 예외 없이 사람들은 자기가 본 영화에 대해 이야기하는 것을 좋아한다. 그리스도인들은 영화에서 제시되는 세계관의 주제에 그들을 대입할 수 있다. 영화를 이용한 세계관 분석을 통해 일상적인 대화에서 성경적 세계관의 진실성을 드러낼 수 있다.

5. 영화와 기독교 증인

마지막으로, 영화가 현재 문화에서 비기독교적 세계관을 장려하는 데 주로 사용되지만, 버려서는 안 되는 예술이라는 기독교 공동체 내의 인식이 증가하고 있다. 음악과 연극과 마찬가지로 영화 예술은 사람들에게 다가가 가장 중요한 큰 그림을 그리는 아이디어를 전달하는 강력

---

23 흥미진진하고 극적인 영화
24 격식 없이 괴상하고 익살스럽게 야단법석을 벌이는 영화

한 도구이다. 그리스도인은 영화를 보고 영화를 만들어야 한다. 영화, 특히 우리의 신념에 반하는 영화를 보면서, 우리 문화에 대한 거대담론을 최신 상태로 유지하고 성경적 세계관을 잘못 대변하려는 사람들에게 책임을 부여한다. 영화를 제작함으로써 우리는 대화를 이끌어내고, 청중들을 다른 어떤 것보다 더 만족시킬 수 있는 신성한 진리와 접하게 하는 데 적극적인 역할을 할 수 있다. 그 진리란, 하나님이 존재하시고, 알려지기를 원하시며, 자신이 보내신 아들이 살다가, 죽고, 부활하신 것을 믿음으로써, 우리 모두가 참여하도록 초대받는 이야기를 써나가고 계신다는 것이다.

C.
음악에 대한 성경적 견해

Paul Munson

성경은 음악에 대해 생각하는 통전적인 방법을 제공한다. 그것은 직접적으로는 성경 속에서 300개가 넘는 음악에 대한 언급을 통해, 그리고 간접적으로는 창조, 즐거움 및 예배에 대한 가르침을 통해 제공한다. 성경의 6장 중 1장은 성악이나 기악을 언급한다. 이 구절의 대부분(사실 80%)은 뭔가를 충실하게 만들거나 듣는 것과 같은 긍정적인 용어로 설명한다. 특히 예배에서 음악에 대한 언급이 자주 등장하지만, 성경은 또한 다양한 스타일을 요구하는 다른 다양한 용도도 확인한다. 예를 들면, 교제와 결혼(아가), 교훈(신 31:19), 애도(대하 35:25), 전쟁(대하 20:21), 치료(삼상 16:23), 순례(사 30:29), 순수한 쾌락(삼하 19:35) 등이다.

성경이 음악에 주는 관심은 인상적이며, 오늘날 사회에서 그 중요성이 두드러진다. 레스토랑 확성기부터 영화 사운드트랙에 이르기까지 음악은 어디에나 있다. 분명히, 이 세상에서 하나님과 이웃을 모두 사랑하기 원하는 사람이라면 누구나 성경에서 음악에 대해 생각하는 방법을 배우고 싶어 할 것이다.

1. 음악의 부정적인 사용

우선, 성경에서 음악에 대해 말하는 모든 내용이 긍정적인 것은 아니다. 이사야를 통해 하나님은 방종에 대해 경고하신다.

아침에 일찍이 일어나 독주를 마시며 밤이 깊도록 포도주에 취하는 자들은 화 있을진저. 그들이 연회에는 수금과 비파와 소고와 피리와 포도주를 갖추었어도 여호와께서 행하시는 일에 관심을 두지 아니하며 그의 손으로 하신 일을 보지 아니하는 도다. 그러므로 내 백성이 무지함으로 말미암아 사로잡힐 것이요 그들의 귀한 자는 굶주릴 것이요 무리는 목마를 것이라(사 5:11-13; 전 7:5; 암 6:5).

음악은 20세기 미국 목사 토즈(A. W. Tozer)가 "시간 낭비를 위한 장치, 거슬리는 양심의 소리로부터의 도피처, 도덕적 책임으로부터 주의를 돌리기 위한 계획"이라고 불렀던 것일 수 있다. 하나님에 대한 지식을 대신하여 음악을 부질없이 사용하면 그 결과로 어떤 견고한 기쁨도 얻을 수 없다. "그를 떠나서 누가 인생을 즐길 수 있을까?"(전 2:25). 그러나 요점은 음악에 관한 것이 아니라 하나님의 좋은 선물의 오용에 관한 것이다. 그의 모든 선물이 오용되어 부패할 수 있으며 음악도 마찬가지이다.

2. 경건한 음악 감상

반면에 경건한 오락과 같은 것이 있다(창 24:63; 시 8:3; 딤전 4:3-4; 6:17). 더욱이 하나님은 "밤에 우리에게 노래를 주시는"(욥 35:10) 분이시다. 하나님의 마음에 합한 다윗은 수금을 연주하고 노래했다. 왕이 상아궁에서 수금을 타며 즐거워하였다(시 45:8). 성경은 만물이 하나님의 영광을 위하여 지음을 받았고, 만물을 통해 하나님을 누리는 한, 만물 안에서 기쁨을 얻는다고 가르치고 있다. 우리가 그의 좋은 선물을 기뻐할 때 그는 영광을 받으신다. 그리고 여가를 잘 활용하면 영혼이 회복되고 다음날 일과 헌신의 예배를 준비할 수 있다. 하지만 음악을 특히 즐겁게 만드는 것은 무엇일까?

창세기 1장은 하나님께서 자신의 영광을 위해 인류에게 세상 질서를 다스리도록 명령하셨다고 알려준다. 음악가가 음색과 리듬을 배열하여 상호 연관성, 조화 가능성, 디자인 재료로서의 잠재력을 보여줄 때, 너무 지혜로우셔서 소리에조차 이런 속성을 부여할 수 있는, 또 너무 선하셔서 그 소리를 의미 있게 인식할 수 있게 하신 창조주의 영광을 음악가는 우리에게 보여주는 것이다. 우리는 하나님의 지혜와 선하심을 보며 기뻐한다. 시편 97편 6절에 언급된 것처럼 하늘을 연구하다가 그곳에서 주님의 의를 선포하는 일종의 "말씀"을 발견할 때도 비슷하다. 이러한 발견은 놀이터에서 노래하는 어린이부터 푸가를 생각하는 학자에 이르기까지 모든 연령대와 문화의 사람들에게 기쁨을 준다. 오직 그리스도를 떠나서는 어린이나 학자나 모두 음악과 그것을 받아들일 수 있는 능력을 창조하신 최고의 예술가를 즐길 수 없다.

3. 선물로서의 음악

음악은 궁극적으로 하나님의 선하심을 가리키지만 모든 인류를 위한 선물이기도 하다. 음식, 물, 햇빛과 같이 음악은 그 근원을 인정하든

하지 않든 모든 사람을 축복한다. 그것은 피조물에 대한 하나님의 일반 은총의 일부이며, 인간의 상태를 표현하고 확인할 수 있는 방법을 제공한다. 인간 경험의 모든 측면은 음악을 통해 표현될 수 있다. 사랑과 기쁨뿐 아니라 슬픔과 갈등도 음악을 통해 표현될 수 있다. 말로 표현하지 못하는 감정과 경험을 표현한다. 음악은 우리의 즐거움과 편안함을 위한 선물이다.

그러나 음악의 선물을 충분히 이해하려면 그 근원을 인식해야 한다. 음악은 하나님의 선하심에 대해 분명하게 "말"함으로써 우리를 위로할 수 있다. 이것은 성경이 어떻게 하나님의 선하심에 대한 효과적인 은유로 음악을 사용할 수 있는지 설명한다. 하나님은 스스로 노래하신다(습 3:17; 히 2:12). 신자들은 하나님을 그들의 "노래"(출 15:2; 시 118:14; 사 12:2)라고 부른다. 천사들은 음악 만들기로 역사의 시작과 끝을 표시한다(욥 38:7; 계 5:8-9). 그리고 자연도 주님께서 구원을 알려주실 때 노래한다(시 98:7-9; 사 44:23; 55:12). 성경은 때때로 음악과 기쁨을 동의어로 취급한다(잠 29:6; 사 35:2; 51:3). "즐거워하는 자가 있느냐 그는 찬송할지니라"(약 5:13).

4. 찬양으로서의 음악

"Amazing Grace"의 시인인 존 뉴턴(John Newton)은 다음과 같이 시작하고 끝나는 찬송가를 썼다.

예수의 이름이 믿는 자의 귀에 얼마나 감미로운지요!
그 이름은 슬픔을 달래고 상처를 치유하며 두려움을 몰아냅니다. …

내 마음의 노력은 약하고 나의 따뜻한 생각조차도 차갑기 그지 없지만

당신의 모습을 볼 때 마땅히 그래야 하듯

스쳐지나가는 모든 숨결마다 당신의 사랑을 선포하겠습니다

당신 이름의 음악이 죽음 가운데서 나의 영혼을 다시 살립니다.

나는 당신을 찬양하겠습니다.

이 구절에서 뉴턴은 그리스도의 주되심과 복음에 대한 묵상을 음악을 감상하는 행위에 비유한다. 양쪽 모두 기쁨은 하나님의 성품에서 나온다. 우리의 구원을 위한 신성한 조언은 모든 부분이 나머지 모든 부분과 완벽하게 통합되어 매우 조화롭다. 그러므로 우리 구주의 이름은 모든 것 중 가장 위대한 교향곡인: 은혜의 언약, 그리스도의 삼중직분(예언자, 제사장, 왕), 그의 능동적이고 수동적인 순종, 그의 승천, 그리고 우리와 그와의 연합이란 내용을 요약하고 있다.

존 뉴턴은 찬양받아 마땅하신 하나님을 찬양할 때 혼자가 아니며 음악에 대한 성경의 수많은 언급에는 실제로 신자들이 노래하도록 권면한다. 구약의 성전 예배에서 숙련된 레위 지파 가수들은 악기 반주와 함께 노래를 불렀지만(대상 9:33; 25:1~31; 대하 5:12~14), 다른 사람들은 모두 짧은 후렴으로 합창하여 응답했다(대상 16: 36; 스 3:10~13). 신약성경의 예배에서는 메시야에 관한 메시지가 그들 속에 풍성히 거하고, 성령이 그들에게 충만할 때 모든 성도는 서로 가르치고 권면하고 아버지 하나님께 노래로 감사했다(엡 5:18-20; 골 3:16). 이것은 하나님께서 교회 음악의 주된 기능을 성도들 간에 또 하나님과 소통하는 수단으로 의도하셨음을 의미할 수 있다. 그리고 그들 사이의 소통은 하나님의 말씀인 "성령의 검"(엡 6:17)이다. 그들의 노래는 성경의 메시지, 표현, 미적 가

치로 가득하게 될 것이다. 예수님 자신도 지상사역 동안 회중과 함께 노래하셨고(마 26:30; 막 14:26), 그의 구원 사역의 궁극적인 목적은 회중의 합창으로 묘사된다(롬 15:9; 계 14:2-3).

D.
예술에 대한 성경적 견해

Steve R. Halla

기독교 역사를 통틀어 창세기 1장-3장은 예술에 대한 성경적 이해를 구성하는 초석이 되었다. 성경이 창세기 1장 1절에서 하나님에 관해 계시하는 첫 번째 사실은 그가 신성한 창조주이시며 모든 피조물의 주권적인 장인이라는 것이다. 하나님의 창조 활동의 일환으로 그분은 "자기 형상대로"(창 1:26-27) 남자와 여자를 만드셨다. 성경은 이 구절의 의미에 대해 정확한 정의를 제공하지는 않지만, 역사적으로 그리스도인들은 인간의 예술성, 창의성, 상상력이 궁극적으로 하나님의 형상에 뿌리를 두고 있다고 일관되게 주장해 왔다. 따라서 인간이 예술적이고 창의적이며 상상력이 풍부한 활동을 할 때, 창조주의 본성과 활동을 반영한다.

인간은 하나님의 신성한 계획에 따라 미적인데, 이는 예술적이고 창의적이며 상상력이 풍부하다는 뜻이다. 광야 성막의 화려한 시각적 디자인에서 금, 진주, 보석으로 장식된 새 예루살렘에 대한 요한의 묵시적 환상에 이르기까지(계 21:10-21), 성경은 일관되게 인간을 미적 존재로 연관시키고, 인간의 미적 감성에 직접 호소한다.

창조에서 인간의 역할 중 일부로 하나님은 창세기 1:28에서 인간이 땅을 채우고 땅을 "정복"해야 한다고 선언하신다. 모든 예술 활동은 본질적으로 복속시키는 행위이다. 시인은 말에 질서를 부여하고, 음악가는 소리에 질서를 부여하는 식이다. 그러므로 인간됨의 의미에 대한 본질적인 부분은, 하나님이 창조하신 세계의 청지기로서 봉사하는 것이다. 여기에는 미적인 관리가 포함된다. 하나님은 자비와 은혜로 인간에게 이 세상에서 하나님의 창조사역을 이어받을 영예와 특권을 주셨다. 예술은 모든 신자의 삶과 예배에서 긍정적인 역할을 할 수 있고 또 해야 하는 하나님의 선물이다.

그러므로 성경은 예술에 대해 조심스럽게 낙관적이고 고무적인 견해를 제시한다. 성경은 예술을 직접 다루지는 않지만 예배와 일상생활에서 예술을 사용하는 수많은 예를 제공할 뿐 아니라 하나님의 백성이 어떻게 접근하고, 생각하고, 참여해야 하는지에 대한 다양한 원리와 가르침을 제공한다. 공연자로든 관객으로든 예술에 적극적으로 참여하는 것은 하나님과 그의 백성과 그의 피조물을 전체적으로 향유하는데 기여한다. 성경은 회화, 조각, 음악, 시, 공연 예술과 같은 순수예술 외에도 응용예술, 즉 주로 실용을 목적으로 설계된 예술도 긍정적으로 본다. 여기에는 도자기, 직물, 금속세공, 목공예 및 다양한 종류의 석조물이 포함된다. 성경은 전체 내용에서 예술에 대해 양면가치를 부여하지 않는다. 오히려 예술들을 성경의 전체내용과 메시지의 중요한 특징들로 간주한다.

그러나 동시에 성경은 예술을 우상숭배적으로 오용하지 말라고 거듭 경고한다. 구약에 기록된 다양한 형태의 우상 중에는 예술적으로

"조각한" 형상이 있다(신 7:25, 사 30:22, 40:19, 합 2:19). 예를 들어, 이스라엘 사람들은 이집트에서 속박에서 구출된 직후에 "귀에 꽂은 금 고리"(출 32:3)를 모아 주조한 후 조각 도구를 사용하여 금송아지 형상을 만들었다(32:4). 모세는 시내산에서 하나님을 만나고 돌아와서 백성들이 송아지에게 경배하는 것을 보고 분노하여 그들이 지은 큰 죄를 책망했다(32:15-35).

이와 유사하게 호세아 13:2-3에서 선지자 호세아는 경고하기를,

이제도 그들은 더욱 범죄하여 그 은으로 자기를 위하여 우상을 부어 만들되 자기의 정교함을 따라 우상을 만들었으며 그것은 다 은장색이 만든 것이거늘 그들은 그것에 대하여 말하기를 제사를 드리는 자는 송아지와 입을 맞출 것이라 하도다. 이러므로 그들은 아침 구름 같으며 쉬 사라지는 이슬 같으며 타작마당에서 광풍에 날리는 쭉정이 같으며 굴뚝에서 나가는 연기 같으리라.

죄로 인해 예술을 포함한 모든 것이 부적절하게 사용될 수 있다. 결과적으로 예술은 항상 기도하는 마음으로 세심한 주의를 기울여 참여해야 한다. 성경은 우상숭배적인 예술의 오용을 분명히 비난하지만, 예술에 대한 인류의 전반적인 참여를 금지하거나 정죄하지는 않는다. 르네상스 예술가 알브레히트 뒤러(Albrecht Dürer, 1471-1528)는 "칼은 칼이다. 살인이나 정의구현에 사용될 수 있을 뿐, 예술도 마찬가지이며 그 자체로는 선하다. 하나님이 만드신 선한 것을 당신의 의지로 오용할 뿐이다"(Writings of Albrecht Dürer, 176).

음악과 춤은 성경에서 가장 드러나고 완전히 발전된 예술형식을 나

타낸다. 인간기원과 관련하여 창세기 4:21에서는 유발을 "수금과 피리 연주자의 아버지"로 정의한다. 성경의 음악은 성악과 기악으로 구성되었으며 탬버린(출 15:20; 삿 11:34), 거문고(삼상 16:23), 수금(단 3:5), 나팔(민 10:1~2; 렘 4:5), 피리(창 4:21) 등 다양한 악기로 연주되었다. 주목할 만한 서정적 노래로는 이스라엘 백성이 홍해에서 구원받은 노래(출 15:1-21); 야빈 왕의 군대에 대한 드보라와 바락의 승리의 노래(삿 5:2-31); 성전의 기초가 완성될 때 이스라엘의 찬양의 노래(스3:11); 예수의 잉태 소식을 듣고 기뻐하는 마리아의 노래(눅 1:46-55); 스가랴의 아들 요한의 탄생을 찬양하는 노래(눅 1:68-79); 그리고 하나님의 어린양을 찬양하는 묵시적인 노래(계 15:3)가 있다. 음악과 밀접한 관련이 있는 춤은 여성과 어린이에게 가장 인기 있는 오락 활동 중 하나였으며(욥 21:11; 렘 31:4; 마 11:17; 눅 7:32) 국가적인 축하 행사(삼상 18:6)와 종교적인 축제(출 15:20; 삿 21:21)가 있을 때 공연되었다.

시각 예술은 광야 성막(출 25-31; 35-40)과 솔로몬의 성전(왕상 6장)에서 가장 잘 나타난다. 광야 성막에 대한 기록은 하나님께서 친히 성막의 설계를 주셨기 때문에 특히 중요하다. 이러한 디자인에 대한 조사는 다양한 색상, 질감 및 재료뿐만 아니라 예술의 표현 및 추상 또는 장식 스타일의 사용을 보여준다. 금으로 덮인 언약궤(출 25:10-22)부터 화려한 제사장의 옷(출 28장)에 이르기까지 하나님은 그분을 숭배하는 데 도움이 되도록 정교한 공예품으로 아름다운 물건을 만들 것을 요구하셨다. 이 일을 성취하기 위해 하나님은 우리의 아들 브살렐에게 "지혜와 총명과 모든 재주에 능한 영"(출 31:2-3)을 충만하게 하시고 "숙련된 장인들의 마음에 지혜"를 주셨다(31:6).

성경에서 하나님과 예술 사이의 가장 친밀한 관계 중 하나는 하나님과 토기장이의 작품에 관한 비유적 묘사이다. 성경시대에 진흙 그릇을 만들기 위해 장인은 먼저 진흙을 발로 밟고, 인간의 힘으로 움직이는 물레로 모양을 빚어서, 마지막으로 벽돌 가마에 가열하여 굳혔다.

예레미야 19:1-13에서 주님은 예레미야에게 토기장이의 집으로 내려가서(렘 18:3-4) 질그릇을 사서 백성의 장로들과 제사장들과 함께 가져오라고 명하신다. 그리고 토기 버리는 문 근처의 힌놈의 골짜기로 인도하신다(18:1). 그곳에서 예레미야는 임박한 하나님의 심판의 메시지를 백성에게 선포한 후(18:2-9), 그들의 앞에서 항아리를 깨뜨리고(18:10) 주님께서 "이 백성과 이 성을 토기장이의 항아리를 깨뜨리는 것 같이 산산이 부수고 다시는 고칠 수 없게 할 것이다"(19:11)라고 가르친다.

로마서 9: 21에서 인간의 운명을 빚어내는 하나님의 주권적 능력은 진흙을 완전히 다스리는 토기장이에 비유된다. "토기장이가 진흙 한 덩이로 하나는 귀히 쓸 그릇을, 하나는 천히 쓸 그릇을 만들 권한이 없느냐?"

마찬가지로 이사야 선지자는 "그러나 여호와여, 이제 주는 우리 아버지시니이다. 우리는 진흙이요 주는 토기장이시니 우리는 다 주의 손으로 지으신 것이니이다"(사 64:8). 이 구절들과 다른 구절들(시 2:9; 사 30:14; 애 4:2)에 반영되어 있듯이, 예술과 예술적 이미지는 하나님의 진리를 그 백성에게 효과적으로 전달하는 수단을 제공한다.

E.
매체의 형식과
시대 정신에 대한 저항

M. Schuchardt Read

하나님 백성이 역사를 이해하는 한 가지 방법은 그것이 주님의 영과 시대의 영 사이의 진행 중인 긴장에 대한 이야기임을 아는 것이다. 시대의 영 또는 시대사조는 여러 면에서 새로운 미디어의 의도하지 않은 효과이다.

지리적 위치나 역사적 시대를 막론하고 하나님의 백성은 다수의 힘에 맞서 일어나는데 필요한 용기를 가진 것, 다수의 세력에 맞서는 개인이란 것, 강한 자에 맞서는 약자라는 것, 그리고 그 결과는 하나님의 손에 달려 있음을 아는 것 등으로 대부분 특징지어져 왔다. 이 패턴은 성경과 이후의 기독교 역사에 기록된 하나님 백성 역사의 많은 주요 사건에서 드러난다. 우리는 이 패턴을 아브라함이 그 아버지의 길을 따르지 않고, 그 땅을 떠나 서쪽 가나안으로 향할 때 본다(창 12장). 우리는 이 패턴을 모세가 바로를 대적하여 그의 백성을 이집트에서 인도한 것에서 본다. 우리는 이 패턴을 바리새인이나 사두개인들과 결코 타협하실 수 없는 그리스도의 성품에서, 또 본디오 빌라도 앞에서 재판을 받을 때 로마 제국에 맞서 일어나신 예수 그리스도의 용기에서 볼 수 있다.

이 긴장의 중요한 측면은 하나님의 백성이 시대의 영에 대항하여 일어설 때마다 동시에 그들이 진, 선, 미를 향한 수용 가능한 용도를 위해 미디어의 형식을 인식하고 사용하는 방식에 변화가 있다는 것이다. 따라서 인식의 타당성을 창조해 내는 미디어 자체는 하나님 백성 역사의 복잡한 부분이다.

이 중요한 순간들 중 일부를 간단히 살펴보면 하나님 백성의 종교적 관행의 변화가 종종 미디어의 형태나 미디어 사용의 변화와 불가분의 관계에 있다는 것을 이해하는 데 도움이 될 것이다. 미디어 형태와 종교적 관행의 변화가 나중에 이 사건이 발생한 문화를 어떻게 형성했는지 아는 것은 문화적 맥락에서 오늘날 우리 자신의 위치와 목적을 이해하는 데 도움이 될 수 있다.

1. 구약의 예

75세에 아브라함은 다시는 사람의 손으로 만든 신을 숭배하지 않겠다고 선언했을 때 나무와 돌로 된 매체(이전에는 우상을 만드는 데 사용된 매체, 신 4:28-29)를 무형의 신으로 바꿨다. 그는 사람이 만든 형상을 무형으로 바꾸고 하나님은 영이시라고 선언하였다.

성막에서 예배하는 자들에게 하나님은 말씀하셨다. "거기서 내가 너와 만나고 속죄소 위 곧 증거궤 위에 있는 두 그룹 사이에서 내가 이스라엘 자손을 위하여 네게 명령할 모든 일을 네게 이르리라"(출 25:22). 따라서 인간에 대한 하나님의 작정은 그 자체가 비어 있는 규정된 시각적 공간(미술 역사가들이 말하는 "음의 공간", 다른 두 형상 사이의 숨겨진 곳)에서 인간을 만나야 한다는 것이다. 그런 우상숭배 문화에서 나올 때 하나님을 영으로 인식하는 것은 상상 속의 인상적인 행동을 취했을 것이 분명하며, 그 개념은 예수 그리스도가 몇 세기 후 하나님의 백성에게 상기시켜야만 할 것이었다.

모세가 그의 백성을 이집트에서 이끌어냈을 때, 시내 산에서 십계명을 받아 그들에게 새로운 정체성을 동시에 만들어 냈다. 고고학자들과 성서학자들은 십계명이 시나이 문자 원형, 즉 히브리어 문자의 초기단계라는 것이 합리적이라 주장한다. 이것은 새로운 민족을 만드는 일의 일부로 이집트의 노예시절에 사용되었던 상형문자 체계를 대체하는 새로운 의사소통 형식을 모세가 히브리인들에게 제공해야 했음을 시사한다.

상징적 의사소통 용어로, 그들은 상형문자(로고그래픽 및 표의문자) 체계를 추상적인 음성 쓰기 체계로 전환했는데, 이는 문자의 모양이 더 이상 그것이 표시하는 것과 닮지 않는 대신 인간의 입으로 낼 수 있는 기본적인 소리를 상징하게 되었고, 그것들을 결합하면 의미 있는 단어가 된다. 이것은 매체로서의 엄청난 발전이었고 개선이었다. 히브리어 알파벳 22자로 5,000개 이상의 이집트 상형 문자를 대체했다. 이러한 매체의 변화는 단순히 기존 시스템을 학습하기 위한 효율성의 엄청난 증가만을 의미하는 것이 아니다. 또한 기록된 역사상 처음으로 문화 전반에 걸친 모든 사람의 읽고 쓰기 가능성을 도입한 것이다. 상형문자는 원래 "신성한 새김" 또는 "사제의 기록"을 의미했다. 이것은 단순히 사제들이 쓴 글이 아니라, 문해력은 지식의 독점을 나타내는 것으로 이해되어야 한다. 이집트 시스템에서는 이 복잡한 암호를 읽고 쓰는 사람만

제사장이 될 수 있다. 따라서 이 상형문자 체계를 음성문자 체계로 바꿀 때 히브리 십계명의 둘째 계명에서 상형문자 기호를 금지한다고 선언하는 것은 놀라운 일이 아니다.

모세는 그림들을 단어들로 교체했다. 그 결과 이스라엘 백성은 새 백성으로 태어나고 율법의 통치가 확립되었다. 그러나 음성 문자는 범주를 강화하여 613개의 모세 율법이 만들어지게 했고, 바리새인과 사두개인이 율법 준수와 하나님을 기쁘시게 하는 것을 동일시하는, 의에 대한 정의를 놓고 서로 경쟁하게 했다. 이것은 나중에 율법주의라고 하는 용어를 탄생시켰다.

2. 신약의 예

예수께서는 세상에 오셨을 때 말씀을 전하시고, 병자를 고치시며, 제자들과 함께 이스라엘을 두루 다니시며 유대교의 종교적 기득권을 크게 뒤엎는 말씀을 하셨다. 역설적으로, 우리는 성경의 기록으로 예수님에 대해 알고 있지만, 예수님은 아무것도 기록하지 않으셨고(최소한 성경 기록에 관한 한), 그의 추종자들에게 기록하라고 명령하지 않으셨으며, 그의 제자들은 비서나 서신 대필자로 지명된 적은 한 번도 없었다.

따라서 복음서가 제시하는 가장 놀라운 질문 중 하나는 사람이신 그리스도께서 자신의 메시지가 기존의 문화 매체에 기록되는 것을 명확히 하지 않고, 어떻게 자신의 메시지가 전파될 것을 확신할 수 있느냐는 것이다. 그는 어떻게 자신의 행동과 선행과 설교가 입으로 전파될 것에 대해 그토록 확신을 가졌을까? 또 자신이 기적적으로 치료한 몇몇 환자들에게 자신이 행하신 일을 아무에게도 말하지 말라고 한 이유는 무엇일까(막 7:36)?

그것은 복잡하고 끝없이 매혹적인 질문이지만, 그리스도께서 이 세상에 가져오신 것이 말과 글 사이 불균형의 재조정임을 이해한다면, 적어도 답의 일부는 얻을 수 있다. 예수님은 "기록된 것"에 대한 많은 언급으로 구약을 존중한 것과 같이, 그가 선호하는 전달 매체로서 그 순간에 말하고 있던, 살아있는 말씀을 분명히 선호했다. 예수님은 "아버지께 참되게 예배하는 자들은 영과 진리로 예배할 때가 오나니 곧 이때라 아버지께서는 자기에게 이렇게 예배하는 자들을 찾으시느니라"(요 4:23)라고 말씀하셨다.

우리는 그리스도께서 요한복음 8:1-11에서 간음하다 현장에서 잡힌 여자를 풀어주실 때 기록된 말씀의 과도한 힘에 대항하여 말의 능력을 사용하시는 것을 볼 수 있다. 이 놀라운 법적 사건에서, 예수는 판사, 배심원, 집행관에게, 만일-그렇다면, 두 구문을 말로 전달함으로써 성문법의 판단에서 그녀를 해방시킨다. 그분은 기록된 율법의 타당성과 권위에 동의하면서 사실상 "좋다. 그러나 죄 없는 자가 먼저 돌로 치라!"라고 말한다. 흥미롭게도 이 사건은 그리스도께서 친히 뭔가를 썼다고 성경에 기록된 유일한 사건이며, 쓴 것은 지금 먼지 속에 있다. 우리는 그가 무엇을 썼는지 전혀 모른다. 이는 그리스도께서 충분히 교육받으셨고 글을 잘 읽고 쓰셨지만, 자신의 사역에서 기록하는 것을 강조하지 않기로 선택했다는 점을 분명하게 보여주기 때문에 중요하다. 판사, 배심원, 집행관이 모두 현장을 떠날 때 사실상 잘못된 재판(절차상의 오류로 인해 무효가 된 재판)만 남았다. 그렇지만, 예수님은 이 시점에도 피고가 저지른 죄의 심각성을 무시하지 않는다. 오히려 그는 공의와 자비가 완벽하게 균형을 이루며 말씀하신다. "나도 너를 정죄하지 않는다.

… 가서 이제부터 다시는 죄를 짓지 말라"(11절). 이 사건에 대한 법적 분석이 보여주듯, 그렇지 않았으면 치명적인 효과를 냈을 성문법을 방해하기 위해 구어를 수사학적으로 완벽하게 사용하는 것은, 그 마음이 온전한 사랑이시지만, 인간의 마음은 악하고, 율법을 자신의 목적달성을 위해(이 경우에는 예수님을 함정에 빠뜨리기 위해) 인용한다는 것을 아는 분만이 가능하다.

그의 가르침에서 그리스도는 그의 추종자들과 적대자들에게 기록된 율법의 죽은 손에 대항하는 막강한 능력으로서 현재의 살아 있고 숨 쉬는 말씀의 능력을 일관되게 상기시킨 것 같다. 아마도 이것은 바울이 후에 율법의 조문은 죽이는 것이요 율법의 영은 살리는 것이라고 말한 것을 설명하는 데 도움이 될 것이다(고후 3:6).

3. 결론

하나님의 백성이 그분의 뜻을 따르고 동시에 매체 습관을 바꾸는 이러한 패턴은 역사 전체에 나타난다. 우리는 마르틴 루터가 95개조 반박문으로 당시 로마 가톨릭 교회의 오용에 맞서는 능력에서 매체 개혁을 본다. 그리고 오늘날, 모든 통신과 사회적 미디어로 작가나 연사에게 물리적 거리로 가장 가깝게 연결되는 디지털 시대에, 그리스도인들은 부재의 시대에 그리스도의 임재로 부름 받은 것을 본다. 이 방법과 다른 많은 방법에서, 우리가 주님의 영에 집중하는 것은 미디어의 효과가 우리의 인식, 생각, 문화를 어떻게 변화시킬지 알기 때문에 세세한 사항에 대해서도 관심을 가져야 한다.

F.
기술과 기독교 세계관

Read M. Schuchardt

기술과 기독교 세계관은 서로 얽혀 있다. 기술은 "예술" 또는 "공예"를 의미하는 그리스어 *"tekne"*와 "말씀" 또는 "패턴"을 의미하는 단어 *"logos"*에서 나온 것이다. 가장 오래된 형태의 고대 그리스 단어 *technologia*는 문법의 체계적인 처리를 의미했지만, 기계적인 예술과 과학에 대한 연구를 의미하는 것으로 변화했다. 이제 표준 사용법에서는 최신 기술 자체를 일반적으로 의미한다.

흥미롭게도 나중에 인도 유럽어 단어에 *"tekne"*를 도입시킨 산스크리트어 단어는 원래 "목수"를 의미했다. 헬라어 성경에서 예수 그리스도를 텍톤(tekton)이라고 하며 이 어근을 공유함을 알 수 있다. 그리스도는 또한 요한복음 1:1에서 말씀 또는 로고스로 언급된다. 따라서 오늘날 기술이라는 단어의 어원이 예수 그리스도에 대한 초기 이해, 즉 건축자, 장인, 신성한 말씀, 창조주와 깊이 얽혀 있다는 사실은 매우 중요하다. 이런 의미에서 우리의 모든 기술들이 타락에 의해 잘못된 세상을 바로잡으려는 시도라는 것을 알 수 있다. 그러나 의도하지는 않았지만 기술이 우리 사이를 벌려 놓고, 격리시키고, 서로 무관심하게 만들 수 있는지에 대해서는 주의를 기울여야 한다.

1. 역사 전반에 걸친 기술

오늘날 기술의 주요 이점은 이동, 노동 및 통신의 효율성을 창출하는 것이다. 우리는 기술을 생각할 때 노동력을 절약하는 장치로 생각한다.

그러나 기술의 역사는 전쟁의 역사이기도 하다. 전쟁의 승자는 역사를 쓰고, 항상 기술적 우위를 특징으로 가지는데, 그렇지 않으면 승리하지 못했을 것이기 때문이다. 이 규칙에 대한 예외를 성경에서 볼 수 있는데, 다윗 대 골리앗, 파라오의 군대 대 모세 그리고 홍해의 이스라엘 이야기, 여호수아의 이야기와 여리고 전투 등에서 드러난 패턴이다. 인간이 생각했던 더 나은 기술(더 많은 군인, 더 큰 규모의 군대, 성벽으로 둘러싸인 요새)이라고 생각했던 것이 패배로 이어졌다. 각각의 경우에 기술적 약점이 하나님의 백성에게 경쟁 우위를 제공했다. 예를 들어,

- 다윗의 물매가 돌을 쏘아 골리앗의 이마(그의 몸에서 갑옷으로 보호되지 않은 유일한 부분)를 쳤다. 이것은 스마트 미사일의 원조였다.
- 파라오의 군대는 탈출한 이스라엘 사람들이 바다에 갇힌 줄 알고 바다 기슭을 따라 깔아뭉개려고 했다. 그러나 하나님은 바람과 조류의 자연적 힘에 대한 일시적 지휘권을 모세에게 주었다. 이스라엘은 갈라진 바다를 통해 탈출했을 뿐만 아니라, 물이 다시 합쳐지면서 적은 익사했다. 이것은 기상전의 원조였다.
- 여호수아는 자신의 군대가 여리고 성벽 주위에서 나팔을 불라는 하나님의 명령에 순종했고, 요새는 무너졌다. 이것은 음파전의

원조였다.

위의 각 사건은 불가능해 보이는 역경에 직면한 하나님의 백성이 하나님을 신뢰하게 만드는 대단히 효율적인 기술의 적용이었다. 또 그 스마트 미사일이 그 목표를 찾았을 때, 기상전이 파라오를 압도했을 때, 음파전이 여리고 성벽을 무너뜨렸을 때, 인간들은 하나님이 최고의 기술자, 최고의 건축가, 최고의 디자이너, 최고의 엔지니어, 최고의 공예가, 그리고 최고의 전략가라는 새로운 증거를 받았다. 하나님은 모든 것에 대해 매우 유능하고 완전히 지식이 있어서 불가능해 보이는 일도 그에게는 항상 가능하다.

2. 현대 기술

하나님의 기술사용은 항상 사랑의 행위이다. 그것을 통해 자기 백성을 지키고 그들의 생명을 구한다. 반대로 오늘날 우리의 기술은 반대효과를 일으키도록 사용된다. 그것들은 주로 전쟁무기 개발, 석유, 핵, 수력 또는 태양 에너지를 활용에 사용되며, 그 자체가 큰 전쟁의 원인이 되는 물질이다. 2014년 현재 11개 국가(지구상의 194개국 중)만이 25명 이상의 자국민을 죽음으로 이끄는 무력 충돌에 가담하지 않았다.

새로운 인간 기술에 의해 유발된 이 물리적 사망자 수는 현대 통신 기술과 관련된 의도하지 않은 감정적 희생자 수와 병행할 것이다. 전자 매체를 통해 전자 메시지를 보내는 것은 큰 이점이 있지만, 이렇게 수신되는 메시지는 종종 우리를 하찮게 만들기도 하고, 화나게도 한다. 당신의 안녕을 기원하는 이메일은 당신의 병실 침대 옆에 직접 나타나는 것만큼 좋지는 않다.

이런 기술에 의한 해체 효과는 깨어 있는 16시간 중 12시간을 대중매체를 사용하여 보상하도록 부추긴다. 우리는 기술을 많이 사용하여 더 많이 연결되어 있음을 느끼려 하지만, 더 많이 사용할수록 외로움은 더 커진다. 예를 들어, 오늘날의 페이스북 사용자는 평균 338명의 소셜 미디어 친구가 있다. 그러나 동일한 사용자의 "진짜 친구"는 5명에서 2명으로 줄었다. 기술은 우리 삶에서 실제의 손실에 대한 보상으로 사용되지만 빈약한 대체재임이 입증되었다.

사회적 매체에서 한 가지 이상한 점은, 거기에 참여하기 위해서는 반사회적 행동이 필요하다는 것이다. 이는 부부가 한 방에 함께 앉아 대화를 통한 소통보다는 화면에 몰입하는 모습으로 이어진다. 또 십대들이 친구들과 온라인에서 하는 일을 따라잡기 위해 가족활동을 중단하게 만든다. 이 문제는 왜 많은 사람들이 음식 사진을 찍어 친구의 사회생활에 기여하는 것으로 게시하는지 설명할 수 있다. 그러나 로마서 14장 17절을 바꾸어 말하면 "하나님의 나라는 먹고 마시는 것이 아니니라"하고 아름다운 셀카를 찍는 것이다. 인간은 얼굴을 맞대고 살아가는 공동체를 위해 창조되었다.

동료가 당신의 칸막이에 쉽게 들러 말할 수 있음에도 불구하고 이메일을 보내달라고 요청한 적이 있다면, 비인간화가 어떤 느낌인지 알 것이다. 기술은 편리하고 효율적이며 매우 생산적이다. 그러나 그러한 편리함에는 치러야 할 대가가 있다. 이기심과 생각 없음(우리의 첨단 기술의 세상에서 너무 쉽게 빠지는 덫)은 사랑의 반대말이다.

3. 기술과 기독교 세계관

인류가 하나님의 선지자의 말씀을 안 들었을 때, 하나님은 우리에 대한 사랑을 전하는 궁극적인 전달자로 그의 아들 예수 그리스도를 보내셨다. 그러나 포도원 비유에 나오는 소작농이 주인의 아들을 죽인 것처럼 인간도 예수님을 죽였다. 그 행위는 신학적으로 볼 때 정확히 일어나기로 되어있던 일이었음을 우리는 알 수 있다. 사랑 많으신 창조주 하나님은 참된 사랑이란 기꺼이 자신을 희생하는 것임을 보여주기 위해 인간의 형태로 이 땅에 오셨다.

기술은 즉각적인 물리적, 실용적, 기술적 문제를 해결하는 데 매우 유용한 도구가 될 수 있다. 그러나 인간 사이의 상호작용 방식으로, 사랑보다는 무관심의 메시지를 보내는 경우가 너무 많다. 문제를 바로잡기 위해, 그리스도께서 명령하시고 보여주신 것처럼, 자신을 사랑하는 것처럼 진정으로 다른 사람들을 사랑하려면, 기술이 제공하는 편리함을 기꺼이 희생해야 한다. 예를 들어, "앉아 있습니까?"라는 전화를 받았을 때 무릎을 꿇게 하는 소식을 듣게 되고 그 메시지를 보낸 사람이 당신이 넘어질 때 붙들어주기 위해 직접 나타날 때, 당신은 사랑받고 있다는 것을 알게 된다. 그런 부담의 나눔이 우리를 좀 더 견디기 쉽게 한다. 의도적으로 기술을 사용하지 않는 것은, 누군가에게 내 시간을 당신에게 할애할 가치가 있다는 것과, 진정으로 관심을 가지는 하나님이 계시다는 것을 보여줄 수 있는 유일한 방법일 수 있다. 그것은 예수께서 우리를 위해 천국의 모든 안락함과 경이로움을 기꺼이 제쳐 두셨던 것처럼 우리도 다른 사람을 위해 기꺼이 불편을 겪을 수 있음을 보여준다.

고대 이스라엘 사람들은 구별된 백성으로 부르심을 받았으며, 성막에서 그리고 나중에는 이스라엘의 성전에서 하나님을 예배했다. 초기 그리스도인들도 구별된 백성이 되도록 부름을 받았다. 신령과 진정으로 예배드리고, 제단에서 동물을 희생하는 의식 대신 성찬을 나누고 교제하는 것으로 대체하며, 가난한 이들과 나그네의 필요를 돌보는 것이다. 현대의 예수님을 따르는 자들은 이러한 교제와 자선을 추구하지만 새로운 임무가 더 있다. 교회는 현대 기술이 교회를 해체한 모든 방법으로부터 자신을 구별하여 재구현함으로써 주변 문화와 구별되도록 요청받았다. 우리의 육신을 사용하여 작은 일을 큰 사랑으로 함으로써, 기술 시대의 침묵의 영을 이겨내고, 우리 주변의 고통 받는 세상을 위해 하나님의 나라가 올 수 있게 하는 것이다.

자신을 바치는 희생으로 그리스도를 본받으라는 부르심은, 모든 그리스도인에게 문자 그대로의 순교를 요구하지는 않는다. 그러나, 지금의 기술 시대에서 작은 자아, 즉 자기 자신의 이기심, 편리함과 안락함을 사랑하는 마음을 순교할 기회는 크게 늘어난다. 이는 그리스도께서 먼저 보여주신 사랑의 실체를 나타내기 위함이다. 마태복음 25장 35~36절에서 그러한 육체적 행위에 대한 그리스도 자신의 설명은 그 의미를 잘 보여준다. 예수님은 "내가 주릴 때에 너희가 먹을 것을 주었고 목마를 때에 마시게 하였고 나그네 되었을 때에 영접하였고 헐벗었을 때에 옷을 입혔고 병들었을 때에 돌보았고 옥에 갇혔을 때에 와서 보았느니라."라고 말씀하셨다. 육체이탈의 디지털 기술시대에 구별된 백성으로서의 우리의 새로운 소명은 부재의 시대에 그 자리에 육체로 존재하여 함께 하는 것이다

G.
레크리에이션에 대한 성경적 견해

K. Erik Thoennes

교회에서 놀이, 스포츠, 여가시간, 레크리에이션과 같은 것은 종종 무의미하고 세속적이며 냉철한 그리스도인 생활에 반대되는 것으로 여겨져 왔다. 다른 한편으로, 그리스도인들도 오락 자체를 목적으로 하는 우상숭배에 빠질 수 있다. 많은 사람들이 영생이 아닌 주말을 위해 산다. 레크리에이션에 대한 성경적 이해는 그것이 하나님의 영광과 우리의 유익을 위해 하나님에 의해 주어지는 것이다. 그런 이해는 놀이가 하나님께 영광을 돌릴 수 있는 통로가 된다.

성경에 나오는 레크리에이션을 이해하려면 웃음, 안식일, 절기, 축제, 어린이다움, 춤, 뛰기, 여가, 스포츠, 음악과 같은 관련 개념도 이해할 필요가 있다. 이러한 일은 하나님의 임재와 은혜와 영광이 그의 언약 백성들에게 가장 분명할 때 가장 자주 나타난다.

1. 레크리에이션의 정의

레크리에이션은 일상생활에서 필요에 의한 관점, 기분 전환 및 휴식을 주는 창의적 자발성으로 가득 차 있는 비강제적이고 비실용적 활동이다. 하나님의 주권과 신실한 사랑에 비추어 볼 때 레크리에이션은 하나님 중심의 소망, 기쁨, 감사, 축하를 나타내고 격려해야 한다. 또한 세상의 타락하고 저주받은 상태에 비추어 볼 때, 레크리에이션은 그리스도께서 가져오시는 안식일의 쉼을 엿볼 수 있게 해준다. 복음에 근거한 레크리에이션은 하나님이 항상 일하시고 계시기 때문에 그의 자녀들이 쉴 수 있음을 상기시킨다.

레크리에이션이 주는 회복적 이점을 취하기 위해서는, 레크리에이션의 실제 결과가 거의 무의식 수준으로 희미해져야 쉼이 상실되지 않는다. 믿음과 소망을 가지고 사는 것은 본능적으로 놀고, 낮잠을 자고, 게임을 하고, 해변에서 산책하는 즐거운 제자의 길로 인도한다. 그러나 레크리에이션의 신학적 동기를 이해하면 그 기쁨과 자유가 증가할 것이다.

에덴 동쪽의 가시덤불과 엉겅퀴 가운데서, 휴양은 필요한 관점과 기분 전환과 휴식을 제공한다. 예술과 마찬가지로 레크리에이션은 타락한 세상에서 일상생활의 어려움에 얽매이지 않고, 자유를 주는 "반대환경"(Marshall McLuhan의 용어 사용)을 제공할 수 있다. 레크리에이션은 그리스도인의 삶의 부담을 마취하는데 사용되어서는 안 되며, 온 마음을 다해 그 부담을 짊어지는 것을 방지해야 한다. 오히려 레크리에이션은 무자비하게 나타나는 부담들로부터 희망적인 안식을 제공해야 한다. 우리 삶의 다른 모든 영역과 마찬가지로 레크리에이션도 성령께서 우리를 성화시키는 영향 아래 있어야 한다.

　그리스도인에게 레크리에이션은 삶을 하찮게 만드는 영향이어서는 안 된다. 레크리에이션은 시간낭비와 동의어가 되어서는 안 되며 하나님의 선하심을 증언해야 한다. 일상의 진지하고 열심인 노동이 선행되지 않은 레크리에이션은 생계를 꾸리는 일상의 귀중한 막간 역할을 할 수 있는 진정한 힘을 잃게 된다. 레크리에이션이 희망적인 관점을 주기보다는 단순한 기분전환으로만 작용한다면 실제로 구원이 절실히 필요한 세상에 진지한 변혁을 일으키는 참여를 막을 수 있다. 타락한 세상에서 삶의 어려움을 가장 잘 아는 사람들이 가장 잘 쉬고, 놀고, 웃을 수 있다. 이런 해방의 순간은 신자들에게 예수께서 만물을 새롭게 하실 때 오는 궁극적인 해방을 깨닫게 한다(계 21:5).

2. 창조

　레크리에이션은 창조주에게서 기원한다. 피조물에서 볼 수 있는 압도적인 예술적 다양성을 통해, 그 뒤에 지적인 설계자일뿐만 아니라 창의적이고 장난스럽고 화려한 예술가가 있음을 나타낸다. 피조물의 맛, 색깔, 소리, 질감, 모양의 순수한 다양성은, 창조주의 순수한 실용주의적 동기가 아님을 나타낸다. 하나님은 숙련된 건축가이자 창조적인 예술가이시다. 하나님은 스스로를 위해 아무것도 필요하지 않으시기에 (행 17:24-25; 시 50:9-12), 창조는 레크리에이션과 마찬가지로 의미가 있지만 하나님께 반드시 필요한 것은 아니다. 만물을 창조하시고 유지하시며 구속을 이루실 때 하나님의 기쁨과 영광이 그의 주된 동기이다(사 43:7; 마 10:26; 눅 11:21; 엡 1:5,9,11-12). 창조주와 그의 피조물을 기뻐하는 사람들에게는 창조가 즐거움과 기쁨의 원천이다.

3. 안식일

창조가 하나님의 의도한 상태에 도달했을 때 하나님은 쉬셨다(창 2:2-3). 그 휴식은 그분이 하신 일의 선함과 완전함을 보여주는 것이었다. 이것을 상기시키기 위해 안식일 준수는 하나님 백성의 중심 계명이 되었다(출 20:11). 안식일을 지키려면 하나님의 백성이 스스로 먹고사는 일에서 벗어나 일용할 양식이 어디에서 오는지 기억해야 했다. 창조주와 유지자는 자기 백성이 생존을 위한 노력을 균형감 있게 볼 수 있도록 매주 의무적인 휴식을 만드셨다. 하나님의 공급과 능력 안에서의 안식은 인간 중심적 삶의 관점을 공격하고, 우리가 자급자족한다는 생각은 흔적조차 버릴 것을 요구한다(사 41:13 - 14; 마 6:25 - 33; 약 4:13 - 17). 프레드 샌더스(Fred Sanders)는 자신의 글 "놀이 윤리: 심리학과 신학에서의 놀이 연구"에서 다음과 같이 말했다.

생산적인 일은 사람을 중독시킨다. 자신의 정체성과 명예를 자신이 만드는 것에 기반을 두고 싶은 유혹은 거의 저항할 수 없다. … 쉬면서 하나님을 기억하라는 명령은 인간의 생산성에 대한 도전이다. 휴식명령은 가장 힘들고 소모적인 작업조차도 멈추게 하고 상대화하는데, 중단될 수 있는 모든 것은 중요성에 있어 최고가 아니기 때문이다. 자만하는 사람들은 자기의 중요성을 깎아내리는 이 행위를 용납할 수 없다.

안식일 준수는 인간 중심주의나 자급자족 개념의 흔적이라도 공격한다. 레크리에이션, 휴식 및 놀이의 부족은 심각한 자만심의 신호일 수 있다. 이 중 어느 것도 인간의 노력, 주의력, 열정, 근면 또는 책임감을 약화시키기 위한 것이 아니다. 그럼에도 불구하고 인간의 활동은 항상 하나님의 가장 중요한 계획과 권능에 복종해야 한다. 베스트셀러 자기개발서는, 우리가 긍정적인 사고의 힘을 발휘하면 우주가 스스로 재정비하여 우리가 원하는 모든 것을 제공할 것이라고 말한다. 그러나 하나님은 이 신성모독적인 거짓말을 정죄하시고, 하나님 행세의 불가능한 역할에서 우리를 해방시키신다. 그분은 아이처럼 순수한 의존, 신뢰, 레크리에이션으로 인도하는 안식일의 자유와 휴식으로 우리를 부르신다.

4. 복음의 소망

그리스도의 구원 사업은 이 깨어진 세상에 자유와 치유를 공급함으로써 우리를 안식과 레크리에이션으로 이끈다. 그리스도 안에서 우리는 인간의 곤경이 고쳐질 수 있음을 본다. 기독교 세계관은 이 역기능적인 세상에서 삶의 끊임없는 어려움을 인식하지만, 창조하신 그분에 의해 세상이 구속되고 있다는 진리도 받아들인다(롬 8:18-39). 그리스도의 삶, 죽음, 부활로 말미암아 우리는 깨어진 가운데서 소망을 갖게 되었다. 그 자체가 목적일 때, 휴양은 인간을 곤경에 대처하지 못하게 하는 하찮은 우상이 될 수 있다. 그러나 복음에 대한 소망에 근거할 때, 휴양은 인생에서 가장 위대하고 용기를 주는 기쁨 중 하나가 될 수 있다.

5. 레크리에이션과 다가오는 하나님 나라

성경에서 가장 감동적인 레크리에이션의 이미지는 다가오는 하나님의 나라에서 경험할 기쁨과 자유를 표현하려는 시도에서 나타난다. 이 이미지들 중 가장 생생한 것은 스가랴 8장 5절이다: "그 성읍 거리에 소년과 소녀들이 가득하여 거기에서 뛰놀리라."(사 11:8~9; 렘 30:18~19; 31:4,13-14). 더 이상 죄와 저주의 영향으로 방해받지 않는 겁 없는 어린애 같은 놀이는 하나님 나라에 대한 핵심 은유이다.

6. 천국: 영원한 휴양

그리스도인의 휴양은 하나님을 아버지로 알고 그분이 세상을 이기셨으며 이 승리의 전리품을 자녀들과 풍성하게 나누기를 좋아하신다는 것을 믿는 사람들의 반응이다. 하나님의 구원 능력은 그 백성에게 큰 기쁨을 준다(시 126:2). 이 기쁨은 삶이 잔인할 때도 느낄 수 있다. 누가복음 6:21은 이 개념을 이해한다. "지금 주린 자는 복이 있나니 너희가 배부름을 얻을 것임이요 지금 우는 자는 복이 있나니 너희가 웃을 것임이요." 텅 빈 배와 눈물은 이야기의 전부도 끝도 아니다. 하나님은 언젠가 최고의 치유를 주실 것이다.

7. 결론

레크리에이션은 다른 모든 것과 마찬가지로 하나님의 영광을 위해 행해져야 한다(고전 10:31, 골 3:17). 만왕의 왕의 소망 있고, 용서받은 자녀로 레크리에이션하면, 그것은 하나님께 영광을 돌리고 마지막 안식을 맛보게 할 수 있다. 그리스도인 생활에서 여가 활동을 인식하지 못하는 것은 독실한 체하는 것으로, 경건을 경직으로, 성화를 답답함으로 쉽게 바꿀 수 있다. 우리는 하나님을 심각하게 받아들여야지 결코 우리 자신을 심각하게 받아들여서는 안 된다.

하나님은 우리가 그분의 자유롭고, 용서받고, 안전한 자녀로서 그분께 다가오도록 초대하신다. 우리는 타락한 세상으로 인해 상한 마음과 건강한 두려움을 가지고 거룩하신 하나님께 나아가야 한다. 그러나 또한 하나님의 백성은 기뻐하고, 노래하고, 춤추고, 놀고, 웃으라고 부름 받았다. 왜냐하면 우리는 만물의 주인이 그분의 완전한 계획을 실행하고 계신 것을 알기 때문이다. 그것은 결혼피로연, 완벽한 해결, 휴식으로 끝나는 멋진 이야기이다. 하나님의 주권적인 능력과 사랑의 친절에 대한 확실한 소망 때문에, 성대한 결혼피로연이 아직 시작되기도 전이지만 떠나 쉬고 노는 것이 가능한 것이다.

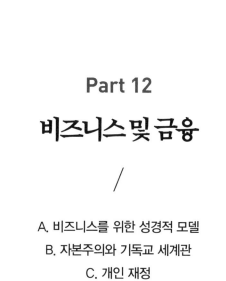

Part 12

비즈니스 및 금융

/

A. 비즈니스를 위한 성경적 모델
B. 자본주의와 기독교 세계관
C. 개인 재정

A.
비즈니스를 위한 성경적 모델

Darin W. White and Danny Wood

만약 당신이 그리스도를 따르는 사업가로 일한다면, 당신의 기독교 세계관이 직장의 일상생활에 어떤 영향을 미치는가? 사업의 세계는 영업사원과 고객, 직원과 고용주, 회사 내 조직도의 위, 아래 와 동료 간의 관계를 기반으로 한다. 대부분의 사업가들은 매일 수십 명과 교류한다.

그리스도를 따르는 사람으로서 사업가는 모든 관계를 하나님께 영광을 돌릴 수 있는 기회로 여겨야 한다. 이사야는 하나님께서 자신의 영광을 위해 우리를 창조하셨다고 말한다. "내가 북쪽에게 이르기를 내 놓으라 남쪽에게 이르기를 가두어 두지 말라 내 아들들을 먼 곳에서 이 끌며 내 딸들을 땅 끝에서 오게 하며 내 이름으로 불려지는 모든 자 곧 내가 내 영광을 위하여 창조한 자를 오게 하라 그를 내가 지었고 그를 내가 만들었느니라."(사 43:6-7).

하나님은 그분께 영광을 돌릴 수 있도록 우리를 창조하셨기 때문에 사업가로서의 역할을 그 소명을 수행할 기회로 여겨야 한다. 고린도전서 10:31에 "먹든지 마시든지 무엇을 하든지 다 하나님의 영광을 위하여 하라"고 했다. 하나님의 형상대로 창조되었다는 것은 하나님의 성품을 반영해야 한다는 것을 의미한다. 다시 말해서 우리는 사업 관계에서 성령의 열매를 나타내야 한다. 갈라디아서 5:22-23에는 "사랑과 희락과 화평과 오래 참음과 자비와 양선과 충성과 온유와 절제"가 나와 있다.

그러나 실질적으로 이것이 사업 세계에서 어떻게 보일까? 적어도 세 가지 함의가 있다. 첫째, 성경적 세계관은 최선을 다해 탁월하게 일할 동기를 부여한다. 바울은 골로새서 3장 23~24절에서 "무슨 일을 하든지 마음을 다하여 주께 하듯 하고 사람에게 하듯 하지 말라. 이는 기업의 상을 주께 받을 줄 아나니 너희는 주 그리스도를 섬기느니라."

둘째, 최고의 직원이 되도록 노력해야 한다. 일이 힘들고 상사가 불공평할지라도 그 문제에 대해 투덜거리거나 원망하거나 게으른 태도로 대응해서는 안 된다. 우리는 주님을 대변한다. 우리는 "그리스도의 대사"(고후 5:20)이다. 궁극적으로 우리의 공연은 한 분의 관객을 위한 것이어야 한다. 우리는 무엇보다 하나님을 기쁘시게 하는 것을 목표로 한다. 골로새서 3: 23의 첫 부분은 "무엇을 하든지"라고 말한다. 그것은 "당신이 하는 특정한 일들에서" 또는 "당신이 하는 몇 가지 일들에서"라고 말하지 않는다. 무슨 일을 하든지 주님을 위한 것이며, 그를 섬기는 것이라고 말씀하고 있다. 그러므로 정규직이든 시간제이든, 경영이든 비경영이든, 열정과 전심으로 일해야 한다.

우리는 모든 일에서 "사람을 위하지 않고 주를 위하여"(골 3:23) 일해야 한다. 그것은 생계를 위해 하는 일에도 가치를 더한다. 이러한 마음가짐 때문에 책임감도 커진다. 이는 하나님이 모든 것을 보고 계시고 우리가 무슨 일을, 어떤 방식으로 했는지 그분 앞에서 결산해야 한다는 것을 상기시켜 주기 때문이다. 성경적 세계관으로 일을 본다면, 탁월한 노력과 태도로 다른 사람들의 모범을 보이고, 회사에 더 많은 가치를 부여해서, 예수 그리스도의 좋은 소식을 공유할 수 있는 더 큰 플랫폼을 얻게 될 것이다.

셋째, 성경적 세계관은 우리로 하여금 그리스도와 같은 종의 자세를 가진 섬기는 지도자가 되도록 동기를 부여한다. 요한복음 13:15-16에서 예수님은 "내가 너희에게 행한 것 같이 너희도 행하게 하려 하여 본을 보였노라. 내가 진실로 너희에게 이르노니 종이 주인보다 크지 못하고 사자가 그를 보낸 자보다 크지 못하도다."라고 말씀하신다.

예수님은 제자들에게 종의 마음가짐을 가지라고 끊임없이 가르치셨다. 어떤 사람이 뛰어나거나 더 잘하려고 노력하는 것은 문제가 없었지만 삶의 자리에 관계없이 종이 되어야 함을 상기시키셨다. 예수님은 제자들의 발을 씻겨주실 때 우리에게 종의 본보기를 보여주셨다. 이것은 보통 신분이 낮은 섬기는 종의 책임이었다. 그 후 예수님은 인류의 죄를 위해 기꺼이 십자가에 달려 죽으심으로 가장 위대한 섬김을 보이셨다.

그리스도인으로서 우리는 종의 태도를 가져야 하며, 일을 완수하기 위해 필요한 것은 무엇이든 기꺼이 해야 한다. 사업에 위기가 있을 때, 일을 정상으로 되돌리기 위해 필요한 모든 일(직무의 일부이든 아니든)을 기꺼이 해야 한다. 우리는 다른 사람들에게 정기적으로 봉사할 방법을 찾아야 한다. 그렇게 함으로써 다른 사람을 도울 뿐만 아니라 조직의 가치를 높일 것이다.

사람이 섬기는 자세를 취할 때는 팀 플레이어가 된다. 이것은 자기 자신, 자기의 영역, 다른 것들이 어떻게 자신에게 영향을 미칠 것인지에만 관심을 두는 지하창고 건설자(silo-builder), 잔디 관리자의 사고방식[25]으로 사는 사람과 반대이다. 다른 사람들을 위해 기꺼이 희생하고, 봉사하는 팀 플레이어가 되는 것은 팀에 단합의 정신을 가져오고 성공 가능성을 높일 것이다.

지도자의 위치에 있는 사람은 예수님께서 인도하실 때 제자들을 품으신 것처럼, 섬기는 리더십을 가져야 한다. 직원들은 그리스도인 사장과 관리자를 섬기기 위해 그곳에 있는 것이 아니다. 오히려 그 지도자들은 그들의 직원들과 함께 봉사해야 한다. 배려하고 겸손한 종의 정신을 가진 지도자들은 실제로 그러한 방식으로 봉사하도록 동기를 부여하시는 예수님에 대해 나눌 새로운 기회를 가질 것이다.

넷째, 성경적 세계관은 우리를 진정성 있는 사람으로 이끈다. 잠언 10:9에 "바른 길로 행하는 자는 걸음이 평안하려니와 굽은 길로 행하는 자는 드러나리라"라고 했다. 마찬가지로 잠언 28:6은 "가난하여도 성실하게 행하는 자는 부유하면서 굽게 행하는 자보다 나으니라."라고 말한다.

진정성은 정직, 개방성 및 공정성에 대한 개인적인 헌신을 가지고 행동하는 것이다. 그것은 단순히 도덕적, 원칙적 생각이나 입장을 붙드는 것이 아니라 그것을 행하는 것이다. 성품 테스트를 위한 벼락치기 공부는 없다. 시험은 항상 깜짝 퀴즈로 오기 때문에 신자는 늘 자신의 행동을 구체화하고 실천하는 자질을 결정해야 한다.

성경적 세계관을 수용하는 그리스도인으로서 우리는 모든 거래에서 정직할 것이다. 지키지 못할 약속은 하지 말아야 한다. 제품이나 회사에 대해 허위진술해서는 안 된다. 거짓말을 해서는 안 된다. 경비 보

---

25 사일로 사고방식, 즉 지하탱크처럼 사방으로 벽을 쌓고 그 안에서 혼자 격리된 사람의 사고방식.

고서를 속이거나 판매 수치를 날조해서는 안 된다. 대신 황금률을 일상적으로 실천해야 한다. 남에게 대접을 받고자 하는 대로 남을 대접해야 한다(마 7:12).

진정성은 좋은 리더십에 필수적이다. 카리스마 넘치는 성격으로 사람들을 주변에 모을 수는 있지만 진정성만이 그들을 옆에 머물게 할 것이다. 리더의 언행에 일관성이 있음을 보고 듣는 직원들이 많을수록, 그들의 자기 업무에 대한 일관성과 충성도가 높아진다.

우리가 하는 일은 우리의 인간됨에서 흘러나온다. 겉사람은 속사람을 반영한다. 우리 속사람이 어떤 사람인가에 따라, 겉 사람이 결정될 것이다. 성경적 세계관을 가지면 진정성있게 살도록 이끌 것이며, 일을 통해 만나는 모든 사람에게 하나님 나라의 영향을 미칠 수 있는 기회를 줄 것이다.

B.
자본주의와 기독교 세계관

Walter J. Schultz

자본주의는 자유, 애플파이, 사커 맘[26]과 잘 어울릴 것 같은 용어이다. 대부분은 아니더라도 많은 서구 그리스도인들은 분명히 동의할 것이다. 하지만 과연 그럴까?

21세기 초반의 글로벌 금융위기로 많은 사람들이 자유시장 자본주의에 대한 신뢰를 잃었다. 예를 들어, 한때 자유시장 자본주의를 강력하게 옹호했던 리처드 포스너(Richard Posner)는 자신의 저서 『자본주의의 실패』(*A Failure of Capitalism*)에서 이에 대해 심각한 우려를 표명했다.

그러면 수많은 언덕에 있는 모든 가축을 소유하신 분이 하나님이시며, 삶이 소유의 풍부에 달려있지 않은 것, 우리 자신이 우리의 소유가 아니며 우리의 재능, 재물, 은혜의 진짜 소유주가 아니라 단지 그것을 관리하는 청지기일 뿐인 것, 그리고 그 직분에 대해서 하나님 앞에서 언젠가는 해명해야 할 것을 믿는 자로서, 우리는 자본주의를 어떻게 생

---

26 미국의 중산층 기혼여성으로 방과후 아이들의 축구연습을 지켜볼 정도로 교육에 열성적인 엄마들을 일컫는 말.

각해야 하는가?

1. 자본주의 정의

자본주의에 대한 몇 가지 다른 개념이 있다. 따라서 어떤 개념을 취하고 있는지 먼저 확인해야 한다. 그런 다음 재산, 청지기 직분, 정체성에 대한 성경적 개념이 어떻게 작용하는지 저울질해야 한다. 자 그럼 처음부터 시작하자.

인간에게는 기본적인 욕구가 있으며, 물질에 대한 욕구는 필요, 불필요와는 별개의 문제다. 인간은 그런 필요와 욕구를 충족시켜 줄 것이라고 믿는 행동을 취한다. 때때로 이 작업은 성공하기도 하지만, 대부분 성공하지 못한다. 필요, 욕망, 합리적 행동 - 이러한 개념은 종종 경제학의 공리로 간주된다. 경제학은 한 무리의 사람들이 뭔가를 생산하고, 누가 그 중 얼마를 가져갈지 결정해야 할 때, 그에 관련된 문제를 연구하는 사회과학이다.

1776년 아담 스미스(Adam Smith)는 개인이 자신의 이익을 추구할 때 마치 "보이지 않는 손"에 의해 공동선을 달성하는 것처럼 함께 인도된다고 주장함으로써 당시 세계 경제와 우리 시대의 의식을 형성했다. 스미스의 생각은 개인의 합리적이고 자발적인 행동은 누가 무엇을 생산하고, 누가 무엇을 얻는지에 대한 두 가지 질문에 답하기 위해 아직 밝혀지지 않은 방식으로 결합된다는 것이다.

그의 주장은 재산과 생산 능력을 누가 소유하고 있는지에 대한 더 깊은 질문을 제기한다. 순수 자본주의하에서 모든 재산과 부는 사유재산이다. 개인은 무엇을 생산할 것인지, 어떻게 처리할 것인지, 이윤으로 무엇을 할 것인지 스스로 결정한다. 대조적으로 순수 사회주의에서는 모든 것이 집단적으로 소유되고 그 집단의 대표자들이 무엇을 생산하고 누가 무엇을 얻는지를 결정한다. 순수 자본주의나 순수 사회주의는 어느 나라에도 존재하지 않는다. 모든 현대 국가의 접근방식은 사유재산과 집단소유재산 제도가 결합된 연속선상의 어딘가에 있다. 미국은 순수 자본주의의 극단에 더 가깝다. 중국은 순수 사회주의의 극단에 가깝다. 도로, 공원, 국방을 위해 국가가 최소한 우리자산의 일부와 중요한 경제적 결정을 내리는 것이 당연하다는 점을 감안하면, 자본주의 개념의 핵심은 혼합된 사유재산 경제제도라는 것이다. 자본주의는 더 다듬어져야 한다.

2. 자본주의와 사유재산

어떤 사람들은 자본주의가 바람직하지 않은 것으로 취급하지만, 그들이 염두에 두고 있는 것은 실제로는 다른 것이다. 자본주의를 사유재산의 오용을 가리키는 말로 사용하는 것이며, 착취, 탐욕 또는 억압의 경멸적인 동의어이다. 이런 정의는 개인의 재능, 영적 은사를 포함한, 하나님의 모든 선물에 대한 개인의 청지기 직분에 사유재산을 인정하는 성경과 반대되는 것이다. 타락한 인간이 이런 청지기 직분을 갖고 있기 때문에 그 권한의 오용과 남용이 일어나게 되어 집단적인 영향을 미치게 된다. 따라서 사유재산 경제체제는 기본적으로 선한 것으로 간주 되어야 한다.

사유재산 경제체제는 분업과 전문화를 통해 인류 역사상 가장 높은 생활수준을 구현한 강력한 사회적 제도이다. 여기까지는 아담 스미스가 옳았다. 물론, 지구상의 모든 사람이 평등하게 혜택을 받는 것도 아니고, 노력과 훈련을 공평하게 하는 것도 아니다. 양쪽 모두에서 분명한 차이가 있다.

또한 이윤을 남기려는 동기를 탐욕과 혼동하는 사람들도 있는데 이는 잘못이다. 사람들이 필요로 하거나 합법적으로 원하는 제품을 제공하기 위해 사업하는 기업가를 포함하여 모든 노동자는 임금을 받을 자격이 있다. 우리는 관심을 청지기 직분의 오용이나, 부의 불평등, 탐욕이나 이익을 어떻게 생각하느냐에 초점을 맞추는 것이 아니다. 우리의 관심은 혼합된 사유재산 경제체제의 최적 운영에서 도덕의 역할과 그것이 성경에 어느 정도 뿌리를 두고 있지만 성경이 하나님의 말씀인 것을 부정하는 사람들에게도 적용될 수 있는지 이해하는 것으로 제한되어야 한다.

3. 자본주의의 세 가지 개념

사유재산 경제체제로서의 자본주의에 대한 세 가지 경쟁하는 개념이 우리의 관심을 끌고 있다.

순수 자본주의에서 시장은 사회적 상호작용의 "도덕과 무관한 영역", 즉 다른 사람의 침입으로부터 분리되어 남아 있는 "신성한 영역"이라고 주장한다. 도덕이 시장의 공동선을 달성하는 데 아무런 역할도 하지 못한다는 생각이다. 많은 판사, 정책 입안자, 경제학자, 경제학 교사 및 일반 사람들은 스미스의 "보이지 않는 손"이라는 가격조정 메커니즘의 관습을 따르는 한 경제적 상호작용에서 도덕이 설 자리가 없다는 의미로 받아들인다. 이 개념은 재산과 청지기 직분에 대한 성경적 관점에서 뿐만 아니라 실제와 이론에서도 널리 퍼져 있지만 잘못되었다(W. Schultz, *Moral Conditions of Economic Efficiency*).

합리적 이기적 자본주의는 비윤리적 행동의 부작용이 없다고 가정함으로써 이론상으로만 작동하는 버전이다. 그것은 분명히 공동선의 성취를 위한 도덕적 조건 속에 성경에 근거한 견해가 포함되는 것을 허용하지 않는다. 그리스도인은 합리적 이기적 자본주의의 태도와 관행을 거부하고 재산에 대한 성경적 견해와 진정한 기독교 청지기 직분의 책임과 동기에 대한 명확한 감각을 회복해야 한다.

마지막으로, 책임있는 자본주의는 효율적인 사유재산 경제체제에 도덕이 필수적이라고 주장한다. 도덕은 사람들이 자신과 서로에게 책임을 질 때만 효과가 있다. 자본주의에 대한 관점만이 그리스도인이 받아들일 만한 가치가 있으며, 우리의 수용은 평가받아야 한다. 우리는 재산에 대해 경제적 이론화와 부의 사용에 대해, 청지기직의 동기와 목적에 대해, 성경적 견해를 받아들여야 한다. 책임있는 자본주의는 시장 상호작용의 효율적인 결과를 일관되게 이끌어내는 민주적 사유재산 경제체제를 원하는 한, 어떤 도덕적 또는 종교적 신념을 고수하는 사람들 사이에서도 작동할 것이다. 그러므로 우리는 모두 모든 국가를 위한 책임있는 자본주의를 위해 순수자본주의와 합리적 이기적 자본주의를 거부해야 한다.

4. 오늘날의 자본주의

17세기와 18세기 영국 도덕이론이 신학적 윤리에서 등을 돌린 것은 사람들이 인정한 것보다 훨씬 더 중요한 의미가 있었다. 아담 스미스의 이신론적[27] 견해는 재산에 대한 성경적 견해를 효과적으로 배제했다(Peter Minowitz, 이윤, 성직자들, 왕족들: 아담 스미스에 의한 정치와 종교로부터 경제의 해방, *Profits, Priests and Princes: Adam Smith's Emancipation of Economics from Politics and Religion*, 7장). 그럼에도 불구하고 대리인들이 재산에 대한 성경적 이해를 공유하고, 그 재산의 청지기 직분에 의해 동기가 부여될 때, 대리인들 역시 시장 상호작용의 경제적 효율성을 보장하는 권리를 지키기 위해 필요한 내부 자극을 갖게 될 것이다.

그런 도덕적 자본주의는 대리인이 원하는 것을 자유롭게 생산하고 구매하고 가난한 사람들을 돕기 위한 기준절차를 제공할 것을 요구하지만 그리스도인은 더욱 제약을 받는다. 예수님께 속한 우리는 값으로 사신 것이다. 실제로 우리는 아무것도 소유하지 않는다. 우리의 소유와 생계를 위한 일, 그리고 그것들이 우리의 정체성에 미치는 영향은 이런 진리에 근거한다.

그리스도를 따르는 자로서 우리의 소명은 방종한 소비주의적 삶이 아니다. 우리는 하나님이 주권적인 자비로 맡기신 모든 재능, 은사, 은혜, 부의 청지기이다. 복음과 그의 나라와 그의 영광을 위해 경제활동에 다시 헌신하자. 그래야만 우리의 장기적인 번영과 행복을 보장할 수 있을 것이다.

---

27 이신론(deism): 계몽주의 이후 생겨난 이성적인 신론. 하나님은 법칙과 환경을 마련하신 후 세상에 일체 개입하지 않으신다는 신론.

C.
개인 재정

Timothy D. Dockery

성경은 돈에 대해 많이 언급한다. 돈이나 부에 관한 주제는 신약에서만 70회 이상 언급된다. 21세기에 살고 있는 그리스도인이 1세기 또는 그 이전에 개략적으로만 설명된 원칙을 사용하여 재정에 대해 올바르게 생각할 수 있을까? 당신이 올해 내린 모든 결정에서 얼마나 돈이 많은지 또는 부족한지에 영향을 받았는지 생각해 보라. 집과 스타벅스 중커피를 어디에서 마실 것인지 하나를 선택하라? 교회에 십일조를 낼 것인지, 아니면 신용카드 청구서를 결제할 것인지 선택한 적이 있는가? 다음 식사를 어떻게 사야 할지 막막했던 날이 있었을 수도 있다. 다음은 성경이 돈을 저축하고, 빚을 지고, 베푸는 일에 대해 어떻게 설명하는지에 대해 간략한 개요를 제공한다.

1. 저축: 할 것인가, 말 것인가?

마태복음 6:26-29에서 예수님은 말씀하셨다.

"공중의 새를 보라 심지도 않고 거두지도 않고 창고에 모아들이지도 아니하되 너희 하늘 아버지께서 기르시나니 너희는 이것들보다 귀하지 아니하냐. 너희 중에 누가 염려함으로 그 키를 한 자라도 더할 수 있겠느냐. 또 너희가 어찌 의복을 위하여 염려하느냐 들의 백합화가 어떻게 자라는가 생각하여 보라 수고도 아니하고 길쌈도 아니하느니라. 그러나 내가 너희에게 말하노니 솔로몬의 모든 영광으로도 입은 것이 이 꽃 하나만 같지 못하였느니라"

그리고 같은 장 앞부분에서 예수님은 "너희를 위하여 보물을 땅에 쌓아 두지 말라 거기는 좀과 동록이 해하며 도적이 구멍을 뚫고 도적질하느니라. 오직 너희를 위하여 보물을 하늘에 쌓아 두라"(마 6:19-20)라고 하셨다.

이 구절들은 그리스도인이 돈을 저축하는 것을 반대하는 것처럼 보이지만 성경의 여러 구절은 저축을 권장한다. 예를 들어 잠언 21:20에서는 "지혜 있는 자의 집에는 귀한 보배와 기름이 있으나 미련한 자는 이것을 다 삼켜 버리느니라"라고 말한다. 이 조언의 지혜는 주식 시장 및 기타 투자가 빠르게 가치를 잃는 상황에서 여러 번 입증되었다. 경기침체 기간 동안 많은 사람들이 은퇴 때까지 일하려고 계획했던 직장에서 해고된다. 성경은 풍족한 때에 저축하여 이런 때에 대비할 것을 권고한다.

그렇다면 그리스도인이 해야 할 일은 무엇인가? 내일을 위해 가능한 한 많이 저축할 것인가, 아니면 오늘 모든 것을 주어버리고 미래의 공급을 위해 주님을 신뢰할 것인가? 위에 인용된 구절만 보면 우리가 상호 모순되는 조언을 받는 것처럼 보일 수 있다. 그러나 사실 성경은 균형을 옹호한다. 예상치 못한 미래비용에 대비하여 급여를 받을 때마다 돈을 저축하는 것이 현명하다. 월급을 받을 수 없는 날이 올 수 있음을 알기에 매달 퇴직연금을 납부하는 것이 현명하다. 그러나 하나님께서 주신 모든 돈이나 재능을 쌓아두지 않는 것도 중요하다. 저축할 때 궁극적으로 하나님이 공급자이심을 기억해야 한다. 하나님께서 그 돈을 마련하셨다는 것을 기억하면 십일조를 하거나 도움이 필요한 다른 사람을 위해 그 돈을 더 쉽게 그분께 되돌릴 수 있다. 따라서 힘든 때를 위해 돈을 저축하라. 그러나 힘든 시기에 그것을 쓰는 것이나 엄청난 어려움과 싸우고 있는 이웃을 위해 사용하는 것은 두려워하지는 말라

2. 그리스도인과 재정적 부채

연방준비위원회의 2013년 통계에 의하면 미국가정의 평균 신용카드 부채는 약 15,000달러, 모기지 부채 150,000달러, 학자금 대출은 32,000달러이다. 많은 미국인은 현재의 생활 방식을 유지하기 위해 부채에 의존한다. 그러나 부채는 과거의 결정이 현재의 지출결정을 통제하게 하는 부담이므로 우리가 관대해지는 것을 방해할 수 있다. 상당한 부채는 당신의 소명에 대한 하나님의 부르심에 응답하는 능력을 방해할 수도 있다. 성경은 그리스도인들의 빚지는 것을 금하고 있지만, 절대적으로 금하지는 않는다(롬 13:8).

물건을 사기 위해 빚을 지는 것은 종종 자원을 제대로 사용하지 않는 것이다. 물건을 사기 위해 돈을 빌리면 물건의 전체 비용을 지불해야 하고 부채를 완전히 갚을 때까지 이자를 지불해야 하기 때문에 실제로 구입비용이 더 많이 든다. 예를 들어, 5년 동안 20,000달러의 자동차

를 10%의 이율로 융자했다면 실제로 현금을 지불했을 때보다 5,500달러 더 많은 비용이 든다. 빚지지 않는 것은 하나님께서 당신에게 맡기신 자원으로 더 많은 일을 하는 방법이다.

그럼에도 불구하고 21세기 경제에서는 집 구입, 교육비 지불, 응급 의료비 지불을 위해 돈을 빌려야 하는 상황이 있다. 갚을 수 있는 필요에 대해서만 빌리는 한 빚이 있어도 여전히 훌륭한 청지기가 될 수 있다. 성경 전체에 걸쳐 그리스도인들은 더 많이 베풀도록 격려를 받으며, 빚에 얽매이지 않는다면 베푸는 삶을 실천할 가능성이 더 높아진다.

3. 헌금과 십일조에 대한 그리스도인의 생각

신약에서 돈에 대한 압도적인 기대는 관대함이다. 사도행전 20장 35절은 "범사에 여러분에게 모본을 보여준 바와 같이 수고하여 약한 사람들을 돕고 또 주 예수께서 친히 말씀하신 바 주는 것이 받는 것보다 복이 있다 하심을 기억하여야 할지니라."라고 훈계한다. 그렇다면 오늘날 그리스도인은 어떻게 십일조와 관대함을 실천해야 하는가?

구약 시대에는 십일조가 엄격하게 요구되었다. 모든 이스라엘 백성은 자신이 번 것 또는 성장한 모든 것의 10%를 성전에 바쳐야 했다. 몇 가지 십일조가 필요했기 때문에 전체 헌금을 10%의 전통적인 "십일조"(민 18장, 신 14장)보다 훨씬 더 많이 바쳤을 것이다. 대조적으로, 신약은 그리스도인이 나누어야 할 정확한 양이나 백분율을 지정하지 않지만 많은 학자들은 구약에 행한 최소한이 기준을 정한다고 믿는다. 형통한 대로 후히 베풀라(고전 16:2). 베푸는 방법을 알려주는 정확한 공식이 없을 수도 있지만 관대함에 대한 훈계는 설득력이 있다. 누가복음 6:30

에서 예수님은 "네게 구하는 자에게 주며 네 것을 가져가는 자에게 다시 달라 하지 말며"라고 말씀하셨다. 누가복음 3:11에 "옷 두 벌 있는 자는 옷 없는 자에게 나눠 줄 것이요 먹을 것이 있는 자도 그렇게 할 것이니라."라고 했다.

결론적으로 하나님은 하나님의 지혜를 구하고 그가 주신 것으로부터 아낌없이 드릴 수 있도록 우리에게 맡겨주신 금융자산을 잘 관리하도록 우리를 부르신다. 그리스도인은 부채를 피하고, 정기적으로 저축하고, 생활수준 이하로 생활함으로써 항상 줄 수 있는 것을 실천할 수 있다. 결국 하나님께 가장 중요한 것은 마음이다. 고린도후서 9:7에서는 이렇게 지적한다. "각각 그 마음에 정한 대로 할 것이요 인색함으로나 억지로 하지 말지니 하나님은 즐겨 내는 자를 사랑하시느니라."

Part 13

기독교 세계관과 사역

/

A. 기독교 정신의 위기

B. 성경적 형성

C. 기독교 세계관의 설교와 가르치기

D. 개인 전도의 윤리

E. 영적 전쟁

F. 복음과 사회 사역

G. 리더십과 성경적 윤리

H. 예배와 섬김

1995년 토마스 케이힐은 도발적인 제목의 책, 『어떻게 아일랜드인이 문명을 구했는가?』(*How the Irish Saved Civilization?*)를 출판했다. 그는 다음과 같이 주장했다.

> 아일랜드는 흠잡을 데 없는 영광의 순간을 가졌다. … 로마제국이 멸망하고 유럽 전역에 씻지 않아 더러운 것이 엉겨 붙은 야만인들이 로마 도시로 내려와 유물을 약탈하고 책을 불태우자 이제 막 읽고 쓰는 법을 배우던 아일랜드인들이 모든 서양 문헌들을 베끼는 엄청난 노동을 떠맡았다(p. 3).

선교사 정신을 가진 아일랜드 수도사들은 나중에 고립된 섬에 보존되어 있던 것을 다시 대륙으로 가져와 유럽 문명을 재건했다. 그리고 그것이 아일랜드인이 문명을 구한 방법이라고 케이힐은 결론지었다.

그러나 케이힐의 연구에는 눈에 보이는 것보다 더 많은 것이 있다. 라틴 문학의 상실과 문맹의 유럽이 확립하지 못했을 위대한 민족적 유럽문학의 발전을 넘어 아일랜드 사람들이 없었다면 서구에서 다른 무엇인가가 멸망했을 것이라고 케이힐은 지적한다. 그것은 "생각을 장려하는 마음의 습관이다."

1. 이것이 왜 중요할까?

케이힐은 계속해서 다음과 같이 평가했다. "이슬람이 중세에 확장을 시작했을 때 그들의 계획에 대한 저항이 거의 없었을 것이다. 단지 흩어져 있는 정령숭배 부족만이 새로운 정체성을 가질 준비가 되어 있을 뿐이다"(pp. 193 - 194). 맹공격에 맞서기 위한 강인한 정신이 없었다면, 그리고 거기에 그리스도인 정신이 없었다면 서방은 십자가 대신 초승달 아래에 있었을 것이다.

마음의 습관이 오늘날보다 더 중요한 적이 없었다. 윈스턴 처칠은 1943년 하버드 대학 연설에서 "미래의 제국은 마음의 제국이다"라고 선견지명으로 말했다. 옥스퍼드 신학자 앨리스터 맥그래스는 이 연설을 회고하면서 처칠의 요점은 서구문화에서 거대한 전환이 일어나고 있으며 그 안에 살고 있는 모든 사람들에게 막대한 영향을 미친다는 점에 주목한다. 새로운 세계의 힘은 과거 제국처럼 민족국가가 아니라 이데올로기일 것이다. 이제 국가가 아니라 생각이 사람들을 사로잡고 미래를 정복할 것이다. 세계정복의 출발점은 이제 인간의 마음이 될 것이다(무신론의 황혼, *The Twilight of Atheism*, p. xi).

이번에는 우리를 구하기 위해 아일랜드인보다 더 많은 것이 필요할 수 있다.

"우리는 그리스도를 위해 세상을 '정복'하는 것에 대해 이야기할 수 있다. 그런데 우리가 말하는 '정복'이란 무엇인가?" 존 스토트가 묻는다. "무력에 의한 승리가 아니다. … 이것은 생각의 싸움이다."(*당신의 마음은 중요하다: 그리스도인의 삶에서 마음의 위치*, pp. 20 - 21). 그러나 놀랍게도 전사는 거의 없다. 그리스도를 따르는 사람들은 너무 자주 개인적인 경건과 선행으로 후퇴하거나 BBC의 한 논평가가 말했듯이 "그리스도인들은 너무 단순한 '감정'과 '자선'을 주려했다." 이슬람이 제기한 도전에 대해 구체적으로 말하면서 그는 다음과 같이 덧붙였다. 필요한 것은 그날의 문제에 적용할 더 "냉철한 생각"이었다.

남은 것은 그 일을 위해 냉철하게 생각할 사람들이 있는지 여부이다. 이 시대의 위험은 기독교 정신이 가장 필요할 때 그리스도인들이 정신에 대한 필요성을 거의 나타내지 않으며, 결과적으로 그 정신을 발전시키려는 결의도 서 있지 않은 것이다. 미성숙한 마음이 전투에 대비한 마음보다 더 좋다는 인식도 있다. 리처드 호프스태터는 퓰리처상을 수상한 저서인 『미국생활의 반 지성주의』에서 "복음주의 정신"을 미국의 반지성주의의 주요 원천 중 하나로 확인했다. 그는 많은 그리스도인들이 겸손한 무지가 교양있는 마음보다 훨씬 더 고상한 것으로 받아들임을 지적한다(pp. 55-80).

지성에 대한 그런 평가절하는 기독교 역사에서 최근에 일어난 일이다. 그리스도인들이 이성의 역할과 위치에 대해 오랫동안 투쟁해 왔지만, 정신 자체의 중요성은 지금까지 의문의 여지가 없었다. 철학을 거의 사용하지 않았고 "아테네(철학)가 예루살렘(신앙)과 무슨 관계가 있는가?"라는 질문으로 유명했던 초대 교회 교부인 터툴리안(160-220년경)조차도 정신의 중요성에 대해 의문을 제기한 적이 없다(*이단자의 묘사에 관하여* 6, On the Proscription of Heretics 6, 3:246). 터툴리안의 확신은, 사도 바울이 고린도 교회에 하나님의 어리석음이 사람의 지혜보다 더 지혜롭다고 하는 것과 같이(고전 1:25), 기독교 사상의 윤곽을 알려주는 면에서 그리스 철학이 제공한 것은 거의 없다는 것이었다. 그러나 터툴리안과 바울은 미성숙한 정신을 찬양하는 어떤 반지성주의도 완전히 경멸했을 것이다.

성경 저자들의 세계관 깊숙이, 그리고 마찬가지로 초대 교부들의 마음속에도 완전한 인간은 생각하는 인간이라는 이해가 있었다. 오늘날까지 우리는 스스로를 "생각하는 존재"를 의미하는 호모 사피엔스의 종족이라고 부른다. 이것은 단순한 과학적 분류가 아니라 영적인 것이다. 우리는 하나님의 형상대로 창조되었으며 그 형상 안에서 가장 소중하고 고귀한 역동 중 하나는 생각하는 능력이다. 이것은 신성한 이미지의 가장 성스러운 반영 중 하나이며, 또한 우리가 하나님과 상호작용하는 기초가 된다. 하나님께서 이사야 선지자를 통해 친히 말씀하셨다. "오라 우리가 서로 변론하자"(사 1:18).

예수님은 우리의 정신이 하나님과의 관계 속에서 사는 삶의 필수적 요소임을 분명히 하셨다. 인간이 하나님께 정성을 다하는 것을 마음과 뜻과 힘이 관련된 것으로 요약할 때, 예수께서는 신명기의 원래 표현에 "생각"을 추가하셨다. 하나님과의 헌신과 관계의 포괄적인 본성을 묵상할 때 우리의 지성이 결코 간과되지 않기를 바라신 것이다. 사도 바울은 그리스도인으로서의 변화는 우리의 정신이 그리스도의 빛 안에서 계속되는 갱신 과정에 참여하는지 여부에 달려 있다고 주장했다(롬 12:2-3).

이것이 옥스퍼드 대학의 C. S. 루이스의 제자인 해리 블래미어스가 "더 이상 기독교 정신은 없다"고 주장한 말을 듣고 놀라야 할 더 큰 이유이다. 기독교 윤리, 기독교 실천, 기독교 영성은 있다. 그러나 기독교 정신은 없다(기독교 정신: 그리스도인은 어떻게 생각해야 하는가?, 3). 더 최근에 역사가 마크 놀(Mark Noll)도 동의하면서 복음주의 정신이 별로 없다는 점을 시사했다 "복음주의자들이 더 큰 지성의 세계를 진지하게 받아들이지 않는다면, 사실상 우리는 우리의 마음이 하나님과 교회의 종들이 아니라 현대 대학의 관습이나 매디슨 애비뉴(광고업 중심지)의 상상에 의해 형성되기를 원한다고 말하는 것이다"(복음주의 정신의 스캔들, 34).

우리가 자신의 마음을 잃지 않더라도, 분명히 다른 사람들의 마음을 잃을 것이다. 이것은 우리 시대의 양날의 위협이다. 기독교적 사고방식을 개발하고 그렇게 생각하는 것과는 별개로, 우리의 관심을 끌기 위해 다투는 무수한 다른 세계관에 사로잡혀 버리거나, 기독교의 목소리가 그 소음 너머로 들려지고 고려되게 하는데 실패할 것이다. 우리가 처한 상황은 지금 생각하기 시작하거나, 싸움에 지거나 둘 중 하나이다.

성경적 세계관에 비추어 우리의 정신을 개발하는 것이 중요하며, 그 세계관은 세상에서 기독교적으로 생각하는 데 사용된다. 이를 통해 우리가 살고 있는 문화에 대응할 수 있을 것이며 우리가 따르는 그리스도께 이 문화가 잘 반응하도록 더 잘 준비될 것이다. 이것은 고린도 교회에 요청한 사도 바울의 분명한 메시지였다. "우리가 육신으로 행하나 육신에 따라 싸우지 아니하노니 우리의 싸우는 무기는 육신에 속한 것이 아니요 … 모든 이론을 무너뜨리며 하나님 아는 것을 대적하여 높아진 것을 다 무너뜨리고 모든 생각을 사로잡아 그리스도에게 복종하게 하니"(고후 10:3-5).

B.
성경적 형성

Jason K. Allen

성경은 인간 마음의 영적 상태를 거듭 강조한다. 선지자 나단이 말했듯이 "사람은 외모를 보거니와 나 여호와는 중심을 보느니라"(삼상 16:7). 예수님은 바리새인들을 회칠한 무덤에 비유하셨다. "겉으로는 아름답게 보이나 그 안에는 죽은 자의 뼈와 온갖 더러운 것이 가득하다"(마 23:27). 또한 에베소 교회의 사랑이 식어졌다고 책망하셨다(계 2:1-7).

그리스도를 향한 모든 진정한 회심은 삶의 변화로 이어지는 마음의 변화를 수반한다. 성령은 죄를 깨닫게 하시고, 개인을 그리스도께로 부르시고, 거듭남을 주관하시고, 새 신자에게 내주하신다. 그때부터 성령은 신자에게 능력을 주어 그리스도 안에서 성숙하게 하신다.

회심과 성화는 오직 하나님의 은혜로만 이루어지지만 인간은 그리스도를 믿고 그리스도를 닮아가야 할 책임이 있다. 더욱이, 그리스도인은 그리스도 안에서 자신의 성장에 대한 절대적 책임이 있지만 그 성장을 촉진하는 성령의 능력에 전적으로 의존한다. 그리스도인의 삶의 가장 큰 역설 중 하나인 이 이중성은 "두렵고 떨림으로 [우리] 구원을 이루라"는 바울의 권고에 잘 나타나 있다. [우리] 안에서 일하시는 이는 하나님이시니 자기의 선하신 뜻대로 소원을 두고 일하게 하시느니라"(빌 2:12-13).

고맙게도 성경은 그리스도인의 성장을 위한 핵심요소를 보여준다. 이 훈계는 성경 전체에서 간과되지만 가장 심오한 구절 중 하나이다. 그것은 활기차고 기쁨으로 충만한 그리스도인의 삶, 즉 영적 훈련을 실천하기 위한 핵심 요소를 요약한다.

훈련이라는 단어는 일반적으로 징벌적 행동이나 힘들고 불쾌한 일과 관련이 있지만 바울은 그것을 실천할 것을 권장한다. 이 용어 자체는 그리스도인의 삶이 수동적인 경험이 아니라는 것을 의미한다. 그리스도 안에서의 성장은 능동적이고 역동적인 기반 위에서 수행되는 능동적인 노력이다. 이를 위해 수 세기 동안 신자들은 경건을 촉진하고 그리스도인의 성장을 일으키기 위해 영적 훈련을 실천해 왔다.

기독교적 생활을 위한 영적 훈련(Spiritual Disciplines for the Christian Life)에서 도널드 휘트니(Donald Whitney)는 "영적인 훈련은 영적성장을 촉진하는 개인 및 회중의 훈련, 습관 또는 관행으로 성경시대부터 그리스도인들이 실천해 온 헌신과 체험적 기독교의 습관이다"(*Spiritual Disciplines*, 17) 그러한 영적훈련에는 성경읽기, 기도, 예배, 금식, 전도, 구제, 봉사, 침묵과 고독이 포함된다.

모든 영적훈련이 필요하지만 성경 읽기가 가장 기본적이고 가장 시급하다. 그것은 다른 훈련의 정보를 제공하고, 육성하고, 지원하기 때문에 필수적인 훈련이다. 예를 들어, 성경은 중보의 방법을 가르쳐서 기도훈련의 정보를 제공한다. 성경은 그리스도의 인격과 사역을 알려줌으로써 전도의 정보를 제공한다. 성경은 하나님의 말씀이므로 성경을 읽고 설교함으로써 예배가 가능하다. 마찬가지로, 성경은 각 영적훈련의 정보를 제공하고, 육성하고, 지원하여 우선적인 지위를 부여한다.

성경말씀을 먹는 것이 우선적인 이유는 성경 자체의 본성과 지위에 뿌리를 두고 있다. 하나님은 당신의 말씀을 통해 당신의 백성에게 자신을 계시하기로 선택하셨다. 하나님은 자신의 말씀을 "불 혹은, 반석을 쳐서 부스러뜨리는 방망이"(렘 23:29)에 비유하셨다. 그것은 "헛되이 [그에게] 돌아오지 아니하리라"(사 55:11). 더욱이 성경은 스스로 구속력 있는 신학적 주장을 하며 "모든 성경은 하나님의 감동으로 된 것으로 교훈과 책망과 바르게 함과 의로 교육하기에 유익하니"(딤후 3:16)라고 선언한다.

복음주의 그리스도인들은 성경의 언어적, 전체적 영감을 받아들인다. 전체라는 단어는 성경의 전체성을 강조하고, 언어적으로 단순히 저자의 말이나 생각이 아니라 말씀자체가 하나님의 영감인 것을 강조한다. 모든 성경은 하나님의 감동으로 된 것이므로 성경은 참되고 신뢰할 만하며 권위가 있다. 종교개혁자들이 추론한 것처럼 성경의 음성은 하나님의 음성이다.

성경 섭취는 그 중요성은 단 하나지만 여러 통로를 통해 받는다. 성경을 듣는 것은 성경을 받아들이는 가장 기본적이고 일반적인 형태이다. 그것은 설교나 가르침, 직접 또는 다른 매체를 통해 받은 말씀의 사역 아래 앉을 때 발생한다. 예수님은 하나님의 말씀을 듣고 순종하는 자에게 축복을 선포하셨고(눅 11:28), 바울은 하나님의 백성이 하나님의 말씀을 들을 수 있도록 성경의 "공중 읽기"를 공적 예배의 필수 불가결한 부분으로 지정했다(딤전 4:13).

개인적인 차원에서 성경읽기가 아마도 성경 섭취의 가장 필수적인 형태일 것이다. 그리스도인에게는 매일의 성경읽기를 그 어떤 것도 대신할 수 없다. 여기에는 성경책을 통해 읽는 거시적 수준과 더 큰 친숙함, 더 깊은 성찰 및 구체적인 적용을 위해 반복적으로 구절과 구절을 읽는 미시적 수준이 모두 포함된다.

성경연구는 그리스도인에게 깊이를 주고 하나님에 대한 지식을 강화하여 더 효과적으로 믿음을 가르치고 변호할 수 있게 해 준다. 모든 신자는 베뢰아 사람과 같이 성경을 상고함으로, 교사와 교리의 가르침의 옳고 그름을 저울질하도록 부르심을 받았다(행 17:10-12). 그리스도의 제자 즉 배우는 자는 이런 사람이 될 것이 기대되는데, 가장 신실한 제자는 "진리의 말씀을 옳게 분별하며 부끄러울 것이 없는 일꾼으로 인정된 자로 자신을 하나님 앞에 드리기를 힘쓰는 자이다"(딤후 2:15).

성경암송은 성경 섭취의 또 다른 입증된 방법이다. 그렇게 하나님의 말씀을 마음에 품어두어 범죄하지 않게 하는 것이다(시 119:11). 게다가 그것은 성경 자체의 패턴을 따른다. 예수께서 사탄에게 구약성경을 인용하든, 바울이 자신을 공격하는 유대인에게 구약을 인용하든, 성경은 하나님께 죄를 짓지 않도록 하나님의 말씀을 우리 마음에 간직하는 것을 중요시한다.

성경묵상은 어떤 사람들에게는 신비로운 행위처럼 들릴 수 있지만, 그것은 성경적 개념이자 뚜렷한 기독교적 활동이다. 사실, 하나님은 말씀 묵상을 순종과 축복과 연관시키신다(수 1:8; 시 1:1-3). 하나님의 말씀을 묵상하는 것은 성경의 한 구절을 의도적으로 묵상하고 그 진리를 당신의 삶에 직접 적용하고 당신의 마음에 정착시키는 것처럼 간단하다. 성경을 묵상하는 데 바친 시간은 하나님에 대한 지식을 키우고 살아 있고 활동적인 하나님의 말씀이 죄를 깨닫게 하고 양심을 깨닫게 하기 때문에(히 4:12) 의미 있는 시간이다.

성경을 통한 기도는 성경 묵상에서 자연스럽게 흘러나온다. 마틴 루터, 찰스 스펄전, 특히 조지 뮐러와 같은 신앙의 거인들은 성경으로 기도하는 습관을 들었다. 시편은 특히 기도에 적합하다. 시편에서 우리는 인간 감정의 전체 범위를 발견하고 하나님의 사역에 대한 탁 트인 관점을 얻고 성경진리의 전체 팔레트를 만난다. 그에 더하여, 성경으로 기도하는 것은 우리의 기도가 성경적으로 건전하고 하나님을 기쁘시게 하는 것임을 확인하는 데 도움이 된다.

서구 세계는 대부분 성경으로 가득 차 있지만, 서구에서 그리스도인이라고 공언하는 많은 사람들은 성경이 부족한 삶을 살고 있다. 이것은 곤혹스럽지는 않지만 비극적인 아이러니이다. 문제에 대한 답은 숨겨져 있지 않고 이해하기 어렵지도 않다. 그리스도인은 책, 즉 성경의 백성으로 부르심을 받았기에 성경 섭취의 영적인 훈련을 우선시해야 한다. 그렇지 않으면 영적 성숙이 저하된다.

모든 사람이 설교를 하거나, 성경공부를 인도하거나, 성경 진리를 설득력 있게 옹호할 수는 없지만, 모든 신자는 성경 섭취에 참여할 수 있다. 사실, 기독교국의 역사상 그 어느 때보다도 성경을 더 쉽게 접할 수 있었다. 번역의 증가, 성경의 전자 및 인쇄판, 미디어 사역, 팟캐스트, 인터넷의 헤아릴 수 없는 힘으로 인해 하나님의 말씀이 더 가까워졌다.

왜 영적인 훈련을 하는가? 훈련은 그리스도 안에 거하는 것을 촉진하고, 기쁨과 영적성장으로 인도한다. 또 예수께서 정죄하신 명백한 위선의 조건인 바리새인적 태도로부터 신자 보호를 돕는다. 또한 하나님을 영화롭게 하고 구원의 확신을 굳게 하며 그리스도의 복음을 전하는 열매를 맺게 한다. 그러므로 영적훈련, 특히 성경 섭취를 실천하고 "경건을 훈련하라"(딤전 4:7)라는 바울의 명령을 성취하라.

C.
기독교 세계관의
설교와 가르치기

Michael Duduit

크레이그 바돌로뮤와 마이클 고힌(Craig Bartholomew와 Michael Goheen)에 따르면 세계관은 "신앙의 헌신에 뿌리를 두고, 개인적 삶과 공동체적 삶 전체의 형태와 방향을 제시하는, 함께 공유하는 큰 이야기(거대서사)에 내재된 기본신념의 표현"(교차로에서의 삶, *Living at the Crossroads*, 23)이다. 세계관은 다음과 같은 인간의 영원한 질문에 답한다. 우리는 어디에서 왔는가? 세상의 문제는 무엇이고, 어떻게 고칠 수 있으며, 우리는 어떻게 살아야 하는가?

기독교 세계관을 형성하는 것은 가정환경, 교육, 문화와 미디어의 영향, 그리고 가장 중요하게는 개인의 마음속에 있는 성경과 성령의 역사에 이르기까지 많은 영향이 혼합되는 긴 과정이다. 세계관은 하루아침에 만들어지는 것이 아니다. 그렇다면 우리는 어떻게 기독교 세계관을 다른 사람들에게 전파하고 가르칠 수 있는가?

1. 성경에 뿌리 두기

기독교 세계관은 하나님의 말씀에 뿌리를 두고 있다. "기독교적으로 생각"하려면 성경의 진리를 이해하고 헌신해야 한다. 따라서 기독교 세계관을 전달하고자 하는 모든 설교와 가르침은 반드시 성경의 가르침에 확고히 기초해야 한다.

이 실천은 성경 진리에 대한 헌신뿐 아니라, 가르쳐지는 내용 자체가 성경의 진정한 의미에 충실한지 확신할 수 있도록 유효한 해석학적 원리를 이해해야 한다. 우리는 하나님께서 성경에서 실제로 하신 말씀을 가르치고 전파하기를 원한다. 이것은 "진리의 말씀을 옳게 [나눌 수]"(딤후 2:15) 있어야 함을 의미한다.

이것은 효과적인 성경 설교자와 교사가 다양한 성경 장르를 이해하고, 다양한 해석적 접근을 해야 함을 의미한다. 예를 들어, 바울서신에서 나오는 원칙은 일반적으로 문자 그대로의 접근을 요구하는 반면, 시편 설교는 해당 텍스트의 상징적이고 이미지로 가득 찬 본질에 대한 이해가 필요하다. 은유를 교리로 바꾸려고 할 때 우리는 큰 고통과 혼란을 일으킬 수 있다.

효과적인 통역자는 또한 하나님 말씀의 진리를 정확하게 제시하기 위해 충실한 주석가가 될 필요가 있다. 이것은 성경 언어와 역사적 배경에 대한 지식이 필요하다. 예를 들어, 고린도전서 8장에서 바울은 신자들에게 우상의 제물을 먹는 것에 대해 경고한다. 이것을 단순히 우상에 제물로 바쳐졌던 고기의 사용에 관한 처방으로 해석한다면, 지역 식료품 가게의 정육코너에서 볼 가능성이 없는 21세기 서구의 신도들에게는 무관한 가르침이다. 그러나 이 본문이 양심의 가책 때문에 어떤 행위를 삼가는 다른 신자들과 어떻게 관계를 맺어야 하는지에 대한 원칙을 다루고 있다면, 현대 그리스도인들에게도 중요한 메시지가 있는 본문이다.

2. 문화를 인식하라

기독교 세계관의 효과적인 가르침은 성경의 견고한 기초를 필요로 하지만 그것은 이야기의 일부일 뿐이다. 존 스토트목사의 설교의 이미지를 사용하려면 성경 세계와 현실 세계를 연결하는 다리도 건설할 수 있어야 한다. 그런 다리는 청중이 살고 있는 세계를 이해하고 청중이 자신의 상황에 참여할 수 있도록 만들어야 한다.

즉, 기독교 세계관을 설교하고 가르치는 것은 세계관을 형성하는 성경적 진리에 대한 이해뿐만 아니라 청중들이 살고 일하는 현대문화에 대한 인식을 요구한다. 그것은 단순히 대중문화를 공격하는 것을 의미하지 않는다. 그것은 그 문화를 형성하는 데 기여하는 유행과 사건을 이해하는 것을 의미한다. 어떤 의미에서 우리는 그 문화 안에 거주하는 사람들과 의사소통을 위해 그 문화의 언어를 배워야 한다.

기독교 지도자들은 현대의 세속적 세계를 다루기 위해 현대 문화의 부정적인 요소에 빠져들어야 할 필요가 없다. 예를 들어, 음란물의 위험성을 이해하기 위해 음란물을 꼭 볼 필요는 없다. 그러나 최소한 독서, 연구, 관찰을 통해 그 문화를 알아야 한다. 그리스도인은 세속 언론 외에도 웹사이트, 잡지, 책 형태의 훌륭한 신앙 기반 자료를 활용하여 그리스도 중심의 관점에서 현대의 문화적 영향을 더 잘 이해하고 해석해야 한다.

3. 적용에 집중하라

해던 로빈슨(Haddon Robinson)은 다음과 같이 설명한다. 성경의 내용을 적용할 때, 우리는 영원하신 하나님의 진리라고 믿는 특정한 시간, 장소, 상황을 전혀 다른 시대, 장소, 상황에 살고 있는 현대인에게 적용한다." 실용적이고 경건한 조언을 제공함으로써 그들이 하나님의 말씀을 일상생활에 적용하도록 가르친다.

그러한 적용을 위해 종종 성경 본문의 구체적인 세부 사항에서 일반 원칙을 도출하는 것을 포함하며, 고대 상황의 본문내용을 현대 상황과 연결하는 영원한 진리를 찾아내야 한다. "그때"와 "지금"을 특정 본문과 연결하는 것은 쉽지만, 성경적 맥락과 청중이 살고 있는 세계 사이의 연결지점을 찾으려면 다른 많은 텍스트에서 추가작업이 필요하다. 이를 위해 우리는 두 세계를 연결하는 개념의 사다리를 가지고 작업한다. 여러 간격이 있는 사다리를 시각화하고, 어떤 레벨을 밟았는지에 따라 다른 위치로 이동한다. 우리는 이 시대와 문화의 상황과 성경본문을 연결할 수준을 선택할 것이다. 그 사다리를 올라갈 때 우리는 성경적 상황과 현대적 상황을 연결하는 지점에서 유사하거나 비교할 수 있는지 확인하기를 원한다.

적용방안을 만드는 것은 성경 본문을 실행에 옮기는 실례를 제공하는 것을 포함하는데, 이때 위험이 있다. 그러한 적용방안을 제공하는 과정에서 본문을 살아가는 방법에 대한 우리의 구체적인 제안이 성경의 능력을 전달한다는 인상을 줄 수 있다. 적용방안을 제공할 때 또한 율법주의의 함정에 빠지지 않도록 주의해야 한다.

신학적 요소와 실천적 요소가 연결된 상태를 유지하는 것을 기억하는 것이 중요하다. 우리는 중요한 신학적 진리를 청중들과 공유하고 싶지만, 그 진리가 실제 적용되지 않는 추상적 사고라고 생각하게 하고 싶지는 않다. 따라서 청중들에게 그 신학적 사상이 그들의 삶에 미치는 함축된 의미를 보여주어야 한다. 마찬가지로, 하나님이 요구하시는 순종과 봉사의 실제 행위에 대해 이야기할 때 신학적 진리와 연결되도록 노력해야 한다. 우리를 위해 이미 하신 일로 인해 우리는 하나님을 예배하고 순종한다. 그분의 은혜는 우리를 구원하는 것이지, 우리 순종의 행위를 구원하는 것이 아니다.

실천과 신학을 견고하게 연결하지 않으면 결과는 하나님의 은혜보다 행위에 의존하는 독선을 키울 수 있다. 설교가 너무 생활방식 지향적일 때 듣는 사람이 우리가 은혜로 구원을 받았다는 사실을 잊어버릴 위험이 있으므로 그 메시지는 설교의 앞부분과 중심에 있어야 한다. 우리가 은혜로 구원받았다고 해서, 순종을 해도 되고 안 해도 되는 것은 아니기 때문에 이 성경 진리의 두 요소를 적절하게 제시하기 위해 설교나 가르침에서 균형을 찾아야 한다.

우리는 대화와 강단에서 성경적 진리를 적용할 때, 청중이 그 진리의 의미를 이해할 수 있는 손잡이를 제공하고, 그들이 일, 가정, 예배에서 그리스도인의 삶을 살 때 그것을 어떻게 행동으로 옮기는지 그 방법을 본다.

D.
개인전도의 윤리

Thom S. Rainer

개인전도에 대한 고정 관념이 많다. 믿지 않는 자가 뉘우치고 회개할 때까지 코너에 몰아넣는 그리스도인의 풍자화는 외부에서 이 문제를 바라보는 많은 사람들의 인상과 일치한다. 그러나 기독교 목회자, 지도자, 학자들이 개인전도의 윤리적 사명을 제시하는 경우는 드물다. 사람들에게 예수가 누구이며 그가 성취하기 위해 오셨다는 좋은 소식을 전하는 것은 단순히 하면 좋은 일이 아니다. 우리가 반드시 해야 할 일이다.

성경 본문은 개인전도의 윤리에 대해 세 가지 범주로 가르친다. 첫째, 전도는 성경에 의무화되어 있고 윤리적인 반응을 요구한다. 둘째, 우리는 불신자들과 맺어야 할 윤리적 관계를 가지고 있다. 셋째, 우리의 침묵을 가로막는 영원한 운명의 윤리적 현실이 있다.

1. 윤리적 반응

모든 윤리적 시스템의 핵심 요소는 우리가 순종과 충실을 서약한 사람에게 적절한 반응을 하는 것이다. 예를 들어, 남편은 아내에게 충성과 성실을 서약한다. 그 윤리적 진술은 일반적으로 하나님과 그의 신부, 참석한 증인 앞에서 이루어진다. 서약서를 교환하는 것은 기쁜 순간이자 엄숙한 순간이다. 그리고 남편이 서약을 어길 때 "불충실"한 것으로 간주되는 것은 우연이 아니다. 그는 비윤리적인 반응을 통해 윤리적 약속을 어겼다.

그리스도인은 명시적이든 암시적이든 하나님께 서원이나 약속을 한다. 하나님이 우리에게 무엇을 하라고 명령하면 우리의 유일한 윤리적 반응은 순종이다. 다른 모든 대응은 비윤리적이거나 제멋대로인 남편의 행동처럼 불충실하다.

대부분의 그리스도인은 하나님께서 예수 그리스도를 통해 우리에게 복음을 전하라는 지상명령을 주셨다는 것을 안다. 가장 일반적으로 사용되는 예는 마태복음 28:19이다. "그러므로 너희는 가서 모든 족속으로 제자를 삼아 아버지와 아들과 성령의 이름으로 세례를 주고" 사도행전 1:8은 또 다른 일반적인 예이다. "오직 성령이 너희에게 임하시면 너희가 권능을 받고 예루살렘과 온 유대와 사마리아와 땅 끝까지 이르러 내 증인이 되리라."

개인전도에 대한 명령은 잘 알려진 성경 본문에만 국한되지 않는다. 오히려 그 명령은 초대교회 신자들의 삶에 너무 깊이 스며들어 무시하는 것을 상상할 수 없었다. 제자 베드로와 요한은 유대교 산헤드린 공회로부터 그리스도와 복음을 전파를 그만두라는 명을 받았다. 그러나 오랜 투옥이나 끔찍한 형벌에 직면한 두 사도들은 그리스도의 명령에 복종할지 산헤드린의 명령에 복종할지 여부에 대한 윤리적 결정으로 그 위엄 있는 집단에 응답했다. 그들의 반응은 사도행전 4:19-20에 기록되어 있다. "하나님 앞에서 너희의 말을 듣는 것이 하나님의 말씀을 듣는 것보다 옳은가 판단하라. 우리는 보고 들은 것을 말하지 아니할 수 없다."

윤리적 딜레마가 해결되었다. 윤리적인 반응은 하나님께 대한 순종이었다.

2. 윤리적 관계

성경의 많은 부분은 하나님과 다른 사람들과의 관계에 대한 지침으로 가득 차 있다. 목사와 신학자들은 흔히 이 둘을 각각 수직적 관계와 수평적 관계라고 부른다. 아마도 성경의 어떤 구절도 일반적으로 대계명이라고 불리는 이 진리를 구현하지는 못할 것이다.

그들 중 한 전문가인 율법학자가 그를 시험하기 위해 질문했습니다. "선생님, 율법의 어느 계명이 가장 큽니까?" "네 마음을 다하고 목숨을 다하고 뜻을 다하여 주 너의 하나님을 사랑하라. 이것은 가장 크고 중요한 명령이다. 둘째는 그와 같으니 네 이웃을 네 몸과 같이 사랑하라 모든 율법과 선지자가 이 두 계명에 달려 있느니라"(마 22:35-40).

수평적 관계는 그리스도인이 하나님과 맺는 수직적 관계 다음으로 중요하다. 이 명령에 대한 명확한 윤리적 응답은 다른 사람들과의 윤리적 관계가 된다. 이웃을 내 몸과 같이 사랑한다는 것은 무엇을 의미하는가? 한편으로 우리는 그들의 신체적, 정서적 필요에 대한 관심과 보살핌을 분명히 보여줘야 한다. 많은 그리스도인들이 사회사역의 책임을 정부기관과 기타 조직에 맡겼지만, 성경적으로 보면 그것은 먼저 신자와 그들이 속한 교회의 책임이다.

더욱이 그리스도인들은 다른 사람들의 영원한 상태에 대해 관심을 가지라는 명령을 받았다. 그 필요는 사람들이 가질 수 있는 육체적, 정서적 필요를 훨씬 능가한다. 예수께서는 이렇게 분명히 말씀하셨다. "사람이 온 천하를 얻고도 제 목숨을 잃으면 무슨 유익이 있으리요?" (막 8:36). 이생의 투쟁은 영원의 수준에서는 순간에 불과하다.

그리스도인이 대계명의 두 번째 부분에 대한 순종을 나타내는 가장 큰 방법은 예수 그리스도를 통한 하나님의 사랑이 가능함을 선포하는 것이다. 우리가 이웃에게 말과 행동으로 복음을 선포하는 윤리적 관계를 맺을 때까지 우리는 그들을 진정 사랑한다고 말할 수 없다.

대계명은 믿지 않는 사람들에게 의도적으로 그리고 부끄럽지 않게 개인적으로 전도하는 윤리적 관계를 요구한다.

3. 윤리적 현실

개인전도의 필요성에 대한 다음 예는 진부하고 과장된 것일 수 있지만 여전히 마음을 울린다. 겨울에 얇은 얼음 위에서 스케이트를 타는 어린아이를 상상해 보자. 거기를 지나갈 때, 당신은 얼음이 깨지는 공포를 보고 듣게 되며, 그 아이가 물속에서 죽음을 향해 천천히 몸을 움츠리는 것을 지켜본다. 아이는 당신을 잡으려고 손을 뻗는다. 당신은 그렇게 할 수단이 있다. 당신은 그렇게 할 기회가 있다. 당신은 그렇게 할 수 있는 힘이 있다. 유일한 질문은 그렇게 할 것인지 여부이다.

대부분의 사람들은 아이를 구하기 위해 무엇이든지 열성적이고 기꺼이 할 것이라고 응답할 것이다. 그러므로 그리스도를 통한 구원을 신뢰하지 않는 자들을 위한 지옥의 영원한 실재에도 동일한 원리를 적용해 보자.

우리가 그리스도인이 아닌 사람들에 대해 알고 있다면 그들의 운명에 대한 윤리적 현실에 직면하게 된다. 그것은 우리가 시간을 할애하고 복음을 나누는 것이 어색할 수 있는지 여부를 선택해야 함을 의미한다. 물론 그리스도의 좋은 소식에는 용서, 양자됨, 화해, 거듭남 등의 성경적 현실이 포함된다. 그러나 복음에는 천국과 지옥의 현실과 천국으로 가는 길이 하나뿐이라는 윤리적 현실도 포함되어 있다. 예수께서는 자신을 통한 구원의 배타성에 대해 의문의 여지를 남기지 않으셨다. "내가 길이요 진리요 생명이니 나로 말미암지 않고는 아버지께로 올 자가 없느니라"(요 14:6).

따라서 그리스도인은 더 이상 얼음물에 빠진 아이의 가상적인 이야기를 다루지 않는다. 문자 그대로 천국, 문자 그대로 지옥, 그리고 천국으로 가는 좁은 길이라는 윤리적 현실에 직면해 있다.

따라서 피할 수 없는 질문은 기본적이지만 심오하다. 우리는 그리스도께 순종할 것인가? 우리 모두가 죽어가는 아이에게 손을 내밀듯이 예수님을 모르는 사람들에게 손을 뻗을 것인가? 우리의 응답에 따라 삶에서 그분의 부르심에 충실할지 불충실할지가 결정된다.

E.
영적 전쟁

Charles E. Lawless

영적 전쟁은 현실이다. 창세기부터 요한계시록까지 성경은 눈에 띄지 않는 우주적 전투를 묘사하고 있다. 사탄은 사실 "삼킬 자를 찾는 우는 사자"(벧전 5:8) 같은 존재이다. 우리의 원수는 참소하는 자(계 12:10), 미혹하는 자(계 20:10), 살인자요 거짓말쟁이(요 8:44)이다. 그는 "이 세상의 임금"(요 12:31), 하나님의 천사들을 대적하여 싸우는 "용"(계 12:7)이다.

믿는 자로서 우리는 죄로 유인하는 왕권과 권세(엡 6:12)와 씨름한다. 권세들은 "빛의 천사들"로 가장하여 거짓 가르침을 통해 교회에 침투하려고 한다(고후 11:1–15). 원수는 도둑질하고 죽이고 멸망시키려 한다(요 10:10). 그러나 성경의 초점은 사탄이 아니라 하나님이시다.

참으로 하나님은 여자의 후손과 뱀의 후손 사이에 원한을 두어 그리스도의 십자가에서 대적을 패하게 하셨다(창 3:15). 하나님은 자기 백성을 인도하여 홍해를 건넌 용사이시다(출 15:3). 다윗은 칼과 창으로 싸우지 않고 오직 여호와의 이름으로 블레셋 거인과 싸웠다(삼상 17:45–47). 야하시엘도 여호사밧 왕에게 "이 큰 무리로 말미암아 두려워하거나 놀라지 말라 이 전쟁은 너희에게 속한 것이 아니요 하나님께 속한 것이니라"(대하 20:15)라고 말함으로써 전쟁 중에 하나님의 임재를 확신시켰다.

더욱이 바울은 신자들에게 사람의 갑옷이 아닌 하나님의 갑옷을 입으라고 도전했다(엡 6:11). 하나님은 우리의 방패이시며(창 15:1; 시 28:7), 의를 갑옷으로 삼으시고, 구원을 투구로 쓰신다(사 59:17). 이 주권적인 하나님은 그의 뜻의 더 큰 선을 성취하기 위해 우리의 삶에서 영적 전쟁이 일어나도록 허락하신다(욥 1-2장 참조).

성경의 이야기는 궁극적으로 마귀를 불 못에 던지시는 분(계 20:10)에 대한 이야기이기 때문에 영적 전사로서의 우리의 임무는 사탄을 잘 아는 것이 아니다. 위조품인 사탄이 명백해지도록 하나님을 너무도 잘 아는 것이다. 하나님을 알고 그의 주권을 인정한다는 것은 세상의 능력과 권세를 누르고 부활하신 그리스도를 통해서만 영적 승리를 얻을 수 있음을 이해하는 것이다(엡 1:20-23).

1. 영적전쟁에서의 승리

믿는 자들은 원수를 두려워할 필요가 없다. 왜냐하면 우리는 성령의 검 곧 하나님의 말씀을 이 전쟁의 주 무기로 가지고 있기 때문이다(엡 6:17). 말씀은 사탄이 그리스도의 십자가에 의해 무장해제 되었고(골 2:15), 그의 능력이 전능하신 하나님의 뜻에 의해 제한되고(욥 1:10-12), 궁극적으로 결박될 것임을 상기시킨다(계 20: 10). 광야에서 시험을 받으신 예수님처럼 말씀을 믿음으로써 원수를 이길 수 있다(마 4:1-11).

우리의 승리는 성경의 중심 이야기인 십자가 사건에 근거한다. 예수님은 세상 죄를 지고 그 죗값을 치르셨고 사망을 이기셨다(고후 5:21, 요일 2:2). 그는 "죽기까지, 곧 십자가에 죽기까지"(빌 2:8) 순종함으로써 사탄의 권세를 무너뜨리셨다. 그리스도께서는 흘리신 피로 우리를 구속하셨고(엡 1:7) 이 영적 전쟁에서 우리를 승리의 편에 앉히셨다. 실제로 우리는 공격적으로 매일 십자가의 승리를 살아내고 있다.

세상은 영적전쟁에서 우리의 승리를 전략과 기술이 아니라 진리와 공의 안에서 행하는 것으로 보고 있다. 적의 패배는 결과적으로 우리가 어떻게 사느냐에 의해 분명해진다. 그리고 오늘날 박해를 받고 있는 많은 신자들에게 적의 패배는 그들이 어떻게 죽는가를 통해 볼 수 있다. 인간의 관점에서 보면 분명히 손해로 보이는 것이 하늘에서 큰 승리를 선포하는 것이다.

2. 영적전쟁에서의 주의 사항

오늘날 영적전쟁이라는 주제에 대한 관심은 종종 전쟁 전략에 대한 잘못된 이해로 이어졌다. 예를 들어, 일부 "영적전쟁" 작가와 사역자는 퇴마술을 주요 전술로 강조한다. 학자들은 오늘날 귀신 들림이 발생하는지 여부에 대해 논쟁하지만 귀신 들림이 결코 발생하지 않는다는 것을 증명하기는 어렵다. 특히 정령숭배 문화 속의 선교지를 고려할 때 그렇다. 그럼에도 불구하고 성경은 퇴마를 주요 사역 전략으로 제시하지 않는다. 예수님은 귀신을 쫓아내셨지만 설교와 가르치는 사역의 맥락에서 그렇게 하셨다(막 1:21-28).

예수님은 당대에 유행했던 정교한 퇴마의식을 채택하지도 않았고, 악마사냥을 하지도 않았다. 실제로 귀신을 쫓아내는 데 대한 접근 방식은 다양했다. 종종 악마에게 말했지만(예: 눅 8:29) 항상 그런 것은 아니다(눅 13:10-17). 귀신들린 사람과 항상 물리적으로 함께 있었던 것은 아니다(마 15:22-28). 예수님이 귀신의 이름을 물었다는 예는 단 한 번뿐이며(막 5:9), 그것은 악령을 다스리는 권세를 얻기 위함이 아니다. "책망하는" 언어는 일반적이지만(눅 4:35; 9:42) 보편적이지는 않다. 성경 어디에도 명확하고 재현 가능한 퇴마의식이 없다. 따라서 그러한 패턴을 가르치는 것은 성경적으로 타당하지 않다.

귀신들림의 특정 증상과 퇴마의 특정단계가 있다는 암시 역시 둘 모두 문제가 되는 것으로, 그 결론은 성경에 분명하지 않다. 귀신들림의 징후는 무엇보다도 신체적 증상(마 9:32 - 33; 12:22), 자해(막 5:5), 넘어짐(막 9:18), 초자연적 힘(막 5:3-4)을 포함한다. 그러나 이러한 다양함은 기대라기보다는 설명일 뿐이다.

더욱이, 일부 "퇴마사"는 악마가 신자를 귀신들리게 할 수 있다고 주장한다. 이 결론은 성경적으로 방어할 수가 없다. 성경은 신자들이 하나님의 영이 내주하고 인침을 받았으며(고후 1:22; 엡 1:14), 우리 안에 계신 분이 세상을 다스리는 누구보다 더 강력하다고 가르친다(요일 4:4). 성경에는 귀신 들린 신자의 사례가 없다.

다른 사람들은 "지역적인 영", 즉 한 지역에 거주하거나 전재하는 악마가 있음을 확인한다. 어떤 영적전쟁 수행자들은 한 지역에서 효과적으로 전도하기 전에 이 마귀들을 쫓아내야 한다고 가르친다. 그러한 악마에 대한 성경적 증거는 기껏해야 약하며(단 10:1-14), 이러한 지역을 식별하거나 "축귀하는" 명령은 성경 어디에도 없다. 특정 지역의 마귀들을 공격하는 것은 복음이 효과를 나타내기 전에 그곳의 공기가 깨끗해야 함을 의미한다. 따라서 "하나님의 능력"(고전 1:18)인 십자가의 말씀이 어떤 상황에서는 분명히 다른 도움이 필요하다는 의미가 함축되어 있다. 그러한 암시는 말씀의 품위를 손상시킨다.

3. 그리스도인과 하나님의 전신갑주

그러면 영적 전쟁 문제에 어떻게 대처해야 하는가? 먼저 그 현실을 인식해야 한다. 퇴마사역이 정당하지 않다고 믿는 사람들조차도 영적 전쟁이 계속되는 현실을 부정할 수 없다. 원수는 여전히 하나님의 백성을 멸하려고 하며 그것을 부인하는 것은 패배를 부를 뿐이다.

둘째, 하나님의 말씀을 선포해야 한다. 강력하고 삶을 변화시키는 십자가의 메시지는 믿지 않는 자들의 눈먼 마음을 해방시키고(고후 4:3-4), 믿는 자들이 선한 일을 하도록 준비시킨다(딤후 3:16-17). 말씀선포는 사실 사탄의 왕국에 대한 전쟁 행위이다. 그러므로 죽음에서의 승리도 약속하는 바로 그 말씀인 성경(히 2:14-15)의 기반 위에 서 있는 자들을 원수가 그토록 사납게 공격하는 것은 놀라운 일이 아니다.

셋째, 성도들에게 하나님의 전신갑주를 입고 적에 대항하는 법을 가르쳐야 한다(엡 6:11; 약 4:7). 갑옷을 입는다는 것은 진리와 의와 믿음으로 행하는 법을 배우는 것이다. 복음 위에 굳게 서서 하나님의 말씀을 읽고 선포하는 것이다. 영적전쟁 준비의 기본요소인 제자도를 위한 전략이 약할 때, 우리는 새 신자를 무장하지 않은 상태에서 치명적인 상황으로 보낸다. 그러면 패배는 거의 불가피하다. 그리스도를 따르는 우리는 하나님의 전신갑주를 입고 불신자들에게 복음을 전하고 믿는 자들을 제자로 삼아야 한다. 적을 제압하는 것은 공식이나 기술이 아니다.

F.
복음과 사회사역

Mary Anne Poe

사회사역은 일반적으로 음식, 쉼터, 정서적 또는 정신건강 관리, 가족생활 지원, 사회정의 옹호의 형태로 신체적 또는 사회적 필요가 있는 사람들에게 도움을 제공하는 것을 목표로 한다. 성경과 교회전통은 인간의 삶에 역사하는 복음의 능력에 대한 증거로서 사회사역의 중요성을 지적한다. 교회가 역사를 통틀어 사회사역에 대한 강조와 설교와 전도에 대한 강조 사이에서 논쟁하고 동요하는 동안, 예수님의 가르침과 그의 행하심은 설교와 사회사역 모두가 복음의 중심임을 시사한다. 예수께서 가르치신 것, 예수께서 행하신 것, 그리고 교회의 전통이 교회의 온전한 사명으로 알려지게 된 것을 증명한다.

1. 예수님과 사회사역

예수님의 가르침의 지지대는 복음에서 사회사역이 중요하며 핵심요소라는 틀을 형성한다. 예수께서는 회당에서 공생애를 시작하실 때 선지자 이사야의 말씀을 통해 자신의 사명을 선포하셨다. "주의 성령이 내게 임하셨으니 이는 가난한 자에게 복음을 전하게 하시려고 내게 기름을 부으시고 나를 보내사 포로된 자에게 자유를, 눈 먼 자에게 다시 보게함을 전파하며 눌린 자를 자유롭게 하고 주의 은혜의 해를 전파하게 하려 하심이라 하였더라"(눅 4:18-19).

예수님은 이 본문을 사용하여 그리스도를 통한 하나님의 목적이, 다가오는 하나님 나라를 통한 영, 육, 혼의 온전함과 치유임을 확실히 하셨다. 예수님은 그의 오심으로 인해 가난한 사람들이 복을 받고, 눈먼 사람들이 보고, 저는 사람들이 걷고, 관계가 회복될 것이라고 선포하셨다. 예수님의 오심이 전 세계에 미친 영향은 미래의 영적 왕국에 대한 약속일뿐만 아니라 현재의 타락한 인간 상태의 현실에 대한 영향이었다. 예수님은 제자들에게 이 말씀을 믿으면 그보다 더 큰 일도 이루어질 것이라 말씀하셨다(요 14:12).

예수님은 지상사역의 끝에 하늘로 승천하기 직전, 제자들에게 그들의 사명과 미래의 모든 제자의 사명이 무엇인지에 대해 다음과 같이 지시하셨다. "그러므로 너희는 가서 모든 민족을 제자로 삼아 아버지와 아들과 성령의 이름으로 세례를 베풀고 내가 너희에게 분부한 모든 것을 가르쳐 지키게 하라"(마 28:19-20).

그리스도의 제자가 된다는 것은 예수께서 하신 일을 하고, 그분의 목적에 헌신하며, 그분이 가르치신 것을 준수하는 일에 다른 사람들을 초대하는 것을 의미한다. 예수님을 따르는 것은 많은 헌신을 요구하며 힘든 일이다. 그의 가르침은 진정한 제자도와 종교적 계율에 대해 단순히 동의하는 것을 명확하게 구분했다. 예수님께서 처음부터 끝까지 선포하신 복음은 현세의 구체적인 현실과 영생의 소망을 말씀하신 것이다.

예수님은 우리에게 사회적 관계의 모든 측면에 주의를 기울이라고 가르치신다. 산상수훈은 용서, 분노, 깨진 관계, 이혼, 진실, 악에 대한 반응, 친구와 원수에 대한 사랑, 자선, 부의 사용, 불안, 사회정의와 같은 광범위한 사회적 문제에 대해 말한다. 이 모든 문제는 교회나 다른 기독교단체를 통해 제공되는 사회사역을 통해 해결할 수 있다.

예수님의 가르침의 대부분은 하나님이 인간의 일상적인 문제에 관심을 갖고 계시다는 사실에 주의를 환기시키는 이야기나 비유의 형태로 이루어졌다. 영적인 온전함과 신실함을 말하지만 동시에 이 세상에서 인간관계의 다양한 도전에도 관심을 가진다. 예수께서는 자신의 왕국을 공의와 의가 승리하는 곳으로 묘사한다: 좋은 씨는 열매를 맺는다; 잃어버린 양, 동전 및 아들이 회복된다; 충실한 청지기 직분은 보상된다; 부와 빈곤의 문제가 탐구된다; 노동관행을 조사한다; 억압받는 사람을 돕는 것은 보상받는다. 천국이 어떤지에 대해 예수님께서 보여주신 것은 추상적인 것이 아니라 구체적으로 우리에게 원하시는 삶의 방식이다. 사회사역은 교회가 인간관계의 문제를 실제적이고 체험 가능한 방식으로 해결하는 것을 돕는다.

예수님의 삶과 사역의 모범은 예수님의 가르침을 강화하고 사회사역이 복음의 중심적인 측면임을 보여준다. 예수께서 자신의 시간과 노력으로 하신 일은 사람들, 특히 사회주변부에 사는 사람들과의 관계를 강조했다. 예수님은 노숙, 소외, 굶주림, 배신, 육체적 고통의 고난을 경험하셨다. 이를 통해 그들을 동정하는 구주가 되셨다(히 4:15).

1세기 세상은 예수께서 하신 일에 놀랐다. 그의 공적사역은 병든 자를 고치고, 배고픈 자를 먹이고, 소외된 자를 지역사회와 화목하게 하고, 가난한 사람을 사랑하고, 부자에게 도전하고, 문둥병자를 만지고,

종교적 위선자를 정죄하고, 창녀와 세리와 함께 식사하고, 권세 있는 자와 맞서고, 정신건강을 회복하는 데 중점을 두었다. 그는 억압적인 상황을 조성하는 사회 및 문화구조와 신념체계에 도전했다. 사마리아 여인, 세리, 나병환자, 어린이와 같은 사람들과의 간단한 대화는 문화적 규범을 위반한 것이며, 억압적 제도를 유지하려는 사람들의 반감을 불러일으켰다.

분명히, 예수께서 제자들에게 기대한 것에는 친절한 행동, 사회정의 옹호, 사람들을 소외시키는 사회적 장벽의 철폐가 포함되었다. 예수님이 제자들에게 바란 것은, 자신이 한 일을 하고, 자신을 따라서 하나님의 사랑과 자비를 나타내라는 것이었다. 그가 일으킨 기적은 그의 신성에 대한 증거일 뿐만 아니라, 구체적인 인간의 필요를 충족시킴으로써 그의 가르침을 확인시켜주는, 그의 성품과 메시지와의 일관성을 보여주는 역할을 했다. 예수님은 천국을 상속받을 사람들이 주린 자를 먹이고, 갇힌 자들을 방문하고, 나그네를 대접하는 것과 같은 사회사역에 참여함으로써 동일한 성품과 메시지를 보여준 사람들이라고 가르치셨다(마 25:31-46).

2. 초대교회와 사회봉사

교회는 창립 초기부터 사회적 관계와 사역의 급진성으로 유명했다. 사도행전 2장과 4장에서 누가는 경외심을 가지고 지속적 교제, 가르침, 기도의 장소로서 교회의 본질을 강조한다. 참가자들은 재산과 소유를 팔고 모든 사람과 공유하여 그들이 아무것도 부족하지 않도록 만드는 영감을 받았다. 예수님의 부활과 성령이 교회에 임하심으로 예수님의 일과 사역이 믿는 자들의 삶을 통해 지속될 수 있었다. 초대교회의 사회사역은 사람들 사이의 관계 형성에서 변혁을 일으키는 복음의 능력에 주의를 끌었다. 기독교 신앙은 완전한 영적인 종교가 아니라 영생을 약속하여 현재를 살아가는 방식을 바꾸어 놓았다.

초기 기독교 역사에서 교회는 가난한 사람들, 병들고 소외된 사람들을 돌보는 일련의 사회사역으로 유명해졌다. 카파도키아 교부들은 최초의 사회사역 기관을 설립했다. 병원과 기타 피난처는 고통받는 사람들을 돌보는 동시에 가르침과 설교를 통해 영원한 하나님의 임재와 능력을 제공했다. 그 후 수 세기 동안 그리스도인들은 고아원, 학교, 병원, 피난처를 설립하고 억압받는 사람들을 위한 사회정의를 옹호하는 것으로 유명해졌다.

20세기에 디트리히 본회퍼는 복음을 충분히 구체적으로 이해하고 전파할 수 없다고 주장했다. 그는 다른 시대와 장소에서 그리스도인들이 사회적 불의에 직면하여 복음의 대의를 발전시키기 위해 한 것처럼 나치 정권의 압제에 맞서 싸우는 전투에 자신의 목숨을 바쳤다. 오늘날 그리스도를 따르는 사람들은 복음의 강력한 사명과 메시지의 일부로 전 세계의 교회와 신앙기반의 기관들이 다양한 방법으로 빈곤과 불의에 맞서 싸우면서 모든 종류의 사회사업에서 리더십을 가질 수 있도록 일하고 있다.

3. 결론

사회사역은 교회의 전통적인 전도, 선교의 부록이 아니다. 그것은 공의와 의를 세우시려는 하나님의 성품과 목적을 반영한다. 예수님은 이 세상의 구체적이고 물리적인 현실을 너무나 중요하게 여기셔서 그곳에 들어가 고통을 치유하는 데 시간을 쏟으셨다. 예수께는 신체적 상태가 중요했다. 복음의 목적은 고통의 권세를 깨뜨리고 인간의 상한 모든 면에 치유와 화해를 가져오는 것이었다. 예수님은 도움이 필요한 사람들을 위해 오셨다. 사회사역은 누가복음 4장에 선포된 바와 같이 온전한 복음과 예수님의 사명을 받아들일 수 있는 기회를 제공한다.

G.
리더십과 성경적 윤리

Benjamin P. Dockery

리더십에는 항상 도덕적 요소가 있다. 리더가 일을 완수해야 한다는 것은 누구나 알고 있다. 그들은 다른 사람들과 함께 또는 다른 사람들을 통해 작업을 수행하는 능력에 있어 효율적이고 효과적이어야 한다. 리더는 좋든 나쁘든 영향력을 행사하며 유능한 리더는 자신의 비전을 설정하고 실행하기 위해 좋은 질문을 해야 한다. 그러나 그들이 항상 기본적으로 도덕적 질문, 즉 우리가 무엇을 해야 하는지 묻는 것을 의미하지는 않는다. 복음에 뿌리를 둔 그리스도인의 삶의 비전은 지도자의 마음과 생각에 생명을 주는 윤리적 윤곽을 제공한다.

1. 지도자의 윤리적 기초: 성경

끊임없이 변화하는 도덕적 의견이 있는 중에 윤리적 판단의 근거를 어떻게 찾아야 할까? 그리스도인 지도자는 성경을 하나님의 말씀으로, 모든 구원의 지식, 믿음, 순종을 위한 유일하고 충분하고 권위 있는 원칙으로 의존한다. 하나님만이 선악을 판단하고 심판하신다(롬 2:1-5). 지도자들은 만물의 창조주이신 하나님을, 그들이 처한 특정한 상황에서 자신에게 맞출 수 있는 도덕표준으로 판단하려는 유혹을 받을 것이다. 그러나 그들은 시내산에서 하나님이 이스라엘 백성에게 십계명의 은혜로운 말씀을 주셨고 그것을 언약서에 두셨다는 것을 상기시켜야 한다(출 19-24). 하나님의 지도자 모세는 여호와의 말씀을 전하고 하나님의 손가락으로 기록된 증거판 두 개를 보존했다(출 31:18). 하나님의 말씀은 그의 백성에게 전달되어 생명과 번영을 가져왔다. 이것은 패턴으로 설정되었다. 성경에 계시된 하나님의 온전한 교훈은 그리스도인 지도자들의 변함없는 윤리적 토대이다.

2. 지도자의 윤리적 과제: 리더십

그리스도인 지도자의 임무는 하나님께서 주신 영향력의 영역 내에서 인도하는 것이다. 리더십은 하나님께서 몸된 교회의 지체들에게 주신 은혜에 따라 어떤 신자에게 주어지는 은사이다(롬 12:8). 지도자로 부르심을 받은 사람들은 그들이 받은 은사를 청지기적으로 사용해야 한다. 청지기 의식이 리더십의 지침이 되는 관점이 될 때, 획득한 권위가 아니라 위임된 권위로 대화의 틀이 잡힌다. 이렇게 할 경우, 한편으로는 강압적 통치의 일반적인 권위 남용으로부터, 다른 한편으로는 권위를 포기하지 않도록 붙들어 준다. 더욱이, 그것은 바울이 자신을 너무 높이 생각하지 말라는 권고를 강화한다(롬 12:3). 그 결과 하나님께서 백성에게 지도자의 은사를 맡기셨기 때문에, 존경하기를 먼저하며 서로를 더 낮추는 청지기의 자세(롬 12:10)를 보였다.

3. 지도자의 윤리적 틀: 세계관

성경을 따라야 한다고 말하기는 쉽지만 삶의 궁극적인 모든 질문에 대해 성경적으로 통일된 접근을 실천하는 것은 결코 쉬운 일이 아니다. 성경은 사람과 조직이 직면한 특정한 윤리적 도전을 정제하기 위한 틀의 구축에 도움이 되는 기독교 세계관을 제공하지만(롬 12:2), 어떤 훌륭한 지도자도 스스로 이것을 하지 않는다. 성경은 많은 조언자 가운데에서 지혜를 형성할 것을 요구한다(잠 11:14; 롬 12:4-9). 지도자들은 현대의 도덕적 딜레마를 다루는 이 시대 저자들뿐만 아니라 기독교의 지적 전통에서도 폭넓게 읽어야 한다. 기독교 세계관은 공동체 프로젝트이지만 공동체에는 경계가 있다(딛 1:10-16). 지도자들은 자신의 생각에 영향을 미치는 세계관을 분별하기 위해 열심히 노력해야 한다. 예를 들어, 어떤 문화권에서는 힘과 권력이 윤리적으로 "옳은" 것이 무엇인지 결정했을 수도 있다. 사회적 위계질서나 전통 때문에 지도자들이 방향과 정책을 세우도록 인도하기도 했다. 다른 문화에서는, 주요한 가치를 심미성이나 창조성에 두는 경향이 있고, 도덕적인 행동은 소위 진보적인 생각에 복종해 버린다. 또 효율성은 자본주의 문화에서 가장 중요한 가치이지만, 그리스도인에게는 유일한 결정적인 질문은 아니며 근본적인 질문도 아니다.

기독교 지도자들은 교회와 시장 모두에서 기독교 세계관의 그리드를 통해 사회의 윤리적 규범을 걸러내도록 부름을 받았다. 그들은 하나님의 계시에 따라 인도하는 청지기 직분을 이해하고, 소규모 기업이든, 큰 교회든, 국제기업이든 상관없이 그들의 영역(마 5:13-16) 내에서 영향을 끼쳐 사회의 도덕적 구조를 형성하는 데 도움을 주어야 한다.

4. 지도자의 윤리적 딜레마: 지혜

기독교 지도자들은 이미 합의된 문제에 대해 도덕적 판단을 내릴 경우는 거의 없다. 대신, 그들이 인도하는 사람들이 의사결정 과정에 갇히거나 무언가가 상당히 잘못되었을 때 결정에 관여한다. 따라서 지도자는 어려운 결정을 해야 하는 부담을 가질 수 있다. 게다가, 영업부서를 둘 혹은 셋을 둘 것인지와 같은 도덕과 무관한 결정이나 전략이 의도하지 않은 윤리적 결과를 낳을 수 있기 때문에 윤리적 지도가 필요하다. 복잡한 상황에서 최선의 의도를 가진 그리스도인은 세계관 분석을 너무 성급하게 적용하는 실수를 범할 수 있다. 종종 고르디아스의 매듭[28]을 푸는 가장 좋은 방법은 "모르겠어"라고 인정하는 것이다. 잠언 9:10에 "여호와를 경외하는 것이 지혜의 근본이니라."라고 말씀하신다. 지혜는 어떤 사람의 생각에서 그 기원을 찾지 않는다. 하나님은 기독교 지도자들에게 지혜를 주시고 은혜롭게 기도하도록 초청하신다. 그분은 자원이 무한하고 인색하지 않기 때문에 더 많은 지혜를 얻기 위해 기도에 초대한다(약 1:5-8). 어떤 지도자도 매번 그것을 잘할 수는 없지만 야고보는 겸손이 딜레마를 헤쳐 나가는 길이라는 점을 분명히 했다. 왜냐하면 하나님은 겸손한 자에게 은혜를 주시지만 교만한 자를 물리치시기 때문이다(약 4:6).

---

28 매듭을 푸는 자가 아시아의 지도자가 될 수 있다는 복잡한 매듭, 알렉산더대왕이 잘라버림으로 해결.

5. 지도자의 개인 윤리: 덕

성경적 세계관에 뿌리를 둔 현명하고 겸손한 의사결정은 선한 지도자를 만든다. 성경은 지도자 외부의 결정에만 적용되는 윤리에 관심이 없다. 대신, 그것은 지도자의 삶 전체에도 적용되어야 한다. 기독교 세계관은 지도자의 인격적 정직성과 관련하여 예외의 여지를 남기지 않는다(잠 10:9; 고후 8:21; 빌 4:8-9).

지도자는 좋은 결과를 얻기 위한 이유라도 기준을 무사통과하거나 도덕적 면제를 얻지는 못한다. 대신에, 하나님의 교회 지도자들은 주로 어떤 유형의 사람이 되는지에 따라 자격이 주어진다(딤전 3:1-13; 딛 1:6-9; 벧전 5:1-8). 지도자는 종종 즉각적인 의사결정과 판단을 내리기 때문에 숙고나 협의의 시간이 없을 때 그들의 반응은 그들이 어떤 사람인지에 기인한다. 그러므로 지도자들은 옛 사람을 벗어 버리고 그리스도의 형상을 좇아 참 지식에 이르기까지 끊임없이 새롭게 되어 변화를 받기 위해 날마다 힘써야 한다(골 3:1-11). 세상과 육신과 마귀가 공격할 때 그리스도인 지도자의 진정한 덕이 드러난다. 그의 윤리는 새로운 마음, 생각, 그리고 새로운 소망에서 태어난 미덕에서 작동해야 한다.

6. 지도자의 윤리적 지도자: 예수 그리스도

지도자 윤리에 대한 기독교적 세계관은 그리스도가 중심이 되어야 한다. 우리를 하나님과 화해시킬 다른 이름이 없으며, 사람들을 인도할 다른 이름이 없다. 도덕주의 신 혹은 치료의 신이 아닌 예수는 기독교 지도자의 위, 아래, 주위에 변명의 여지가 없는 깃발이다. 기독교 지도자들은 섬기라는 예수님의 부르심에 순종함으로써, 또 낮아짐으로써 높아지는 것을 통해 위대해지도록 노력해야 한다. "낮아짐"은 지도자의 위치처럼 보이지 않고 종의 대야와 수건도 지도자의 도구처럼 보이지는 않는다(요 13:1-5). 그렇지만 그리스도께서는 이것들을 효과적으로 사용하셨다. 예수님은 지도자로서 위대함에 이르기 위해 높아짐이 아니라 낮아지는 길을 주셨다. 우리가 어떻게 인도해야 하는가라는 질문에 대해, 예수님은 땅의 안락함을 얻는 그림이 아니라 하늘의 안락함을 버리는 그림을 제시하신다(요 6:38). 그는 그리스도인에게 구원을 얻기 위해 목숨을 버리라고 부르신다(눅 9:24). 자기 자신을 아무것도 아닌 것으로 여기고 목숨을 버릴 만큼 사랑하심으로 가르침을 나타내셨다(빌 2:5-11).

7. 결론

21세기의 혼란스러운 문화적 환경을 살펴볼 때 우리는 기독교 세계관의 그리스도께서 여전히 한 지도자의 영혼과 생명, 그리고 그의 모든 것을 요구하심을 기억해야 한다. 최고의 기독교 지도자조차도 실수할 수 있지만 지도자들은 여전히 주도하고 있다. 그들은 성경의 기반 위에서 지도자이신 왕 예수의 십자가 길에 헌신한 지혜롭고 유덕한 사람들을 배출하는 것을 목표로 하는 세계관을 통해 인도한다.

H.
예배와 섬김

David S. Dockery

예배는 교회 생활에서 가장 중요하지만, 그리스도인들 사이에서도 종종 이해하기 어렵고 오해를 받는다. 예배는 우리의 목소리와 생각과 마음으로 하나님께 가치를 돌리는 것이다. 그것은 하나님께 영광을 돌리는 행위이다. 물론 이것은 삶의 전 영역에 적용되어야 한다. 하지만 더 좁은 의미로 말하면 예배는 그리스도인들이 지역교회 회중으로 모일 때 하나님을 찬양하고 영화롭게 하는 행위와 활동을 가리킨다.

그리스도인으로서 하나님만이 받을 수 있는 최고의 가치를 하나님께 돌리는 데 진정으로 관심이 있다면, 성경이나 기독교 유산의 건전한 공감대에 따라 예배가 형성되게 하고 우리 자신의 필요에 따라 형성되지 않도록 조심해야 한다. 신자들은 예배가 성자를 통해 성부 하나님께 능동적으로 응답하는 것임을 인식해야 한다. 찬양, 기도, 설교, 성례전, 고백, 헌금은 모두 그리스도 중심적이며 성경에 근거한 행동이다. 높으신 그리스도에 대한 교회 예배의 초점은 성령으로 가능하게 하는 깊이와 내용을 청중에게 준다. 사실 합당하고 받아들일 만한 예배는 성령의 능력에 의해서 그리고 그것을 통해서 드려질 수 있다.

그리스도인들은 예배의 한 형태가 다른 것보다 본질적으로 더 낫다는 것을 인정하기 어렵지만, 항상 성경의 가르침에 진정한 예배의 기초를 두기 위해 노력해야 한다. 사도행전 2장을 지침으로 삼아 그리스도인들은 예배의 다양성을 기대해야 할 것이다. 그 구절에서 어떤 사람들은 성전에서의 공식적인 축하를 강조하고 다른 사람들은 가정에서의 비공식 모임을 우선 한다.

진정한 예배에는 하나님 말씀의 전체 계획(행 20:27)의 선포와 본문에 근거한 설교의 우월성이 포함되어야 한다. 복음 메시지는 예배의 중심과 형태를 이룬다. 이러한 인식을 바탕으로 예배는 삶에 감동을 주는 동시에 하나님을 높이고 그의 백성을 교화하는 예배의 경험을 창조해야 한다. 그에 이르지 못한 것은 신약의 가르침과 초대 교회의 본에 충실하지 못한 것이다.

참된 예배가 이루어질 때 그리스도의 몸 전체가 강화되고 세워진다. 또한 지역교회의 선교, 봉사, 전도가 강화된다. 주를 경배하고 상호 강화된 하나님의 백성은 삶을 만지고, 필요를 채우고, 상처를 조언하고, 불의에 대해 말하고, 복음의 구원 메시지를 증거하고 선포하기 위해 세상에 들어갈 준비가 되어 있다. 하나님을 높이는 것과 다른 사람을 섬기는 것은 갈등이 거의 없다. 특히 기독교 신앙을 일관된 방식으로 이해하고 실천하고자 하는 그리스도인에게는 더욱 그렇다. 사실, 진정한 삶의 예배는 진정한 교회예배 위에 세워지며(사 6:1-8; 마 28:16-20) 그것은 교회와 문화와 세상에 초점을 맞춘다.

1. 교회

교회는 오순절에(행 2장) 하나님의 새로운 사회(엡 2:15)로 출범했다. 그것은 그리스도께서 완성하신 사역(요 19:30)과 성령의 세례 사역(고전 12:13) 위에 세워졌다. 교회는 신비한 것이었고(엡 3:9-11), 그리스도에 의해 예언되었으며(마 16:18), 오순절 성령에 의해 계시되었다. 교회는 그리스도 예수께서 친히 모퉁잇돌이 되시고, 그의 사도들이 닦은 터 위에 세워졌다(엡 2:20-21).

참된 교회는 인간이 만든 기관 이상이다. 그것은 그리스도와 관련된 사람들의 눈에 보이고 만져질 수 있는 구체적인 표현이다. 가능한 한 모든 그리스도인은 예수 그리스도의 가시적이고 조직적인 교회에 참여하고 자신을 투자해야 한다. 하나님은 교회에서 그의 백성들이 신실한 생활과 사역을 위해 강화되고 섬김의 일을 하도록 준비시키셨다. 하나님의 영은 교회의 은사를 받은 지도자들을 사용하여 다른 그리스도 추종자들에게 성숙함을 가져다주도록 돕는다. 그들은 그리스도를 선포하고 지혜로 다른 사람들을 훈계하고 가르칠 수 있고, 말과 행동으로 문화에 참여하고 세상을 섬길 수 있을 것이다(엡 4:11-13; 골 1:28).

2. 문화

오늘날 많은 사람들이 교회와 기독교 신앙을 거부하는데, 이는 거짓이라고 생각하기 때문이 아니라 피상적이거나 사소하다고 믿기 때문이다. 사람들은 삶의 모든 경험에 일관성을 가져오는 진정성 있고 통합된 삶에 대한 관점을 찾고 있으며 그중 일부는 혼란스럽다. 여러 면에서 후기 기독교 서구문화, 특히 미국문화는 바울 시대 기독교 이전의 아테네처럼(사도행전 17장) 새롭고, 신기하고, 에피쿠로스학파가 강조한 변화의 세계에 초점을 맞춘 점을 닮아있다. 우리 문화도 마찬가지로 새로움에 매료되어 있다.

우리 문화에서 진리와 가치는 거의 고려하거나 추구하려는 결과가 아니다. 사도 바울이 사도행전 17장에서 한 연설에서 그런 생각에 대해 사랑으로 또 효과적으로 대응하는 방법의 모범을 발견한다. 우리는 의미 있고 적절한 방법으로 문화에 참여하는 방법뿐만 아니라 믿을 수 없을 정도로 피상적인 세계 속에서 진리를 효과적으로 소통하며 사는 법을 배운다. 우리 사회의 많은 부분을 형성하는 문화적 경향은 새로운 종교나, 여러 다양한 형태의 영성의 증가에 의해 유사하게 영향을 받는다. 따라서 바울은 사려 깊은 그리스도의 제자들이 이 변화하는 탈기독교 세계에 대응 가능하게 하는 통찰력 있는 안내자이다.

3. 세계

그리스도인들은 세계화 관련 대부분의 논의에서 영어가 새로운 공통어인 세상에 살고 있다. 그러나 스페인어는 전 세계 그리스도인들이 가장 많이 사용하는 언어이다. 우리는 기독교의 기반이 남반구를 향해 움직이는 환경에 살고 있다. 그러므로 서구의 그리스도 제자들은 우리의 가장 기본적인 기독교적 신념이 위협받지 않는 한 비서구적 의견과 사상을 기꺼이 따라야 한다. 서구의 부와 고립으로 인해, 대부분의 세계와 비복음화 지역의 실제 문제를 이해하기 힘들었다. 마찬가지로 사회정의는 하나님의 사명을 이해하고 수행하는 것을 돕는 중요성이 있음을 인식해야 한다. 신학, 교육, 정의, 선교를 경쟁자가 아닌 파트너로 연결하는 진지한 작업에 참여해야 한다.

많은 그리스도인, 특히 젊은 신자들은 노숙자에게 집을, 굶주린 자에게 음식을 제공하는 것의 중요성을 이해한다. 그들은 정의를 위해 일하는 동시에 복음의 좋은 소식을 세계의 새로운 지역으로 전달한다. 우리는 이제 더 큰 지구촌 가족의 다양한 맥락과 문화를 나타내는 새로운 얼굴과 함께 세계적으로 연결된 맥락 속에 살고 있음을 인식해야 한다. 그리스도를 따르는 사람들을 하나로 모으는 것은 우리의 동질성이 아니라 예수 그리스도에 대한 깊은 사랑임을 인식해야 한다. 우리의 삶은 예수님께 감사의 제물이 되어야 한다. 이것은 세상에서 가장 작은 이들에 대한 연민을 통해 가장 잘 표현된다.

그리스도인은 겸손한 자세를 취하고 서로 경청하고 배워야 한다. 우리 주변의 세계를 특징짓는 현재의 공포 분위기는 많은 사람들이 새로운 기회에 참여하는 것을 막는 강력한 도전을 야기할 것이다. 그리스도에 대한 사랑과 이웃을 이해하려는 열망이 이런 두려움을 물리치게 할 것이며, 미래를 위한 흥미진진한 지구적 기회를 열어줄 것이다. 우리는 국가 간의 기회뿐만 아니라 문화 간의 기회에 대해서도 생각해야 한다. 미국의 주요 도시들은 세계가 이 도시들 속으로 옮겨온 것처럼 보인다.

빈곤, 노숙자, 마약 남용, 폭력이 우리를 둘러싸고 있다. 우리 도시들은 다민족, 다문화이다. 그러므로 그리스도인들은 자신을 사회와 격리시키는 것들과 씨름해야 한다. 우리는 우리 신앙의 세계적 함의를 지역적으로 실천하고, 다른 사람들과 함께 지구촌 봉사를 위해 연대를 구축할 수 있는 특권을 가지고 있다. 따라서 이웃에게 봉사하고 땅 끝까지 복음을 전하기 위해 하나님을 알고, 높이고, 삶의 모든 측면에 대해 진지하고 일관성 있게 생각하려 노력한다. 이 작업을 부끄러워하지 말자. 지혜와 겸손과 자신감으로 나아가 교회를 섬기고, 문화에 참여하자. 삼위일체 하나님께 영광을 올리기 위해 열방을 제자로 삼을 사려 깊고 헌신적이며 확신에 차 있고 용감한 그리스도를 따르는 새 세대를 일으키고 성장시켜 주시도록 주님께 간구하자.

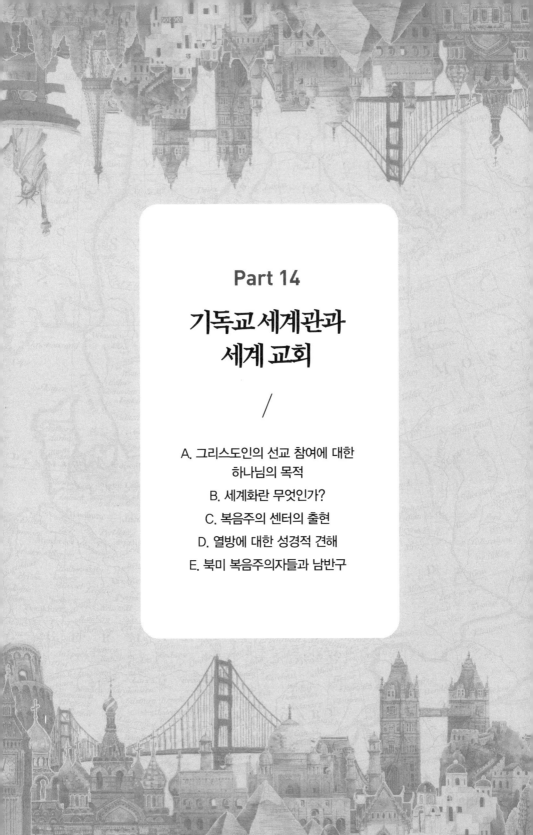

Part 14

기독교 세계관과
세계 교회

/

A. 그리스도인의 선교 참여에 대한
   하나님의 목적
B. 세계화란 무엇인가?
C. 복음주의 센터의 출현
D. 열방에 대한 성경적 견해
E. 북미 복음주의자들과 남반구

A.
그리스도인의 선교 참여에 대한 하나님의 목적

Mike Barnett

젊은 윌리엄 캐리의 이야기를 들어본 적이 있는가? 1792년 영국 중부 지방의 구두 수선공이자 작은 교회의 목사였던 그가 자신이 사는 지역의 목회자들에게 세계로 선교사를 파송해 줄 것을 요청하는 편지를 썼다. 캐리는 그의 선배 목사들에게 교회를 동원하여 열방을 제자로 삼을 것을 공개적으로 도전했다. 그 지역의 리더였던 한 목회자는 "젊은이, 진정하게! 자네는 광신자야. 하나님이 이교도를 개종시키기 원하시면, 자네나 나와 상의하지 않고 그렇게 하실 걸세"라며 캐리를 가로막았다.

오늘날 윌리엄 캐리는 "현대 선교의 아버지"로 알려져 있다. 그는 100년이 넘는 기간 동안 지속된 운동을 이끌었고 전 세계에 기독교의 기반을 마련했다. 그러나 그 나이 든 동료의 질문은 오늘날까지 교회를 괴롭히는 지배적인 세계관을 반영하고 있다. 캐리는 감히 어떻게 하나님께서 선교 사업에 자신이 참여하기를 원하거나 필요로 한다고 생각할 수 있었을까? 과연, 어떤 하나님이 세상에서 그의 일을 수행하기 위해 사람을 필요로 할까?

1. 하나님의 사명

캐리는 성경을 읽으면서 하나님이 주신 선교사명에 대한 성경적 세계관을 발견했다. 그는 하나님이 주신 그 사명이 "땅 위의 모든 족속이 복을 받고"(창 12:3~4) 하나님이 모든 민족 가운데서 명성을 얻으실 것이라는 사실에 압도되었다. 사실 이것이 성경의 주제이며 교회의 중심 의제이며 기독교의 이유이다.

그러나 하나님께서 모든 백성이 복을 받을 것이라고 말씀하신 것은 무엇을 의미할까? 하나님은 성경에서 이 축복을 이스라엘에게 반복해서 설명하셨다. 이스라엘이 자기를 따르면 그들 가운데 행하여 그들의 하나님이 되시리라는 약속이었다(레 26:12). 그러나 이스라엘은 이 약속을 제대로 이해하지 못했다. 하나님은 영광을 받기 위해 이스라엘에 대한 진노를 늦추셨으며(사 48:11), 이스라엘을 위한 하나님의 사명이 그들보다 더 크다는 것을 반복해서 상기시키셨다. "네가 나의 종이 되어 야곱의 지파들을 일으키며 이스라엘 중에 보전된 자를 돌아오게 할 것은 매우 쉬운 일이라 내가 또 너를 이방의 빛으로 삼아 나의 구원을 베풀어서 땅 끝까지 이르게 하리라"(사 49:6). 그러나 이스라엘 민족의 세계관은 자신들에게만 집중했기 때문에 발전할 수 없었다. 그럼에도 하나님께서 여전히 그들을 사용하여 이방인들에게 메시아 예수의 빛을 비추신다는 것은 얼마나 역설적인 일인가?

젊은 캐리의 말이 맞았다. 그는 예수에 관한 좋은 소식의 진정한 의미를 이해했다. 하나님의 가장 큰 갈망은 "하늘에 있는 정사들과 권세들"(엡 3:10)을 포함하여 모든 백성, 심지어 모든 피조물이 복음을 알게되는 것이다. 이 하나님의 사역에서 가장 놀라운 것은 그의 추종자인 교회를 사용하여 선교에 참여하고 수행한다는 것이다.

고대 이스라엘 사람들처럼 캐리의 세대는 하나님의 사역에 자기중심적이었다. 그들의 마음에 하나님은 그들의 시대에 지상명령을 마치셨다. 모든 민족을 제자로 삼으라는 예수님의 부르심은 자신들을 향한 것이 아니었다. 어쨌든, 그들은 처리해야 할 자신들의 문제를 충분히 가지고 있었다. 미개한 "이교도"에게 복음을 전하기 위해 최고의 제자들을 땅 끝까지 보낼 생각은 그들에게 없었다. 반면, 윌리엄 캐리의 세계관은 성경에 의해 뒤집혔다. 그는 하나님의 의제와 열방에 대한 하나님의 선교에서 우리가 헌신하지 않을 수 없다는 현실을 깨달았다.

오늘날 우리는 이 사명에 동참하고 있는가? 아니면 이스라엘이나 캐리의 동료들처럼 자기중심적으로 변형된 성경적 세계관을 받아들였는가? 우리는 하나님의 피조물들에 의해 전파되고 경배되어야 할 하나님의 사명을 우리 자신의 행복과 성공과 성취로 바꾸지는 않았는가?

2. 기본

하나님의 선교에 대한 기본은 무엇일까? 라틴어 *missio*의 어근은 "보냄" 또는 "보내다"를 의미한다. 창세기 1장에서 창조주(요 1:3)와 영(창 1:1-2)을 보내심으로 시작하신 하나님은 성경 전체에 걸쳐 계속해서 보내시는 분이다. 하나님은 이스라엘 민족을 세우기 위해 아브라함을 가나안으로 보내신다(창 12장). 구약은 하나님이 우리와 함께 하신다는 임마누엘(사 7:14; 마 1:23)을 통해 하나님 자신을 보내심으로 절정에 달하는 이스라엘을 사용한 하나님의 선교 이야기이다. 신약은 예수님이 교회를 세우시고 성령께서 교회를 열방에 선교로 보내시는 이야기이다. 요한계시록에서 우리는 하나님의 어린 양이 만민 가운데서 경배를 받는 마지막 날에 그 사명이 성취되는 것을 본다. 이것이 하나님의 말씀에 계시된 과거, 현재, 미래의 하나님의 사역이다. 성경은 우리에게 하나님의 사역과 그 사역에 적합한 우리의 위치에 대해 가르쳐준다.

1) 누구의 사역인가? 하나님의 사역이다. 그분은 사역을 완수하시는 분이다. 성경은 하나님이 우리에게 주신 계시이다.

2) 무엇이 하나님의 사역인가? 그것은 모든 민족을 위한 축복이다. 요한계시록 5:9에서는 그것이 "각 족속과 방언과 백성과 나라"를 위한 것임을 알려 준다. 이것이 사도 바울이 자주 말하는 "비밀"이다. 아브라함의 하나님은 만민의 하나님이시며, 모든 피조물의 하나님이시다(엡 3:3-6,10).

3) 이것이 왜 하나님의 사역인가? 하나님이 원하시기 때문일까? 아니다. 하나님은 모든 열방 가운데서 경배와 찬양을 받으실 것이기 때문이다. 하나님의 이름이 거룩해질 것이며 모든 민족이 그를 알게 될 것이며 그의 나라가 임할 것이며(마 6:9-10), 그가 영광을 받으리라(사 48:11), 만민을 향한 선교의 이유는 하나님의 영광이다.

4) 하나님은 어떻게 그의 사역을 성취하시는가? 하나님은 보내신다(예, 창 1:27; 3:23, 8-9; 11:8; 12:2; 출 6:7). 하나님은 그의 아들을 보내심으로 사랑하신다(요 3:16). 그분은 우리에게 사랑하라고 요구하시며(마 22:37-38), 우리가 서로 사랑하기를 기대하신다(22:39). 그렇다, 하나님의 사역의 방법은 모두 사랑에 대한 것이다.

하나님의 선교 전략은 사람 대 사람이다. 그분은 관계적으로 일하시는 관계적 하나님이시며 우리는 그분의 형상대로 창조되었다. 하나님의 선교에는 외로운 그리스도인이 설 자리가 없다. 처음부터 사람 대 사람 미션이었다. 하나님은 과거에 아브라함과 그의 육적 후손을 통해 일하셨다(창 12:2-3). 놀랍게도 하나님은 아브라함의 영적 후손(갈 3:7,29; 엡 3:6), 즉 교회(엡 3:10)를 통해 현재에도 역사하고 있으며, 결국에는 모든 민족으로부터 영원토록 경배 받으실 것이다(계 7:9). 하나님은 사람을 통해 그분의 사역을 완수하신다.

5) 하나님 사역의 일차적 임무는 무엇인가? 제자 삼는 것, 잘 알려진 마태복음 28:18-20의 위임명령으로 하나님은 우리에게 이 과업을 지시하신다. 우리는 모든 민족을 제자로 삼아야 한다. 즉, 모든 민족이 예수님의 제자가 되도록 가르쳐야 한다. 바로 이 위임명령에서 하나님은 우리에게 방법을 알려주신다. 예수님은 그들을 "가르치며" "아버지와 아들과 성령의 이름으로 세례를 베풂"(19-20절)으로써 믿음의 공동체에 참여하게 한다고 말씀하셨다. 우리는 그들을 예수님께 소개하고 예수님과의 교제에 참여시킨다. 우리는 좋은 소식, 복음을 선포하고 그들은 우리와 함께 예수님을 따른다. 우리는 거기서 멈추지 않고 단순히 예수님의 가르침이 아니라 어떻게 순종하는 지를 가르친다. 그가 명령하신 모든 것을 전심으로 따르라. 이것이 하나님 사역의 일차적인 임무이다. 서로에게 복종하는 것을 가르치라.

우리가 어떻게 열방 가운데서 이것을 할 수 있을까? 하나님의 계획, 그의 배가전략을 따르는 것이다. 우리는 더 이상 예루살렘의 한 성전에서만 섬기는 사제에게 의존하거나 기성 교회의 사역을 위해 목회자를 고용할 수 없다. 모든 신자들이 교회를 통해 하나님의 선교 사역을 할 수 있도록 준비시켜야 한다. 어떤 사람들은 교인들의 선교훈련을 위한 훈육자로 부름을 받을 것이다(엡 4:11-12), 하지만 모든 사람은 증인(행 1:8)과 제자 삼는 사람(마 28:18-20)으로 부르심을 받았다.

3. 성경적 세계관

창세기부터 요한계시록까지 하나님의 말씀은 하나님께서 자신의 사명을 수행하시는 이야기이다. 그것은 성경적 세계관, 하나님의 세계관, 그분의 사명과 그 안에서 우리의 역할을 보여준다. 1792년 윌리엄 캐리가 성경을 읽었을 때, 그는 하나님께서 모든 신자에게 그의 세계 선교에 참여하라고 명하신 사실을 피할 수 없었다. 이것이 하나님의 뜻이다. 우리의 도움을 필요로 하는 연약한 하나님의 표시가 아니라 함께 섬길 것을 요구하시는 주권적인 하나님의 실재이다. 하나님의 영광을 위한 것이지 우리를 위한 것이 아니다. 그렇다. 이 하나님의 사명을 받아들일 때 복을 받는다. 그분은 우리의 하나님이 되시고, 우리는 그분의 백성이 되며, 그분의 사명을 섬긴다. 이보다 더 나은 것은 없다.

B.
세계화란 무엇인가?

Choon Sam Fong

세계화는 오늘날의 세계에 대한 가설적인 주장을 위해 경제 및 정치 분석가들이 사용하는 추상적 개념이 아니다. 세계화는 거리에 있는 한 사람에게 깊은 영향을 미친다. 일상생활에서 다음 예를 생각해보자.

- 미국 레스토랑 체인은 미국 이외의 지역에서 더 인기를 얻었고 수익성이 높아졌다.
- 최신 아메리칸 아이돌 우승자는 영국 최고의 보이 밴드나 가장 인기 있는 케이팝 스타처럼 세계적인 현상이다.
- 지하철을 타면 알아들을 수 없는 언어를 자주 듣게 된다. 나중에 이 언어들이 지구 반대편에서 온 것을 알게 된다.
- 자녀의 급우들이 다양한 문화적, 인종적 배경을 가졌으며 유학생이 아니다.
- 인터넷 문제가 있어 서비스업체에 전화하면 인도나 필리핀의 콜센터에서 누군가가 전화를 받는다. 통화는 무료이거나 거주지 통화요금 체계에 따라 부과된다.

우리는 세상이 압축된 것처럼 사람들 사이의 물리적 거리가 줄어들었다는 사실을 정기적으로 깨닫는다. 또한 변화가 이전보다 훨씬 빠르게 일어나고 있음을 느낀다. 20년 전, 언론은 세계화되고 있는 세계에 대해 이야기했다. 오늘 우리는 세계화된 세계에 대해 이야기한다.

1. 세계화란 무엇인가?

세계화는 경제적, 기술적, 정치적, 문화적 추세가 전 세계적인 규모로 상호 침투하여 모든 수준에서 연결되는 현실로 세계를 이동시키는 지속적인 운동이다. 이것은 완전히 새로운 현상은 아니다. 과거 로마제국과 같은 광범위한 통치권 아래에 사는 사람들은 빠르게 초국가적 사고방식을 발전시켰고 국경 너머 사는 사람들과 교역했다. 오늘날 새로운 것은 세계화의 규모와 속도이다.

세계화의 가속화는 1980년대에 여러 현상이 동시에 일어났을 때 분명해졌다. 국제무역의 급성장, 빈국에서 부국으로의 대량이주, 통신기술의 급속한 발전, 특히 인터넷의 광범위한 사용 같은 것이다. 이는 곧 국제무역의 규제완화 및 부국과 빈국 간의 불평등 격차를 줄이기 위한 개발 노력과 같은 다른 세계적인 추세에 수렴되었다.

이러한 강력한 운동은 정치적 또는 지리적 경계가 사람들의 생활방식이나 사고방식에 훨씬 적게 영향을 미치는 세상을 만들었다. 국가와 대륙을 구분하는 전통적 경계는 점점 의미가 없어지고 있다. 이민 당국은 여전히 사람이 다른 나라로 건너가는 것을 막을 수 있지만 아이디어와 기술의 교환은 과거 국가 통제의 제약에서 벗어났다.

2. 기술 및 경제의 세계화

우리는 기술, 경제, 이념, 문화 및 종교적 세계화에 대해 말할 수 있다. 기술 세계화는 통신 기술에 대한 보편적인 접근을 포함한다. 새로운 의사소통 수단에 대한 더 쉬운 접근은 전통적인 경제적 불평등을 해소했다. 개발도상국도 이러한 기술에 접근할 수 있어서 세계경제에서 선진국의 이점이 줄어들고 있다.

경제 세계화는 국경을 넘어 자본, 생산 및 노동의 이동을 포함한다. 그러한 운동의 주요 주체는 정부가 아니라 대기업인 경우가 많다. 경제 세계화가 선진국과 개발도상국 간의 빈부격차를 줄이는 데 도움이 되었는지에 대한 합의는 없지만 대부분의 경제학자들은 세계화가 많은 인구의 빈곤을 줄이는 데 도움이 되었다는 것에 동의한다.

반면에 경제적 세계화는 때때로 '글로벌 자본주의'로 경험되기 때문에 많은 사람들에게 위협으로 간주된다. 이것은 재정 자원에 더 잘 접근할 수 있는 사람들이 세계화의 이점을 이용하여 대기업의 손에 힘이 집중될 때 발생한다.

3. 세계화가 문화와 기독교 세계관에 미치는 영향

기술적, 경제적 세계화의 영향은 광범위하지만 이념적, 문화적, 종교적 세계화는 훨씬 더 심오한 방식으로 우리의 삶을 변화시킬 수 있다. 사상 처음으로 세계의 모든 주요 이념이 일종의 '이념 쓰나미', 즉 어느 한 곳에서 시작되지 않은 세계적 추세의 압도적인 파도를 경험하고 있다. 기독교는 오랫동안 세속화의 영향을 받아 왔지만 현재와 같은 규모의 공격은 전례가 없다.

세계화의 다양한 갈래에서 우리는 이전의 모든 이념, 민족 또는 민족주의 코드를 능가할 수 있는 새로운 공중도덕의 출현을 식별할 수 있다. 이 새로운 정신은 때때로 "세계적 초문화"라고 불리며, 지역문화를 침식하는 동시에 지역사회를 개인주의적인 소비자로 바꿔버릴 수 있는 강력하게 동질화시키는 영향력이다. 초문화는 여러 방식으로 우리 세계관에 영향을 줄 수 있다. 인종문제에 거의 관심을 기울이지 않고, 자기가 속한 사회에 대해 도덕적 책임을 촉진하지 않기 때문에 지역사회의 분열로 이어질 수 있다. 모든 것이 무분별하게 수용되고, 절대적 기준이 없는 윤리를 시도하는 세계화된 영성을 낳을 수 있다. 무엇보다 인간의 성취를 축하하는 유토피아적 비전은 미래에 대한 기독교적 관점과 상반되는 비전을 전파할 수 있다.

세계화의 개념은 직관적이라기보다는 서술적이지만 성경적 세계관에 비추어 평가되어야 한다. 우리는 세계화를 부도덕하고 자본주의적인 착취라고 비난하는 것은 피해야 하지만 그리스도인에게 약속된 미래를 혼란시키는 세계화는 전적으로 수용해서는 안 된다.

4. 시대에 긍정적으로 대처하기

우리는 세계화의 동질화시키는 경향에는 주의해야 하지만 그것이 제시하는 기회에는 긍정적으로 대응할 수 있다. 발견의 시대, 선교사들이 15세기~17세기에 유럽을 사로잡은 전염성이 강한 탐험가 정신을 사용하여 아프리카, 미주, 아시아, 오세아니아로 향하던 배에 올라탔던 것처럼 그리스도인들은 21세기에 새로운 선교의 기회를 찾을 수 있다.

첫째, 지역적, 국가적, 세계적 연결의 이점을 누리면서 인간의 결속을 얻을 수 있다. 우리가 전 지구적 가족이라는 (재)발견은 우리로 하여금 만물이 그로부터, 또 그를 위하여 존재하는 한 분 하나님 아버지의 주권 아래 우리의 기본적인 인간성을 숙고하게 한다(고전 8:5-6).

둘째, 새로운 방식으로 오래된 진리를 이해하는 흥미진진한 도전에 참여할 수 있다. 예를 들어, "이웃"이라는 단어는 세계화된 삶에서 무엇을 의미할까(눅 10:25-29)? 우리가 빚진 자를 탕감하여 준 것같이 우리의 빚을 탕감해 달라고 기도하는 것은 무슨 뜻일까(마 6:12)?

셋째, 세계화는 소비자를 다양한 문화에 노출시키기 때문에 서구의 문화적, 사회적 지배를 약화시킨다. 예를 들어, 정보에 입각한 비교는 아프리카 또는 아시아 그리스도인들이 미국화 또는 유럽화된 기독교에 덜 매료되는 데 도움이 될 수 있으며, 이는 보다 토착화되지만 세계적으로 통합된 기독교를 위한 길을 열 수 있다.

마지막으로, 세계화된 문화는 선교에 대한 세계적인 관점을 보완할 수 있다. 전례 없는 문화 간 접촉과 즉각적인 의사소통을 통해 그리스도인들은 복음을 공유하고 새롭고 혁신적인 방식으로 영적추수를 위해 일꾼을 준비할 수 있다. 우리는 어디서 건 선교에 참여할 수 있고, 도시의 선교와 사역은 새로운 힘을 얻을 수 있는데, 많은 사람들의 세계적인 이주로 당신의 문 앞에서 선교할 수 있는 새로운 기회를 제공하기 때문이다.

5. 결론

급변하는 세상이라 해도 전능하신 하나님의 손에서 벗어난 고삐 풀린 세상이 아니다. 하나님은 계속해서 이 땅의 왕좌에 앉아계시고 방백들을 무(無)로 만드는 권세를 가지고 있다(사 40:22-23). 더욱이 기독교 신앙은 세계 선교비전 때문에 세계화된 세계에 잘 어울린다.

C.
복음주의 센터의 출현

(Harry L. Poe)

　　20세기 후반과 21세기 초반에 전 세계에 복음주의 센터가 등장한 것은 오순절 이후 기독교 활동의 많은 변화들 중 가장 최근에 일어난 일이다(행 1장). 최초의 중심이었던 예루살렘에서, 선교사 파송 중심지로 안디옥이 부상했다. 1세기 말에는 알렉산드리아, 에베소, 로마가 중심지가 되었다. 4세기에 기독교 신앙이 합법화되면서 콘스탄티노플도 신앙의 중심이 되었다. 5세기에 서로마제국이 쇠퇴하면서 기독교는 서유럽의 켈트권으로 전파되었다. 10세기 말까지 동방 정교회도 러시아로 퍼져나갔고, 러시아는 기독교의 두 번째 천 년 동안 새로운 중심지가 될 수도 있었다. 그런 반면, 8세기 이슬람의 침략으로 기독교는 지중해 동부와 북아프리카에서 쇠퇴했다.

　　복음이 전파됨에 따라 복음 메시지의 여러 측면이 서로 다른 지역 및 지역의 영적문제와 질문을 다루었기 때문에 지역신학은 그 지역문화의 가장 중요한 복음적 측면을 반영했다. 예를 들어 동방교회는 죽음과 죄를 이기신 그리스도의 부활과, 새롭게 하고 하나님과의 연합을 가져오는 성령을 중심으로 신학과 예배를 지향한다. 로마 가톨릭과 개신교를 포함하는 서방 교회는 예수의 희생적인 죽음에 신학의 초점을 맞추는 반면, 개신교는 하나님의 성취된 말씀인 성경의 권위를 추가한다. 로마 시대의 아프리카 교회에서는 하나님의 사랑을 보여주시고 우리와의 화해를 중재하신 예수 그리스도로 육신을 입고 오신 하나님이 아타나시우스의 확언에 의해 중심이 되었다. 따라서 각 지역에서 그리스도인들이 이런 신학의 기반이 되는 동일한 신앙고백을 하지만, 지역에 따라 다양한 지역신학이 발생했다.

전 세계적으로 보다 현대적인 복음주의 센터의 출현은 500년 전에 변화하는 유럽 상황에 뿌리를 두고 있다. 개신교 종교개혁과 동시에 15세기 말과 16세기 초 유럽 열강은 극동으로 가는 해상 무역로를 찾기 위해 모험을 감행했다. 이러한 모험은 콜럼버스가 1492년에 유명한 항해를 하기 전에 아프리카를 돌아서 동방으로 항해하면서 시작되었다. 같은 해에 페르디난드와 이사벨라는 연합하여 스페인 반도의 마지막 이슬람 왕국을 물리침으로써 통일된 기독교 스페인 왕국을 건설했다.

가톨릭국가 스페인, 포르투갈, 프랑스는 교역의 확대와 동시에 다른 나라에 대한 주권도 확대하는 과정을 시작했다. 영국, 네덜란드, 스웨덴, 덴마크의 새로운 개신교 국가들도 자체 확장 프로그램에 착수했다. 식민지화의 첫 번째 물결은 아메리카에 가톨릭과 개신교 공동체를 낳았다. 북아메리카의 영국, 네덜란드, 스웨덴 식민지는 초기 복음주의 신앙의 중심이 되었고, 그 지역에 첫 번째 대각성 운동이 전파되었다. 19세기 중반까지 유럽 열강은 대부분의 아프리카, 호주, 중앙아메리카, 남아메리카 및 아시아의 많은 부분을 지배하는 세계제국을 건설했다.

현대 선교운동은 인도에 대한 영국의 통제가 커지는 과정에서 시작되었다. 윌리엄 캐리는 영국의 침례교 선교사로 인도에 갔다. 아도리암 주드슨(Adoniram Judson)은 회중파 선교사로 인도로 출발했지만 뉴잉글랜드에서 시작된 긴 항해 중에 침례교로 개종한 후 버마로 갔다. 격 3년 대회로 알려진 미국 침례교 교단의 집회에서 주드슨의 선교를 지원하는 노력이 시작되었다. 1865년 허드슨 테일러(Hudson Taylor)는 보수적 초교파 선교 단체로 중국내지선교회를 설립했다. 성격상 그 지향이 교파적이라기보다는 광범위한 복음주의였다. 유럽 제국주의보다 중국 인민과 같이 되는 토착 기독교 전파정책을 채택했다. 영국이 아프리카의, 이집트에서 남쪽으로, 남아프리카에서 북쪽으로 지배권을 확장함에 따라 성공회는 영국의 지배를 받는 모든 새로운 지역으로 선교사들을 파견했다.

아시아와 아프리카의 복음화가 식민지 확장의 양상을 따르는 경향이 있었던 반면, 라틴 아메리카의 복음주의 기독교의 전파는 다른 방식으로 진행되었다. 1493년 교황 알렉산드르 6세가 중재한 스페인과 포르투갈 간의 합의에 따라, 남미의 동쪽 끝에서 새롭게 발견된 영토와 이교도들의 영토는 두 가톨릭 강대국이 나누어 가졌다. 따라서 스페인은 브라질이 된 남아메리카의 제일 동쪽 부분을 제외한 남미 서쪽의 미개척지에 패권을 가지게 되었다. 이 합의의 권리주장은 남미대륙을 벗어나 스페인령 필리핀까지 전 세계로 퍼져나갔다. 포르투갈의 영토는 브라질에서 동쪽으로 뻗어나가 아프리카와 인도까지 포함했다. 브라질에서 복음주의 선교 활동은 1800년대 중반 미국이 시작했으며, 감리교, 장로교, 성공회, 침례교 등이 스페인과 포르투갈의 오랜 식민 지배가 남미의 독립운동으로 스페인과 포르투갈의 오랜 식민 지배가 끝나면서 그곳에 선교활동을 시작했다.

1900년까지는 복음주의 선교로 얻은 곳은 미미하다고 할 수 있다. 그러나 새 세기의 시작과 함께 복음 전도는 점점 더 낙관적이 되었다. 1880년대와 1890년대의 해외선교를 위한 학생 자원봉사 운동은 케임브리지 대학 학생들의 각성에서 나타났다. 존 R. 모트(John R. Mott)는 이 운동의 슬로건인 "이 세대의 세계 복음화"를 만들었다. 모트는 1910년에 에든버러 회의를 조직하여 전 세계 여러 복음주의 선교단체에서 온 1,200명 이상의 선교사를 모았다. 어떤 사람들은 20세기를 "기독교 세기"라고 선언했다. 1910년 에든버러에서 열린 비종파적 복음주의 집회는 1914년 세계대전 이전에 마지막으로 있었던 위대한 초국가적 기독교 집회였다. 전쟁의 결과 대부분의 큰 제국 군주국들(중국, 러시아, 오스만터키, 오스트리아-헝가리 그리고 독일)이 멸망했거나, (프랑스, 스페인, 영국, 네덜란드의 경우처럼) 붕괴 직전에 있었다.

식민지나 제국주의의 속국에서의 해방으로, 복음은 20세기 동안 내전, 혁명, 기근, 경제 불황, 세계 전쟁의 맥락에서 아시아, 아프리카, 라틴 아메리카 전역에 끈질기게 전파되었다. 20세기의 사회적, 정치적, 경제적 혼란의 한가운데에서 전 세계적으로 수많은 영적각성이 일어났다. 1905년 웨일스 부흥운동을 시작으로 국제 선교운동과, 1906년 로스엔젤레스 아주사거리부흥운동을 시작으로 오순절 운동이 일어나면서, 아시아, 아프리카, 남미에서도 각성이 일어났다.

중국의 산둥 부흥은 제2차 세계대전, 공산주의혁명, 문화혁명의 공포에 대해 중국 그리스도인들을 준비시켰다. 그리스도인 쑨원 박사가 이끈 1911년 중국 혁명 이후 1세기 동안 중국인 약 1억 명이 기독교로 개종했다. 한국 전쟁 이후 한국의 각성으로 인해 한국 인구의 반 가까이가 기독교로 개종했다.

구 영국 식민지의 새로운 독립이라는 배경에서 일어난 동아프리카의 각성은 사하라 사막 이남의 아프리카에 극적인 복음전파를 가져왔다. 브라질의 복음주의 교회와 오순절 교회의 각성은 그 지역에 복음이 크게 전파되는 결과를 가져왔다.

제2차 세계대전 이후의 세계적인 각성으로 한때 선교사들이 했던 지도자 역할을 감당하는 각 지역 기독교 지도자들이 일어났다. 아시아, 아프리카, 남미의 복음전파 문제는 천 년 전 고대 켈트족의 복음화 전통에 뿌리를 둔 북미와 유럽의 신학과는 달랐다. 한국에서는 높으신 그리스도를 통한 기도에 대한 강조가 두드러진다. 특히 오순절 운동이 강력했던 아프리카와 남미에서는 다른 모든 영적세력에 대한 성령의 능력과 모든 영적영역에 대한 높으신 그리스도의 권위에 대한 강조가 두드러졌다. 전통 다신교와 조상숭배와 함께 도교, 불교, 유교의 실천 등 수천 년 동안 다원적 종교적 전통을 갖고 있던 중국에서는 한 분 창조주 하나님의 실체가 두드러졌다.

식민지 시대 이후 20세기에 기독교 중심이 유럽과 북미에서 대대적으로 이동한 것은 천 년 전 켈트족과 러시아인의 개종 대중운동 이후 교회가 한 적이 없는 경험이다. 우리는 복음 전파의 또 다른 장이 펼쳐지는 것을 뜨거운 관심과 기쁨으로 지켜본다.

D.
열방에 대한 성경적 견해

Jason G. Duesing

미국 스포츠 문화에서 팀의 팬 기반은 종종 "국가"로 표현된다. 이들의 웹사이트와 의류는 "양키 국가(Yankee Nation)", "애기 국가(Aggie Nation)" 등을 위해 설계되었다. 이와 관련하여 국가라는 단어를 사용하는 것은 경기에 참석하거나 팀의 홈 경기장 근처에 사는 팬보다 더 큰 것을 의미한다. 소위 이 국가는 지리적 또는 민족적 경계에 관계없이 팀에 공통된 광적인 이해관계를 공유하는 모든 사람들로 구성된다. 팀 본부를 둘러싼 지역에 가장 많이 존재하지만 팀의 "국가" 구성원은 전 세계적으로 존재할 수 있으며 다른 구성원과 함께 열광적인 응원단의 구성원이 된다.

열방에 대한 성경적 견해를 고려할 때, 미국 스포츠에서 이 용어를 이해하는 것이 도움이 된다. 성경에서 국가라는 단어는 왕이나 통치자가 있는 지리적 경계로 정의된 정치적 실체를 묘사하는 데 자주 사용된다. 예를 들어, 신명기 7:1에서는 "헷 족속, 기르가스 족속, 아모리 족속, 가나안 족속, 브리스 족속, 히위 족속, 여부스 족속"을 이스라엘보다 "수가 많고 강대한" 이스라엘 외부 일곱 나라로 나열한다. 추가적으로, 국가라는 용어는 이스라엘 이외의 모든 집단을 가리키는 집합체로도 자주 사용된다. 이 크고 다양한 그룹은 라틴어의 "이방인(*Gentiles*)"으로도 알려져 있다(행 10:45). 비이스라엘의 집단적 사용을 더 발전시키면 국가는 언어나 관습과 같은 민족적 공통점으로 구별되는 사람들을 설명하는 데에도 사용된다. 하나님은 아브라함과 맺은 언약(창 18:18)에서 "이 땅의 모든 민족"이 아브라함의 후손을 통해 복을 받을 것이라고 말씀하셨다. 이 사람들은 또한 "이 땅의 족속들"(창 12:3 KJV)과 "열방의 모든 족속"(시 22:27)으로 묘사된다. 이 구절들은 성경에서 단순한 개인이 아닌 비이스라엘인에 대한 집단적 강조를 나타낸다. 또한 국가라는 용어는 종종 모든 집단의 사람들을 설명하는 집합체로 사용된다.

1. 구약의 열방

열방은 하나님께서 아담과 하와의 후손, 노아의 후손인 교만한 통일된 인류가 바벨탑을 건축할 때 그들을 갈라놓음으로써 처음 만들어졌다(창 11장). 이전에는 하나의 언어를 가지고 있었고, 따라서 자기들의 뜻을 다른 이들에게 선동하고 하나님께 대한 그들의 반역을 완성하는 능력을 가지고 있었지만, 하나님께서 그들의 언어를 혼란스럽게 하심으로 인해 사람들은 땅에 흩어졌다. 고유한 언어를 주었고, 그들은 강제로 서로 분리되고 새로운 공동체로 모이도록 강요받았다. 창세기 10장은 다음 장에 기록된 흩어짐을 인식하여 노아의 후손들을 나열하며 그 민족 집단을 "열방"(10:5)이라고 부른다.

유대인이든 이방인이든 열방은 하나님의 영광과 구원과 심판의 역사를 나타내려는 하나님의 계획에서 중심적인 실체이다. 이스라엘 민족은 열방 가운데 하나님의 영광을 선포하도록 부름 받았고(시 96:3), 시편 기자는 하나님께서 세상에서 하신 일에 대해 "열방이 기뻐하고 즐겁게 노래할 것을" 요구한다(67:4). 하나님은 모든 민족을 다스리는 주권자이시며(103:19), 아브라함에게서 나온 언약 계획의 일부로 이스라엘을 "열방의 빛"(사 49:6)으로 주셨다. 하나님은 모든 민족을 심판하시며(49:24-27) 그들을 위해 구원을 베푸신다(2:2-4).

2. 열방을 위한 복음

하나님은 이스라엘에 자신의 아들 예수 그리스도를 메시야로 보내어 "고난을 받고 삼일 만에 죽은 자 가운데서 살아 나사 그의 이름으로 죄 사함을 받는 회개가 모든 민족에게 전파되게 하려"(눅 24:46b – 47)하셨다.

부활하신 후 그리고 승천하시기 전 예수 그리스도는 그를 따르는 자들에게 "모든 족속으로 제자를 삼으라"(마 28:19)라고 명하셨다. 이 구원의 소식은 먼저 예루살렘에서 퍼졌다(행 1:8). 하나님의 구원 계획의 메시지(롬 10:14-15)를 듣지 못한 민족들에게(롬 15:21) 전하는 일을 계속하는 것이 교회의 사명이다. 예수 그리스도는 모든 민족의 소망이시며(15:12), 열방에서 자기 백성을 모으실 것이며(요 10:16), 이 메시지는 세상 끝 날까지 그의 추종자들에 의해 "모든 민족에게" 선포될 것이다(마 24:14). 그때에 메시아가 이 땅에 다시 오실 것이며 모든 민족이 하나님의 영광을 볼 것이다(사 52:10). 그들은 그의 다스림과 통치에 복종할 것이며(빌 2:10-11) 모든 나라 사람들이 그에게 경배할 것이다(계 7:9).

민족과 문화에 관계없이 그리스도 안에서는 궁극적으로 유대인이나 이방인의 구별이 없다(갈 3:28). 그 안에서 하나님은 유대인과 이방인을 "새 사람"과 "동료 시민"으로 만드셨다(엡 2:15,19). 그리스도의 몸은 열방의 신자들로 구성되어 있으므로(계 5:9), 한 사람의 시민권은 영원히 하늘에 있다(빌 3:20). 이는 이 세상 국가의 국민으로서 일시적 애국심이나, 시민으로서의 적절한 청지기 의식을 상실하게 하면 안 되고, 오히려 선교를 방해하는 민족 중심주의에 대한 경고로 작용해야 한다. 그것은 우리에게 모든 종류의 인종적 또는 종족적 편견의 어리석음을 보여주어야 한다. 그런 편견을 품는 것은 만민과 만국을 창조하시고 만민에게 구원을 주신 하나님의 계시된 뜻에 정면으로 맞서는 것이다.

요나의 이야기는 우리가 한 민족을 다른 민족보다 우선시할 때 발생하는 한 가지 문제를 보여준다. 하나님이 이스라엘 선지자 요나에게 앗수르의 니느웨로 가서 "그것을 향하여 외치라"고 명하셨을 때, 그는 대신 배를 타고 다시스로 가려고 했다(욘 1:2-3). 하나님은 요나의 불순종을 너무나 심각하게 여기셔서 배와 그 선원들을 위협하기 위해 "큰 폭풍"을 보내셨고, 뱃사람들이 마지못해 요나를 바다에 던졌을 때야 비로소 마음을 누그러뜨리셨다(욘 1:4-15). 요나가 하나님의 명령을 어긴 동기는 무엇일까? 그는 기도에서 그것을 설명한다. "주께서는 은혜로우시며 자비로우시며 노하기를 더디하시며 인애가 크시사 뜻을 돌이켜 재앙을 내리지 아니하시는 하나님이신 줄을 내가 알았음이니이다"(욘 4:2). 아마도 요나는 앗수르의 군사력과 무력사용의 경향을 멸시했기 때문에 하나님의 자비가 니느웨 백성에게 미치는 것보다 하나님의 진노가 니느웨에 내리는 것을 더 좋아했을 것이다. 이러한 열방을 보는 관점은 자기중심적이고, 하나님이 만민의 주인이시며 믿음의 회개를 통해 긍휼을 베푸신다는 인식을 반영하지 않는다.

3. 왕 예수에 대한 충성

하나님께 "열방이 통의 한 방울 물과 같고"(사 40:15) 그분은 그들을 크게 하고 멸할 권세를 가지신다는 사실(욥 12:23)을 기억할 때, 열방의 통치자에 대한 충성을, 지상의 어떤 국가에 대한 충성으로 대체해서는 안 된다(시 22:28). 그에게 충성하는 것은 우리의 기본적이고 지속적인 시민권이다. 그리스도를 믿음으로 말미암아 우리는 하나님의 나라, 곧 지상의 열방과 족속들로부터 불려 나온 나라이다(계 7:9–10). 하나님께서 십자가에서 우리의 죄를 갚으시고 그의 부활 안에서 죽음을 이기게 하시려고 보내신 아들에 대한 영원한 소망의 메시지를 전하기 위해 이웃과 열방에 나가는 것이 우리의 큰 기쁨이자 최우선 순위가 되어야 한다.

E.
북미 복음주의와 남반구

Mark A. Noll

　북미 복음주의자들과 세계 기독교의 관계는 단순한 동시에 복잡하다. 단순함은 신앙자체의 성격과 관련이 있다. 모든 신자는 시간과 장소를 불문하고 하나님의 은혜와 은사를 동등하게 받고, 성령의 역사에 동등하게 참여하며, 예수 그리스도와 함께 상속받는다. 이런 용어는 북미 복음주의자들이 인류를 자비롭게 대하시는 하나님의 일반적인 패턴을 변형한 것일 뿐이다.

　성경의 분명한 메시지는 모든 신자는 어디에 있든지 우주적 실체를 구성한다는 것이다. 기독교 신앙의 한 지역적 표현에 참석하는 신자들은 모두 그리스도와 연결되어 있기 때문에 지역적 환경에 있는 다른 모든 사람들과 연결되어 있다. 그리고 이 연결은 조각이 가장 가까이에 있는 다른 조각에만 닿는 단순한 조각그림 맞추기 그 이상이다. 오히려 성경의 위대한 형상은 순환(도움을 의미), 통일된 신경계(소통을 의미), 조화된 근육 운동(공동 행동을 의미)이 모두 필요한 그리스도의 몸이다. 이 그리스도의 몸은 요한계시록 7장 9절에 묘사된 영원한 현실을 "각 나라와 족속과 백성과 방언에서 아무도 능히 셀 수 없는 큰 무리가 나와 흰 옷을 입고 손에 종려 가지를 들고 보좌 앞과 어린 양 앞에 서서"라고 예상하고 있다.

그러나 북미 복음주의자들과 남반구의 관계는 지난 3세기 동안의 기독교 역사 때문에 복잡하기도 하다. 그 기간의 대부분 동안 북미의 복음주의자들은 기독교를 전 세계에 퍼뜨리려는 서구 선교 활동에 적극적으로 참여했다. 19세기를 통해 미국인과 캐나다인은 영국의 인도를 따랐다. 영국 구두 수선공 윌리엄 캐리가 인도에서 영국 선교 사업을 개척한 지 불과 몇 년 후에 아도니람과 앤 저드슨 같은 선구적인 선교사들은 매사추세츠에서 버마로 떠났다. 허드슨 테일러가 극동 아시아에서 영어를 사용하는 개신교 세계에서 가장 광범위한 봉사 활동으로 중국내지선교회를 설립한 지 20년도 채 되지 않아 로티 문은 남침례교 선교사로 버지니아를 떠났다. 미국 해외 선교 위원회의 루퍼스 앤더슨(Rufus Anderson)은 영국교회 선교협회(Church Missionary Society)의 지도자인 헨리 벤(Henry Venn)의 지도를 따라 선교의 이상으로서 "삼자(三自) 공식" 스스로 다스리고, 스스로 재정을 감당하고, 스스로 재생산하는 것을 장려했다.

대략 20세기 초부터 미국 복음주의 선교사의 수가 영국 선교사의 수를 제치고 타문화권의 복음전파에 앞장서게 되었다. (인구가 적은 캐나다가 미국보다 더 오랫동안 단위 인구 당 더 많은 사람이 선교 사업에 기여했다는 것을 관찰할 가치가 있다.) 북미의 선교노력은 성경번역을 촉진하는 데 특히 중요했다. 이러한 번역 노력의 최전선에 위클리프 성경번역가가 있었고, 여름언어연구소는 그들의 학술기관이었다. 위클리프 조직은 1942년 중미에 파견된 미국인 선교사인 카메론 타운젠트에 의해 설립되었고, 수

천 명의 북미인들이 700개 이상의 완성된 성경 번역판과 현재에도 진행 중인 성경 번역판에 기여했다.

미국 선교사들은 성경번역을 위한 인력과 자원을 제공하는 것 외에도 전 세계에 새로운 교회를 개척했다. 그들은 제자를 훈련시켰고, 엄청난 양의 기독교 서적을 제공했으며, 글 읽기를 가르치기 위한 학교와 고급학문을 위한 대학과 치료를 위한 병원을 설립했으며, 농업 및 산업 발전을 지원했고, 자신들이 경험한 대로 다른 사람들에게 다양한 차원의 기독교 신앙을 제공하려고 노력했다.

그러나 최근 몇 년 동안 북미와 나머지 기독교 세계의 관계는 새로운 국면에 접어들었다. 위클리프 일꾼들이 이제 세계 각지에서 왔다는 것에서 알 수 있다. 한국과 같은 이전의 선교 대상 국가는 미국과 같은 전통적인 선교 파견국가보다 더 많은 인력(인구 대비)이 참여했다.

미국을 남반구에서 선교사를 받는 나라로 생각하면 더 복잡한 문제가 발생한다. 최근 수십 년 동안 기독교 선교는 사실 "서구에서 나머지 지역으로"에서 "모든 곳에서 모든 곳으로"의 양상으로 옮겨갔다(마이클 나지르-알리, 모든 곳에서 모든 곳으로: 기독교 증인의 세계관, *From Everywhere to Everywhere: A World View of Christian Witness*, 1991). 그리고 그 신자들 중 일부는 지금 북미 지역에서 전도하고 있다.

대부분의 경우 미국으로 가는 기독교 선교사들은 이민자들 사이에서 일한다. 예를 들어, 마크 고르닉(Mark Gornik)은 아프리카에 있는 기독교 공동체의 분파가 뉴욕 시에만 수십 개의 선교 사업이 있음을 기록했다(세계화된 단어: 뉴욕 속의 아프리카 기독교 이야기, *Word Made Global: Stories of African Christianity in New York City*, 2011). 필리핀의 엘 샤다이 운동(평신도 은사 조직)과 가나의 기독교회선교봉사단(아브라함 베디아코에 의해 설립됨)

과 같은 선교 단체는 일부 미국지역(및 유럽의 많은 지역)에서 선교사를 후원하는 더 큰 그룹에 속한다. 미국으로 가는 선교사들도 이민자를 넘어 일반 대중에 까지 도달하기 시작했다.

미국 복음주의자들과 남반구 교회들 사이의 관계는 한 가지 더 복잡한 요소를 포함한다. 이것은 비서구 세계의 많은 지역에서 빠르게 확산되고 있는 기독교 유형과 관련이 있다. 그 유형은 미국에서 번성한 기독교 유형과 점점 더 닮아가고 있다.

저명한 선교학자 앤드류 월스(Andrew Walls)는 여러 유용한 저서에서 이러한 유사점을 설명했다(*기독교 역사의 선교 운동: 신앙의 전달 연구*, 1996; *기독교 역사의 교차 문화 과정: 기독교의 믿음의 전승과 전용에 관한 연구*, 2002). 그는 먼저 기독교가 유럽에서 북미로 성공적으로 전파되었을 때 어떤 일이 일어났는지 지적한다. 성공적인 전파를 위해서는 교회와 국가의 분리, 평등주의 사회, 민주적 정부가 필요하고, 이를 위해 종교국가 설립, 위계적 사회, 귀족 또는 군주제 정부를 포기해야 했다. 유럽의 관찰자들은 기독교가 이런 전통적인 형태 없이 생존할 수 없다고 믿었지만 결국 살아남았다. 사실, 1700년대 후반부터 1800년대 후반까지 미국은, 전체 교회역사에서 일어난 가장 극적인 기독교 확장 중 하나를 경험했다.

대부분의 경우 미국인들은 교회 사업을 수행하기 위한 주요 수단으로 자발적이고 자기 주도적인 조직을 선택했다. 그들 자신의 교회와 종교 기관을 만들고, 재정적 지원을 하고, 신앙을 전파하고 유지하는 데 개인적인 책임을 지는 등의 신앙을 실천했다. 복음주의자들은 이러한 방식으로 교회를 세우는 데 앞장섰고, 그 다음에는 같은 기초 위에서 선교단체를 세웠다.

새로운 미국식 패턴은 훨씬 더 비공식적인 기독교를 구현했으며 영적인 도전에 대응하는 데 있어 더 유연한 제도와 새로운 혁신을 지속적으로 추진했다. 그것은 기독교와 그 시대의 미국 사회운동 사이에 친밀감을 확립했다. 개종과 자발적인 조직에 기반한 기독교와 다른 한편의 유동적이고, 빠르게 변화하고, 상업적이며, 불안정하고, 인종적으로 다원적인 사회 사이의 연대가 강해졌다. 그러나 그런 19세기 미국의 환경은 이제는 개종과 자발적 조직에 기초한 기독교 신앙이 급성장하고 있는 세계의 많은 기독교 사회에 대한 묘사이기도 하다.

이러한 새로운 사회는 경쟁적이며 서로 존중하지 않는 경향이 있고, 기독교적 간증에는 열려 있지만 공식적으로는 기독교적이지 않으며, 종교적 표현을 너무 극단적으로 제한하지 않으면서 기업 활동을 위한 공간을 허용한다. 이러한 조건이 발전한 만큼, 북미의 경쟁적이고 시장 지향적이며 빠르게 변화하고 주도권을 보상으로 받는 환경에서 번성했던 기독교 방식도 세계의 다른 지역이 15세기 유럽보다 19세기 미국을 닮아갈 때 번성하게 된 것은 놀라운 일이 아니다.

미국 복음주의자들은 선교를 통해 남반구에 계속 영향을 미치고 있다. 그러나 남반구도 미국에서 선교를 시작했다. 전 세계 기독교의 많은 부분이 이제 미국의 기독교 형태를 닮아있다. 미국의 직접적인 영향 때문이 아니라 기독교가 그곳에서 인류의 가장 큰 필요를 충족시켰기 때문이며, 선교는 여기에서 계속된다.

인용문헌

Ballor, Jordan. "Avoiding Confusionism: Liberty and Civil Society." Cato Unbound. https://www.cato-unbound.org/2013/05/13/jordan-ballor/avoiding-confusionism. Cited on page 189.

Barth, Karl. *Credo*. Eugene, OR: Wipf and Stock, 2005. Cited on page 105.

Bartholomew, Craig and Michael Goheen. *Living at the Crossroads: An Introduction to Christian Worldview*. Grand Rapids: Baker Academic, 2008. Cited on page 411.

Bauckham, Richard. *Jesus and the God of Israel: God Crucified and Other Studies on the New Testament's Christology of Divine Identity*. Grand Rapids: Eerdmans, 2008. Cited on page 90.

Bauckham, Richard. *The Theology of the Book of Revelation*. New Testament Theology. New York: Cambridge, 1993. Cited on page 209.

Bebbington, David. *Patterns in History: A Christian Perspective*. Grand Rapids: Baker, 1990. Cited on page 317.

Blamires, Harry. *The Christian Mind: How Should a Christian Think?* Vancouver: Regent College, 2005. Cited on page 405.

Boesak, Allan Aubrey and Curtiss Paul DeYoung. *Radical Reconciliation*. Maryknoll, NY: Orbis, 2012.

Bostrom, Nick. "Transhumanist Values." In *Ethical Issues for the 21st Century*. Edited by F. Adams. Charlottesville: Philosophical Documentation Center, 2004. Cited on page 239.

Budziszewski, J. *Revenge of Conscience: Politics and the Fall of Man*. Eugene, OR: Wipf and Stock, 2000. Cited on pages 177, 182-183.

Cahill, Thomas. *How the Irish Saved Civilization*. New York: Anchor Books, 1995. Cited on page 403.

Cottingham, John. *On the Meaning of Life*. New York: Routledge, 2003. Cited on page 71.

Craig, William Lane. *Reasonable Faith*. Wheaton: Moody, 1984. Cited on page 220.

Dawkins, Richard. *The Blind Watchmaker*. New York: W.W. Norton, 1996. Cited on page 154-55.

_____. *The God Delusion*. New York: Mariner, 2008. Cited on page 151.

Dürer, Albrecht. *Literary Remains of Albrecht Dürer*. Translated and edited by William Conway. Cambridge, UK: Cambridge University, 1889. Cited on page 370-371.

English, James W. *Handyman of the Lord: The Life and Ministry of the Rev. William Holmes Borders*. New York: Meredith Press, 1967. Cited on page 224.

Ferry, Luc. *A Brief History of Thought: A Philosophical Guide to Living*. New York: Harper, 2011. Cited on page 90.

Fuller, D.P. "Satan." In *International Standard Bible Encyclopedia*. Edited by Geoffrey Bromiley. Vol. 4. Grand Rapids: Eerdmans, 1988. Cited on page 62.

George, Robert P., Ryan T. Anderson, and Sherif Girgis. *What Is Marriage? Man and Woman: A Defense*. New York: Encounter, 2011. Cited on pages 249.

Hess, Karl. "The Death of Politics." In *Mostly on the Edge: An Autobiography*. Edited by Karl Hess, Jr. New York: Prometheus, 1999. Cited on page 185.

Howard, Thomas. *Evangelical Is Not Enough: Worship of God in Liturgy and Sacrament*. San Francisco: Ignatius, 1984. Cited on Page 68.

Hurtado, Larry. *Lord Jesus Christ: Devotion to Jesus in Earliest Christianity*. Grand Rapids: Eerdmans, 2003. Cited on page 90.

Jastrow, Robert. *God and the Astronomers*. 2nd Edition. New York: W.W. Norton, 1992. Cited on page 53.

Kidner, Derek. *Genesis: An Introduction and Commentary*. Tyndale Old Testament Commentary. Downers Grove: InterVarsity, 1967. Cited on page 68.

King Jr., Martin Luther. "Letter from Birmingham Jail." University of Pennsylvania.

https://www.africa.upenn.edu/Articles_Gen/Letter_Birmingham.html.

Koyzis, David. *Political Visions and Illusions*. Downers Grove: InterVarsity, 2003. Cited on pages 174-75, 179, 191, 192, 198.

Kurtz, Paul. "Libertarianism as the Philosophy of Moral Freedom." In *Freedom and Virtue: The Conservative/Libertarian Debate*. Edited by George W. Carey. Wilmington, DE: ISI Books, 2003. Cited on page 186.

Leithart, Peter. "When Marriage Is Dying." Touchstone Magazine. https://www.touchstonemag.com/archives/article.php?id=14-10-020-v. Cited on page 233.

Leupold, H.C. *Exposition of Genesis*. Vol. 1. Grand Rapids: Baker Books, 1968. Cited on page 232.

Lewis, C.S. *The Great Divorce*. New York: HarperCollins, 2001. Cited on page 110.

_____. *The Last Battle*. New York: HarperCollins, 1984.

_____. *Mere Christianity*. New York: HarperCollins, 2001. Cited on pages 46, 276.

_____. *Miracles*. New York: HarperCollins, 2001. Cited on page 67.

_____. *The Weight of Glory*. New York: HarperCollins, 2001. Cited on page 12.

MacLaine, Shirley. *Out on a Limb*. New York: Bantam, 1983. Cited on page 108.

Macleod, Donald. *The Person of Christ*. Contours of Christian Theology. Downers Grove: InterVarsity, 1998. Cited on page 87.

Marx, Karl and Friedrich Engels. *The Communist Manifesto*. In Karl Marx: Selected Writings. Edited by Lawrence H. Simon. Indianapolis: Hackett, 1994. Cited on page 196.

Moody, D.L. *New Sermons, Addresses, and Prayers*. New York: Henry S. Goodspeed, 1877. Citeed on page 207.

More, Max. "True Transhumanism: A Reply to Don Ihde." In *H+/-: Transhumanism and Its Critics*. Edited by Gregory R. Hansell and William Grassie Cited on page 242.

Neuhaus, Richard John. "Seeking a Better Way." First Things. https://www.firstthings.com/article/2002/10/seeking-a-better-way. Cited on page 194.

Noll, Mark. *The Scandal of the Evangelical Mind*. Grand Rapids: Eerdmans, 1995. Cited on page 405.

O'Donovan, Oliver. *Resurrection and Moral Order: An Outline of Evangelical Ethics*. Grand Rapids: Eerdmans, 1994. Cited on page 90.

Reno, R.R. "Deadly Progressivism." First Things. https://www.firstthings.com/web-exclusives/2015/11/deadly-progressivism. Cited on page 178.

Sanders, Fred. "A Play Ethic: Play Studies in Psychology and Theology." Quoted in K. Erik Thoennes. "Created to Play: Thoughts on Play Sport and the Christian Life." In *The Image of God in the Human Body: Essays on Chrsitianity and Sports*. Edited by Donald Deardorff and John White. Lewiston, NY: Edwin Mellen, 2008. Cited on page 385.

Scruton, Roger. "Sacrilege and Sacrament." In *The Meaning of Marriage*. Edited by Robert P. George & Jean Bethke Elshtain. New York: Scepter, 2010. Cited on page 230.

Storkey, Elaine. "Sphere Sovereignty." In *Religion, Pluralism, and Public Life: Abraham Kuyper's Legacy for the Twenty-First Century*. Edited by Luis F. Lugo. Grand Rapids: Eerdmans, 2000. Cited on page 182.

Stott, John. *Your Mind Matters: The Place of the Mind in the Christian Life*. Downers Grove: InterVarsity, 2006. Cited on page 404.

Swinburne, Richard. *The Existence of God*. 2nd Edition. New York: Oxford University, 2004. Cited on page 357.

Tutu, Desmond. *No Future without Forgivness*. New York: Image, 2000.

Vander Elst, Philip. *Libertarianism: A Christian Critique*. Newcastle, UK: The Christian Institute, 2003. Cited on pages 188-89.

Whitney, Donald. *Spiritual Disciplines for the Christian Life*. Colorado Springs: NavPress, 1991. Cited on page 408.

Wright, N.T. *The Resurrection and the Son of God. Christian Origins and the Question of God*. Minneapolis: Fortress, 2003. Cited on page 221.

———. *Who Was Jesus?* Grand Rapids: Eerdmans, 1992. Cited on page 90.